Norbert Leithold

Graf Goertz – der große Unbekannte

NORBERT LEITHOLD

GRAF GOERTZ

DER GROSSE UNBEKANNTE

Eine Entdeckungsreise
in die Goethezeit

OSBURG VERLAG

Erste Auflage 2010

www.osburgverlag.de

Lektorat: Bernd Henninger, Heidelberg
Herstellung: Prill Partners producing, Berlin
Umschlaggestaltung: Toreros, Lüneburg
Satz: Dörlemann Satz, Lemförde
Druck und Bindung: GGP Media GmbH, Pößneck
Printed in Germany
ISBN 978-3-940731-39-5

INHALT

Editorische Notiz:
Kursiv gesetze Textpassagen enstammen ungedruckten Quellen.

I. GEHEIMNISSEN AUF DER SPUR

Ich hatte ein klares Reiseziel, der Aufbruch war bestens vorbereitet, aber ich kam anderswo an als gedacht. Sollte ich umkehren oder bleiben und mich auf das Abenteuer einlassen?

Während der Recherchen für ein Buch zu Irrtümern über Friedrich II. von Preußen stieß ich in Antiquariaten auf Funde, die scheinbar mit meinem Thema nur wenig zu tun hatten.

Schneller, als mir recht war, kam ich vom Weg ab und auf die Spur geheimer Memoiren eines preußischen Diplomaten, befand mich plötzlich im brisanten Streit um die heimliche Liebesbeziehung zwischen einer Weimarer Herzogin und einem Dichter und hatte mit den tragischen Folgen einer aufgelösten Adelsbibliothek zu tun. Und als ob das noch nicht ausreichte, lernte ich noch ein Kapitel Geheimdiplomatie.

Die geheimen Memoiren des Grafen Goertz

Hamburg, ein sonniger Apriltag im Jahr 2003. Ich war zum routinemäßigen Ausflug in ein kleines Antiquariat in der Nähe der Binnenalster unterwegs. Dessen Inhaber sammelte leidenschaftlich und verkaufte ungern. Da er nur an zwei Tagen in der Woche für einige Stunden, und auch das nur unregelmäßig, öffnete, war vorheriges Anmelden dringend geraten. Das Antiquariat lag zwischen zwei Nobelboutiquen, vor deren Eingängen Herren mit Sonnenbrillen wachten. Ein Gong kündigte mich im Antiquariat an. Der Händler verwies mich, ohne viel Worte zu verlieren, auf einen Stapel Neuerwerbungen im hinteren Teil seines Geschäftes. Schwarze Ledereinbände des 19. Jahrhunderts mit mal mehr, mal weniger Gold auf dem Buchrücken. Die Pracht interessierte mich kaum, meine Suche galt unscheinbaren Pappbänden, ungebundenen Titeln und handschriftlichen Memoiren. Die Schriften mussten im späten 18. oder frühen 19. Jahrhundert erschienen sein und sich mit Preußen im Allgemeinen und Friedrich II. im Besonderen befassen. Über diesen König wurde und wird viel publiziert, auch viel Unsinn. Diese Irrtümer über Friedrich II. hatten es mir angetan. Die Idee dazu kam mir bei einer Potsdamreise. Während der Führung durch Sanssouci musste ich mir mit meiner kleinen Tochter haarsträubende Geschichten über den Preußenkönig anhören. Der arme Fritz hatte für nahezu alle vorstellbaren menschlichen Unzulänglichkeiten herzuhalten. Mit seinen Pagen habe er es getrieben, vor Dreck gestunken, die Hunde mehr als Menschen geschätzt, Deutsch habe er kaum sprechen und nicht schreiben können, Polens Teilung ginge auf sein Konto und sein Geiz sei grenzenlos gewesen. Was mich ärgerte, wollten die Besucher hören. Sie lauschten aufmerksam den Anekdoten nach den langen bau- und kunstgeschichtlichen Erörterungen. Je schmissiger die Skandalgeschichten, desto größer der Publikumsbeifall.

Ich wollte auch diese Possen in die »Irrtümer«, an denen ich gerade schrieb, aufnehmen, um auf Grundlage neuer Quellen mehr Klarheit über den Preußenkönig zu schaffen. Ich suchte dazu schon lange nach alten Büchern, um herauszufinden, wann welcher Irrtum zum ersten Mal und aus welchem Grund gedruckt worden war. Der Gang ins Hamburger Antiquariat – eines der wenigen, die ihr Sortiment nicht ins Internet stellen – gehörte also zur Recherche. Ich fand an jenem Apriltag jedoch nicht das Erhoffte. Einzig eine umschlaglose Broschüre in einer Klarsichthülle weckte meine Neugierde. Wegen ihres horrenden Preises. Kein Autor, kein Titel, kein Erscheinungsdatum. Dünnes, lumpenhaltiges Papier, stockfleckig, mit zerbröselnder Fadenheftung. Auf den vierzig Seiten ging es um den preußischen Offizier und Publizisten Christian von Massenbach und seinen Anteil am Desaster von Jena und Auerstedt 1806. Nicht meine Zeit, dachte ich, fragte jedoch nach Gründen für den hohen Preis.

»Von dem Pamphlet wurden höchstens dreißig Exemplare gedruckt. Doktor Schuchard glaubt, es gibt davon nur noch eine Handvoll, eine absolute Rarität«, sagte der Antiquar.

»Doktor Schuchard?«

»Er ist Massenbachspezialist und hat zu Massenbach eine riesige Bibliothek.«

Ich blätterte erneut in der Broschüre, öfters wurde das vorzügliche Heer Friedrichs II. mit der lahmen Truppe von 1806 verglichen und der Generalquartiermeister Massenbach kam alles andere als gut weg. Dann las ich eine Passage, die ich interessant genug fand, um sie mir kopieren zu lassen:

Es gibt unverstummte Gerüchte, wonach Graf Goertz, Wahrer höchster Staatsgeheimnisse, Massenbach von diesen Kenntnis gab. Der Graf soll, um dieses zu bewerkstelligen, Massenbach das eine und andere Buch aus seiner berühmten Bibliothek, die schon König Friedrich wie auch den Verderber Bonaparte entzückt hatte, entliehen haben. In seinen Büchern nämlich soll der Graf geschrieben haben, was er aus Nähe zum König nicht hätte schreiben dürfen; Memoiren in Form unverdächtig wirkender Marginalien.

»Ich kann Ihnen die Telefonnummer von Doktor Schuchard geben«, bot mir der Antiquar an. Je länger ich über das Gelesene nachdachte, desto unruhiger wurde ich und hatte es schließlich eilig, nach Hause zu kommen. Die einstündige Zugfahrt empfand ich als Geduldsprobe, jeden Halt als Zumutung. Im Laufschritt begab ich mich in das einzige Antiquariat meiner Stadt, nur wenige Straßen von meiner Wohnung entfernt. Es hatte geschlossen. An der Tür hing ein Schild und verkündete der Kundschaft Urlaub bis in den Mai. Zum Glück war eine Handynummer angegeben, ich erreichte den Händler. Er fragte besorgt, ob gerade sein Laden brenne.

»Sie hatten mir vor einem halben Jahr Bücher aus dem 18. Jahrhundert angeboten.«

»Sie meinen die Bücher aus der Bibliothek des Grafen Goertz?«

»Haben Sie die noch?«

»Ich habe seit sechs Jahren das Lager voll von dem Kram, das kauft doch hier keiner. Können Sie alles haben.«

Das beruhigte mich für einige Tage. Wenn es stimmte, was ich über die Anmerkungen in den Büchern des Grafen Goertz in der titellosen Broschüre gelesen hatte, und wenn jene Bücher des Grafen Eustach von Goertz hier lagerten, dann hatte ich für meine »Irrtümer« möglicherweise eine einzigartige Quelle. Über Goertz wusste ich nur, dass er unter Friedrich II. preußischer Diplomat war. Nichts wusste ich von seiner Weimarer Zeit bis 1775, von seiner bayerischen Geheimmission 1778, seinem Aufenthalt am Hof von Zarin Katharina II., nichts von seinen Bemühungen, die Unruhen in den Niederlanden 1787 zu beenden, auch nichts darüber, dass sich Goertz 1797 in Rastatt mit Napoleon Bonaparte herumschlagen musste. Im April 2003 hatte ich keine Ahnung davon, dass Goertz mit Männern wie Humboldt und Basedow korrespondierte oder mit Preußens Reformern Stein und Hardenberg zusammenarbeitete. Dass Goertz Wieland nach Weimar geholt und Kotzebue gefördert hatte, war mir unbekannt, und dass er in Regensburg, wo er seine letzten Lebensjahre verbrachte, einen literarischen Salon pflegte, in dem auch die Brentanos verkehrten, gleichzeitig aber verlässliche Mitstreiter bei Napoleons Außenminister Talleyrand installierte, die gegen den Kaiser arbeiteten. Eine Biografie über Goertz gibt es bis heute nicht, der Name Goertz kommt zumeist nur in Anmerkungen und Fußnoten einiger Sachbücher vor, die sich mit der Weimarer Klassik befassen.

Ich besaß bereits zwei Bücher aus der Bibliothek des Grafen Goertz, im unweit meiner Wohnung gelegenen Antiquariat für je 10 Mark in der Wühlkiste gefunden. Den Besitzerstempel auf den Titelseiten *Ex Bibliotheca Comitum de Goertz* und das Wappenexlibris auf der inneren Umschlagseite hatte ich nur nebenbei wahrgenommen.

In den folgenden Wochen fiel mir die Arbeit an den »Irrtümern« schwer, daran änderte auch der Verlagsvertrag mit dem immer näher rückenden Abgabetermin nichts. Mich beschäftigten die Goertz-Bücher, in denen ich mir möglichst viele Aussagen über König Friedrich erhoffte, die bislang als unbeweisbar galten.

Endlich kam der Antiquar aus seinem Urlaub zurück, hatte jedoch eine ahnungslose Aushilfe in sein Geschäft gestellt. Ich hinterließ eine Nachricht und wartete auf den erlösenden Anruf des Händlers: Herr Leithold, kommen Sie, Ihre Bücher warten. Aber er rief nicht an, meine Stimmung kippte, und ich schlief schlecht. Nach einer Woche ging ich wieder ins Antiquariat und musste ihn an sein Angebot er-

Das Lager mit den aufgestapelten Büchern aus der Bibliothek des Grafen Goertz, 2002

innern. Er zog einen Umzugskarton aus der Besenkammer: »Bitte, bedienen Sie sich.« Vor mir lagen drei Dutzend in Leder und Pappe gebundene Bücher. Verstaubt, mit gebrochenen Rücken und eingerissenen Seiten.

»Und wenn Ihnen das nicht reicht, dann gibt es hier Nachschub.« Er öffnete die Tür zu einem Lager, in dem Büchertürme an Wänden lehnten, andere lagen davor wie hingeschüttet. Ich blieb, um die Übersicht nicht zu verlieren, bei den Bänden im Karton und blätterte in einigen von ihnen. Ich sah kurze, an den Rand geschriebene Notizen in französischer Sprache. Die Tinte mochte alt sein, aber wer sagte, dass Graf Goertz die Feder geführt hatte, dass es Memoiren waren, in denen es auch noch um Friedrich II. ging? Um zu verstehen, worauf sich eine Anmerkung bezog, musste ich die ebenfalls in Französisch erschienenen Bücher lesen. Auf die Schnelle ließ sich kaum etwas herausfinden, was ich für meine »Irrtümer« verwenden konnte.

Ich kaufte 35 Titel und fragte nach der Provenienz der Bücher. Der Händler winkte ab, das sei eine seltsame Geschichte. Die Bücher hätten bis 1996 in einem Schloss gestanden. Dann sei der letzte Schlossbesitzer gestorben und die Erben hätten alles verhökert, auch die gräfliche Bibliothek. Es seien fünftausend Bände gewesen, aber das Auktionshaus habe nur die besonders prächtigen genommen. Der Rest sei an Antiquariate gegangen, so auch an ihn. Das Geschäft sei allerdings ein glatter Reinfall, weil sich hier niemand für alte Bücher und dann noch in Französisch interessiere.

Ich rief Doktor Knoll in Bremen an. Der Bibliothekswissenschaftler besaß zu dem Zeitpunkt die größte private Sammlung von Literatur über Preußen aus dem 18. und 19. Jahrhundert. Ich erzählte ihm von der einbandlosen Broschüre und fragte, ob ihm die Schrift über Massenbach bekannt sei.

»Nein. In der hitzigen Zeit damals wurden viele Pamphlete von Hitzköpfen verfasst, das waren keine Meisterwerke.«

»Und die Passagen zu den geheimen Memoiren des Grafen Goertz?«

»Kann ich mir nicht vorstellen. Der Graf hätte ja seine sämtlichen Bücher mit den vielen geheimen Anmerkungen ständig vor unliebsamen Lesern verstecken müssen. Wie sollte das funktionieren? Und hätte Goertz Memoiren in seine Bücher geschrieben, würde es mehr als nur diesen einen Hinweis geben. Goertz war kein Einsiedler, sondern preußischer Minister.«

Ich sprach mit Friedrich Wilhelm, Prinz von Preußen. Der Historiker beschäftigte sich gerade mit der Politik Friedrichs II. im Alter. Ich fragte nach der Beziehung zwischen Massenbach und Goertz.

Als er den Namen des Grafen hörte, lachte er auf: »Vergessen Sie Massenbach, das führt zu nichts. Aber Goertz ist interessant. Ich habe vor einiger Zeit im Geheimen Staatsarchiv in Berlin nach privater Korrespondenz von ihm gesucht, weil seine offiziellen Berichte nichts über Hintergründe von bestimmten Ereignissen aussagen.«

»Haben Sie etwas gefunden?«, war meine Frage.

»Nein.«

Ich las erneut die Passage zu Goertz und seinen geheimen Memoiren vor.

»Davon habe ich noch nichts gehört. Wenn es so etwas gegeben hat, dann sind die Bücher sicherlich von Friedrichs Nachfolger aufgekauft und ins Archiv geschafft worden. Da könnte man suchen.«

Ich setzte auf Doktor Schuchard, vielleicht hatte er von den geheimen Memoiren des Grafen gehört, die immerhin in einem Pamphlet gegen Massenbach standen. Die vierzigseitige Schrift mit dem Verweis auf Anmerkungen in den Goertz-Büchern kannte er, sie hatte aber nicht seine Neugierde geweckt.

»Von einer Verbindung Massenbach zu Goertz weiß ich nichts, kann sie mir auch nur schwer vorstellen. Welcher Jahrgang ist Goertz gewesen?«

»1737«, sagte ich.

»Massenbach 1758, und er trat erst 1782 in preußischen Dienst, spielte Goertz da noch irgendeine Rolle?«

»Das weiß ich nicht«, sagte ich.

»Vielleicht sind Ihre Erwartungen an Goertzens geheime Memoiren überzogen, denn was soll der Mann so Wichtiges berichtet haben, wenn sich die Forschung seiner bislang nicht angenommen hat? Ich kann mir gut vorstellen, dass Goertz in der unruhigen Napoleonischen Zeit Vertrauliches als Anmerkungen in seinen Büchern hinterlassen hat, da war er nicht der Einzige. Zumal adlige Bibliotheken in den Stammsitzen relativ sicher aufbewahrt wurden. Haben Sie die Anmerkungen ausgewertet? Ich würde mir das gern mal ansehen.«

Wir wollten in Verbindung bleiben.

Bis zum Sommer 2004 hatte ich an die 200 Bände der Goertzschen Bibliothek erworben. Zum Auswerten der Anmerkungen hatte ich keine Zeit, die »Irrtümer« mussten fertig geschrieben werden. Die Goertz-Bücher blieben zunächst in der Veranda liegen, damit sie ihren schweren Geruch nach altem Leim loswurden. Meine Tochter berauschte sich daran, und wenn sie eines der Bücher zuschlug, stiegen wundersame Staubwolken auf.

Anna Amalias Bücher brennen

Weimar, 2. September 2004, kurz vor halb neun Uhr abends. Die Brandmelder der Anna-Amalia-Bibliothek lösten Feueralarm aus. Um 20.31 Uhr war der erste Löschzug vor dem dreigeschossigen Gebäude aus dem 18. Jahrhundert, das eine der kostbarsten Büchersammlungen Deutschlands barg. Der Einsatzleiter sah aus sämtlichen Dachfenstern hellloderndes Feuer schlagen und löste Großalarm aus. Innerhalb der nächsten zehn Minuten brannte der gesamte Dachstuhl. Das Feuer fand am ausgetrockneten alten Holz und den Tonnen von Papieren beste Nahrung. Es waren Notenhandschriften aus fünf Jahrhunderten, darunter Partituren von Bach und Mozart, seltene Drucke zur Musikgeschichte, Komponistenbiografien und Briefwechsel. Bis 20.40 Uhr waren die Angestellten der Bibliothek, der Stadt und des Hauptarchivs an den Unglücksort geeilt, um zu retten, was noch zu retten war. Die Einsatzleitung der Feuerwehr erlaubte gegen alle Vorschriften den Zutritt in das lodernde Gebäude, und so wurden die kostbarsten Bücher aus dem ersten Stock gerettet. Um 20.55 Uhr verfärbte sich der Rauch über dem Gebäude schwarz, fünfzehn Minuten später wich der Rauch zurück, für den Einsatzleiter das Alarmzeichen, dass jeden Moment die sogenannte Durchzündung des Feuers passieren würde. Ein riesiger Feuerball würde dann aufsteigen. Die Evakuierung der Bücher wurde eingestellt, jeder musste sich in Sicherheit bringen. Um 21.13 Uhr schlugen die befürchteten Stichflammen auf, über zwanzig Meter hoch, zusammen mit einem infernalischen Knall und einer enormen Hitzeentwicklung. Vom Himmel fielen brennende Bretter, verkohlte Balkenteile, glühende Bücher und zusammengeschrumpfte Pergamente. Der Einsatzleiter erwartete den Einsturz des Dachstuhls. Dabei könnte die bereits brennende Decke durchschlagen und das Gebäude von unten angesteckt werden. 30 Feuerwehrleute kämpften auf Drehleitern mit Wasser und Schaum gegen die Flammen, andere waren mit Haken, Äxten und Spaten ausgerüstet. Der Katastrophenschutz wurde alarmiert.

Der Dachstuhl stürzte ein, aber die dicke Eichenbohlendecke über dem Rokokosaal hielt stand. Dennoch brannte bereits das Untergeschoss, auch hier fand das Feuer am dicken, alten Papier der Bücher,

Die brennende Anna-Amalia-Bibliothek in Weimar

am Pflanzenleim, womit sie geklebt waren, am Leder, worin sie gebunden waren, reiche Nahrung.

Ich saß zu dieser Zeit im Zug, auf der Rückreise von einer Lesung in Potsdam, wo ich kurz vor Erscheinen meiner »Irrtümer« einige Kapitel daraus vorgestellt hatte. Auf der Fahrt beschäftigte mich noch die Debatte nach der Lesung. Erwartungsgemäß hatte das Kapitel zu Friedrichs angeblicher Homosexualität die meisten Publikumsreaktionen ausgelöst. Einige fanden die Behandlung des Themas pietätlos, andere hielten die Zeit für reif, endlich Klarheit zu schaffen.

Während ich gen Norden fuhr, ohne etwas von den Vorgängen in Weimar zu wissen, entschied dort um 22.30 Uhr der Einsatzleiter, sich zusammen mit dem Bibliotheksdirektor in das lichterloh brennende Gebäude zu wagen, um von der Galerie im ersten Stock das wertvollste

Buch, die Lutherbibel von 1534, zu retten. Wer sieht da nicht Meister William, gespielt von Sean Connery, in der Verfilmung ›Der Name der Rose‹ vor sich, wie er aus dem brennenden Bücherturm die kostbarsten Folianten, das Wissen der Antike, rettete.

Rauch, herumwirbelndes Holz und heißes Löschwasser schlugen den beiden entgegen. Das Husarenstück gelang, die Lutherbibel überstand das Inferno unbeschadet. Seit 22.30 Uhr breitete sich das Feuer nicht mehr aus. Bis dahin waren in jeder Stunde etwa 15 000 Bücher aus dem 16. bis 19. Jahrhundert verbrannt. Vor der Bibliothek hatten sich hunderte Freiwillige eingefunden. Sie bildeten Ketten und reichten aus dem unteren Geschoss gerettete Bücher weiter. Gegen Mitternacht kam das Technische Hilfswerk zum Einsatz. Damit die wasserschweren Decken nicht brachen, wurden Stahlträger eingezogen.

Als ich zu Hause ankam, schlief meine Familie längst. Ich brachte noch einige Änderungen zu Papier, als in Weimar Tausende von geretteten Büchern in Spezialfolien verpackt, in Container gestapelt und lastwagenweise nach Leipzig, ins Zentrum für Buchbehandlung, der Intensivstation für schwerkranke Bücher, gebracht wurden. Insgesamt 40 Tonnen Bücher.

Um 2.30 Uhr stieg über der noch qualmenden Bibliothek ein riesiger Heliumballon auf, mit leistungsstarken Strahlern, die den Platz taghell beleuchteten.

Am nächsten Morgen hörte ich in den Acht-Uhr-Nachrichten zum ersten Mal von der Tragödie in Weimar. Von Stund an lief der Fernseher, n-tv sendete live. Meine sechsjährige Tochter fragte mich mittags, warum ich mir immer den gleichen Film anschaue. Zwischen den Brandbildern kamen Experten zu Wort, der rauchgeschwärzte Bibliotheksdirektor avancierte zum Helden des Tages. Eine seiner Mitarbeiterinnen wurde gefragt, wie viele Bücher vernichtet seien.

Niemand wisse derzeit, was vernichtet ist und was erhalten blieb, sagte sie, aber es sei eine nationale Tragödie. Goethe, Schiller, Wieland, Herder, Schopenhauer oder Nietzsche seien hier ein und aus gegangen, der Bestand habe den Weltkrieg überdauert, aber an einem Kurzschluss scheitere 500-jähriges Sammeln. Zumal bald das Anna-Amalia-Jubiläum ins Haus stünde.

»Haben die Bücher der Herzogin Anna Amalia den Brand überstanden?«

»Vermutlich die wenigsten. Viele ihrer 5000 Bände standen in der zweiten Galerie.«

Der Bibliothekarin kamen Tränen in die Augen: »So eine Sammlung ist durch nichts zu ersetzen.«

Ich erinnerte mich an einen alten Bildband über die Anna-Amalia-Bibliothek, im Register fand ich den Namen Eustach von Goertz. Was ich auf der angegebenen Seite dann über Goertz las, verschlug mir die Sprache. Der Graf habe in seiner Weimarer Zeit von 1761 bis 1775 mit der Herzogin Anna Amalia die gleichen Bücher gesammelt und sie so einbinden lassen wie die Herzogin. Man könne, hieß es, die Goertz'sche Büchersammlung deshalb auch als Zwillingssammlung der Herzogin bezeichnen.

Nachmittags kaufte ich beim Antiquar die letzten dort lagernden Goertz-Bücher. Sie wurden in Kartons gestapelt. Während die in Leder gebundenen Bände den Transport recht gut überstanden, platzten die porösen Nähte der ungebundenen Bände. Lose Seiten waren das Ergebnis der Tortur. Viele von ihnen trugen Anmerkungen. Waren es die geheimen Memoiren?

Eine Woche später rief ich den Direktor der Anna-Amalia-Bibliothek an und sagte, dass ich ein Zehntel der »zweiten« Herzoginnenbibliothek besitze und jene Bände, die ich nicht für meine Arbeit brauche, Weimar in den nächsten Jahren überlassen könnte.

Doktor Schuchard, der dreiundsiebzigjährige, stets Pfeife rauchende einstige Kreisarchivar und Massenbach-Spezialist, besuchte mich im November 2004. Es war ein kalter, nebliger Tag. Ich hatte die nun ausgelüfteten Bände nach Sachgebieten geordnet auf unserem großen Esstisch aufgestellt. Die größte Abteilung bildeten Memoiren von Diplomaten und Dokumentensammlungen zur Politik im 18. und frühen 19. Jahrhundert, dazu mehrbändige Darstellungen von Landespolitik. Die mittlere Abteilung beinhaltete Romane, Reisebeschreibungen und literarische Kompendien, in der kleinsten lagen philosophische Schriften und Vermischtes, wozu Flugschriften, Nachschlagewerke, Theater-

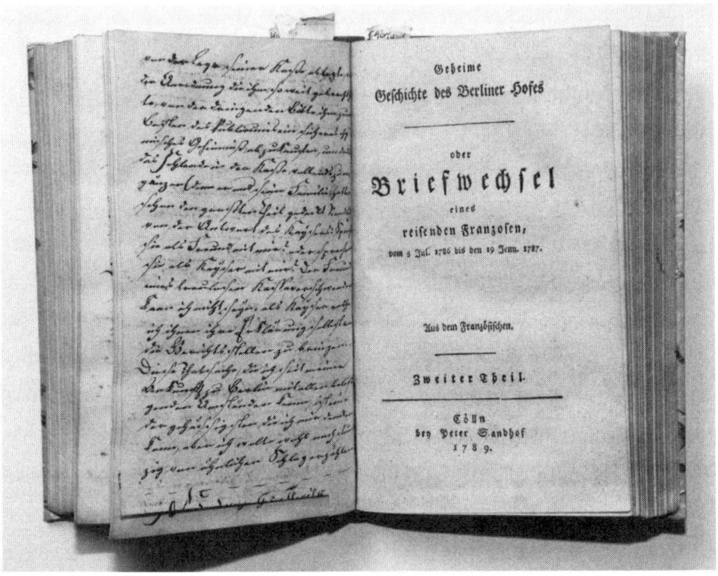

Anmerkungen von Goertz in Mirabeaus *Geheimer Geschichte des Berliner Hofes*, 1789

stücke und politische Magazine gehörten. Schuchard musterte begeistert die Rückenschilder auf den Leder- und Pappeinbänden. Bevor wir uns mit den Anmerkungen in den Büchern beschäftigten, wollte Schuchard noch einmal die traurige Geschichte von der Auflösung der unlängst noch kompletten Adelsbibliothek aus dem 18. Jahrhundert hören. Er zog kräftig an seiner Pfeife und bedauerte, dass man raffgierigen Adelssprossen nicht das Handwerk legen könne, wenn diese Dinge verschleuderten, die eigentlich der Allgemeinheit gehörten. Er öffnete seinen Koffer, in dem verschieden große Lupen, Seidenhandschuhe und zwei Wörterbücher Französisch-Deutsch von 1765 und 1800 zum Vorschein kamen. Schuchard hatte auch eine Kopie der titellosen Broschüre über Massenbach mit dem Hinweis auf die Memoiren des Grafen Goertz dabei.

Das Revier zwischen Schuchard und mir war abgesteckt. Ihn interessierte, ob Goertz den Oberst von Massenbach mit vertraulichen Informationen versorgt hatte, ich suchte in den Büchern nach Anmerkungen von Goertz zur Politik Friedrichs II.

Unter den ersten 100 Bänden gab es neun mit Randbemerkungen, von einzelnen Worten über kurze Sätze bis hin zu längeren Passagen, die Schuchard und ich übersetzten.

Schuchard arbeitete zügig und routiniert, wurde aber zunehmend unzufrieden. Was er zu lesen bekam, hatte nichts mit Massenbach zu tun. Und ich fand keine Indiskretion des Grafen über den König, nichts, was seine Privatheit besser erklären könnte, es gab auch keine Andeutungen zu geheimen Absprachen oder gar den geheimen Memoiren. Abends spekulierten wir in einem Restaurant bei Portwein darüber, ob der Hinweis auf die geheimen Memoiren in den Goertz-Büchern überhaupt glaubhaft sein konnte. Massenbach, der als einer der Hauptschuldigen für die Niederlage von Jena und Auerstedt 1806 gilt, der sich dann als Publizist einen Namen und viele Feinde in Preußen machte, bekundete offen: »Ich ehre Napoleon, weil ihm die Natur das Siegel der Oberherrlichkeit aufdrückt … Mein heißester Wunsch ist es, Napoleon möchte den Thron der Hohenzollern aufs Neue befestigen.« Was sich wie aus einer Satirezeitschrift zitiert liest, hatte Massenbach bitter ernst gemeint.

»Stand Goertz nicht im anderen Lager, waren Napoleon und seine Horden ihm nicht ein Gräuel? Was soll Goertz mit Massenbach zu tun gehabt haben?«

Das fragte ich mich auch.

»Zumal Massenbach von einem Kriegsgericht zu 14 Jahren Festungshaft verurteilt wurde, weil er versucht hatte, seinen König zu erpressen. Massenbach wollte Staatsgeheimnisse veröffentlichen, wenn der König ihn nicht aus seinen Schulden holte. Massenbach war keine gute Adresse.«

Am folgenden Tag machten wir uns an die Durchsicht der restlichen Goertz-Bücher. Dann tauchte zumindest für mich etwas zu einem Thema auf, das mich schon länger beschäftigte und dem ich ein Kapitel im zweiten Band der »Irrtümer« widmen wollte: der Deutsche Fürstenbund von 1785. Bislang gilt, dass Friedrich den Fürstenbund 1785 initiierte, um den Okkupationsgelüsten Kaiser Josephs II. im Deutschen Reich Einhalt zu gebieten. Weil der Preußenkönig angeblich außenpolitisch isoliert und innenpolitisch mit dem Rücken an der Wand stand, habe er die Pläne von Herzog Carl August von Sachsen-Weimar aus dem Jahr 1782 nach einer Nordstaatenunion im Reich aufgegriffen. Was Goertz darüber an den Rand eines seiner Bücher notierte, steht im Gegensatz zur gängigen Geschichtsschreibung: *Im August 1779 erste Beredungen im Geheimen zu einer Allianz Deutscher Fürsten. Die Vorstellung Sr. Majestät gingen dahin, die deutschen Fürsten zu einem Bund dergestalt zu einen, dass dieser Bund unter Führung des Bedeutendsten sowohl gegen äußere Angriffe geschützt ist, als auch gegenseitig vorteilhaft handeln kann.*

Der zweite Eintrag auf derselben Seite verwies auf eine Schrift, die ich nicht kannte und die offensichtlich mit Verhandlungen zum Fürstenbund zu tun haben musste: *Memorandum für Prinz Heinrich vom 12. Mai 1778.*

Schuchard sah mich fragend an, ich nickte. Zum ersten Mal hatte ich das Gefühl, auf einer richtigen Spur zu sein. Am 16. Mai 1778 hatten sich Prinz Heinrich, der außenpolitisch versierte Bruder Friedrichs II., und Herzog Carl August in Berlin getroffen. Man tagte im Palais des Prinzen, der heutigen Humboldtuniversität. Ich wusste bis zu der Stunde jedoch nicht, wer bei dieser heiklen Konferenz noch mit am Tisch saß. Und als ich das in alten Quellen nachlas, holte ich tief Luft. Dem Prinzen Heinrich assistierte Graf Goertz, dem Herzog Carl August assistierte Goethe. Wie ging das zusammen, Goertz und Goethe?

Dann stieß auch Schuchard in den Anmerkungen auf Andeutungen, die ihn hellhörig machten. Er las sie viele Male und kam zu dem Schluss, dass Goertz möglicherweise doch heikle Interna an Massenbach weitergegeben haben könnte, mit denen der Obrist dann König Friedrich Wilhelm erpresste: »Massenbach war zu weit gegangen und wurde eingekerkert, er soll aber immer Einzeltäter gewesen sein. Vielleicht gab es in der preußischen Geschichtsschreibung ein Tabu zum Thema Goertz, um nicht den Anschein zu erwecken, es gäbe da eine potenziell gefährliche Opposition. Ich werde mir die Gerichtsakten vom Prozess gegen Massenbach anschauen. Ich bin gespannt, ob Goertz darin auftaucht.«

Im Frühjahr 2005 hatte ich den zweiten Teil der »Irrtümer« fertig geschrieben, es folgte das zeitraubende Korrekturlesen. Kleine Seitensprünge leistete ich mir dennoch. Dazu gehörte das Durchforsten des Internets nach antiquarischen Büchern zum Thema Goertz. Ich gab Suchbegriffe wie: *Eustach von Goertz*, *Ex Bibliotheca Comitum de Goertz* und *Goertz* ein. Ich machte auch einen Versuch mit dem Namen Christian von Massenbach und blieb unter den über tausend Einträgen zufällig bei folgendem hängen: »Suche Literatur von und über Ch. v. Massenbach ab 1806, auch Bücher aus der Bibliothek des Grafen Goertz.« Die angegebene Internetadresse stammte von einer Universität in Kalifornien. Wer Goertz-Bücher suchte, musste auch welche besitzen und über Goertz etwas wissen.

Ich mailte über den Teich. Professor B., der über Massenbach arbeitete, sei gerade in Europa, bekam ich von seiner Sekretärin zur Antwort, und er würde sich bei mir melden. Ich rief Doktor Schuchard an, um ihn nach Neuigkeiten zu fragen. Seine Frau sagte, ihrem Mann ginge es nach der Krebsoperation nicht gut, ich möge mich noch einen Monat gedulden.

Erneuter Besuch bei »meinem« Antiquar. Ich bat ihn, in Erfahrung zu bringen, ob Goertz-Bücher bei der Auktion von 1996 in die USA gegangen waren. Er telefonierte in meinem Beisein mit dem Auktionshaus, das 1996 die Goertz-Bibliothek versteigert hatte. Ob auch Titel in die Staaten verkauft wurden. Die Antwort lautete: Ja, etwa sechshundert Titel. Aber die seien damals nicht im Auktionskatalog aufgelistet worden.

Ich wollte erfahren, warum.

Weil sie gar nicht in die Versteigerung gekommen seien, denn sie wären wegen ihrer vielen Anmerkungen alles andere als präsentabel gewesen. Die Kunden liebten saubere Exemplare. Ein amerikanischer Professor habe sich vor der Auktion diese Bücher heraussuchen können.

Mich hielt nichts mehr auf meiner Abseitsposition, um selbst mit dem Auktionator von 1996 sprechen zu können. Ob er mir den Namen des Professors sagen könne.

Das könne er nicht.

Ob er mir den Namen B. bestätigen könne?

Er wisse den Namen schlicht nicht mehr.

Wie es passieren konnte, dass eine Bibliothek mit kompletten, vielbändigen Ausgaben, von denen nur je ein Exemplar in den Zimmern des Schlosses gestanden haben soll und die anderen in Truhen auf dem Boden lagen, auseinandergerissen wurde? Es wäre doch bei der Bestandsaufnahme ein Leichtes gewesen, die getrennt aufbewahrten Exemplare einer Ausgabe wieder zusammenzufügen, statt ein Halbdutzend Antiquare in Deutschland kistenweise mit unvollständigen Reihen zu versorgen.

Die Retourkutsche kam prompt. Ob ich die Gepflogenheiten der Branche nicht kenne und nicht wisse, was Diskretion bedeute. Ob ich gar für die Presse arbeite und einen Skandal anzetteln wolle. Damit war das Gespräch beendet. Der Kommentar »meines« Antiquars lautete: »Solche Fragen stellt man nicht.«

Im Sommer rief ich wieder bei Doktor Schuchard an. Seine Frau sagte, ihr Mann sei gestorben. Sie bot mir das Archiv ihres Mannes an. Wenn, dann müsse ich alles kaufen, sonst würde sie die Sammlung einem Händler überlassen. Ich bat um Bedenkzeit und um eine Bestandsliste. Ich erhielt beides, 3000 Bände, dazu die Preisvorstellung. Ich hatte das Geld nicht. Als Trost blieb mir, zu wissen, dass Schuchard keine Titel zu Friedrich II. gesammelt hatte, die ich nicht besaß. Von oder über unseren Grafen fand sich dort gar nichts.

Inzwischen war mein Buch erschienen, und ich ging auf Lesereise. Ich trug über Friedrich vor, war aber in Gedanken bei Goertz. Im Geheimen Staatsarchiv Berlin ließ ich mir seine Berichte zeigen, die er als preußischer Gesandter in Petersburg nach Berlin geschrieben hatte, lange und detaillierte Ausführungen, deren Hintergründe ich nicht verstand. Im Findbuch zu diesen Berichten stieß ich auf den Hinweis, dass die private Korrespondenz von Goertz im Archiv der Grafen von Rechberg aufbewahrt werde. Stand November 1921. Im Internet fand ich zu diesem Archiv tatsächlich einige Angaben, dazu die Abbildung des Familiensitzes, ein viertürmiges Renaissanceschloss. Im Hotelzimmer telefonierte ich mit einem Nachfahren des Grafen und fragte, ob der Bestand der privaten Goertzkorrespondenz noch in seinem Haus vorhanden sei.

Ein kräftig schwäbisch gesprochenes »Ja« war die Antwort.

Ob ein Zugang zu den Quellen möglich sei, wollte ich wissen.

»Im Prinzip schon, aber über das Konkrete reden Sie bitte mit unserer Historikerin, sie betreut das Archiv.«

Ich konnte mir die Frage nicht verkneifen, warum er 1996 die Goertz'sche Bibliothek hatte versteigern lassen.

»Wie kommen Sie denn darauf?«, fragte mich der Graf.

Ich wiederholte, was mir mein Antiquar zur Provenienz der 1995 aufgelösten Bibliothek gesagt hatte.

Der Graf lachte: »Die Goertz'sche Bibliothek war nie in unserem Besitz. Ich hätte sie gern gehabt. Ich bekomme ja auch Auktionskataloge, und ich habe mich immer wieder gefragt, wo die angebotenen Bände mit einem Male herkommen. Bei uns hat die Bibliothek jedenfalls nie gestanden. Und ich weiß auch nicht, in wessen Besitz die Bücher vor 1996 waren. Was die Goertz-Briefe in unserem Archiv angeht, da helfe ich Ihnen gern weiter.«

Das erste Gespräch mit der Hüterin des Goertz-Nachlasses war wesentlich länger. Wir kamen zur Korrespondenz. In welchem Umfang sie erhalten sei? Ob die Briefe in Teilen oder vollständig aufgearbeitet worden sind? Ob sie in den Briefen gelesen habe? Ob und wie sich Graf Goertz in den Briefen über König Friedrich äußerte?

Auf derart Konkretes konnte sie keine Antwort geben, weil sie nur sporadisch in einigen der Briefe gelesen hatte: »Es sind hier vielleicht drei- oder viertausend Briefe aus der Zeit von 1768 bis 1806 erhalten, die sich Graf und Gräfin Goertz geschrieben haben. Die alle durchzulesen würde Jahre dauern, so ein Brief kann zehn Seiten oder noch länger sein. Hinzu kommen die Briefe mit den Verwandten und Freunden oder Weggefährten, das geht bis zum Tod von Goertz 1821.«

»Warum gibt es so viele Briefe?«

»Weil Graf und Gräfin Goertz in ihrer Ehe mehr getrennt als zusammen lebten. Der Graf war immer irgendwo unterwegs.«

»Warum unterwegs? Hatte er eine Geliebte?«

»Goertz eine Geliebte? Jeder andere, aber der nicht.«

»Spielt Christian von Massenbach in der Korrespondenz irgendeine Rolle?«

»Da schaue ich in das schlaue Repositorium, vor hundert Jahren wurden zumindest mal die Namen der Korrespondenten aufgelistet. Massenbach, sagen Sie? Fehlanzeige. Aber das muss nichts bedeuten, vieles im Goertznachlass ist noch nicht inventarisiert. Da gibt es immer wieder schöne Entdeckungen. Ich bin beim Stöbern beispielsweise auf einen Umschlag gestoßen, in dem ein foliogroßes Blatt lag, auf das etwa 20 verschiedene Stoffproben geklebt sind.«

»Stoffproben?«

»Ja. Schmale Streifen aus Musselin, Seide und Brokat von den Kleidern der Gräfin Goertz. Darunter standen das Anschaffungsdatum des jeweiligen Kleides und die Ausgaben für den Schneider. Man kennt somit in etwa die große Garderobe der Gräfin aus ihrer Weimarer Zeit.«

»Wie stelle ich mir Gräfin Goertz vor, war sie groß, klein, zierlich, welchen Charakter hatte sie?«

»Ich kenne ein Altersporträt von ihr, eine kleine, zierliche Frau mit eingefallenem Gesicht, großen Augen und schmalen Lippen. Das drückt eine gewisse Entschlossenheit aus.«

»Graf Goertz wird in einem alten Lexikon als hochgebildet geschildert, war das auch die Gräfin?«

»Soviel ich sagen kann, hatte sie viele Interessen. Eine Philosophin war sie vermutlich nicht, eher praktisch veranlagt. Die Erziehung ihrer Kinder lag ihr sehr am Herzen, deswegen engagierte sie als Lehrer auch Herder, als sie noch in Weimar lebte.«

»Wie lange lebte Gräfin Goertz in Weimar?«

»Zehn Jahre, in denen sie auch Goethe hautnah erlebte.«

»Wissen Sie etwas über das Verhältnis von Graf und Gräfin zueinander?«

»Wie gesagt, ich habe immer nur sporadisch in den Briefen der beiden gelesen. Ich würde ihr Verhältnis als innig bezeichnen. Die Gräfin starb 1809, in den letzten Jahren der Ehe muss es wohl eine Krise gegeben haben, soweit ich mich erinnere. Aber die Gräfin war stets über das im Bilde, was der Graf gerade unternahm. In einem ihrer Briefe warnt sie ihren Mann vor Anna Amalia, die seine Briefe wohl abfangen ließ. In einem anderen warnt sie ihn vor dem Kaiser, der Goertz verhaften lassen will. Sie schreibt auch vom König, der Rettung bringt, in den späteren Briefen taucht der Name Napoleon auf. Ich hatte immer den Eindruck, dass es um große Politik geht.«

»Wie stand Gräfin Goertz zur Herzogin Anna Amalia?«

»Ich glaube recht kritisch. Ein Herz und eine Seele waren die beiden sicher nicht. Immerhin hatte die Herzogin ja ihren Mann entlassen. Er bekam eine Abfindung. Aber der Schein trügt. Die Herzogin hat wohl nicht gezahlt. Ich glaube, sie hätte Goertz am liebsten in die Wüste geschickt.«

»Warum? Er war der Erzieher ihres Sohnes, des Erbprinzen. Das war eine absolute Vertrauensstellung.«

»Ich weiß nicht, was damals in Weimar passiert ist. Ich habe mal in einer Biografie über Anna Amalia gelesen, dass Goertz so etwas wie einen Staatsstreich geplant hat. Die Herzogin sollte weg, damit Carl August, also der Schützling von Goertz, regieren konnte. Aber verlangen Sie keine Details von mir.«

»Wenn Sie das Repositorium vor sich liegen haben, können Sie herausfinden, ob es im Nachlass von Goertz ein Tagebuch oder Memoiren oder Erinnerungen gibt?«

»Auf Anhieb kann ich das nicht, vielleicht steht im Findbuch etwas dazu. Wenn ich wieder im Gräflichen Archiv bin, schaue ich nach. Jetzt sitze ich im Büro, das liegt in einem anderen Gebäude.«

»Wissen Sie, wo die Goertz' in Weimar wohnten?«

»Nein, dafür habe ich mich nie interessiert. Ich habe auch nur in einigen ihrer Briefe gelesen, weil ihre Schrift gut zu lesen ist und das Schriftbild schön ausschaut. Der Graf hatte eine fürchterliche Krakelschrift.«

»Waren die Goertz' gut situiert?«

»Die Gräfin verwaltete das Familienvermögen und sie tat das gründlich. Die Goertz' waren wohl sparsame Leute, von unnötigen Ausgaben oder großen Festen hielten sie nichts. Und ihre Töchter verwöhnten sie auch nicht.«

»Die Goertz' hatten drei Töchter?«

»Ja. Die älteste hieß wie ihre Mutter Caroline und starb mit zwanzig Jahren 1792. Dann kam Luise Caroline, 1774 geboren, vier Jahre später wurde Maria Anna geboren.«

»Aber kein Stammhalter?«

»Darüber war Goertz unglücklich. Er adoptierte später Baron Labes und der heiratete Luise Caroline. Der gute Mann ruinierte sich dann mit dem Bau seiner Burg Schlitz und ging 1830 bankrott. Die Burg Schlitz liegt doch bei Ihnen in der Nähe?«

»Ja, es gibt in Mecklenburg eine Burg Schlitz«, sagte ich.

»Dort wird einiges von dem hingegangen sein, was Luise Caroline nach dem Tod ihres Vaters geerbt hat.«

»Wissen Sie etwas über die Bibliothek des Grafen?«

»Das tue ich nicht, aber weil sie nicht in den Rechberg'schen Zweig gelangte, muss sie der Baron Labes auf seinem Schloss gehabt haben. Hier liegt aber eine Abschrift des Buchinventars der Goertz-Bibliothek, aufgenommen unmittelbar nach dem Tod des Grafen 1821.«

»Gibt es ein Testament?«

»Im Repositorium habe ich nichts davon gelesen.«

Ich fragte, ob die Goertzkorrespondenz bereits kopiert vorliege.

»Nein. Sie werden herkommen müssen. Sie brauchen Zeit und Geduld. Und das alles unter meiner Aufsicht.«

»Wie komme ich zu dem Vergnügen?«

»Das verdanken Sie einem Historikerkollegen, der hier vor Jahren nicht nur alte Urkunden angeschaut, sondern sie auch mitgenommen hat. Sie tauchten dann in einem Auktionskatalog auf, und unser Graf musste sie zurückkaufen.«

Weil die Hüterin der Archivalien im Sommer viel unterwegs war, verabredeten wir uns für September.

Es war Zeit, Urlaub zu machen, zu Pfingsten galt der Familienausflug der Burg Schlitz in der Mecklenburgischen Schweiz. Über den von Labes und Lenné angelegten Park hatte ich einiges gelesen, über den Hausherrn und Schwiegersohn von Goertz war nur in Erfahrung zu bringen, dass er als preußischer Legationsrat im Außenministerium viel umherreiste, sich dann aber zurückzog, um Landwirtschaft zu

Burg Schlitz in Mecklenburg. Stich um 1830

betreiben. Wir buchten im nunmehrigen »Hotel Burg Schlitz« und kamen dort abends an. Meine Tochter war enttäuscht, statt einer vieltürmigen Burg mit Zinnen und Wassergräben erwartete sie ein klassizistisches Schloss. Drei Pavillons, durch Galerien verbunden. Von unserem Zimmerfenster sahen wir in den alten Park. Baumriesen standen dort im Frühlingsgrün. Das Abendessen nahmen wir, wie in der Speisekarte zu lesen war, in den einstigen Gesellschaftsräumen ein. Sie liegen zu ebener Erde, auch mit Blick in die weite Landschaft. Ich fragte, ob mehr über das Schloss und seine früheren Besitzer zu erfahren sei.

»Im Raucherzimmer«, war die Antwort. »Oder bei Herrn Bringmann. Der wohnt im Dorf und macht Führungen durch den Park. Wenn sich einer auskennt, dann Herr Bringmann.«

Im jetzigen Raucherzimmer hatte Labes, als er auf Burg Schlitz lebte, seine Bücher stehen, also auch die von Graf Goertz geerbten. Nun standen dort eine schwarze Sitzgarnitur und ein Regal mit abgegriffenen Reiseführern über Mecklenburg.

Am nächsten Tag lud uns Herr Bringmann zu einem Parkrundgang. Der pensionierte Förster betrieb seit fünfzig Jahren Heimatforschung und hatte an jedem seine Freude, der ihm zuhörte. Wir wanderten an buschigen Eiben, stattlichem Ginkgo, Weißtannen und Esskastanien vorbei und bestaunten die riesige Libanonzeder, die Labes angepflanzt hatte, obwohl das Goethe hätte tun sollen, aber der sei dann doch nicht gekommen, vielleicht wegen des Schwiegervaters von Labes, aber Goethe hatte ein Einweihungsgedicht für das Schloss gesandt.

»Hatte Goethe etwas gegen den Schwiegervater von Labes?«

»›Wohin, wohin beug ich meinen Schritt, / Dem Ekel zu entfliehen, der mich umsaust‹ – die Zeile stammt aus dem ›Tasso‹, und wissen Sie, wem sie gilt? Goertz, diesem Strippenzieher, den Anna Amalia zum Glück zum Teufel gejagt hat.«

Herr Bringmann wies uns auf nach Zitrone duftende Sträucher hin, die den Wegrand säumten.

»Wäre Goethe nicht nach Weimar gekommen, wer weiß, was der feine Herr Graf dort noch für Unheil an Carl August angerichtet hätte. Aber Goethe hat dem Goertz den richtigen Denkzettel verpasst. Wie gut kennen Sie den ›Torquato Tasso‹«?

»Ich fürchte, nicht gut genug, um Ihre Anspielung zu verstehen«, erwiderte ich.

»Anspielung? Nein, das ist deutlich, das hatten wir damals schon in der Schule gelernt, da wusste ich nichts von Labes und Schlitz, aber von Antonio im ›Tasso‹ alias Goertz.«

Dann zitierte Bringmann die Goetheverse zur Einweihung von Burg Schlitz:

»Wer auf die Welt kommt, baut ein Haus.
Er geht und lässt es dem Zweiten,
der wird es anderen zubereiten.
Und niemand baut es aus.

Das ist doch deutlich, oder? Goethe schreibt von einem Haus, das jemand baut, womit natürlich die Familie gemeint ist. Und niemand baut es aus. Das geht gegen Goertz, der nur drei Töchter hatte und

Labes adoptieren musste, damit der Name nicht ausstarb. Da hat Goethe dem alten Goertz noch seinen Totenschein ausgestellt, denn Labes hatte auch nur eine Tochter, ist das nicht kurios?«

Wir entdeckten beim Rundgang durch den Park verfallene Grotten, ausgehöhlte Baumstümpfe, in denen Reste von Statuen standen, und im Gebüsch so manche alte Vase, und waren hellauf begeistert. Meine Tochter stopfte sich ihre Taschen mit Porzellanscherben voll, von denen Herr Bringmann meinte, es seien Reste des 1945 geplünderten Schlossinventars. Nach jedem größeren Regenschauer würde der Boden das eine und andere freigeben.

Der alte Förster wusste auch zu berichten, dass nach dem Bankrott von Labes 1830 Burg Schlitz samt Inventar von Graf Bassewitz gekauft wurde. Bassewitz hatte die einzige Tochter aus der Ehe von Labes mit Caroline von Goertz geheiratet.

Ich fragte, ob Labes eine Bibliothek besessen hätte und was aus ihr geworden sei.

Bringmann konnte auch darauf eine Antwort geben. Labes hatte sich eine landwirtschaftliche Bibliothek zugelegt und 1821 die Bibliothek seines Schwiegervaters geerbt. Schloss und Inventar blieben bis 1931 in Besitz der Familie Bassewitz, dann saß die Wehrmacht dort, später wurde Burg Schlitz Altenheim. Und dann erwähnte der einstige Förster noch, dass er die Kopie des Bücherverzeichnisses aus dem Jahre 1830 besitze. Auf meine Bitte hin sandte er es mir einige Wochen später zu. Es war nicht vollständig, aufgelistet waren etwa viertausend Positionen. Viele Titel, die ich aus der Bibliothek des Eustach von Goertz besaß, fanden sich dort wieder, erstaunlich viele über die Kriege von 1806 bis 1815 und etliche Schriften von Massenbach.

Professor B. aus Kalifornien mailte mir, dass er im August zum Preußenkolloquium in Berlin sein werde, zu dem auch ich eingeladen war.

Ich hatte ihn gebeten, mir zwei oder drei seiner Goertz-Bücher mitzubringen, und wenn es ginge, die Exzerpte der Goertz'schen Anmerkungen. Meine Erwartungen waren hochgesteckt. Ich rechnete in den Anmerkungen nicht mit Hinweisen auf Friedrich II. oder zu Anna Amalia, wohl aber auf Massenbach und die geheimen Memoiren.

Sechshundert Bücher, dermaßen mit Randbemerkungen überzogen, dass ein Auktionshaus diese Exemplare für nicht mehr verkäuflich hielt, müssten etwas von den gesuchten Informationen enthalten.

Dann stand nach einem Vortrag der Hochschullehrer aus Kalifornien neben mir und freute sich auf meine Bekanntschaft. Er hatte zwei seiner Bücher aus der Goertz'schen Bibliothek in seinem Gepäck und eine Mappe mit sämtlichen Randbemerkungen aus den anderen Exemplaren. Ich hatte drei Goertz-Bücher dabei und ebenfalls eine Mappe mit den exzerpierten Randbemerkungen. Meine Mappe umfasste vier Seiten, seine 280.

So, wie wir über den Papieren saßen, haftete uns wohl etwas Subversives an. Der Kellner blickte jedenfalls missmutig auf unsere Mitbringsel, vielleicht brauchte er aber auch nur einen freien Tisch, um servieren zu können. Wir schoben beiseite, was uns zusammengeführt hatte, und redeten über Rikschas, die nun auch in Berlin fuhren. Ich besah mir dabei die mitgebrachten Exemplare. Anmerkungen zogen sich von der ersten bis zur letzten Seite. Mal klein und konzentriert an den Rand geschrieben, mal flüchtig unter Hinterlassung zahlreicher Tintenkleckse. Die Anmerkungen waren in deutscher Sprache verfasst, die Schrift stammte nicht von Goertz – Notizen zu Truppenkontingenten von Armeen, die sich in verschiedenen Schlachten gegenüberstanden, Quartiere, Ortschaften, Getreidevorräte, Pferde, Kanonen, Stiefel, Zelte und Decken. Auch die exzerpierten Anmerkungen in der Mappe hatten kein anderes Thema.

Keine Frage, ich war enttäuscht. Ich erfuhr, dass sämtliche Anmerkungen Versorgungslisten der preußischen Armee aus den Jahren 1800 bis 1806 ergaben. Aufgestellt vom Generalquartiermeister von Massenbach und seinen Offizieren. Fünf verschiedene Handschriften seien festgestellt.

Fast kleinlaut fragte ich dennoch, ob sich die Namen Anna Amalia oder Herzog Carl August von Sachsen-Weimar dort fanden. Ob es zum Fürstenbund eine Notiz gab. Ob Graf Goertz in den Anmerkungen irgendeine Rolle spielte. Die Antworten waren stets gleich und lauteten: Nein. Und die Bücher interessierten ihn nur deshalb, weil er aus den Anmerkungen preußische Militärgeschichte aus erster Hand rekonstruieren könne, und das sei für einen Militärhistoriker ein Geschenk des Himmels.

Sollte sich Goertz diese militärgeschichtlichen Bücher angeschafft haben? Und wie kamen Massenbachs Beschaffungslisten hinein?

Ich fragte B., ob ihm das Pamphlet gegen Massenbach bekannt sei, wo es um die Bücher von Goertz ging, und dass der Graf dem Massenbach Staatsgeheimnisse übermittelt habe. B. kannte das Pamphlet nicht.

»Vermutlich ist dieses Pamphlet auch bedeutungslos, denn nach Preußens Beinahe-Untergang Anno 1806 wurde Massenbach für nahezu alles Ungemach in der Armee verantwortlich gemacht. Vom Generalstab bis zum König war man sich einig, dass ein Schuldiger hermusste. Und das war Massenbach. Der hatte sich deshalb nach 1806 auch so heftig publizistisch verteidigt, dass er weit über die Stränge schlug. Massenbach griff Blücher, vom Stein und den König an. Und damit nicht genug, wollte er noch dem König mit der Veröffentlichung von Staatsgeheimnissen drohen. Ich weiß nichts über den Grafen Goertz, im Leben von Massenbach spielte er jedenfalls keine Rolle. Wann ist er aus dem Dienst geschieden?«

»1806, da war Goertz 69 Jahre alt.«

»Massenbach brachte seine Staatsgeheimnisse aus dem Generalstab mit. Als Massenbach der Prozess gemacht wurde, erschienen zahllose Pamphlete gegen ihn, und was da behauptet wurde, hatte ganz selten etwas mit der Wahrheit zu tun. Man machte Stimmung gegen ihn, er sollte schon vorher fertiggemacht werden.«

»Aber was hatte das mit Goertz zu tun?«

Die Antwort darauf kam Stunden später, nach der zweiten Flasche Wein. In einem der Bücher, berichtete B., habe er unter dem Eigentumsstempel *Ex Bibliotheca Comitum de Goertz* den Eintrag: Burg Schlitz, 1822 gefunden.

Das war der Schlüssel auf der Suche nach den geheimen Memoiren des Grafen Eustach von Goertz. Die etwa sechshundert Titel, die B. aufgekauft hatte, trugen zwar den gleichen Eigentumsstempel wie die Bücher von Eustach von Goertz, aber nicht er selbst hatte sie angeschafft, sondern sein Schwiegersohn, Baron von Labes, alias Graf Goertz von

Schlitz auf Burg Schlitz, wie er öfter unterzeichnete. Demzufolge war in dem Pamphlet aus dem Hamburger Antiquariat nicht Eustach von Goertz, sondern sein Schwiegersohn gemeint. Was der mit Massenbach zu tun hatte, wusste B. nicht. Eustach von Goertz hatte keine Memoiren in Form von Anmerkungen in seine Bücher geschrieben, eine Namensverwechslung hatte mich über Monate in die Irre geführt, aber auch die Neugierde auf das Leben des Grafen Goertz geweckt. Bis zur Reise in das gräfliche Archiv blieben mir noch Wochen, in denen ich alles zusammentrug, was ich über Goertz finden konnte.

Goertz und Anna Amalia

Johann Eustach von Goertz zu Schlitz wurde 1737, zwei Jahre vor Prinzessin Anna Amalia von Braunschweig, der späteren Herzogin von Sachsen-Weimar, geboren. Sein Geburtsort war die alte Burg Schlitz, diesmal im Hessischen, Stammsitz der Familie Goertz. 1677 hatte Kaiser Leopold I. die Goertz' in den Reichsgrafenstand erhoben. Fortan krönten das Familienwappen die gefüllte Reichsgrafenkrone und zwei schräggestellte Zinnen. Eustachs Vater, streng gegen jedermann, ließ seine ihm zustehende Leibgarde von 38 Mann regelmäßig als Steuereintreiber und Polizeitrupp einsetzen, was bei den Untertanen schlecht ankam. Unruhen und Prozesse gegen den Burgherrn waren die Folge. Den jungen Eustach ließ man vorsorglich mit seinen beiden älteren Brüdern und zwei Schwestern hinter den schützenden Burgmauern spielen.

Eustachs Vater bestimmte seinen Letztgeborenen für die Diplomatenlaufbahn. Im August 1748 ging der Elfjährige für zwei Jahre an das berühmte Carolinum in Braunschweig, eine von Herzog Carl gegründete Eliteschule. Der Herzog besuchte seine Einrichtung oft auch in Begleitung seiner Kinder. Gut möglich, dass sich Anna Amalia und Goertz bereits im Carolinum begegneten. Die Prinzessin galt als zurückhaltend, war eine stille Beobachterin. Philippine, die Mutter Anna Amalias und Schwester Friedrichs II. von Preußen, hatte keine ausgeprägte Beziehung zu ihren zwölf Kindern. Wenn Philippine über ihre

Die mittelalterliche Burg Schlitz bei Fulda. Zeichnung aus dem 19. Jahrhundert

Kinder berichtete, dann kaum mehr als: »Die Kinder waren sehr nett, jedes nach seiner Art.«

1752, Anna Amalias Eltern begannen sich nach einer passenden Partie für sie umzusehen, wechselte der fünfzehnjährige Goertz an die Universität Leyden. Deren Ruf war ausgezeichnet, junge Adlige aus ganz Europa bereiteten sich dort auf ihre Karriere vor.

Krieg war in jenen Jahren aus Zentraleuropa verbannt, die Tore des Janustempels blieben geschlossen. An vielen Höfen regierten Musen und Mätressen. Frankreich, in Wissenschaft, Philosophie und Kunst tonangebend, wurde von Madame Pompadour beglückt. Die Geliebte Ludwigs XV. avancierte zur mächtigen Beschützerin und Förderin der Aufklärer, sie selbst kreierte unentwegt Mode, Gärten und Schlösser. In den Pariser Salons gaben sich Diderot, d'Alembert, Holbach, Montesquieu und, wenn er nicht gerade im Exil leben musste, auch Voltaire die Klinke in die Hand. Rousseau hatte seine großen Werke noch nicht geschrieben, stand jedoch an der Schwelle zum Ruhm.

Goertz, der spätere Prinzenerzieher, sollte bald alles Verfügbare von Rousseau lesen. 1775 kam es zwischen den beiden in Paris zu einer kuriosen Begegnung. Rousseau, hochberühmt und umstritten, hatte an jenem Tag allerdings keine Lust, mit dem Grafen Goertz über Kindererziehung zu reden, und fertigte den Deutschen mit einer in graue Pappe gebundenen Ausgabe seines Erziehungsromans ›Emile‹ ab. Wir kommen auf die Episode noch zurück. Den ›Emile‹ aus der Goertzschen Bibliothek fand ich übrigens bei meinem Antiquar am Tag nach dem Brand in Weimar, er kostete mich 15 Euro.

Als der junge Goertz von 1752 bis 1754 in Leyden studierte, wird er als Interessierter am Zeitgeschehen in den aktuellen Journalen auch Neuigkeiten über den Musenhof in Potsdam gelesen haben. Friedrich II. hatte an seiner Tafel europäische Größen versammelt; den Mathematiker und Geografen Maupertuis, der bei einer seiner Expeditionen die Abplattung der Pole entdeckt hatte, den Gott der Materialisten La Mettrie, der unter Mensch eine Verdauungsmaschine mit einer Öffnung oben und einer unten verstand. Bei Friedrich verkehrten in jenen Jahren der Gott der Aufklärer Voltaire, der Philosoph d'Argens, der international handelnde Kunstagent Algarotti. In Potsdam und Berlin gab es Maskenbälle und große Oper. Friedrichs Sänger und Tänzer zählten zu den besten in Europa. »Sein« Kastrat Porporino, eine europäische Berühmtheit, war Schüler des legendären Farinelli. Die Akademie in Berlin, vom König immer wieder dazu ermuntert, streckte ihre Fühler überall dorthin aus, wo es Neues zu erkunden und herauszufinden galt. Gelehrte wie Abenteurer zog es an den preußischen Hof, von Winckelmann, der die Freizügigkeit lobte, über Casanova, der nach einer Anstellung suchte, bis zum berüchtigten Cagliostro, der vergebens auf eine Audienz beim König wartete. Als Goertz studierte, gründeten sich in Berlin literarische Gesellschaften, in denen die Herren Lessing, Moses Mendelssohn und der Offizier und Dichter Ewald von Kleist auftraten. Der junge Goertz wird bei seinen vielen Streifzügen durch die Leydener Buchhandlungen, von denen er seiner Mutter nach Schlitz schrieb, wohl auch eines der zahlreichen, als Raubdrucke zirkulierenden Exemplare der »Poesies diverses«, verfasst von Friedrich II., lektoriert von Voltaire in Potsdam, in Händen gehalten haben. Ein Vierteljahrhundert später, 1779, sollte der König dem zum versierten Diplomaten aufgestiegenen Literaturliebhaber Goertz ein Exemplar

Johann Eustach von Goertz
als Prinzenerzieher

seiner Gedichte zueignen. Goertz schrieb auf das Vorsatzblatt: *Potsdam, am 22. August.*

225 Jahre später entdeckte ich auch dieses Buch bei »meinem« Antiquar. Die ›Poesies diverses‹ waren der Auktion vom März 1996 nur deshalb entgangen, weil der prächtige, marmorierte Ledereinband, die Rückenfileten von unansehnlichem Papier überklebt, dem Augenschein der »Experten« nicht standgehalten hatte und deshalb in einem der Bananenkartons gelandet war.

Goertz, der von Gestalt zierliche Student, mied in Leyden jeden Händel mit hitzköpfigen Kommilitonen. Sauforgien oder Mutproben wie nächtliches Scheibeneinwerfen waren nicht nach seinem Geschmack. Während der häufigen Ferien reiste Goertz ins nahe Haag, bekannt für seinen florierenden Buchmarkt, noch bedeutender jedoch als Stadt der Diplomaten. Goertz fand dort bald, auf Empfehlung seiner Mutter, Zutritt zu den besten Häusern. Wie Diplomatie funktioniert, was man mit welchen Mitteln in Erfahrung bringt, wie man dieses Wissen zum eigenen Vorteil und Nachteil anderer einsetzt, wird Goertz aus berufenem Munde erfahren haben. Der junge Graf war ehrgeizig, aus seinen Briefen an die Mutter, der Vater war bereits 1747 gestorben, spricht erstaunliche Reife. 1787, als Goertz selbst eine Diplomatenberühmtheit war, urteilte der populäre Graf Mirabeau: »Der Graf Goertz ist ein Mann von Geschicklichkeit … Er ist kalt, trocken, unangenehm, aber fein, Herr über sich, obgleich heftig und ein guter Beobachter.«

Mit siebzehn Jahren wechselte Goertz 1754 an die Universität von Straßburg, studierte Staats- und Völkerrecht. Goertz lebte nun in einer Metropole und verlor seine Schüchternheit. Er zog mit seinen Kameraden zum Zechen, besuchte regelmäßig das Theater, hielt auf modische Kleidung, die ihren Preis hatte, und kaufte Bücher. Zwei Marotten des jungen Grafen sind aus jener Zeit verbürgt: das Glücksspiel und die Lust an der Satire. Das erste Laster gewöhnte sich Goertz nach schmerzvollen Verlusten allmählich ab, das zweite behielt er sein Leben lang bei, verfeinerte bissige Kommentare, die zu Bonmots der guten Gesellschaft wurden. Restif de la Bretonne kolportierte diesen Goertz in seinem ironischen Werk »Tableaux de la bonne Compagnie«, erschienen 1788. Eine Stelle sei hier zitiert: »Ständiger Begleiter des Herrn Grafen ist sein weißer Spitz, auf den er gelegentlich tritt, dieses aber nicht mit der Absicht, dass sein verschwiegener Mitstreiter endlich die Zähne zeigt, sondern weil der Herr Graf schlecht sieht. Man kann nur hoffen, dass dieser so wichtige Mann nicht an jemand Verwechselten gerät und ihm Dinge anvertraut.« Dieses Buch erwarb ich wegen der zahlreichen Stiche für 120 Euro, Anmerkungen von unserem Grafen gab es leider nicht.

In Braunschweig hatte unterdessen Anna Amalias Vater einen Kandidaten für seine Tochter gefunden, den siebzehnjährigen Erbherzog Ernst August Constantin von Sachsen-Weimar. Ein schwächlicher Bursche. Die avisierte Verbindung hatte natürlich ausschließlich dynastische Gründe. Der linkische Prinz Constantin und die zurückhaltende Prinzessin Anna Amalia hatten keine großen Erwartungen aneinander. Später schrieb sie: »Man verheiratete mich, wie man Fürstinnen vermählt.« Doch noch lebte die Prinzessin bei ihren Eltern in Braunschweig, in der warmen Jahreszeit in der berühmten Residenz Salzdahlum, mit der einst Urgroßvater Herzog Anton Ulrich niemand Geringerem als Ludwig XIV., dem Bauherrn von Versailles, imponie-

Anna Amalia in jungen Jahren.
Stahlstich nach einem Gemälde

ren wollte. Anna Amalia liebte die Opernbesuche, die Schäferspiele im Park und Feuerwerke und die Maskenbälle im Grottensaal des Schlosses. Ein Frühlingserwachen, Affären mit Kavalieren oder Pagen hatte Anna Amalia in Braunschweig nicht, Sexualität scheint zu diesem Zeitpunkt keine Bedeutung gehabt zu haben.

Im März 1756 folgte die Vermählung. Onkel Friedrich, der 1733 an gleicher Stelle und gegen seinen Willen mit Elisabeth Christine von Braunschweig verheiratet worden war, gratulierte aus Potsdam seiner Nichte. Und schrieb seiner Schwester Philippine von drohenden Wolken am Friedenshimmel, der Siebenjährige Krieg kündigte sich an.

Anna Amalia zog als frischvermählte Erbherzogin 1756 in Weimar ein. Ihre neue Umgebung war ein Schock für sie. Statt Opern, Maskenbällen und Feuerwerken wie in Salzdahlum gab es vor ihrer Residenz nur blökende Schafherden. Künstler und Philosophen waren so rar wie das Geld in der Weimarer Staatskasse. Zu allem Übel brach im Herbst der Krieg aus. Was sich da an Allianzen und Kräftekonstellationen zusammengebraut hatte, ließ auch den Naivsten nichts Gutes ahnen, es wurde der erste Weltkrieg der Neuzeit. England und Frankreich rangen um die Vormacht auf den Meeren und um ihre Kolonien in Amerika, Indien, Afrika und den pazifischen Inseln. Ein grundsätzlicher Konflikt musste ausgetragen werden. Deshalb hätte Preußen noch nicht zum dauerhaften Kriegsschauplatz werden müssen, wie es das wurde. Friedrich hatte diesen Krieg weder initiiert noch begonnen oder überhaupt gewollt, wie oft unterstellt, weil er Österreich im Herbst 1756 angriff. Friedrich II. hatte keine Chance, denn der andere, wenngleich nicht globale Grundkonflikt betraf ihn durchaus: In Wien dachte man nicht daran, die von Friedrich 1741 eroberte Provinz Schlesien aufzugeben und die preußische Machtposition in Europa zu akzeptieren. Der Siebenjährige Krieg war bereits 1755 zwischen Frankreich und England ausgebrochen und wurde zunächst in Kanada ausgefochten, bevor ein Jahr später auch in Europa die Truppen gegeneinander marschierten. Es standen nicht nur England gegen Frankreich und Österreich gegen Preußen. Da wollten noch ein paar Potentaten mehr ein Wörtchen mitreden. Preußen war mit England und damit gegen Frankreich und Spanien verbündet. Österreich hatte die stattlichste Zahl von Preußengegnern zusammengekauft, Preußen war umringt von Feinden: Schweden, Russland, Frankreich und Sachsen. Dessen ehrgeiziger Erster Minister Brühl hatte die Teilungspläne für Preußen längst in der Schublade, er dachte vor allem an die fruchtbare Magdeburger Gegend und als Kunstsammler an das Inventar von Friedrichs Schlössern. Die Brandenburger Streusandbüchse wollten sich andere unter den Nagel reißen. Zarin Elisabeth von Russland, schwer dem Alkohol verfallen, wünschte sich Ostpreußen mit Königsberg. Frankreich wollte Hannover und Braunschweig, und Madame Pompadour hatte gar nichts dagegen, wenn das »ewige Lästermaul in Sanssouci« – Friedrich redete von der Mätresse als »Madame Fisch« – im »Orkus verschwinden« würde. Für Friedrich ging es um die Existenz seines Staates, das wusste er, bevor die ersten Kugeln abgefeuert wurden. Und deshalb verlangte er auch von dem kleinen Sachsen-Weimar, zumal durch Familienbande verknüpft, Loyalität. So saß die junge Musenfreundin Anna Amalia im noch musenlosen Weimar zwischen den Stühlen, denn auch der Wiener Hof verlangte von einem Reichsfürstentum Loyalität gegenüber dem Reichsoberhaupt.

Was tat die damals 18-jährige Herzogin?
Sie engagierte eine Theatergruppe und gründete eine Hofkapelle.

Eustach von Goertz hatte inzwischen erfolgreich sein Studium beendet und nahm, wiederum auf Vermittlung seiner Mutter, die Stelle eines Privatsekretärs beim Ersten Minister von Sachsen-Weimar an, wo sich der junge Mann nicht wohlfühlte. Das Straßburger Leben war noch frisch in Erinnerung und Weimar ein armseliges Nest. Goertz kam mit dem alten, mürrischen Minister Bülau, in dessen Haus er auch noch wohnte, nicht zurecht. Ein Jahr später ergab sich die Gelegenheit, als Kammerjunker an den Hof von Gotha zu wechseln. Bei der kunstsinnigen Herzogin Luise Dorothea sah sich Goertz besser aufgehoben. So bekam unser Graf nur vom Hörensagen mit, dass in Weimar die Erbherzogin Anna Amalia im September 1757 einen Sohn, den späteren »Goetheherzog« Carl August, zur Welt gebracht hatte. Goertz sollte ihm in gar nicht so weiter Ferne Vaterersatz und Erzieher werden. Noch aber weilte er in Gotha, wo man ein rasches Ende des Krieges erhoffte, zumal nach den glänzenden Siegen der Preußen. Die Schlachten von Roßbach und Leuthen Ende 1757 waren in aller Munde, in ganz Europa debattierte man über Friedrichs Husarenstück mit der schiefen Schlachtordnung. Aber der Krieg endete nicht. Es gab Einquartierungen, Beschlagnahmungen von Vieh und blühenden Schwarzhandel. Der Ton wurde rauer. Graf Goertz musste wie der Rest des Gothaer Hofes die Eindringlinge ertragen.

Anna Amalias Schicksal nahm in dieser Zeit eine andere Wendung. Ihr Gemahl, der einundzwanzigjährige Herzog Constantin, starb im Mai 1758 nach zwei Jahren Ehe und einem Jahr Amtszeit. Anna Amalia war bereits wieder schwanger und musste als Neunzehnjährige die Regierungsgeschäfte übernehmen, worauf sie in keiner Weise vorbereitet war. Anna Amalia hatte sich zeitlebens die Fähigkeit kritischer Selbstreflexion bewahrt, leider sind nur wenige Zeugnisse bewahrt, etwa ihre »Gedanken«, mit denen wir uns noch beschäftigen.

Aber Anna Amalia wollte regieren, und das, als in Europa die Kriegsfackeln loderten. 1758: Friedrich II. bekam eine Entscheidungsschlacht, die den Krieg zwischen Preußen und Österreich beenden sollte, nicht zustande, was auch wegen des globalen Konfliktes nur schwer möglich gewesen wäre. Die Franzosen machten den Engländern das Leben in Indien und Bengalen schwer, während die Engländer im Kaperkrieg erfolgreich waren und den französischen Handel nahezu völlig zum Erliegen brachten. Was auch bedeutete, dass Getreide, Holz oder Seidenstoffe für den Hof nicht mehr in ausreichenden Mengen angeliefert werden konnten. Die Franzosen verloren Kanada, nun standen die Engländer in Nordamerika.

Herzogin Anna Amalia verfügte, undichte Stellen im Dach des Weimarer Schlosses zu reparieren. Wasser war ins Mauerwerk gelaufen, Tapeten und Paneele verdarben. Sie beließ ihre Minister im Amt. In derart unruhigen Zeiten war Bewahren und nicht Verändern oberstes Gebot. Das galt zuerst für die familiären Belange. Für ihren vaterlosen Jungen hatte sie ein klares Reglement zu schaffen und einen Erzieher einzustellen. Er sollte jung, welterfahren, protestantisch und glaubensfest sein und Freude an Kunst und Literatur haben. Anna Amalia hörte sich um. Als eine Empfehlung wurde ihr »der Kammerjunker Goertz in Gotha« genannt. Goertz hatte den Ruf eines gebildeten, musischen und zurückhaltenden Kavaliers. Er hatte in Gotha das junge Fräulein Caroline von Uechtritz, seine spätere Ehefrau, kennengelernt. Sie war die einzige Tochter des Gothaischen Geheimrates Carl Emil von Uechtritz, eines aufgeklärten, nüchternen und vermögenden Adligen. Ihre Mutter Dorothea Christiane, geborene von Oppeln, brachte noch zwei Jungen zur Welt. Die junge Caroline erfuhr im protestantischen Elternhaus eine umfassende Bildung und lernte dort wohl auch mit Geld umzugehen und maßvoll zu wirtschaften. Von diesen Tugenden werden wir bald in ihren Briefen lesen. Ihre verwandtschaftlichen Bindungen führten das Mädchen wiederholt nach Weimar, wo sie auch in Gesellschaft gute Figur durch Konversation und Tanz zu machen verstand.

Ob auch in der Kriegszeit, bleibt ungewiss. Dennoch: Trotz der Bedrohung durch plünderndes Militär galt in der höfischen Gesellschaft das Motto Gelassenheit. Auf der kleinen Bühne im Gothaer Schloss – auch dessen Dach war undicht und die Kavaliere beklagten feuchte Wände – gab man Opern und Schauspiele. Im weitläufigen Gartenparterre zwischen Tulpenbosketten (Holland konnte trotz Krieg noch liefern) und vor duftenden Hyazinthen und Lilien stiegen immer bescheidener werdende Feuerwerke in den Himmel. Es gab die Liebespaare hinter schützenden Hecken, wir kennen sie von Gemälden jener Zeit. Goertz wird seiner Caroline aus den damals sehr beliebten »Jahreszeiten« von Jacob Thomson vorgelesen haben:

»Von den hellen Gefilden des schön aufgedeckten Himmels,
der Sonnen Kind, kommt glänzend der Sommer, im Stolz der Jugend,
und durch die Tiefe der Natur empfunden.
Er kömmt, von den schwülen Stunden, und stets fächernden Lüften,
auf seinen Wegen begleitet ...«

Anna Amalia ließ Erkundigungen über den Grafen einholen und schrieb ratsuchend ihrem Vater über Goertz: »Geist und Welt sind ihm eigen. Er gehört zu Denen, die mit Freudigkeit die Dinge erfassen. Ihn zeichnen Kenntnisse aus, die er durch Fleiß, Lektüre und ernstes Studium der Wissenschaft zu vermehren strebt. Seinen deutschen Stil kenne ich nicht, aber er schreibt und spricht ein treffliches Französisch. Er ist weder frech, noch anmaßend, sondern bescheiden und demütig, vielleicht ein wenig zu schüchtern ... Sein einziger Fehler ist, dass er eine satirische Ader, einen großen Hang zur Schalkheit, doch ohne Bosheit besitzt. Doch ist ihm große Liebe zum Spielen eigen, aber auch Diese hat ihn verlassen, er spielt nicht mehr Hasard.«

Fünfzehn Jahre später sollte Anna Amalia völlig anders über Goertz urteilen.

Als die Weimarer Herzogin dem Grafen das Angebot unterbreitete, Erzieher des Erbprinzen Carl August zu werden, müssen ihm die Ohren geklungen haben. Winkte dem Dreiundzwanzigjährigen da eine glänzende Zukunft? Bei erfolgreicher Mission standen eine satte Abfindung und ein Ministerposten ins Haus. 1761 wurde Goertz Prinzenerzieher auf Probe, ein Jahr darauf fest angestellt und in alleiniger Regie. Was auch die Übernahme der Vaterrolle bedeutete. Der Lohn: 600 Taler Anfangsgehalt bei freier Kost und Logis im herzoglichen

Schloss sowie freier Zutritt zur Hoftafel. Goertz bekam den Titel eines sächsisch-weimarischen Hof- und Legationsrates. Er zog nach Weimar, seine Verlobte, Caroline von Uechtritz blieb in Gotha, ein Jahr darauf heirateten beide.

1761 stand Friedrich II. gegen die übermächtige Allianz mit dem Rücken zur Wand. Es sah nicht gut aus für Preußen. England als einziger Verbündeter zahlte zwar vertragsgemäß Subsidien, aber Friedrich fehlte es vor allem an Soldaten. Weshalb er in jenem Jahr seine Nichte Anna Amalia aufforderte, ihm 600 junge Männer aus ihrem Land zur Verfügung zu stellen. Mit Wissen der Herzogin versteckten die Weimarer ihre Söhne vor den preußischen Häschern in den Wäldern. 1762 forderte Friedrich bei Anna Amalia ein Kontingent von 400 Soldaten, er bekam letztlich 235, eine Anzahl, die man in Weimar als schlimm genug empfand, die Herzogin eingeschlossen. Im Übrigen war ihr Regierungsstil eher restriktiv. Sie hielt im Umgang mit dem Landvolk wie ihr Onkel Friedrich auf Strenge und Zucht.

Dann starb im Januar 1762 Zarin Elisabeth von Russland. Ihr folgte Peter III. auf den Thron, ein glühender Verehrer des Preußenkönigs. Der Zar zog sofort seine Truppen zurück und leitete damit das Ende des Krieges gegen Preußen ein. Im Frühjahr 1763 kam der Friede von Hubertusburg zustande. Einziger Gewinner war die Imperialmacht England, die politische Weltkarte veränderte sich: Spanien und Frankreich verloren ihre Kolonien auf dem nordamerikanischen Kontinent. Die Expansion asiatischer Reiche kam endgültig zum Stillstand. England festigte seine Vorherrschaft über Indien, setzte sich in Australien fest und errichtete ein Netz von Flottenstützpunkten. Frankreich hatte seine Überseekolonien verloren, war so gut wie bankrott, konnte wohl noch als Großmacht, aber nicht mehr als Imperialmacht gelten. Österreich verlor Schlesien erneut an Preußen und hatte ebenso leere Kassen. Das unter August dem Starken glänzende Kurfürstentum Sachsen und das unter Karl XII. zur Großmacht gewordene Schweden fielen in die politische Bedeutungslosigkeit. Russland gewann unter der »maladen« Zarin Elisabeth in diesem Krieg weder neue Provinzen, noch erhielt es Entschädigungszahlungen. Das war ein entscheidender Grund, warum sich Katharina bereits als Kronprinzessin über eine Neuausrichtung der russischen Imperialpolitik Gedanken gemacht hatte, die sie, wie bald zu sehen, konsequent umsetzen würde.

Sachsen-Weimar beklagte wegen des langen Krieges den Verlust vieler Einwohner und verwüstete Landstriche. Die Wunden heilten nur allmählich. Dem Inferno folgten eine Wirtschaftskrise und, als diese halbwegs überwunden war, eine Hungersnot wegen schlechter Ernten. Zu Einschränkungen am Hofe schien es dennoch nicht gekommen zu sein, die Herzogin hielt an ihren Ritualen fest, und Graf Goertz, der gewissenhafte Erzieher, machte seine Sache gut. Der junge Carl August fasste Vertrauen zum Grafen und akzeptierte dessen eher strenge Hand. Goertzens Erziehungskonzept war von Rousseaus ›Emile‹ geprägt. Goertz schrieb regelmäßig lange Beobachtungen zur Entwicklung des Burschen. Anna Amalia zeigte sich mit dem Grafen zufrieden, aber Zweifel, Unsicherheit und Eifersucht kamen bei ihr auf; war es klug, auch ihr zweites Kind in die Obhut des Grafen zu geben?

Goertz tafelte an der Seite der Herzogin, saß in ihrer Opernloge und wurde zu den abendlichen Divertissements geladen, wo die Gespräche auf neue Bücher und die Pariser Aufklärer kamen. Immer wieder empfahlen Herzogin und Hofrat einander literarische und philosophische Neuerscheinungen. Was die Herzogin an Büchern kaufte, besorgte sich, wenn man erhaltenen Rechnungen und Bestandskatalogen folgt, auch Goertz und umgekehrt.

Warum ließen sich Herzogin und Graf aber ihre Bücher gleich einbinden? Wollte Buchliebhaber Goertz der Buchliebhaberin Anna Amalia damit seine Reverenz erweisen?

Mit den Goertz-Büchern beschäftigte ich mich, wenn ich von den Biografien der Weimarer Höflinge genug hatte. Den Ledereinbänden war kaum noch ihre Pracht anzusehen, weil eine dunkle Schmutzkruste darauf haftete. Die Rückenschilder mit den Titeln der Bände waren teilweise abgelöst, die Vergoldung verblichen, ebenso an den Fileten, dem ornamentalen Schmuck in den Feldern zwischen den Bünden. Leider litten viele Bücher an mehr als nur kosmetischen Schäden. Gelenke waren gebrochen, Einbände hingen nur noch an Fäden, Seiten im Buch wiesen Stockflecken auf, einige gar Pilzbefall. Wer stellt sich derlei freiwillig in die Wohnung? Hinzu kamen die Faszikel aus der

Goertz'schen Sammlung, jene Bücher, die der Graf noch nicht hatte binden lassen. Sie waren provisorisch in Papier eingeschlagen.

Ich suchte eine Buchbinderin auf, die sich auch auf das Restaurieren alter Ausgaben verstand. Sie erklärte mir, wie im späten 18. Jahrhundert gedruckt wurde und wie die Zunft Einbände zu Prunkstücken werden ließ. Es folgte eine Art Crashkurs; ich assistierte ihr bei der Behandlung einiger der in Mitleidenschaft gezogenen Bücher. War ein Gelenk, das Scharnier zum Bewegen der Buchdeckel, gebrochen, wurde das Leder von der Pappe gezogen, um die zerstörte Verbindung zwischen Deckel und Rücken neu zu verkleben oder zu vernähen. Verschmutztes Leder zu säubern war einfacher, die Arbeit jedoch gewöhnungsbedürftig. Gefragt waren weder Chemikalien, die den fragilen Vergoldungen den Rest gegeben hätten, auch nicht Flecke hinterlassendes Wasser, sondern Speichel. Damit ließ sich das alte Leder reinigen. Ein feines Hautöl gab ihm das nötige Fett zurück. Gegen den Pilz zwischen den Seiten ging die Buchbinderin mit einem Pflanzenextrakt vor.

Faszikel, die einbandlosen Gesellen, mussten zunächst eine Uniform erhalten. Die Arbeit übernahm ich, sie bereitete mir über viele Jahre Freude. Ich richtete mir zu Hause eine kleine Werkstatt ein, erstand Kalbsleder, Leim, marmorierte Einbindepapiere, dazu Pressen, Klammern und die seltenen Filetstempel, mit denen die Einbände ihren Goldschmuck erhielten. In Gedanken stets bei meinen Helden, werkelte ich nun auch an Büchern, wie Buchbinder, die Anna Amalia und Goertz beliefert hatten. Ich benutzte der Einheitlichkeit wegen nur zwei Fileten, einen Blätterzweig für die senkrechte Vergoldung und ein feines Mäander für die waagerechte. Die Stempel erhitzte ich allerdings nicht wie zu Anna Amalias Zeit über einem offenem Feuer, sondern auf der Platte des Elektroherdes. War eine Filete zu heiß, verbrannte die Goldfolie darunter, war sie nicht heiß genug, ließ sich das Gold nicht ins Leder brennen. Einzig mit der Fingerspitze ließ sich die richtige Temperatur feststellen. Verbrannte die Haut, war der Stempel zu heiß, spürte ich nach zwei Sekunden nichts, war er zu kalt. Nach einer Woche als Buchbinder in eigener Sache lief ich mit Pflastern auf den Fingerkuppen herum.

Das gräfliche Archiv

Im Herbst reiste ich mit meiner Tochter vom Norden über Stuttgart nach Donzdorf. Die Tour führte am Rhein entlang, wir sahen auf steilen Felsen Burgruinen und dazwischen romantisierte Nachbauten. Ich erzählte von der Loreley, am Ende sangen wir das Lied zur Freude älterer Herrschaften, die jungen hielten uns für sonderbar. Im Dunkeln kamen wir in Donzdorf an, vom Hotelzimmer sahen wir die Silhouetten der vier Ecktürme des gräflichen Schlosses. Spät lief im Fernsehen ein Beitrag über den Wiederaufbau der Anna-Amalia-Bibliothek. Handwerker und Restauratoren wurden bei ihrer Arbeit gezeigt, der Bibliotheksdirektor berichtete von wiederbeschafften Dubletten. Die Kamera zeigte aber auch meterweise leere Regale, Totalverluste, vor allem naturwissenschaftliche und schöngeistige Titel, die sich Herzogin Anna Amalia zugelegt hatte.

Am nächsten Morgen stand ich pünktlich um neun im Büro der Archivarin. In langen Telefonaten hatten wir ausgetauscht, was wir über das Leben von Graf und Gräfin wussten, hatten mangels besseren Wissens auch spekuliert. Dies sollte nun ein Ende haben. In ihrem modern, also nüchtern eingerichteten Büro gab es nur wenige Hinweise auf ihr Metier; ein alter Katalog lag auf ihrem großen Schreibtisch, ein Karton mit pergamentgebundenen Folianten stand neben dem Bücherregal. Sie wies auf einen in der Ecke stehenden wuchtigen Schreibtisch aus der Gründerzeit hin: »Das wird Ihr Arbeitsplatz sein, ich habe schon alles bereitgelegt.«

Damit waren zwei großformatige Verzeichnisse sämtlicher Briefpartner gemeint, mit denen Graf und Gräfin Goertz korrespondiert hatten. Schon beim Durchblättern verschlug es mir die Sprache. Namen der Weltgeschichte standen unter denen von Unbekannten. Seitenweise. Dichter, Philosophen, Diplomaten, Könige, Herzöge, Prinzen. Eine derartige Tour de force durch die Geschichte, beginnend in der Hochzeit der Aufklärung, durch die Klassik und Romantik bis in die Zeit der Restauration nach dem Wiener Kongress. Einen derart komplexen und geschlossenen Bestand, zudem offenbar aus dem Zentrum der Macht, hatte ich noch nicht gesehen und konnte mich auch nicht an eine vergleichbare Publikation im deutschen Sprachraum erinnern. Was würde ich über Goertz, den »intriganten Strippenzieher«, den »Prinzenverderber«, dessen Zeit angeblich nach seinem Rausschmiss bei Anna Amalia abgelaufen war, erfahren?

Der Umfang der Korrespondenz jagte mir den nächsten Schreck ein. Allein die Eheleute Goertz hatten einander in manchen Jahren über 300 Briefe geschrieben. Sie zu lesen, auszuwerten und wichtige Passagen daraus zu kopieren würde viele Wochen dauern. Meine Tochter konnte das nicht beunruhigen, erwartungsvoll stand sie neben mir, bereit zum Sortieren und Registrieren. Die Archivarin, gewarnt durch Einhüten ihrer Nichten und Neffen, blieb reserviert, sie wusste nur zu gut, dass ein zappelnder und plappernder Pippi-Langstrumpf-Verschnitt bei dieser Arbeit kaum von Nutzen sein konnte.

Vor dem Kopieren las ich quer ganze Jahrgänge der ausschließlich in französischer Sprache geschriebenen Briefe, um zu erfahren, was es mit dem angeblichen Staatsstreich von Goertz anno 1771 auf sich hatte, warum Goertz bis 1778 in Weimar blieb, obwohl er 1775 von der Herzogin entlassen worden war, warum Goertz bei Geheimverhandlungen im Mai 1778 mit Goethe an einem Tisch saß, warum König Friedrich den Grafen zum Minister ernannte und ihm den wichtigsten preußischen Gesandtenposten zuerkannte, warum Goertz 1797 mit Napoleon aneinandergeriet, ob Goertz einen seiner Mitarbeiter bei Napoleons Außenminister eingeschleust hatte und ob er in das gescheiterte Attentat auf Napoleon von 1808 verwickelt war.

Dann begann die Handarbeit.

Die zum Schutz vor Nässe und Staub in stabilen Schubern aufbewahrten Briefe wurden von liebevoll gebundenen Schleifen jahrgangsweise zusammengehalten. Jeder Brief bestand aus mehreren Bögen, hatte bis zu zwölf Seiten. Sich länger mit der kaum lesbaren Schrift des Grafen zu beschäftigen, gar die Lupe herauszuholen, um einzelne Wörter zu untersuchen, war illusorisch. Meine Tochter drückte fortan den Knopf des Kopierers, die Archivarin ordnete das Kopierte, datierte und nummerierte, und ich verkleinerte zu große Bögen, vergrößerte zu kleine Schrift, stellte den Apparat bei dunklem Papier und durchschlagender Tinte heller, bei dünnem Tintenstrich dunkler. Eine schweißtreibende Angelegenheit, die tagelang anhielt.

Zum Spätnachmittag dann die wohlverdienten Wanderungen in die Schwäbische Alb, vorbei an Streuobstwiesen, Schafweiden und durch kleine Dörfer. Wegen des Echos lautes Singen der Loreley.

Manches Mal steckten die Bergspitzen im Nebel.

Wurde es meiner Tochter zu langweilig, schrieb sie an ihrem eigenen Forschungsbericht. Alle Namen, die sie gehört hatte, tauchten dort auf, ebenso Geschichten über das alte Schloss. Meine Tochter und die Archivarin waren Freunde geworden.

Am letzten Tag kopierte ich – wir waren auf die präziser arbeitende Digitalkamera umgestiegen – jene Schriftstücke, auf die ich besonders neugierig war; die Korrespondenz von König Friedrich mit Goertz. Vielversprechend las sich nicht, was im Repositorium unter Friedrich II. eingetragen war: zwei Kabinettsordern und ein Handschreiben des Königs aus dem Jahr 1778. Als die unscheinbare graue Mappe vor mir lag, fand ich darin 39 Schreiben des Preußenkönigs an unseren Grafen, das früheste aus dem Jahr 1776, überdies Briefe des Prinzen Heinrich und von Friedrichs Vorleser und Vertrautem, de Catt. Ein Teil der Korrespondenz war chiffriert, sie bestand aus seitenlangen ein- bis vierstelligen Zahlenkombinationen.

Auch die Archivarin war überrascht: »Ist das Friedrichs Handschrift?«

»Nur der letzte Satz in den Ordres ist von ihm, der König ergänzte nach dem Diktat das eine oder andere«, sagte ich.

»Wie wollen Sie die Chiffren entschlüsseln?«

Wir steckten unsere Köpfe über dem dicken Briefpapier ohne Krone und Wasserzeichen zusammen und sahen, dass Goertz mit dünner Tinte über die Ziffern die entsprechenden Buchstaben notiert hatte. Aber nicht alle Depeschen waren dechiffriert. In der Mappe tauchten auch Konzepte des Grafen für die Verhandlungen mit Carl August und Goethe vom 16. Mai 1778 auf, ebenso Briefe des preußischen Verhandlungsführers, des Prinzen Heinrich. Das war es, was ich suchte. Näher konnte man der großen Politik nicht sein. Beim Kopieren ging es beinahe ehrfurchtsvoll zu, ich spekulierte darüber, ob man die Fingerabdrücke des Königs wieder sichtbar machen könnte.

Meine Frage nach Memoiren von Goertz konnte ich nun selbst beantworten; es gab keine, jedenfalls war keine derartige Schrift im Verzeichnis aufgeführt.

Im November inventarisierte ich die über tausend Seiten kopierter Briefe; wer schrieb wann wem worüber wohin. Kam ausschließlich Privates zur Sprache, also ob die Gräfin wieder an einer ihrer Magenkoliken litt, der Graf unter zunehmender Sehschwäche, die Kinder unter Mückenstichen, ob sich das Personal wieder als unzuverlässig erwies, der Besuch der Tante aus Gotha abgewendet werden konnte, dann erhielt diese Korrespondenz ein großes P für Privat und sollte später in Augenschein genommen werden. Tauchten in den Briefen die Namen Friedrich II., Prinz Heinrich, Herzog Carl August, Anna Amalia und Goethe auf, erhielten sie ein rotes Kreuz. Um die Korrespondenz in überschaubarer Zeit übersetzen zu können, brauchte ich Helfer und fand sie in zwei befreundeten Historikerinnen. Für einen Gotteslohn waren sie allerdings nicht zu haben, und ihr Ritter konnte ich nicht sein. Eine Hamburger Stiftung sagte zu, die Finanzierung der Übersetzungen zu übernehmen. Bis die Formalitäten erledigt waren, musste ich allein zurechtkommen und begann mit Briefen der Gräfin Goertz an ihren Mann vom Januar 1780. Und erhielt gleich einen Dämpfer. So lesbar die Schrift der Gräfin sonst war, etliche dieser Briefe waren nicht zu übersetzen. Harmlos wie Schrift von Kinderhand reihte sich ein schön geschriebener Buchstabe an den anderen, das Schriftbild ergab Diagonalen und Rautenmuster. Nicht nur der Preußenkönig hatte seine Korrespondenz an Goertz chiffriert, die Gräfin pflegte diese für die neugierige Nachwelt so unfreundliche Praxis auch. Ich befragte Archivare, Autographensammler und Paläographen, ob sie Erfahrungen mit dem Dechiffrieren hätten. Von einem Militärhistoriker, der sich mit dem Spionagewesen im späten 18. Jahrhundert befasste, bekam ich einige Codes und einen Literaturhinweis, die »Memoiren des Ritter von Lang«. Als ich die Liste mit den Codes in Händen hielt, sah alles einfach aus, aber die Tücke lag wie immer im Detail. Die Buchstabenreihe: etrpaleuPstoluarra, mit der Gräfin Goertz ihr Chiffre begann, ergab nach dem Schlüssel, den ich hatte, keinen Sinn. Die Buchstaben konnten auch für Zahlen stehen, die ihrerseits wieder in

Buchstaben zurückübersetzt werden mussten. Buchstaben konnten ebenso für bestimmte Wörter stehen, die nur die nötigsten Informationen lieferten und keine grammatisch vollständigen Sätze.

Ich kam nicht weiter und las die Memoiren des Ritter von Lang. Er zeichnete ein wenig schmeichelhaftes Panoptikum der vielen Klein- und Kleinstfürsten Süddeutschlands, denen er zeitweise diente, und war in seiner Erzählung mit einem Mal bei unserem Grafen Goertz, dem er nicht nur zeitweise Sekretär war, sondern dessen Geheimpost er auch besorgte: Ritter von Lang chiffrierte die Depeschen des Grafen Goertz. Über seine Arbeit schrieb er:

> Der Chiffre war eine Art kurzen französischen Wörterbuchs in langem, aber schmalem Foliantformat, um das Aufschlagen zu erleichtern und viele Wörter auf einmal ins Gesicht zu bringen. Jedem Worte waren eine oder mehrere willkürliche Zahlen immer von derselben Dezimalfolge, z.B. allezeit Summen von vier Zahlen, beigesetzt. Worte über vier Zahlen waren unbedeutend oder *non valeurs* und dienten dem Chiffreur nur als Punkte (Kommata fanden nicht statt), als Korrekturen, indem man falsch geschriebene oder abgeänderte Worte durch eine vor- oder nachgesetzte Zahl ungültig machte, und zur Ausfüllung der Zwischenräume und Absätze, damit sie einem Dritten keinen Anhalt geben konnten, wo eine Periode anfange oder anhalte. Daher mischte man auch willkürlich zur Konfundierung immer einen oder anderen *non valeur* und besonders beim Anfange ganzer Zeilen denselben ein. Eine Menge gewöhnlicher Geschäftsphrasen wie … »Wir haben erhalten«, »wir haben gesagt«, »er hat uns geantwortet« etc. waren gleich in einem einzigen Zahlensatz gedrückt. Dem Chiffreur war auch erlaubt, gleichgültige Redeweisen des Konzepts, die nicht im Chiffre standen und die er meist schon auswendig wusste, mit solchen zu verwechseln, die im Chiffre standen … Die meiste Kunst der Täuschung eines Dritten muss der Chiffreur dann spielen lassen, wenn er die von anderen mitgeteilten Noten und Aktenstücke in Zahlen setzen soll, weil daraus ein Dritter, der dieselbe Nota hat und sie wahrscheinlich in der Depesche des belauerten Gesandten ebenfalls suchen muß, gar

> leicht den Schlüssel des ganzen Chiffre finden könnte. In solchen Fällen muß er … den Anfang eines kleinen Liedleins im Sprichwort einschalten, welches hernach der Dechiffreur schon verstehen wird. Gewöhnlich erhält man auch alle Vierteljahre einen neuen Chiffre … Der Dechiffreur setzt zwischen die Zahlenzeichen die wirklichen Worte, was natürlich ein leichtes Geschäft ist, und gibt so die Depesche dem Minister zurück.

Bis Dezember 2006 hatte ich mit der Stiftung das Prozedere für die Übersetzung der Briefe klären können. Während ich nur langsam mit dem Dechiffrieren vorankam und mich weiter um einen Experten bemühte, trafen Mitte Januar 2007 die ersten Übersetzungen ein. Ich las fieberhaft, las morgens und abends und konnte den Inhalt auch zur Freude meiner Tochter bald zitieren.

In Frühjahr folgte ein Familienausflug nach Weimar. Aufsuchen der Quartiere von Goertz, Anna Amalia und Goethe. Über das Quartier der Goertz' konnte man mir im Stadtarchiv keine genaue Auskunft geben, vermutlich stand das Haus in der Nähe von Schillers späterer Bleibe und ist im 19. Jahrhundert abgerissen worden. Im Landesarchiv suchte ich nach weiteren Briefen von Goertz. Die meisten von ihnen sind Berichte des Erziehers an Herzogin Anna Amalia, sie klingen formell, zuweilen sogar richtiggehend hölzern und geben keine Informationen über das Machtspiel hinter den Kulissen.

Mit einem Band aus der einstigen Goertz'schen Bibliothek, der ›Melange de Philosophie‹ von d'Alembert, im Gepäck machten wir uns auf den Weg zum Direktor der Anna-Amalia-Bibliothek. Das dortige Exemplar war 2004 angeblich verbrannt. Ich wollte das meine der Bibliothek schenken, aber Direktor Knoche war kurzfristig verhindert. Wir besuchten zwei Antiquariate an der Esplanade und besichtigten die eingerüstete Anna-Amalia-Bibliothek. Durch die Planen war nichts von den Schäden zu sehen, nichts von der Aura vergangener Zeiten zu spüren, genauso gut hätte dort ein Wohnhaus saniert werden können. Wir standen am Baustellenzaun, sahen aufgeschichtete Ziegelsteine, Kanthölzer, Moniereisen, hörten Betonmischer und Bohrmaschinen. Ich wollte es anderen »Zivilisten«, die einfach durch die

Absperrung gingen, gleichtun. Der Rest meiner Familie streikte. Mit Frau und Kind auf einer Großbaustelle zwischen verkohlten Balkenresten herumzustolpern mochte tatsächlich fragwürdig sein. Dennoch, ich wollte hinein. Meine Familie zog unter Protest ab, sie sei im nächsten Restaurant wiederzufinden. Mit dem Goertzbuch in der Tasche ging ich dann so auf die Baustelle, als gehörte ich dazu. Der Eingang des Gebäudes war mit einer Eisentür gesichert, aber sie stand offen. Als ich eintrat, wirbelte mir feiner Staub von geschnittenen Steinplatten entgegen. Ein Seitenschneider verbreitete höllischen Lärm. Der vom Steinstaub grau bepuderte Arbeiter am Gerät müsste ohne Atemschutzmaske, Ohrenschützer und Handschuhe längst seiner Sinne beraubt sein. Schon nach zwanzig Schritten hatte auch meine Jacke etwas Patina, ich wagte mich selbstsicher weiter ins Innere. Gebläse standen dort, um frischen Mörtel trocknen zu helfen. Am Boden wurden Leitungen verlegt. Ich schaute nach oben. Die Galerien waren ohne Geländer, anstelle des verbrannten Deckengemäldes sah ich in den neu errichteten Dachstuhl. Etliche der alten Bücherregale waren am Ort geblieben, durch Planen und Folien geschützt. Wie oft stand Goertz hier, um ein Buch in die Hand zu nehmen? Wie oft Goethe? Herder, Wieland, Carl August und Anna Amalia? Ich dachte daran, mein Goertzbuch aus der Tasche zu holen und es für einen Moment ins Regal zu stellen. Aber meine Vorstellungen am falschen Platz zur falschen Zeit blieben nicht lange unbemerkt.

Was ich hier mache, wurde ich gefragt. War es ein Meister, ein Bauleiter, ein Sicherheitsmann? Meine Antwort wollte er gar nicht hören, sondern begleitete mich bis an den Bauzaun.

Meine Tochter im Restaurant verlangte dann alle Einzelheiten meines Abenteuers zu hören, und ich gab unter Weglassung meines Abgangs ausführlichen Bericht.

Der Prinzenmanager

In Weimar gab es bald nach dem Siebenjährigen Krieg wieder eine Theatertruppe, Musiker und Sänger kamen hinzu. 1765 spielte man Boulevardstücke, auch Werke von Voltaire, 1768 wurde Lessings »Minna von Barnhelm« aufgeführt. Goertz sammelte in seiner Bibliothek auch die in geringer Zahl gedruckten Stücke, zehn davon samt den äußerst seltenen Besetzungszetteln habe ich von »meinem« Antiquar 2003 bei Buchkäufen als Dreingabe geschenkt bekommen. Das Deutsche Singspiel kam auf, am Gothaer Hof mit Georg Benda als Komponist bereits bestens eingeführt. Sein »Dorfjahrmarkt« steht bis heute auf den Spielplänen. Anna Amalia hatte ihre eigenen Komponisten, sie hießen Hiller und Wolf und vertonten banale Libretti wie »Der Teufel ist los« oder »Die verwandelten Weiber«. Flotte Melodien, von denen einige zu Gassenhauern wurden, die noch in den dreißiger Jahren des 20. Jahrhunderts auf Schellackplatten gekauft werden konnten und heute auf Flohmärkten zu finden sind.

Anna Amalia hatte sich ein Zeremoniell zugelegt, das sie während ihrer gesamten Regierungszeit beibehielt. Dazu gehörten Redouten, Balletteinlagen und Maskenbälle. Die Herzogin liebte Verkleidungen, auch ihre beiden Söhne ließen sich gern kostümieren. Der Kammerjunker Lyncker schrieb: »Die Herzogin war prächtig en domino … tanzt schön und leicht und mit viel Anstand; auch die jungen Prinzen, die en Zephir und Amor maskiert waren, tanzten sehr gut. Weitere Amüsements waren das Vogelschießen von einem Schützenmeister dirigiert und durch einen Hanswurst belustigt, dem wohnte die Herzogin Amalie sowie die zwei jungen Prinzen öfter bei.«

Auf Repräsentation legte Anna Amalia einigen Wert: »Die Herzogin pflegte an Sonn- und Festtagen nach der Tafel in der Esplanade spazieren zu gehen … Die junge Regentin machte öfters Promenade zu Pferde …, auch bei den Militärrevuen, welche gewöhnlich auf den oberweimarschen Wiesen gehalten wurden.«

Im Winter zeigte sich Anna Amalia der Öffentlichkeit ebenso häufig: »Besonders ergötzlich waren die Hofschlittenfahrten anzuschauen, denn es war Ton, viel auf Schlitten und Pferdeschmuck zu wenden und

Das Rote Schloss in Weimar. Zeichnung aus dem 19. Jahrhundert

man sah die mit schönen Pelzen prangenden Damen in buntfarbigen Muscheln, in Leibern von Schwänen, Meerjungfrauen, Seefischen und dergleichen dahingleiten.«

Stets anwesend war Graf Goertz mit den beiden Prinzen, die »passable Figur« machten. Der Graf hatte sich in seine Rolle eingelebt und fühlte sich wohl: *Liebste Caroline, ich kann auch heute wieder von dem schönen Gefühl sprechen, das mich überkommt, wenn ich sehe, wie unsere Prinzen gedeihen*, schrieb der Graf im Mai 1768 seiner Noch-Verlobten. Ihn als Erzieher und Aufpasser zu bezeichnen trifft es nicht. Goertz war Manager, vor allem von Carl August, dem Erbprinzen.

Goertz unterstand ein ganzer Apparat von Bediensteten und Lehrern. Die Prinzen erhielten Unterricht in Latein, Religion, Physik, Naturrecht, Lesen, in biblischer, mythologischer und sächsischer Geschichte. Es gab beim Tanzmeister Aulhorn Stunden, beim Musiklehrer Wolf lernten die Prinzen die Grundlagen der Tonkunst und ein Instrument spielen, es gab Zeichen- und Malunterricht bei Heisenius und Schuhmann. Französisch unterrichtete Claude Dumanoir. Goertz lehrte Staatsrecht. Er hospitierte den Unterricht und bemühte sich ständig um Verbesserung desselben. Nicht ohne Grund spielte Rousseaus 1762 erschienener ›Emile‹ eine besondere Rolle bei den abendlichen Tafeln der Herzogin. Rousseau erörtert Erziehungsgrundsätze am Beispiel eines Jungen, dessen Weg er von der Geburt bis zu seiner Heirat mit fünfundzwanzig Jahren beschreibt.

Goertz nahm seine Sache auch deshalb ernst, weil er wusste, wie viele unfähige Fürsten auf den über 300 Thronen und Thrönchen im Heiligen Römischen Reich Deutscher Nation saßen. Er hatte in seiner Straßburger Zeit etliche dieser maßlosen, stockdummen und eitlen Prinzen, die eines Tages die Geschicke ihres Landes lenken würden, kennengelernt. Auch Anna Amalia hatte den Ehrgeiz, einen fähigen Nachfolger heranzuziehen, und wollte dabei ein Wörtchen mitreden. Dann war da noch ihre Eifersucht: Sie klagte über ihren Sohn, »das undankbare Kind«, machte sich Selbstvorwürfe, meinte ihre Kinder zu vernachlässigen und witterte durch Goertz Entfremdung. Ihr Misstrauen bekamen Carl August und Goertz gleichermaßen zu spüren, was Prinz und Erzieher einander nur noch näher brachte.

Als Goertz mit den Prinzen getreu der Rousseau'schen Maxime Wanderungen in der Natur unternahm, war das für Anna Amalia Anlass, ihren Unmut offen zu äußern. Sie machte Goertz bittere Vorwürfe, weil die Prinzen sich hätten erkälten oder an Entkräftung hätten zu Schaden kommen können. Die Herzogin hielt Goertz eine Lektion in Staatsraison. Spaziergänge, Ausritte oder Jagden eines Erbprinzen seien ebenso Staatsaktionen wie die Abnahme einer Militärrevue oder der Besuch eines Maskenballs. Standpauken sollte sich Goertz in seinem Leben noch mehrmals anhören müssen – von Zarin Katharina und von Napoleon. Doch so weit sind wir in unserer Erzählung noch nicht.

Nach dem Rüffel berichtete der Graf seiner Frau, er hatte im Oktober 1768 Caroline in Weimar geheiratet: *Unerwartete Hindernisse, gar keine Ermunterung in dem Geschäft.* Neben *sanftesten Freuden* hatte er *kummervollste Sorgen.*

Heute würde man sagen, dem Grafen fehlte die Gelassenheit, er war missionarisch. Allerdings: Carl August zu erziehen wurde zunehmend ein hartes Stück Arbeit. Der heranwachsende Prinz war sich seiner Rolle als künftiger Herzog durchaus bewusst und trat oft *ungezügelt und herrisch* auf. Machtkämpfe mit Carl August trug Goertz auf seine Weise aus. Wenn der zu Jähzorn neigende Zögling in einem Wutanfall auf Stühle und Tische losging, die im Wege standen, äffte Goertz den Auftritt nach. Wenn Carl August vor dem Spiegel wilde Grimassen schnitt, tat es Goertz auch. Ganz ähnliche Methoden wenden die Helden in Rousseaus Büchern an.

Weil meine Tochter regelmäßig fragte, was ich Neues über den Grafen herausgefunden hätte, erzählte ich ihr auch von jenen Methoden. Prompt versuchte auch sie sich im Grimassenschneiden und erwartete von mir Erwiderung.

Je älter Carl August wurde, desto mehr wuchs die Spannung zwischen Mutter, Sohn und Erzieher. Die Herzogin bemühte sich, den Konflikt unter der Decke zu halten, nach außen galten die Regeln der Etikette, und dazu gehörte auch, dass Goertz mit seinen Schützlingen bei Staatsempfängen, Opern und abendlichen Tafeln zugegen war. Über Literatur konnte sie weiterhin ungezwungen mit Goertz reden, die Beschäftigung mit Büchern blieb beiden lebenswichtig. Sie waren damit Kinder ihrer Zeit. Die Aufklärung hatte ganz Europa erfasst, die kulturtragende Schicht wurde stabiler. Modernen Menschen war es ein Bedürfnis, von Neuigkeiten in allen Wissensgebieten zu erfahren. Die Medien nahmen nach dem Siebenjährigen Krieg einen nie dagewesenen Aufschwung. Zeitungen, Journale und Bücher, die sich der Handwerker genauso kaufen konnte und wollte wie Lehrer, Anwälte und Ärzte, gehörten in Städten wie Berlin, Hamburg, Dresden oder Mainz zur Normalität. Wissensdurst gab es nicht nur in den Residenzstädten. In den Provinzen, selbst bei den Bauern, kamen Zeitungen an.

Chodowiecki, Zeitunglesender Bauer. Stich von 1757

Analphabeten hörten auf Märkten und in Kneipen von Moritatensängern und fahrenden Händlern die neuesten Skandalgeschichten. Das gebildete Bürgertum las in den wöchentlich und monatlich erscheinenden Journalen. War ein Regent im Deutschen Reich musisch-literarisch interessiert, und das waren viele, blieb der Hofgesellschaft gar nichts anderes übrig, als auch den Musen zu frönen.

Anna Amalia war kunstsinnig erzogen worden, sie pflegte diese Tugend und gab sie mit Goertz an ihrer Seite an ihre Kinder weiter. Sie hatte ein echtes Bedürfnis, zu lesen und zu verstehen, was Diderot, d'Alembert, Voltaire oder Montesquieu publizierten. In sechzig Jahren schaffte sie 5000 Bücher an, selbst für eine fürstliche Bibliothek ein enormer Bestand. Im Jahr gab die Herzogin für Buchkäufe zwischen 380 und 400 Taler aus. Anna Amalia bestellte bei ihrem Hofbuchhändler Hoffmann, der dann auf der Leipziger Buchmesse einkaufte. Sie bezog aber auch von einem Straßburger Händler und ließ sich Titel auf Pariser Auktionen ersteigern. All das traf bis auf wenige Ausnahmen auch auf die Goertz'sche Anschaffungspraxis zu; ein ähnliches Budget, die gleichen Titel, die gleichen Händler, die gleichen Einbindungen in braunes Kalbsleder mit goldgeprägten Rückenschildchen. Anna Amalia kaufte populärwissenschaftliche Titel ebenso wie Reisebeschreibungen, Enzyklopädien, philosophische Werke, Memoiren und erotische Bücher, am wenigsten theologische Schriften. Abwechselnd trugen Gäste ihrer Tafel literarische Empfehlungen vor, anschließend debattierte man darüber. Der belesene Graf Goertz war gerngesehener Gast in diesem Zirkel. Auch im Umgang mit Büchern gab es zwischen der Herzogin und dem Hofrat Parallelen. Anna Amalia strich Stellen, die sie bewegten, an und schrieb Randnotizen ins Buch oder fertigte gar Exzerpte und Kommentare an. Wer in Anna Amalias Runde dazugehören wollte, musste über Neuerscheinungen auf dem internationalen Buchmarkt Bescheid wissen. Je höher der Rang eines Höflings, desto größer die Notwendigkeit, belesen zu sein, jedenfalls wenn man in Weimar Karriere machen wollte. Goertz wollte zu jener Zeit beides: Er fühlte sich in der Welt der Aufklärer zu Hause, und er spekulierte auf einen Ministerposten unter der Herrschaft seines Schützlings Carl August. Dieser Weg führte über Anna Amalia. Das ist eine Antwort auf die Frage, warum Goertz sich eine »Zwillingsbibliothek« anlegte.

1769 stellte er für den zwölfjährigen Erbprinzen ein neues, seiner Entwicklung gemäßes Erziehungsprogramm auf. Die Ausbildung war weit fortgeschritten, der Feinschliff zum Regenten hatte zu folgen, wozu auch zwingend eine Kavalierstour zu den antiken Stätten und ins Zentrum des modernen Europa, Frankreich, gehörte, inklusive eines längeren Universitätsaufenthaltes in Paris. Anna Amalia winkte ab, kein Geld. In der Tat: Sachsen-Weimars Staatshaushalt stand permanent vor dem Kollaps und Anna Amalia wusste das. Schon wenige Monate nach Beginn ihrer Regentschaft hatte Kammerpräsident von Kalb vor einem drohenden Staatsbankrott gewarnt. Oper, Schauspiel, Revuen, die Tafel sollten auf den Prüfstand. Aber nicht mit Anna Amalia. Sie ließ Münzen mit weniger Silbergehalt als angegeben schlagen. Weitere Mahnungen ihrer Minister ignorierte die Herzogin nach Kräften. Sie überzog den ihr vom Consilium (Staatsrat) zugestandenen Etat, verlangte gar zusätzliche Mittel für ihre Toilette, oder um ihre Schauspieler mit Fächern, Strumpfbändern und Flakons zu beschenken. Sie hatte überhaupt Freude am Bestellen nach Pariser Katalogen. War sie eine Verschwenderin? Das knappe Geld zusammenzuhalten war jedenfalls nicht ihre Stärke.

Goertz, der im Gegensatz zu Anna Amalia fiskalische Regeln und Zusammenhänge kannte, wurde angst und bange um das Herzogtum, in dem er einmal Minister werden wollte, wenn sein Schützling die Regentschaft übernommen hatte. Goertz bestand deshalb auch nicht auf der geplanten, jedoch teuren Kavalierstour, auf der immerhin zwei Prinzen mit standesgemäßer Entourage aus Hofmeister, Lehrern, Dienern, Sekretären, Köchen und Gesellschaftern, Kutschen und Pferden hätten versorgt werden müssen. Rom, Venedig, Florenz, Pompeji, Herculaneum und Paris konnten also nur in Bildbänden betrachtet werden. Um Carl August einen Wissenssprung zu verschaffen, suchte Goertz nach neuen Lehrern. Der Name Wieland kam ins Gespräch. Seiner Frau schrieb Goertz, der Philosophieprofessor an der Universität in Erfurt sei ein exzellenter Geist und für die eigene Parteiung ein brauchbarer Streiter. Goertz sollte sich da gewaltig irren. Bevor man sich ernsthaft um Wieland bemühte, kam Goertz mit seinen Prinzen doch noch zu einer Art Kavalierstour. Sie dauerte nicht wie üblich ein Jahr, sondern fünf Wochen, das Ziel war auch keine Weltstadt, sondern Braunschweig. Herzog Carl hatte Geburtstag, und Anna Amalia besuchte ihren Vater mit ihren Kindern. Erwartet wurde auch König Friedrich. Im März 1771 langte das Gefolge in der Residenz an. Für den Grafen und seine Schützlinge die erste Bewährungsprobe an einem fremden Hof. Würden sich die Prinzen so benehmen, wie es angemessen war? Würde der Erbprinz vor den vielen hochherrschaftlichen Gästen mit Geist, Mut und Geschick bestehen? Und dann die Begegnung mit König Friedrich, zweifellos Höhepunkt der Reise. Dessen Augen entging nichts, Schmeicheleien oder Verstellung hatten keine Aussicht auf Erfolg. Würden die Prinzen bei Friedrich einen schlechten Eindruck hinterlassen, hätte Graf Goertz auf seinem Posten einen schweren Stand, von seinen Zukunftsplänen ganz zu schweigen. Goertz schrieb an seine Frau täglich einen, manchmal auch zwei

Briefe. Sie geben Auskunft über das Leben am Braunschweiger Hof und über das Betragen der Weimarer Prinzen.

Braunschweig, den 18. Mai um 7 Uhr morgens / Bald, geliebte und verehrte Caroline, beginne ich, mir zu schmeicheln und zu glauben, dass ich ganz erfolgreich nach Weimar zurückkehren könnte. Meine Prinzen führen sich derart gut, dass sie nicht nur zärtlichst von ihren Großeltern und Großmüttern geliebt und gekost werden, sondern auch von der ganzen Familie und dem ganzen Hof. Der Herzog, der gute alte Herzog, hat mir die gütigsten Komplimente gemacht …

Richtig wohl schien unser Graf sich in Braunschweig trotz freundlicher Aufnahme durch die Herzogsfamilie dennoch nicht gefühlt zu haben: *Ich bin immer außer mir, verehrte Caroline, ohne von Ihnen einen Brief zu erhalten, und ich versichere, dass meine ganze Existenz hier doch so verschieden ist von der üblichen Art, mein Leben zu führen, dass ich oft an mir selbst zweifle … Diese Nacht war die erste, in der ich lang genug schlafen konnte …*

Die Gründe für den anderen Tagesablauf lagen auf der Hand: *Wir führen immer ein Tempo zu leben, das uns sehr viel umherwandern lässt.* Auf ein Schauspiel folgte ein Maskenball, ein Ausritt, eine Jagdpartie, dann die Tafel und im Anschluss Gesellschaftsspiele. Privatheit war nicht vorgesehen. Ende Mai schrieb Goertz, dass König Friedrich am 8. Juni erwartet würde, und: *es gibt Personen, die es nicht mögen, ihn zu treffen.*

Diese »Personen« waren Minister Fritsch und Anna Amalia. Einerseits war es ihr wichtig, dass ihre Söhne vor Friedrich eine gute Figur machten, andererseits wollte sie nicht Goertzens Position durch ein Lob des Königs stärken. So ist denn die Klage des Grafen zu verstehen, dass der gute Eindruck, den die Prinzen bislang hinterlassen hatten, *keinerlei Eindruck zu meinen Gunsten bei Madame der Herzogin* [Anna Amalia] *macht.*

Die endlosen Feste langweilten den Schöngeist Goertz: *Die Art hier zu leben ist derart sonderlich, dass ich einen Tag bräuchte, Ihnen davon zu erzählen. Seit 9 Uhr morgens habe ich nicht einen einzigen Moment für mich … Übermorgen gibt der Erbprinz von Braunschweig ein Fest zu unseren Ehren auf seinem Landgut. Wir hatten gestern einen Ball am*

Hofe und man hat eine halbe Stunde in den Gärten getanzt. Nun, wir sind immer in Bewegung.

Anfang Juni deutete Goertz in seinem Brief mit einem dreifachen und großgeschriebenen »Aber« erneute Spannungen mit Anna Amalia an. Wir erfahren auch etwas über die finanzielle Situation des Grafen. Die Teilnahme an den Gesellschaften war Pflicht, wozu auch Ausflüge und das Spielen um Geld gehörten. Anna Amalia finanzierte das dem Grafen nicht.

Ich erfreue mich bester Gesundheit und nehme kaum zu, und ich hoffe, dass Sie mich mit einem vollen, glatten Gesicht wiedersehen. Der gute alte Herzog hat viele Gefälligkeiten für mich. Ich verstehe mich bestens mit allen, und mein Prinz Karl hat immer den Beifall auf seiner Seite. Es gibt natürlich immer ein Aber, ein lebenswichtiges Aber, ein Aber, was mich noch in Weimar beschäftigen wird, aber hier hoffentlich ohne Konsequenzen sein wird. Der Gewinn, den ich gemacht habe, wird nicht ganz meine Reisekosten decken, und ich muss fürchten, dass mir davon noch mehr zurückbleibt … Wir waren gestern in Wolfenbüttel, um das Schloss, das Zeughaus und die große Bibliothek, die gewaltig ist, anzusehen. Heute feiern wir den Geburtstag des Königs von England …

Anna Amalia fühlte sich in ihrer früheren Heimat wohl. Sie zeigte sich beim Promenieren und bei den Bällen selbstbewusst und ließ sich gern von galanten Kavalieren unterhalten. Bislang gibt es allerdings keine Quellen, die belegen, dass Anna Amalia mit Männern sexuelle Eskapaden pflegte, im Gegenteil. Sowohl in den klassischen als auch neuesten Darstellungen wird uns Anna Amalia stets als sittenstrenge Frau geschildert.

Dann kam König Friedrich von einer Truppenrevue in Magdeburg am 6. Juni für zwei Tage nach Braunschweig, und unser Graf schrieb zwei Tage später seiner Frau, noch immer aufgekratzt, obwohl die Etikette, mit dem endlosen Vorstellen von Höflingen, Ministern und Militärs, ihn anstrengte und ermüdete: *Immer noch lebe ich, liebste und beste Frau, obwohl die Tage von Gestern und Vorgestern, da wir das seltene Glück hatten, Seine Majestät von Preußen hier bei uns zu haben, so trocken sind, dass man vor Langeweile sterben könnte. Gott weiß, dass dies auch geschehen wäre, wenn nicht mein lieber Prinz Karl gewesen wäre. Er hat sich zu dieser Gelegenheit so wunderbar betragen, dass er einstimmig den Beifall des gesamten Hofes erhielt, ihm ist derart heftig vom König von Preußen applaudiert worden, das es auch mir zum Ruhm gereichen werde. Gott sei gelobt, ich bin für alle meine Mühen belohnt, derart voll neuer Erfahrung, dass ich das glücklichste Wesen bin, das existiert.*

Friedrich hatte gegenüber dem Schützling von Graf Goertz Oberlehrer gespielt, was er bei Verwandtschaftsbesuchen gern tat. Prinz Carl August wusste die richtigen Antworten auf die Fragen des Königs, Friedrich nickte, die Hofgesellschaft klatschte Beifall. Daraufhin wurde dem König der Graf Goertz vorgestellt. Eine tiefe Verbeugung vor Seiner Majestät, die fragte, wo und bei wem er studiert, wie viel Geschwister es noch gebe und wer davon in der Armee diene. Überdies war Friedrich der Name Goertz als Erster Minister des geschätzten Schwedenkönigs Karl XII. durchaus geläufig. Jener Georg Heinrich von Goertz hatte dann allerdings wegen angeblicher Verschwörung 1719 den Kopf verloren.

Hier reicht die Feststellung, dass unser Graf nach dem Braunschweigbesuch seine Position gegenüber Anna Amalia deutlich stärken konnte und dass sich König Friedrich schon bald sehr genau an Goertz erinnern sollte.

Wieland. Nach der Rückkehr aus Braunschweig nahm der Graf die Werbung um den kleinwüchsigen, pockennarbigen und kurzsichtigen Mann mit der langen Nase und den dünnen Beinen, der in Deutschland dem gebildeten Publikum als Erfinder männlicher Schönheiten ohne Beispiel bekannt war, wieder auf. Wielands Helden hießen Agathon, Idris und Endymion. Sie waren nicht nur körperlich vollendet, sondern auch liebenswerte Geschöpfe. Über Wieland selbst ging das Gerücht, er liebe Bücher mehr als seine Mitmenschen. Auf Vorschlag von Goertz lud Anna Amalia den 37-jährigen Dichter und Philosophieprofessor am 12. Dezember 1771 zum ersten Mal an ihre Tafel. Wieland blieb einige Tage in Weimar. Man sprach natürlich über Literatur. Über Klopstocks Oden, Gellerts Fabeln, die auch Friedrich II. gerne las, und über Wielands eigenes Werk. Regentin und Hofrat waren begeistert von dem vielseitigen und schlagfertigen Dichter, der auch eine

Meinung zur Jugenderziehung hatte. In den folgenden Monaten wiederholten sich die Einladungen und verfehlten ihre Wirkung auf den noch zögernden Wieland nicht. Er brüstete sich bei seinen Freunden, und die Freunde schrieben wiederum anderen Freunden, was Wieland für ein Glück widerfahren sei: »Ohne Zweifel wißen Sie es schon, dass Wieland der Liebling der Herzogin von Weimar ist, und dass sie seinetwegen einen Ball gegeben hat, in welchem alle Personen und Scenen des neuen Amadis sind gespielt worden« (Heinse an Gleim).

Von so viel Austausch inspiriert, verfasste Anna Amalia gar selbst eine vierzehnseitige Abhandlung mit Vorschlägen zur Prinzenerziehung. Auch sie hatte ihren Rousseau gelesen.

Wieland nahm von seinen Besuchen in Weimar auch Anregungen mit: »Lessings ›Emilia Galotti‹, die ich in Weimar zuerst in die Hände bekam, hat mir so außerordentlich wohl gefallen, dass ich ihm [Lessing] auf der Stelle eine Art von Huldigungsbrief schrieb.«

Im August 1772 wurde Wieland Weimarischer Hofrat mit immerhin 1000 Talern Jahresgehalt. In der kleinen Residenz kam der Dichter in Mode. Was er veröffentlichte, las man aufmerksam. Seine Pläne teilte er einem Freund umgehend mit: »Ich bin entschlossen, eine Art von Journal zu entrepreniren, welches … einige Ähnlichkeit mit dem *Mercure de france* haben soll … Ich werde einige ordentliche Mitarbeiter haben, und es sehr gerne sehen, wenn mir von Zeit zu Zeit auch von bloßen Dilettanten was Gutes zugeschickt würde. Das Ding soll, um das, was es ist, gleich an der Stirn zu führen, der deutsche Merkur heißen.«

Goertz begrüßte das Vorhaben. Wieland avancierte zum erfolgreichen und einflussreichen Kritiker, was ein anderer Aufsteiger nicht ganz neidlos hinnehmen wollte. Goethe, noch Anwalt in Frankfurt, verfasste die Satire »Götter, Helden und Wieland« und ließ sie in Leipzig drucken. Goertz war beleidigt, was erlaubte sich der Advokat? Der Graf nannte Wieland seinen Freund, den er zu verteidigen wisse. Wer konnte ahnen, dass nur drei Jahre später die Konstellation Wieland, Goertz, Goethe und Anna Amalia eine völlig andere sein würde?

Wieland wurde zum kecken Hofmann und beobachtete: »Die Herzogin legte damals schon sehr stark rot auf. Wieland, der oft bei der

Carl August von Sachsen-Weimar als Sechzehnjähriger

Tafel saß, bat sich geradezu die Erlaubnis aus, sie mit der Lorgnette beschauen zu dürfen. Er erhielt die Erlaubnis und lobte nun mit allem Feuer seiner Dichterberedsamkeit das Rot ihrer Wangen so lange und so stark, bis ihm endlich Graf Goertz zurief: es sei nun genug.«

Vorrangig aber hatte sich Wieland nicht um die Schminke der Herzogin, sondern um den Philosophieunterricht der beiden Prinzen zu kümmern. Goertz verfasste 1773 einen neuen *Unterweisungsplan: Montag, Mittwoch, Donnerstag, Samstag 11–12 Uhr. Beide Prinzen Philosophie der Historie mit Hofrat Wieland. Montag, Dienstag, Mittwoch 3–4 Uhr. Der Erbprinz über Ferguson's Moral Philosophie mit dem Hofrat Wieland. Donnerstag, Freitag, Samstag 3–4 Uhr. Beide Prinzen mit Hofrat Wieland Theorie der schönen Künste.*

Anna Amalia, Goertz und Wieland fanden über die Musen näher zusammen. Sie konzipierten gemeinsam Singspiele, suchten nach passenden Komponisten und Sängern, entwarfen Bühnendekorationen. Drei Jahre später sollte Goethe diese Funktionen übernehmen. Wieland an einen Freund im November 1772: »Hier sehen wir das Theater als eine Schule der Tugend und der Sitten, als ein politisch-moralisches Institut an … daß einem Herrn Jacob Rousseau selbst den Beyfall abnöthigen dürfte.«

Die Regentin blieb dennoch auf jeden eifersüchtig, der Einfluss auf ihre Söhne nahm. Wieland ließ deshalb bald »unartige« Bemerkungen über Anna Amalia fallen, Goertz stimmte in das Klagelied ein. Für unseren Grafen und Wieland wurde das Leben unter Anna Amalias Regiment unbehaglicher. Cliquen um die Herzogin und den Ersten Minister machten Goertz das Leben schwer. Das Blut notorisch gelangweilter Hofdamen kam in Wallung, wenn Intrigen ruchbar wurden. Jede wollte dann am Deckel von Pandoras Büchse schrauben, um sich anschließend über die gewaltige Wirkung heftig zu erschrecken und tränenreich Abbitte zu leisten.

Gräfin Goertz, die viel länger als ihr Mann, wenn auch ohne Amt, am Weimarer Hof leben sollte, begann sich in der Kunst genauer Beobachtung zu üben. Bald sollten Anna Amalia und Goethe Objekte ihrer Beobachtungen werden.

Das Volk hatte andere Sorgen. Die Ernten von 1770 bis 1772 waren schlecht, weil eine kleine Eiszeit, wie Klimaforscher heute wissen, in Europa herrschte. Hungersnöte brachen aus. Friedrich II. hatte als einziger Regent im Reich Vorsorge getroffen und so viel Getreidevorräte anlegen lassen, dass er nun davon abgeben konnte, auch seiner Nichte Anna Amalia. Der Preußenkönig verschenkte jedoch nichts, was die angeschlagene Staatskasse in Weimar erneut arg strapazierte. Einsparungen an anderer Stelle, etwa bei Bauten, dem Theaterbetrieb oder am Hofetat, lehnte Anna Amalia nach wie vor ab. Goertz packte blanke Verzweiflung. Würde aus der Finanzkrise eine Staatskrise, konnte der Wiener Hof nach Reichsrecht die Sequestrierung, also die Zwangsverwaltung, verfügen. Mit der politischen Eigenständigkeit von Sachsen-Weimar wäre es dann vorbei.

In einer Anwandlung von Patriotismus, Verantwortungsgefühl und Kalkül suchte Goertz den sich abzeichnenden Finanzkollaps abzuwehren. Wie er das tat, wird ihm bis heute vorgehalten und gilt als Grund für die Behauptung, Goertz habe einen Staatsstreich geplant. Aber die Quellen sagen etwas anderes. Der Graf vertraute sich einem Freund aus seiner Gothaer Zeit, Silvius von Frankenberg, an. Ende 1772 trafen sich beide öfter und überlegten verschiedene Szenarien, um die Regentschaft Anna Amalias zu beenden. Der einzig vertretbare Weg schien den beiden, Carl August mit siebzehn vom Kaiser als volljährig erklären zu lassen. Carl August könnte dann regieren, Anna Amalia würde auf ihr Altenteil geschickt. Goertz hatte allerdings weder am Weimarer noch am Wiener Hof eine Hausmacht, auf die er setzen konnte. Nach einigen Monaten verbrannten die »Frondeure« ihre Pläne im Kamin. Anna Amalia hatte vorerst nichts mitbekommen, wohl aber Wieland. Und der sollte sein Wissen bald gegen seinen Gönner Goertz einsetzen.

Die Finanzkrise verschärfte sich in Weimar. Die Hofhaltung wurde mit ihren Ausgaben dysfunktionaler Störfaktor, wie Finanzexperten ein gefährliches Ungleichgewicht von Einnahmen und Ausgaben nennen. Was Anna Amalia aber nicht weiter beunruhigte. 1773 sollen an 144 Tagen 278 Theaterstücke aufgeführt worden sein: »Ihre ganze Hingabe gilt dem Theater, alle ihre Liebe fließt in die Rollen, die sie spielt«, kommentierte eine Hofdame der Herzogin. Darsteller und Publikum waren nicht nur der Hof, sondern halb Weimar. Die Herzogin nahm es wörtlich: Theater war eine Art Volksbildung. Zudem ließ Anna Amalia eingedenk ihrer großen Liebe zur Musik ihre Kapelle erweitern. Es gab in Weimar große Opern und Hausmusik: »Donnerstag war bei der verwitweten Herzogin Amalia Quartettmusik von Streichinstrumenten, wobei Carl August zuweilen die Cellopartie übernahm, aber nicht gut den Takt hielt.«

Hatte sich die Herzogin in ihre Gemächer zurückgezogen, quälte sie wieder und wieder die Vorstellung, Goertz könnte im Verein mit Wieland ihre Söhne gegen sie ausspielen. In einem Anfall von Selbstmitleid klagte sie ihrem Ersten Minister: »Ich erkenne leider zu spät, dass er [Wieland] nicht gemacht ist für die Stellung … er hört zu sehr auf die Schmeichler und überlässt sich ihnen, daher stammt die große Freundschaft zwischen ihm und dem Grafen Goertz … und beide vereinigt schmeicheln meinem Sohne.«

6. Mai 1774, nachts. Der Himmel über der Stadt stand bereits rot, als die Feuerglocken geschlagen wurden. Das Schloss brannte und es war stürmisch. Mit großer Geschwindigkeit breitete sich das Feuer aus dem Dachstuhl des Küchentraktes aus und erfasste alle vier Flügel mit ihren

Brandruinen des Weimarer Schlosses. Stich von 1775

Treppenhäusern, Fluren und Zimmerfluchten. Herzogin Anna Amalia, krank im Bett liegend, wurde vor den tödlichen Qualmwolken durch ihre Lakaien gerettet. Prinz Carl August half bei den Löscharbeiten. Am nächsten Morgen standen die Weimaraner vor der völlig ausgebrannten Residenz. Der größte Teil des Inventars war vernichtet, inklusive der Verwaltungsakten. Brandstiftung? Einen Tag zuvor war auf dem Marktplatz der Stadt eine Revolte ausgebrochen, Soldaten waren aufgezogen, um das Schloss vor dem wütenden Volk zu schützen. Grund der Empörung war die Verhaftung der Viertelsmeister (nach heutigem Verständnis Stadtteilbürgermeister) durch den Geheimen Rat. Die Viertelsmeister hatten sich geweigert, eine weitere Abgabe, den sogenannten »Hebammengroschen«, durchzusetzen. Anna Amalia war nach dem Brand verzweifelt, ihr Vertrauter Friedrich von Einsiedeln las ihre Klage: »Die Katastrophe, die Gott mir hat schicken wollen, ist höchst empfindlich für mich, die ich mich von der schönen Hoffnung enttäuscht sehe, meinem Sohn alle Angelegenheiten etwas besser in Ordnung zu übergeben, und nun sind die schönen Hoffnungen in den Flammen …« Die Herzogin und ihre Familie sahen sich eines ihrer wichtigsten Machtsymbole beraubt. War ein Regent ohne herrschaftliches Schloss noch ein potenter Regent? Der Schlossbrand beschleunigte die Zersetzungserscheinungen in Anna Amalias Apparat. Um überhaupt Position zu beziehen, musste ein Schuldiger für das Unheil, ein Brandstifter, gefunden werden.

Das Geheime Consilium beschuldigte Dorothea Sophia Axt, weil sie den Brand des Schlosses »prophezeyet« hatte. Weil man ihr die Brandstiftung nicht beweisen konnte und das Consilium wie auch Anna Amalia ihr Gesicht gewahrt wissen wollten, erklärte man die Beschuldigte für geistig verwirrt und sperrte sie zwei Jahre ohne Prozess ins Weimarer Zuchthaus. Auch nachdem Carl August regierte, fand es Anna Amalia »in allen Wegen bedenklich, [sie] auf freyen Fuß wiederum stellen zu lassen«. Nach dem Brand war die Regierung wie gelähmt, fürchtete neue Unruhen. In dieser Situation drängte Graf Goertz die Herzogin, endlich die wiederholt aufgeschobene Kavalierstour zu genehmigen und zu finanzieren. Im Herbst wollte man aufbrechen. Goertz sah diesen Zeitpunkt als letzte Möglichkeit, denn inzwischen war klar, dass Carl August mit seinem 18. Geburtstag im September 1775 regierender Herzog sein würde. Anna Amalia willigte ein und favorisierte einen dreimonatigen Aufenthalt in der Schweiz, damit der Erbprinz seine Ausbildung an einer Eliteuniversität abschließen konnte. Goertzens Reiseziel lautete Paris. Anna Amalia suchte einen Kompromiss – drei Monate Frankreich, einen Monat Schweiz. Im Herbst wurde die Entourage aufgestellt, am 8. Dezember verließen die Kutschen mit Goertz, Carl August und Prinz Constantin, Erzieher von Knebel, Stallmeister von Stein, Leibarzt Engelhardt, Diener und einem Koch Weimar.

Am 11. Dezember traf die Reisegesellschaft in Frankfurt ein, am folgenden Tag besuchte man den hoch im Kurs stehenden Goethe, dessen ›Leiden des jungen Werthers‹ (1774) in aller Munde war, in dessen Wohnung. Goethe saß vor der Staffelei und erklärte, dass er am liebsten Maler wäre. Der Dichter gab sich ungezwungen und kam an dem Vormittag auch auf seine Parodie von Wielands ›Agathon‹ zu sprechen. Carl August reagierte ausgelassen, feixte, Goertz verstand keinen Spaß. Er schwang sich zum Verteidiger Wielands auf und schrieb

Louise von Hessen-Darmstadt.
Zeichnung von Goethe

abends seiner Frau: *Dieser Goethe ist ein ordinärer Kerl … Das ist sicher; Goethe und ich werden uns nie im selben Zimmer befinden.*

Goethe dagegen glaubte bei Goertz und Carl August einen guten Eindruck hinterlassen zu haben. Drei Tage nach dem Besuch streckte er seine Fühler nach der Reisegesellschaft aus und fragte einen Freund in Mainz: »Fühlt Graf Goertz was für mich?«, um ihr nachzureisen und in Mainz den Herzog erneut zu treffen. Die nächste Zwischenstation der Reisegesellschaft war Karlsruhe. Goertz hatte inzwischen erfahren, dass es um die Hand von Prinzessin Louise von Hessen-Darmstadt keine Bewerber gab, und so sollte ein bereits seit längerem avisiertes Heiratsprojekt Wirklichkeit werden. Carl August kannte die Prinzessin, sie hatte zwei Jahre zuvor auf der Durchreise mit ihrer Mutter, der Großen Landgräfin, in Weimar Station gemacht, nun trafen sie sich wieder. Seine Mutter ließ der Prinz wissen: »Ich habe gestern Abend die Bekanntschaft der Prinzessin Louise erneuert. Sie ist gewachsen und schöner geworden … Ich gebe mir alle mögliche Mühe, sie kennen zu lernen.« Als Beobachter der Szene schrieb Goertz zur gleichen Zeit seiner Frau: *Beide passen gut zueinander, haben den gleichen Charakter, gleiche Ansichten der Dinge und so sind sie dann miteinander zufrieden.*

Am 19. Dezember verlobten sich Carl August und Louise in Karlsruhe. Anna Amalia wollte von Goertz mehr über ihren Sohn erfahren: »Sieht er als Verliebter gut aus? Ist er sehr ergriffen?« Nach zehn Tagen am Hof in Karlsruhe gab Goertz das Zeichen zum Aufbruch in Richtung Frankreich.

Die Kavalierstour der Prinzen

Die *Grand Tour* erlebte ihren Höhepunkt im 18. Jahrhundert, dem Goldenen Zeitalter des Reisens, der Epoche der europäischen Aufklärung, der kosmopolitischen Geisteshaltung. Weder Zollstationen noch unterschiedliche Konfessionen verhinderten, dass neben Adligen auch Offiziere, Söldner, Gelehrte, Studenten, Händler, Handwerker und Gesellen – man denke nur an die Walz –, aber ebenso auch Geistliche, Köche und Abenteurer quer durch Europa tourten. Der fruchtbare Austausch fand ein Ende durch die Französische Revolution mit den anschließenden Napoleonischen Eroberungskriegen und die sich daraus ergebenden nationalstaatlichen Abgrenzungen nach dem Sturz des Diktators.

Prinzenreisen eines künftigen Kurfürsten-Königs waren die Ausnahme. Ob Hohenzollern, Habsburger, Welfen oder Wittelsbacher – man schätzte die Risiken um das Leben eines Thronfolgers und die Gefahr, in außenpolitische Verwicklungen zu geraten, für höher ein als den Nutzen für den künftigen Regenten. Friedrich II., Kurfürst von Brandenburg, König von Preußen, litt zeitlebens darunter, dass man ihm die Kavalierstour vorenthalten hatte.

Leichter hatten es künftige Herzöge, Markgrafen und Fürsten. Sie reisten oft üppig mit eigenen Möbeln und dem eigenen repräsentativen Bett ausgestattet und in Begleitung von Künstlern und Gelehrten nach Italien, um sich von Winckelmann die antiken Orte zeigen zu lassen, oder nach Frankreich, um in den Salons der Aufklärer und am Hof von Versailles zu verkehren. Sie spielten in der großen Politik nur selten eine entscheidende Rolle, die Gefahr, dass Prinz Carl August oder sein Bruder Constantin durch einen Fauxpas in Paris politischen Schaden für Weimar anrichten würden, ging gegen Null.

Fürstliche Reisegesellschaft. Stich um 1770

Noch häufiger reisten zweit- und drittgeborene Prinzen und Adlige durch Europa. Sie blieben oft Jahre außer Landes, eine Tendenz, die König Friedrich von Preußen nicht guthieß, weil ihm dadurch Offiziere für die Armee verloren gingen. Je nach Rang und Status gestaltete sich die Kavalierstour für einen künftigen König, Herzog oder Erbgrafen anders, aber allen war gemein, sich im europäischen Adel zu integrieren. Begleitende Künstler und Gelehrte oder Offiziere vernetzten sich auf diese Weise ebenso in Europa. Die internationale Verkehrssprache war Französisch, den meisten Reisenden von Kindesbeinen an vertraut.

Die Reiseroute einer Kavalierstour wurde vorher festgelegt, ebenso der Umfang an Reiseutensilien. Goertz und die Prinzen beschränkten sich aus Kostengründen auf die nötigsten Dinge. Ein konkretes Ausbildungsprogramm mit Abschluss an einer Eliteuniversität, wie es zum Kanon der klassischen Kavalierstour gehörte, konnte Goertz im Voraus nicht planen, da ungeklärt war, wie lange er genau mit den Prinzen in Frankreich bleiben konnte. Eine reine Vergnügungstour sollte es dennoch nicht werden. »Man unternimmt eine Reise nicht, um Moden, sondern Staaten zu begutachten, nicht um vom Wein, sondern um von verschiedenen Regierungsformen zu kosten, nicht um Samtstoffe und Spitzen, sondern um Gesetze und politische Systeme zu vergleichen.« Graf Goertz hätte die hier zitierten Maximen des Grafen Cork ohne Zögern unterschrieben. Er wusste jedoch auch, dass die Realität nach anderen Regeln verlief. Was nutzte eine sorgfältig geplante Reiseroute, wenn Wetterunbilden oder Unruhen das Weiterkommen verzögerten oder verhinderten? Wie rasch konnte das Abschlusssemester an einer Universität gefährdet werden, wenn Krankheiten dazwischen kamen! Als Carl August sich in Paris erkältete, geriet der weitere Aufenthalt in Gefahr, denn die Erkrankung eines Erbprinzen war keine Privatangelegenheit. Das Reiseprogramm störende Gefahren lauerten überall. Prinz Constantin etwa wollte sich nicht an das strikte Verbot von Goertz halten, Bordelle aufzusuchen. Der Graf war nicht prüde, aber mit einem syphilitischen Prinzen hätte er Anna Amalia nicht unter die Augen treten können.

Am 3. Januar erreichte die Reisegesellschaft Straßburg. Carl August trat dem Reglement der fürstlichen Tour gemäß inkognito unter dem Namen Graf Allstedt auf. Von der innenpolitischen Krise in Frankreich erfuhren Goertz und seine beiden Schützlinge in den Adelssalons. Ludwig XV. war überraschend gestorben, viele Minister wurden ausgewechselt, einige zogen nach Straßburg. Von dem 21-jährigen Ludwig XVI. erzählte man, dass er schüchtern sei, gelegentlich stottere und am liebsten auf der Jagd sei; 1775 waren es 175 Ausritte. Dennoch war Ludwig zu Reformen entschlossen, der drohende Staatsbankrott zwang ihn dazu. In den Straßburger Salons belächelte man die ersten Konsolidierungsschritte; der König halbierte sich selbst die Bezüge. Der nächste Schritt rief heftige Empörung bei den zahllosen Staatspensionären hervor, denn auch deren Bezüge wurden gekürzt. Als Goertz und die Prinzen in Straßburg Oper und Schauspiel besuchten, hörten sie mehr von dieser Empörung als von den Bühnenauftritten. Die Reisegesellschaft hielt sich beinahe ein halbes Jahr in Frankreich auf, in dieser Zeit sollte es zu ersten Aufständen hungernden Volkes kommen, die eine Ahnung von dem gaben, was 1789 losbrechen würde.

Am 28. Februar langte die Reisegesellschaft von Straßburg kommend in Paris an und nahm im Palais des Herzogs von Chartres Quartier. Erster Anlaufpunkt für Goertz war Melchior Grimm, Literaturagent, Freund der Aufklärer, Korrespondent von Zarin Katharina und etlichen deutschen Fürsten und vor allem hoch geschätzter Kontaktvermittler. Goertz und Grimm kannten sich aus ihrer gemeinsamen Zeit am Gothaer Hof, späterhin hatte Grimm dem Grafen so manches in Frankreich indizierte Buch verschafft und als umtriebiger Geschäftsmann den dazugehörenden Klatsch und Tratsch gleich mitgeliefert.

Für die Parisbesucher hatte er ein vielfältiges Programm vorbereitet, die Weltstadt sollte als glanzvoll in Erinnerung bleiben.

»Der Graf ist mein Freund«, schrieb Grimm, für Goertz werbend, »er ist voller Temperament und Geist und sucht die Erwiderung der Freundschaft von denjenigen, denen er die seine anträgt. Er legt größten Wert auf die äußere Bezeigung dieses Gefühls.« Diese Empfehlung reichte, um Goertz und den Prinzen die Türen der Salons zu öffnen. Kontakte zu führenden Ministern stellte Goertz selbst her, ebenso Verbindungen zu den miteinander rivalisierenden Prinzen aus der königlichen Nebenlinie, etwa zum Grafen von Artois, dem späteren Karl X. von Frankreich.

Tagebücher oder Beschreibungen fürstlicher Touren aus der zweiten Hälfte des 18. Jahrhunderts sind trotz der bekannten Schreibfreude jener Zeit äußerst selten. Auch Carl August und Constantin schrieben kein Tagebuch. Die wenigen Pariser Briefe der Prinzen an ihre Mutter beinhalten zumeist Formales. Um so bedeutender sind die Briefe des Grafen Goertz an seine Frau, sie sind ein kulturhistorisch einmaliges Dokument einer fürstlichen Kavalierstour. Frei von Konventionen und Rücksichten berichtete Goertz über jeden Tag in Paris, das atemlose Tempo der Reisegesellschaft ist diesen Briefen anzumerken. Wegen ihrer Bedeutung soll hier aus einigen Briefen zitiert werden.

Graf Goertz an Gräfin Goertz

Paris, den 28. Februar 1775 / Nach einer sehr beschwerlichen Reise sind wir nun in diesem großen, diesem riesigen Paris, beste Frau … Wir logieren im Palais des Duc de Chartres in der Rue Richelieu, und die Gemächer der Prinzen gehen auf den Platz Royal, es ist das schönste Viertel. Vorerst haben wir nur Grimm getroffen, der uns alle Aufmerksamkeit erweist. Heute, zur Fastnacht, ist alles in Versailles wegen eines Festes, das die Königin dem Erzherzog gibt. Wir werden niemanden sehen, nur Plätze, die Komödie und den Opernball besuchen, wo man ersticken soll. Morgen machen wir Bekanntschaften. Weil wir aber so viele sind, wird es Schwierigkeiten geben, empfangen zu werden. Und Gesellschaften, die wir unnützerweise haben, werden uns unermesslich viel kosten. Ich bin daher entschlossen, nur vier Wochen zu bleiben. Wir werden heute die

Das Zentrum von Paris um 1780. Zeitgenössischer Stich

Pilger von Sevilla, ein neues Stück des M. De Beaumarchais, sehen, das den ersten Tag durchgefallen ist und am folgenden in den Himmel gehoben wurde. Heute ist die dritte Aufführung. Adieu für heute, liebe anbetungswürdige Caroline.

Die Reisegesellschaft war im Zentrum der Stadt in einem luxuriösen Palais untergekommen, dessen Appartements der Eigentümer an Adlige vermietete. Die Pariser Adelsgesellschaft hielt sich wegen des Empfanges, den Königin Marie Antoinette ihrem Bruder, dem 18-jährigen Erzherzog Maximilian, gab, in Versailles auf. Goertz besuchte mit den Prinzen den ›Barbier von Sevilla‹ in der dritten Vorstellung. Den Autor

Melchior Grimm, der begehrte Kulturmanager, Diplomat und Korrespondent. Stich um 1770

Beaumarchais selbst trafen sie nicht mehr an, er verließ nach der Aufführung Paris in Richtung London um im Auftrag Ludwigs XVI. seiner anderen Profession als Geheimagent nachzukommen.

Den 1. März / Dieses Paris, was für eine Welt, allerliebste Caroline. Man macht sich wahrlich keinen Begriff. Die schönsten Promenaden inmitten der Stadt, immer belebt von der vornehmsten Gesellschaft. Auf dem Opernball waren vielleicht 10 tsd. Personen, man wurde geschoben und immer ein fürchterliches Lärmen und Tosen. Wir sind dort nur bis halb drei geblieben. Der König, der Bruder des Königs und der Erzherzog sind dort gewesen. Wir machen Bekanntschaften, aber es ist sehr schwierig. Grimm steht uns bei, so gut er kann, wir werden ihm zu großem Dank verpflichtet sein. Wir sind gestern in der Comédie-Française gewesen, Previll hat dort bestens gespielt. Heute sind wir auf dem Markt von St. Germain, und im Vauxhall. Man könnte ein Jahr hier verbringen, ohne sich zurechtzufinden. Wir werden nur vier Wochen haben, das ist absolut nichts … Sie machen sich keinen Begriff von den Federbüschen auf den Köpfen der Damen, 22 Zoll, die kleinsten. Gebe Gott, dass diese Mode nicht bis zu uns kommt …

Angesichts des selbstgesteckten engen Zeitrahmens war es selbst mit Grimms Hilfe schwierig, mit berühmten Aufklärern wie Diderot,

Rousseau, d'Alembert oder Marmontel und den einflussreichen Ministern und Diplomaten in den Salons von Paris schnell bekannt zu werden.

Paris, den 3. März / Es lässt sich ziemlich gut für uns an, dank der Fürsorge des Freundes Grimm, liebe Caroline. Wir sind gestern im Haus des Marquis de la Ferté-Imbault gewesen und haben dort nicht nur zu Abend gegessen. Das wird uns noch ein paar Mittagessen und Abendessen einbringen. Man interessiert sich für uns … Die Allianz bewirkt etwas. Dienstag werden wir am Hof durch den Kaiserlichen Botschafter vorgestellt, er ist sehr gefällig. Alle ausländischen Gesandten sind sehr höflich, schon der Schicklichkeit halber zugunsten von Russland und Preußen. Zu unserem Unglück sind Stein und Knebel zuviel, man will sie nicht einladen, und wenn wir unser Ziel nicht verfehlen wollen, müssen sie zurückgelassen werden. Knebel wird sich fügen, bei Stein habe ich Befürchtungen …

Bei Madame Ferté-Imbault sollten Goertz und die Prinzen noch häufig einkehren. Die Marquise, Tochter der Salonzarin Madame Geoffrin, unterhielt einen anti-philosophischen Salon, nannte sich Königin der Tollköpfe und führte einen skurrilen Phantasieorden an. Madame hielt Rousseau für einen Schwerenöter und d'Alembert für einen Zahlenteufel. Die Königin der Tollköpfe verfasste Satiren auf populäre Werke. Goertz als Freund von Satiren wird sie gern gelesen haben.

Den 4. März. Es ging bestens vonstatten, meine liebe Caroline, doch der liebe C.A. [Carl August] *spielte uns einen üblen Streich. Er hat sich gestern verkühlt und davon Schnupfen bekommen, der ihn vielleicht für ein paar Tage an das Haus fesselt. Vorausgesetzt, wir kommen zu diesem Preis davon. Das ist traurig. Sie kennen Engelhardt, sowohl seine Befürchtungen als auch seine Strenge. Wir haben gestern die französische Oper Iphigenie gesehen, deren Musik vom Ritter Gluck ist. Der so berühmte Mann kommt Schweitzer nicht gleich, da fehlt noch viel. Wir müssen morgen beim Duc de Choiseul zu Abend essen, der wegen uns eine Ausnahme macht, denn sonst empfängt er keine Ausländer.*

Der 56-jährige Herzog von Choiseul bestimmte bis 1770 die Politik Frankreichs. Er lotete nun seine Chancen aus, unter Ludwig XVI. erneut politisch Karriere zu machen.

Salon von Madame Ferté-Imbault.
Hausherrin und Gäste gaben sich ungezwungen. Stich um 1775

Den 5. [März 1775] *Gott sei Dank geht es unserem lieben Herzog* [Carl August] *besser und er wird morgen wieder ausgehen können. Engelhardt und ich sind übereingekommen, der Hzgn.* [Anna Amalia] *gegenüber überhaupt nicht von seiner Unpässlichkeit zu sprechen, also sagen Sie in Gottes Namen nichts davon … Ich habe heute mit Marmontel und Raynal zu Mittag gegessen. Zu Abend esse ich beim Duc de Choiseul. Morgen, übermorgen, bis Freitag ist alles besetzt. Ich werde morgen Madame la Comtesse de Béthune vor Gericht hören, die ihren Prozess selbst führen wird. Glauben Sie bei alledem nicht, dass Sie mir nicht alle Augenblicke gegenwärtig sind und dass ich nicht um alles in der Welt bei Ihnen sein möchte. Ach Gott, wenn die Hzgn.* [Anna Amalia] *doch nur auf die Schweiz verzichten würde, was wäre ich glücklich. Gibt es keine Möglichkeit, dies einzurichten? Ich umarme unsere Kinder und Sie mit der lebhaftesten Zärtlichkeit. Ganz der Ihre …*

Abbé Raynal, Historiker, Publizist, korrespondierte wie d'Alembert, Voltaire oder Diderot mit vielen aufgeklärten Fürsten, unter anderen mit Friedrich II., Katharina II., der Großen Landgräfin, Mutter von Herzogin Louise, oder mit Herzogin Dorothea von Sachsen-Gotha, die auch Goertz schätzte. Herzogin Anna Amalia unterhielt seltsamerweise keine derartigen Verbindungen.

Paris, den 6. März / Wir haben heute wieder einen ziemlich guten Tag gehabt, liebe Caroline. Wir haben beim Baron d'Holbach mit Diderot und Monsieur Tussot von der Académie des belle Lettres zu Mittag gegessen. Sie sind sehr liebenswürdig und sehr gute Gesellschafter. Als Diderot mich sah, behauptete er zunächst entschieden, mich schon lange zu kennen. Nachmittags haben wir Gäste gehabt und sind nicht ins Schauspiel gegangen. Ach, liebe Caroline, all dies ist schön, und ich werde mich vielleicht eines Tages mit Freuden daran erinnern, das gesehen und kennengelernt zu haben. Doch was gäbe ich drum, wieder bei Ihnen zu Hause zu sein …

Baron d'Holbach und Grimm waren miteinander befreundet und kannten sich aus ihrer gemeinsamen Zeit in Deutschland. Der Philosoph und Religionskritiker d'Holbach gehörte zu den Aufklärern. Der 62-jährige Universalgelehrte Denis Diderot, Mitherausgeber der Enzyklopädie, war eine europäische Berühmtheit.

Dienstag, den 7. März / Ach, liebe Caroline, was für ein Tag. Wir sind in Versailles gewesen. Jenes Prozedere, um vorgestellt zu werden, ist die härteste Fronarbeit. Man benötigt dazu mehrere Stunden, treibt wie ein Kahn, rudert umher und tut nichts. Ich bin nicht einmal vorgestellt worden. Die Privatpersonen, sogar die apanagierten Prinzen, werden es beim Lever des Königs, und er ist heute früher als gewöhnlich aufgestanden. Der Herzog [Carl August] *und sein Bruder* [Constantin] *wurden im Kabinett vorgestellt, wie es Brauch ist. Bezüglich des Prinzen Constantin hat man Schwierigkeiten gemacht, doch sie wurden überwunden. Danach haben wir mit dem gesamten diplomatischen Korps beim Comte de Vergennes zu Mittag gegessen …*

D'Alembert und Diderot,
Wortführer der Aufklärung

Ludwig XVI. behielt das klassische Zeremoniell des Lever bei. Der König schlief jedoch nicht in jenem Paradebett, in dem ihn die höchsten Hofchargen rituell weckten. Ausländische Gäste standen nach den Bourbonenprinzen und Ministern am Ende der Aufwartungsliste. Inkognito reisende Erbprinzen konnten im Kabinett des Königs empfangen werden und durften ein Wort an den Monarchen richten.

Für Goertz war der Kontakt zum französischen Außenminister Vergennes von wesentlich größerer Bedeutung als der Empfang in Versailles. Der nunmehr 58-jährige Minister kannte die Zustände an den europäischen Höfen wie kaum ein anderer. Vergennes war für ein Bündnis mit Preußen und gegen das bestehende Bündnis zwischen Frankreich und Österreich. Im Nachlass des Grafen Goertz gibt es einzelne undatierte Blätter mit Gesprächsnotizen. Eine dieser Notizen bezieht sich auf die Haltung von Außenminister Vergennes zur Bündnisfrage, von der Graf Goertz im März oder April 1775 bei einer Begegnung mit Vergennes erfahren und anschließend notiert hatte: *Wenn eine Entfremdung mit dem Wiener Hof notwendig würde, sollte eine*

Erneuerung unseres alten Bündnisses mit Sr. Pr. Majestät, oder wenigstens mit dessen Nachfolger, zustande kommen. Zu diesem Zweck müsste man diesen Nachfolger schon im Voraus zu gewinnen suchen.

Vom ungeliebten Reisebegleiter Knebel, der an Wielands Stelle auf Befehl Anna Amalias Goertz und die beiden Prinzen begleitete, hat sich ein Brief erhalten. Knebel schilderte seiner Schwester ausführlich die Reise nach Versailles, die bei Goertz nur kurz erwähnt wird. Knebel beschreibt aber auch anschaulich den banalen Alltag, der bei Goertz selten vorkommt.

> Paris, Abends den 14. März 1775. Eben komme ich von Versailles zurück, meine liebe Henriette. Ich finde mich aufgelegt, zu schreiben, welches ich die vierzehn Tage, die wir hier sind, nicht gefunden habe. Hier hast du meinen Tag! – Morgens bald nach sechs Uhr aufgestanden. An mein Fenster, das, ob es gleich im vierten Stock ist, doch Flügeltüren hat, die bis an den Boden aufgehen, und eiserne Stangen davor … Der Morgen war heiter. Ich suchte meine noch von gestern glühenden Kohlen aus dem Kamin hervor, rief meinem St. Jean, und liß ihn das Übrige besorgen. Ich rasierte mich mit einem neuen Pariser Messer, zeichnete einstweilen eine Hand, denn ich zeichne hier fast alle Tage …, der Friseur kam, Herr Voß kam, der Geheime rath Koch kam, man sagte, es wäre Zeit; ich zog mich eilend an, ging herunter zu den Prinzen, fuhr um halb neun … nach Versailles … Von hier nach Versailles wird vier Stunden gerechnet, der Weg ist ganz gepflastert, wie in der Stadt, und es ist beinahe eine aneinanderhängende Kette von Gartenhäusern, Lusthäusern und Aubergen bis hin. Die Straße ist den ganzen Tag so belebt, wie nimmermehr die schönste Straße in Nürnberg oder Ansbach. Hier ein Marquis, dort eine Comtesse, oder ein Abbé, oder ein Evêque, oder ein Wagen, wo zwanzig Personen drauf sitzen, zehn Cabriolets, Mohren hinten drauf, oder da ein paar Kerls, die eine neue Commode, oder einen Tisch, oder ein halb Dutzend Stühle nach Versailles tragen; Esel auf allen Seiten, mit Körben und alten Weibern drauf, rechts die Gärten vorbei, die auf anmuthigen Hügeln liegen,

wo die französischen Damen im Frühjahr das Wasser trinken, welches wie jedes andere gesunde Wasser der erde schmeckt … Wir fahren weiter, hier ist Versailles, das ist eine Stadt, größer wie Ansbach … Durch die Öffnung der Thore hindurch sah ich einige französische Ritter sehr übel zu Pferde sitzen … und nach Dem, was ich aus den Kupferstichen davon wußte, … besann ich mich und sagte, daß ist das königliche Schloß. Das schöne Wachthaus, als Zelt aus Holz, vorbei, die doppelten eisernen Barrieren durch, das schloß hinan, hinauf, Alles ziemlich gewöhnlich, die Messieurs, Garden usw. links und rechts nicht beobachtet, durch die Vorzimmer, in die Gallerie … und besah halb mit Ekel und halb mit Vergnügen die herrlich gemalten Prahlerein des vierzehnten Ludwigs … ich trat ans Fenster, und sah den längst erwünschten Garten vor mir liegen … Wir gingen die Zimmer nacheinander hindurch … Von da in die Kapelle, dann in den salle de théâtre, von da in den salle de l'Opera … Ich kroch auf den obersten Boden hinauf, um … was zu den Maschinen in der Oper gehört, zu sehen, fand es groß und schön, ließ mir Donner und Hagel vormachen … bezahlte …, um geschwinde wieder in die Gallerie zu kommen. [Graf Goertz hatte unterdessen mit Prinz Carl August im Vorzimmer des Königs darauf gewartet, von selbigem empfangen zu werden. Weiter in Knebels Bericht:] Der König geht gleich hier durch in die Kapelle. Ich wartete, er kam, ein Schwarm rund herum, Monsieur und der comte d'Artois voran [Der Graf von Artois, späterer König Karl X., sollte nach der Revolution von 1789 wiederholt den Kontakt zu Goertz suchen.] und schon hatt ich, wie natürlich, den König übersehen, weil er zuletzt kam, in einem simplen gelblichtsammeten Kleide. Also nach in die Kapelle. Ich sah ihn gehen, etliche Male sich verweilen und sprechen, und hatte die Gelegenheit, ihm in der Kapelle ziemlich gerade in das Gesicht zu sehen, wo er mir ungefähr in zwei Minuten nicht öfter als dreimal ganz von Grund des Herzens entgegen gähnte. Ich hatte Lust mitzugähnen, und fand, daß die königliche Bürde schwer sein müsse. Von der Kapelle heraus, geschwind in des Königs Zimmer. Man ließ uns mit vieler Höflichkeit hinein … Der König kam zurück von der Kapelle, hielt ein grünes

Schloss Versailles, das französische Machtzentrum

Buch in der Hand, worin er blätterte, und welches man ihm vermuthlich eben präsentiert hatte. Die Königin muß ich sehen, sie kommt um halb Eins hier durch in die Kapelle. Man muß warten. Unterdessen setzte ich mich hin ans Fenster, zog mein Fernglas heraus, und lorgnettierte etliche Male … alle die vorübergehenden Gesichter, die in der Gallerie auf und ab spazieren gingen, und mit mir die Ankunft der Königin zu erwarten schienen … Aus den Gesichtern selbst konnte ich nicht viel lesen. Ein jeder sucht hier eine anständige und kalte Geberde zu erhalten … Ich habe nicht Einen gefunden, der nur deßhalb eine Miene auf mich gemacht hätte, ob ich gleich sehr deutlich zu bemerken war. Aber die Königin! Sie kam, und die konnt ich leichter bemerken, als vorhin den König, denn sie war prächtig angezogen und die Erste. Schön ist sie, wie ein Engel, wenigstens so angekleidet, geschminkt, geputzt – und Königin.

Den 8. morgens. Durch einen guten Schlaf habe ich mich von der ungeheuren Versailler Langeweile wieder erholt, meine liebe Caroline. Man wird vor der Abreise noch einmal hin müssen, und dann nächsten Dienstag, weil Stein und ich noch nicht vorgestellt worden sind und die Prinzen [Carl August und Constantin] *den Comte d'Artois, der Einzug in Paris hielt, nicht gesehen haben. Heute essen wir bei unserem Bankier mit allen ausländischen Gesandten zu Mittag und werden wahrscheinlich beim Duc de Choiseul zu Abend essen. Morgen bleibe ich zu Hause, um meine Post zu erledigen. Unterdessen werden die Prinzen Herrn Gluck aus Wien besuchen, der morgen abreist.*

Zielstrebig und konsequent hatte unser Graf nach knapp zweiwöchigem Parisaufenthalt die Kontakte zu den einflussreichsten französischen Politikern und Prinzen hergestellt. Verbindungen, von denen Goertz ebenso wie Carl August profitieren sollte. Und auch die vielen Besuche in den Salons und selbst in der Oper waren alles andere als nur Unterhaltung und Vergnügen. Dort wurden Bekanntschaften geschlossen, die andernorts nicht geschlossen werden konnten.

Den 11. März 1775 / Wir haben einen Empfang beim Duc d'Orleans und der Duchesse de Chartres gehabt, wie ihn nur wenige Prinzen hatten, liebe Caroline. Das wird sogar an den ausländischen Höfen von mir reden machen, denn zumindest der russische Gesandte, der Anteil daran nimmt, was den Prinzen widerfährt, versichert, dass er es der Zarin schreiben werde. Wir haben Grund, sehr zufrieden zu sein, und wenn ich Sie wiedersehen werde, kann ich Ihnen besser erzählen, warum wir Grund dazu haben. Wir werden heute die königliche Bibliothek sehen und ein schönes Konzert und ein Abendessen bei dem russischen Grafen Stroganoff haben, der uns mit Höflichkeiten überhäuft. Dem Herzog [Carl August] *wird es gefallen. Adieu noch einmal für heute, meine liebe Freundin, seien Sie versichert, dass Sie mir stets gegenwärtig sind …*

Montag, den 13. März 1775 / Ich bin froh, dass die Hzgn. [Anna Amalia] *es so gut aufnimmt, was ihr Sohn getan hat, und ich bin es deswegen, weil sie glaubt, es käme von ihm allein. Die Prinzen von Geblüt tun für die Prinzen* [Carl August und Constantin], *was sie noch bei keinem ausländischen Prinzen getan haben; sie statten ihnen einen Besuch ab. Dies*

Im Salon von Madame Necker lebte man auf großem Fuß. Stich um 1780

schmeichelt mir wirklich, um so mehr, als ich eine Falle umgangen habe, die man mir stellen wollte. Gute Nacht, ich bin ganz müde.

Ich komme aus Versailles zurück, dieses traurige Versailles. Der Tag war schön, ich fand mich in vertrauter Umgebung, auf diese Art ist es erträglich. Wir werden beim Prinz de Soubise zu Abend essen, nachdem wir die Lesung einer neuen Tragödie, Menschikow, bei Madame Necker gehört haben. Das Stück ist von Monsieur de la Harpe.

Ach, welche Freude, erhalte ich doch heute wider Erwarten Ihren Brief vom 4. Aber was haben Sie mit den Augen. Ich bereite Ihnen Schmerzen und Sie schreiben und sorgen sich um meine Gesundheit. Sie ist, versichere ich Ihnen, ausgezeichnet. Sie werden es nicht glauben, aber der Aufenthalt in Straßburg war wegen des Karnevals viel anstrengender als der in Paris. Hier gibt man viele Mittagessen, aber kaum Abendessen, außer bei den Prinzen von Geblüt. In Straßburg gab es nur Abendessen. Es kommt häufig vor, dass wir um 10 Uhr im Bett sind, das hilft, die Beschwerlichkeiten danach durchzustehen … Wir haben das Atelier des Sieur Houdon gesehen …

Buntes Treiben in den Gärten von Paris. Stich um 1770

Madame Neckers Salon kam in Paris als letzter hinzu. Ihre Tochter, die spätere Madame de Staël, berichtete ausführlich über jene Jahre. Jacques Necker, Ehemann von Madame Necker, gelang es als Finanzminister nicht mehr, den Staatsbankrott Frankreichs vor der Revolution von 1789 abzuwenden.

Jean-Antoine Houdon schuf von vielen seiner populären Zeitgenossen sehr realistische Büsten und Statuen. Der Bildhauer war hoch angesehen, seine Arbeiten begehrt. Im Atelier von Houdon sah Prinz Carl August die Büste von Gluck und bat um einen Abguss. Die Büste steht heute in der Anna-Amalia-Bibliothek zu Weimar und hat den Brand von 2004 überstanden.

Donnerstag, den 16. März 1775 / … Wir werden heute Abend bei Mademoiselle de L'Espinasse den Monsieur d'Alembert sehen, dann gehen wir ins Konzert beim Duc de Choiseul, doch werden wir zu Hause zu Abend essen. Um die Gesundheit steht es weiter sehr gut …

Sonntag [19. März] / *Meine liebe Caroline, wir sind nicht bei den Italienern gewesen, sondern haben beim schwedischen Botschafter zu Abend gegessen. Heute essen wir bei dem des Kaisers zu Mittag, werden den von Le Kain gespielten Britannicus sehen und dann im Palais Royal zu Abend essen. Gestern haben wir das Naturgeschichtliche Kabinett des Königs gesehen, dessen Geschichte der Comte de Buffon aufgeschrieben hat. Ich wollte, Sie könnten es sehen, liebe Caroline, Sie wären bestimmt begeistert. Der Herzog* [Carl August] *schreibt heute der Mutter* [Anna Amalia] *und erzählt ihr von mir. Es geschieht aus seinem eigenen Antrieb, ich lasse ihn und bin neugierig, was sie Ihnen darüber sagen wird. Noch schnell, schnell vermelde ich Ihnen eine gute Nachricht, meine Herzensfreundin. Ihre so gehegten Wünsche; wir fahren nicht in die Schweiz, und die Herzogin hat es selbst vorgeschlagen! Ich werde Ihnen eines Tages alle Gründe nennen, warum mich das so innig freut, obwohl ich selbst für die Schweiz gestimmt hatte. Der Herzog* [Carl August] *ist damit zufrieden, darauf war ich am wenigsten gefasst …*

Goertz hatte Anna Amalia ausrichten lassen, dass ein verlängerter Parisaufenthalt für die Prinzen sinnvoller sei als der geplante einmonatige Aufenthalt in der Schweiz. Die Herzogin war darauf eingegangen. Nunmehr sollte die Rückreise von Paris nach Weimar im Mai 1775 angetreten werden.

Dienstag, 21. März 1775 / Ich bemerke allmählich, dass die Hzgn. [Anna Amalia] *sehr zufrieden mit mir ist, ihre Briefe sind scherzhafter. Dennoch denke ich, meine Freundin, dass wir nach unserer Rückkehr versuchen werden, einige Wochen fern von Weimar, vielleicht in Gotha zu verbringen. Ihrer Gesundheit wegen, um mich auszuruhen, und um fern jener Verdrießlichkeiten der letzten Monate zu sein. Da ich mich in letzter Zeit aus jeglichem Spiel herausgehalten habe, kann man nicht auf den Gedanken kommen, mich anzugreifen …*

Goertz hatte also keinen Ehrgeiz mehr auf einen Ministerposten unter Herzog Carl August, sann vielmehr darüber nach, sich zurückzuziehen oder in die Anstellung eines anderen Fürsten zu wechseln.

Freitag, den 24. März / Liebe, gute Caroline, ich habe gestern nicht den besten Tag gehabt. Prinz Constantin bereitet mir oft Kummer, und Herr von Knebel macht ihn noch größer. Es ist nicht zu begreifen, wie ein Mann wie er für diese Stelle genommen werden konnte. Doch sprechen wir von etwas anderem. Wir haben am Morgen eine vorzügliche Galerie gesehen, es gab Pläne von alten Festungen Frankreichs, in großem Maßstab dargestellt. Von dort aus haben wir bei Madame la Marquise Ferté-Imbault zu Mittag gegessen. Dann sind wir in der Comédie-Italienne gewesen, haben dann einen Besuch bei der Duchesse de Choiseul gemacht und dann bei uns zu Abend gegessen. Heute werden wir noch umherschwärmen …

Aus dem Ausgabenbuch des Grafen Goertz:

25. März. In der Galerie du palais royal dem Inspektor	*48 Livres*
In dem Hotel Lambert	*12 Livres*
In dem Hotel Bredouvillons	*6 Livres*
Dem Traiteur	*255 Livres*
Der Wäscherin	*30 Livres*
Dem Blütung für Auslagen	*33 Livres 12 Sous*
26. März In der franz. Komödie	*48 Livres*
Für Bücher	*14 Livres 4 Sous*

Paris, Montag, den 27. März 1775 / Schrecklich, diese garstigen Ausfälle von Goethe, meine Herzensfreundin. Da ist also Wieland wieder im Kampf. Ich wollte, er hätte diesen Kummer nicht. Das tut immer seiner Gesundheit Abbruch, denn er und ich sind mit solchen Nerven ausgestattet, um friedlich unsere Wege zu gehen, sonst halten sie nicht durch. Sagen Sie ihm tausend Grüße von mir, und dass er überzeugt sein kann, dass ich an ihn denke, auch wenn ich ihm nicht schreibe. Ich werde ihm alles, was ich bei den Franzosen gesehen habe, erzählen und ihm einige angenehme Stunden bereiten …

Liebe Freundin, ich habe soeben Prometheus gelesen, das ist eine Unflätigkeit, die man nicht einen Augenblick lesen kann, es ist mir ein Gräuel. Dieser Goethe ist ein Knabe, ein Knabe, dem man täglich Besserung mit der Rute geben sollte. Sagen Sie meinem Freund Wieland, dass es unter seiner Würde ist, sich mit bösen Buben abzugeben. Er weiß, wie sehr mir das Rezept von Streichen auf die Fußsohlen sonst widerstrebt, aber für diesen weiß ich kein anderes Heilmittel. Das ist eine beschlossene Sache, dass Goethe und ich nie unter einen Hut kommen werden. Ich wollte, Wieland antwortet ihm tatsächlich nicht. Was er sagt, ist höchst verachtungswürdig, und ein Stück wie sein Prometheus ist nur eine Kopie von den Wichmannschen, Hertel- und Riedelschen Possen, die man verachtet. Das ist meine Meinung … .

Gräfin Goertz hatte ihrem Mann von einem neuen Opus aus der Hand Goethes berichtet. Anfang Februar 1775 war anonym die Satire

Prometheus erschienen, in der Wieland zum Gespött gemacht wurde. *Goethe hat was Neues gemacht, was höchst Amüsantes, im Geschmack des Puppenspiels. Es heißt ›Prometheus (das ist er selber), Deukalion (sein Werther) und seine Rezensenten‹. Wieland ist unter dem Namen seines ›Merkurs‹ noch mehr misshandelt, als es Goethe bisher getan hat. Nicolai spielt darin einen Orang Utan, es gibt Tiere der verschiedensten Art, die nicht genannt, sondern grob hingezeichnet sind … Wieland wird ihm kurz und scharf antworten, er ist außer sich.* Goethe wehrte sich, er sei nicht Verfasser des schlechten Stückes, aber die Wogen schlugen wieder einmal hoch und man glaubte ihm nicht.

Paris, Freitag, den 31. März 1775 / … Wir sind gestern morgen jeder für sich gewesen. Ich für meinen Teil habe ein sehr vergnügliches Abenteuer gehabt. Ich wollte Jean Jacques [Rousseau] *besuchen, der ein Brummbär ist und niemanden empfängt. Seine Frau, die seine Bedienstete gewesen war und sehr eigensinnig ist, ließ mich herein, doch als ich ihm sagte, dass ich seinen ›Emile‹ gelesen hätte, gab er mir als Erstes zur Antwort, ach davon will ich nichts hören, und Sie können gehen. Als ich mich wieder besonnen und zu ihm gesagt hatte, dass ich mich in dem Bemühen, mir seine Erkenntnisse zunutze zu machen, mein ganzes Leben mit Erziehung beschäftigt hätte, sagte er Nun, ich beschäftige mich nicht damit, genügt Ihnen das? Da war ich nun mit meinem Latein am Ende, und mir blieb nichts anderes übrig, als zu gehen …* Gegenüber dem Zweibrücker Hofrat Mannlich hat Goertz die Episode ausführlicher geschildert. Mannlich in seinen Memoiren:

> Sie wissen, daß ich mit der Erziehung des jungen Prinzen von W. [Weimar] betraut war und ihn auf seiner Reise durch Europa begleitete. Ich hatte unter sehr guten Eigenschaften bei meinem erlauchten Schüler einige Neigungen beobachtet, die bei Vernachlässigung zu Lastern hätten ausarten können … In Paris wollte ich unverzüglich den berühmten Jean Jacques Rousseau kennen lernen, von dessen Werken mir besonders sein ›Emile‹ große Achtung und Vertrauen eingeflößt hatte. Ich besuchte ihn, ohne ihn jedoch zu treffen. Dies wiederholte sich sieben bis achtmal. Immer vergeblich. Da ich stets meine Visitenkarte zurückgelassen hatte, war ich über

seine Unnahbarkeit ungehalten und beklagte mich meinen Bekannten gegenüber. Diese fingen an zu lachen. »Sind Sie bei diesem Original mit dem Wagen vorgefahren?«

»Ja.«

»Haben Sie sich durch Ihren Lakai anmelden lassen?«

»Ja.«

»Dann freilich haben Sie es gerade verkehrt angestellt. Sie müssen selbst wie ein Lakai aussehen, im grauen Überrock zu Fuß kommen, unter dem Arm eine Rolle Musikalien, die Sie abzuschreiben haben. Verlangen Sie so Rousseau zu sprechen, so wird seine Tür, die so hartnäckig dem Grafen Goertz verschlossen blieb, sich für Sie auftun!«

Ich befolgte den Rat, und Mademoiselle Levasseur ließ mich eintreten. Nachdem ich meine Rolle auf den Tisch gelegt hatte, begann ich: Mögen Sie, Herr Rousseau, aus meiner Verkleidung ersehen, wie sehr ich danach verlange, Sie über einen ungemein wichtigen Punkt zu befragen! Ich bin der Graf von Goertz – bei diesen Worten starrte er mich an und nahm seine Mütze ab, die er trotz meiner Bitten beständig in seinen Händen hielt – und brachte dann mein Anliegen vor. Nachdem mich Jean Jacques geduldig angehört hatte, lautete seine ganze Antwort: »Herr Graf, Ihr Schüler ist ein Prinz?«

»Ja.«

»Nun gut, Sie werden nie etwas aus ihm machen. Verzeihen Sie, meine Zeit ist kostbar, ich habe viel zu tun.«

Paris, den 14. April 1775 / Karfreitag. Wir haben gestern kaum etwas Bedeutendes getan, liebe Caroline, zumindest meiner Meinung nach, denn wir haben nichts Neues gesehen. Der Herzog [Carl August] *ist mit einem unserer Herrn im Naturgeschichtlichen Kabinett gewesen, wo er sich gern aufhält. Ich habe unterdessen meine Post erledigt. Zu Mittag haben wir bei meiner guten Freundin Madame de Fertré-Imbault gegessen, dann sind wir in Longchamps gewesen. Auf dieser Promenade fuhren bestimmt zweitausend Wagen. Am prächtigsten sind die Dirnen. Eine, Mademoiselle du Thé, fuhr sechsspännig mit dem schönsten Wagen, schönen Pferden und der dazugehörigen kostbaren Ausstattung, weshalb ihr alles Volk*

Jean Jacques Rousseau, eine Institution von europäischer Geltung. Nach einem Stich von 1770

nachlief. Der König hat an den Ostersakramenten teilgenommen, was der französische König seit 30 Jahren nicht mehr getan hatte …

Paris, Sonnabend, den 22. April 1775 / Gestern habe ich wieder nicht schreiben können, liebe Freundin, da wir zu einem Picknick auf dem Land gewesen sind, Sie waren mir dennoch gegenwärtig. Meinen Donnerstag habe ich äußerst angenehm verbracht, liebe Caroline. Wir haben am Morgen das Privathaus des Duc d'Orléans angesehen, in dem er mit Madame de Montesson wohnt, die er vor zwei Jahren geheiratet hat und die sehr sonderbar ist. Dann Automaten, die mir sehr großes Vergnügen bereitet haben. Ein junger Mann von 22 Jahren hat die Gabe, diese komplizierte Mechanik herzustellen. Der Automat schreibt, was Fremde ihm diktieren, fertigt Zeichnungen, spielt Lieder auf dem Klavier etc. Zu Mittag haben wir bei meiner guten Freundin Ferté-Imbault gegessen und dann habe ich die Prinzen nach Montmorency zur Maréchalle de Luxembourg mit Stein gehen lassen, der nicht immer mit uns gehen kann, denn man empfängt nicht vier auf einmal. Ich bin bei meiner Marquise geblieben. Seien Sie deswegen aber nicht eifersüchtig, gute Caroline, sie ist mindestens 56 Jahre alt und taub wie Hermann, doch fröhlich, angenehm und versehen mit soliden Kenntnissen und Esprit wie vielleicht sonst keine Frau in Paris …

Paris, Freitag, den 28. April 1775 / … Hier herrscht seit zwei Tagen eine große Hitze, Sie wissen, wie wenig mir das zusagt, deshalb lebe ich beständig in der Furcht, dass diese Hitze uns während unserer Reise verfolgen wird … Seit einiger Zeit habe ich ein ziemliches Glück im Spiel. Wenn ich so weitermache, werde ich mit so viel Geld zurückkommen, wie ich bei meiner Abreise besaß. Sie würden es nicht glauben, wenn ich Ihnen sage, dass ich heute, am 29., noch 42 Louis d'or von den 60 habe. Wenn meine Garderobe nicht gelitten hätte, wäre die Ersparnis noch größer. Doch meine Kleider, meine Spitzen und vor allem meine Wäsche, all das hat furchtbar gelitten. Ich brauche zunächst neue Hemden, wenn ich zurück sein werde. Adieu für diesen Tag, liebe Caroline.

Paris, Dienstag, den 2. Mai 1775 / Wir haben gestern den ganzen Tag in St. Cloud verbracht, liebe Caroline, wo sich augenblicklich der Duc d'Orleans aufhält. Man hat dort die Wasserspiele gezeigt, die vornehme Welt war dort, doch unter uns gesagt, ich habe mich äußerst gelangweilt … Das Brot wird jeden Tag teurer und man hört nur noch von Aufständen. Heute hat es sogar einen in Versailles gegeben. Gute Nacht, ich gehe ruhig schlafen, wenn ich doch nur von Ihnen träumen dürfte … Es gibt überall Aufstände wegen des Brotes und seiner Teuerung. Es hat hier einen Aufstand gegeben, gestern in Versailles. Man amüsiert sich in solchen Augenblicken nicht, und weiß nicht, was man sagen soll …

Die Nachricht vom Hungeraufstand vor dem Schloss Versailles hatte sich sofort in Paris verbreitet und wurde zum Gesprächsthema auf den Märkten, in den Kneipen wie in den Salons der Aufklärer. Es erschienen Flugschriften zur Verbesserung der Getreideversorgung und Aufrufe gegen die Spekulationen der Händler. Als Rädelsführer der Aufstände in Paris und Versailles machte die Polizei einen 16-jährigen Jungen und einen Kesselflicker ausfindig, sie wurden im Namen des Königs gehenkt, über Paris wurde der Ausnahmezustand erklärt. Drahtzieher in dem »Mehlkrieg« waren jedoch oppositionelle Adlige, die mit der Steuerpolitik des Königs nicht einverstanden waren.

Paris, den 9. Mai 1775 / Dienstag. Liebe Caroline, nun sind wir im Durcheinander der Abschiedsbesuche. Wir haben sie schon gestern gemacht, heute fahren wir nach Versailles und werden bestimmt Freitag abreisen. Mehr kann ich Ihnen nicht sagen … Wir werden am 16. in Straß-

Ludwig XVI. von Frankreich. Gutwillig, aber überfordert von den Regierungsaufgaben. Stich um 1780

burg sein, und Sie werden einen Brief vom 16. von mir bekommen. All meine Freunde in Deutschland werden mir schmollen, weil ich ihnen nicht geschrieben habe. Doch das wäre gar nicht möglich gewesen und auf diese Weise verringert sich auch die Zahl meiner Korrespondenten. Welch köstlicher Augenblick, wenn ich Sie in meine Arme schließen werde und die Kinder mir zulächeln …

Die gesamte Tour kostete Anna Amalia 11549 Taler. Angesichts der Dauer, immerhin sechs Monate, und des Aufwandes in Paris hätte Goertz von der Regentin Lob für die umsichtige Haushaltung der achtköpfigen Entourage erwarten dürfen. Wie schnell führten gerade prinzliche Abstecher nach London, Rom oder Paris geradewegs in den finanziellen Ruin. Anna Amalia tat etwas anderes, als Goertz mit den beiden Prinzen am 20. Juli 1775 in Weimar eintraf.

Goertz wird entlassen und Goethe kommt nach Weimar

Graf Goertz, der gerade mit dem syphilisfreien Erbprinzen aus Paris nach Weimar heimgekehrt war, rechnete mit der Honorierung für die gut bestandene Reise. Die fiel allerdings anders aus als gedacht; Anna Amalia entließ den Grafen ohne Vorwarnung am 1. Juli 1775. Ihm wurden eine standesübliche Abfindung von 20000 Talern und eine jährliche Pension von 1500 Talern zugesichert. Im Nachlass der Goertz finden sich wenig Zeugnisse zu den Vorgängen. Vier Quellen werden immer wieder zitiert, und sie haben entschieden dazu beigetragen, Goertz fortan als einen kleinlichen und ehrgeizigen Intriganten am Weimarer Hof darzustellen, der dann mit seiner Entlassung in der Bedeutungslosigkeit verschwand. Sie stammen von Friedrich Justin Bertuch, Parteigänger von Wieland und dessen engster Mitarbeiter am »Teutschen Merkur« und von Wieland selbst. Bertuch schrieb nach der Ankunft von Goertz an seinen Freund Gleim:

> Ohngefähr eine halbe Stunde, nachdem Karl August angekommen war, gönnte mir die Herzogin [Anna Amalia] noch die Gnade, ihn ganz allein in ihrem Zimmer zu sprechen. Das erste, was ich bemerken konnte, war, daß der Herzog nichts Affektiertes angenommen hatte und ein wenig ernsthafter, übrigens aber noch ebenso freundlich als sonst schien. ›Wir müssen ihm einige Tage Zeit lassen, der erste Anschein ist nicht immer der wahre‹, sagte ich zu Wielanden. Dies taten wir, und mit Hilfe unseres Knebels [Erzieher des Prinzen Constantin], der uns einige Winke über gewisse Dinge gegeben hatte, entdeckte sichs, daß ihn Graf Goertz während dieser Reise so ganz umstrickt und mit einem Zauberduft umgossen hatte, daß es beinahe unmöglich schien, ihm die Binde von den Augen zu reißen. Die Gefahr, in welcher sich der arme Karl August, dessen Herz immer so gut und edel, nur verführt ist, befindet, Ihnen recht lebhaft zu zeigen, denken Sie sich den Grafen Goertz als einen äußerst stolzen und ehrsüchtigen Menschen, als den ausgelerntesten Hypokriten, als einen Feind der Herzogin-Mutter und der jungen Herzogin, und als einen Mann, der neben der Sucht, sich zu bereichern, keine

geringere Absicht hat, als hinter der Scene selber Herzog zu sein. In diesen Händen liegt Karl August, fühlt und sieht nicht, daß er auf einer Spinnwebe über dem Abgrunde schwebt. In den ersten Tagen war es unserem Wielanden nicht möglich, an ihn und zu einem vertrauten Tête-à-tête zu kommen; immer wich er aus, denn dazu war er schon von Goertz angewiesen, und Dieser verließ ihn auch sehr wenig. Zum Glück mußte vorige Woche Graf Goertzens Schwiegermutter in Gotha sterben, wodurch Goertz gezwungen wurde, auf einige Tage abwesend zu sein. Diesen Augenblick benutzte Wieland; er brach durch, griff Karl August ans Herz, sagte ihm erstaunende Wahrheiten, riß ihm die Binde über Goertz völlig von den Augen. Natürlicherweise wehrte sich Karl August, Meinungen fahren zu lassen, die er bisher immer als Wahrheiten geglaubt hatte; allein Wieland kämpfte wie ein Löwe für Wahrheit und gute Sache. Ich möchte ihn anbeten für Das, was er gestern und heute getan hat, denn eben gestern und heute sind erstaunend heiße Scenen zwischen ihm und Karl August hierüber vorgefallen. Dieser ist von Grund aus erschüttert, aber noch ist er Alcid al bivio [›Alcide al Bivio‹, Alcide am Scheideweg, Oper von Johann Adolph Hasse, 1760]. Die Wiederkunft des Grafen Goertz, welche heute sein wird, muß entscheiden, wozu er greift. Kann ihn Dieser wieder übermeistern, so gängelt er ihn fort, wird Liebling, Erster Minister, Regent, und um Wieland sowohl als um mich ists für immer in Weimar getan. Denn Wieland, sosehr er auch in der Welt auf nichts weiter Ansprüche macht, wird nicht länger in Abdera wohnen wollen. Und mich, einen ehrlichen Mann und Wielands Freund und Vertrauten, wird sicher nicht ein Mann wie Graf Goertz so nah um die Person des Herrn leiden … (27. Juni 1775).

Einen Tag nach der Entlassung von Goertz informierte Bertuch seinen Halberstädter Freund, den Kanonikus Gleim, über den neuesten Stand: »Vorige Woche war heiß, schrecklich heiß für uns. Wieland hat gekämpft wie ein Halbgott, das Herz des armen verstrickten Karl Augusts aus den Netzen eines gefährlichen Mannes herauszuarbeiten. Glücklicherweise war Dies eben auch der Zweck der Mutter, aber ihre

Christoph Martin Wieland, nach einer noch unbeholfenen Zeichnung von Goethe

Hitze übereilte ihre Schritte, die langsamer getan, sicherer gewesen wären. Das Resultat davon ist: Graf Goertz ist vorigen Sonnabend verabschiedet – aber durch die Übereilung dieses Schrittes vielleicht gerade Karl Augusten als ein unschuldig Leidender vorgestellt. Und so wäre am Ende nichts getan. Der große Hauptpunkt, auf den nun Alles ankommt, ist die Wahl der neuen Minister. Ist Die nicht gut, so schlägt man dem Herzog abermals die Tür zum Tempel des Glücks vor der Nase zu ...«

Aber Bertuchs Darstellung von der Entlassung des Grafen Goertz entsprach eher seinen Wünschen denn der Realität. Tatsächlich hatte Prinz Carl August in den Monaten vor dem Regierungswechsel keinen Einfluss auf die Personalpolitik des Consiliums. Anna Amalia entschied, wer das Land unter Carl August regieren sollte, und sie wollte an den bestehenden Personalien nichts ändern. Weder der politisch einflusslose Hofrat Wieland noch Bertuch waren Verhinderer der weiteren Karriere von Goertz am Weimarer Hof. Goertz hatte nämlich, wie schon in seinen Briefen aus Paris angeklungen war, gar keine Ambitionen auf eine weitere Anstellung in Weimar. Für Goertz war Wieland auch zu keiner Zeit eine Art Rivale, schon die Standesunterschiede waren davor. Davon, dass Wieland gegen Goertz »gekämpft hat wie ein Halbgott«, ist in der Goertzschen Korrespondenz nichts zu lesen. Die beiden anderen Quellen stammen von Wieland selbst, der am 3. Juli 1775 Gleim mitteilte: »Hier steht nun alles auf dem Kopf. Graf Goertz ist, wider aller Menschen vermuthen, plözlich (wiewohl mit allen möglichen avantagen von Seiten der Finanz) verabschiedet. Er beschuldigt mich, ihn miniert zu haben. Einiger Schein ist wider mich, aber nur ein Schein, der Narren und Schwachköpfe blenden kann. Die edelste That, die ich je gethan habe und thun werde, hab ich heut vor 8 Tagen gethan. Ich bin mit mir selbst zufrieden … Noch geb ich Carl Augusten, wiewohl er von einem Menschen, der der pendant zu Ihrem Priester ist, ganz und gar umsponnen ist, noch geb ich ihn nicht verloren. Ich will aushalten, biß gar keine Hofnung mehr da ist. Umständlicher kan ich Ihnen itzt unmöglich sprechen, Mein Bester.«

Am 14. Juli 1775 ließ Wieland Freund Gleim wissen: »Die Tage der Unruhe sind vorbeigerauscht … Carl August ist mir gut, seine Mutter auch, seine künftige Hälfte wird mir gut werden. In Hofintriguen und Staatssachen werd ich mich nie mischen, und mich soviel möglich in meinem Schneckenhäuschen ruhig halten …«

Vieles deutet darauf hin, dass Wieland einen Anteil am Gang der Dinge hatte. Für sein Tun gibt es ein handfestes Motiv: Goertz hatte Wieland nicht auf die Kavalierstour mitgenommen, wie es wohl abgemacht war, stattdessen Knebel. Dass Knebel und nicht Wieland nach Frankreich reiste, war aber eine Entscheidung von Anna Amalia. Knebel und Goertz verstanden sich nicht gut, Knebel fühlte sich Anna Amalia deutlich mehr verpflichtet als Goertz. Und Wieland hatte in Goertz seinen Schutzschild gesehen – bis zur Kavalierstour. Höflinge berichteten dann auch, dass Wieland Trost bei Anna Amalia suchte, als Goertz mit den Prinzen das gelobte Land der Aufklärer besuchte. Dabei soll zur Sprache gekommen sein, was unser Graf einst Wieland anvertraut hatte, nämlich wie Carl August vorzeitig auf den Thron zu bringen sei.

Gräfin Goertz verzweifelte, ihr Mann behielt am Tiefpunkt seiner Karriere weiter die Nerven. Offiziell ging das Leben am Weimarer Hof den gewohnten Gang. Anna Amalia lud ihre Gäste zur Mittags- und Abendtafel, zu der nun Wieland beinahe täglich geladen war, es gab

Debatten über Bücher, an denen auch gelegentlich noch Goertz teilnahm. Und die Gerüchteküche kochte.

Der mit Anna Amalia und den Goertz' befreundete kurmainzische Statthalter in Erfurt, Karl Theodor von Dalberg, suchte einen offenen Eklat zwischen der Regentin und dem Prinzenerzieher zu verhindern. Anna Amalia, die Goertz »fortjagen« wollte, riet er zur Mäßigung und Goertz zur Zurückhaltung. Einfluss auf das Geschehen hatte Dalberg nicht. An Graf Goertz: »Würzburg, 9. Juli 1775, Ich bin recht beunruhigt, recht besorgt, aus Ihren Briefen zu ersehen, wie sehr Ihre Seele von düsterem Gram beherrscht wird. Der von Ihnen gefasste Entschluss erscheint mir für den Anfang ganz richtig … Ich bitte Sie, beruhigen Sie sich; alles wird gut … ich bin überzeugt, dass Wieland Ihnen im Grunde zugetan ist.«

Dalberg an Anna Amalia: »Würzburg, 12. Juli 1775. Wenn, wie ich es aus den Briefen des Hrn. Wieland ersehen habe, der Graf Goertz dem durchlauchtigen Herzog geraten hat, Veränderungen in der Administration und bei der Wahl der angestellten Personen vorzunehmen, hat er gewiss großes Unrecht. Doch wenn der Graf von Goertz in jener Hinsicht auch Unrecht hat, so bin ich davon überzeugt, dass er nicht in böser Absicht Falsches tut.«

Wieland geriet in der letzten Hofkrise unter Anna Amalia zunehmend in die Schusslinie. Dalberg an Graf Goertz: »Würzburg, 17. August 1775. Wenn Wieland dem Herzog gesagt hat, dass ich ihn beauftragt hätte, gegen Frankenberg [Vertrauter von Goertz in Gotha] zu sprechen, hat er darin gelogen. Wenn er C. Au. [Carl Augusts] Plan, der ihm anvertraut wurde, der Herzogin verraten hat, wenn Sie sich dessen gewiss sind, dann verachte ich ihn in alle Ewigkeit.«

Mit seiner Volljährigkeit am 3. September wurde Carl August Herzog von Sachsen-Weimar. »Ein Zustand, der alle Beteiligte gequält hat, wird beendet«, hält Ebersbach in seiner Biografie über Carl August fest: »Man ist erleichtert und gespannt. Die Mitglieder des Geheimen Consiliums und der Kollegien erscheinen im Audienzzimmer. Anna Amalia unterbreitet ihnen die kaiserliche Urkunden, die den Erbprinzen für regierungsfähig erklären, und legt selbst die vormundschaftliche Regierung nieder … Alles weitere, der Treueeid der Regierungsbeamten, die Glückwünsche der Stände, vor allem der Kaufleute, die im Bürgertum überwiegen, die Huldigungen aller Art gelten dem selbstherrlichen Souverän des thüringischen Kleinstaates. Abends ist Ball. Immer ertönt Musik. Wieland hat eine Kantate gedichtet.«

Wichtig ist hier festzuhalten, dass sich Anna Amalia nicht aufs Altenteil zurückzog, sondern in Weimar oder in ihrem Sommerschloss nahe Weimar wohnen blieb – aus nach ihrer Sicht gutem Grund.

Die förmliche Isolation der Goertz' am Hof endete, der Graf wurde Oberhofmeister von Herzogin Louise, die selbst darum gebeten hatte. Und Goertz brachte Gräfin Gianini mit, sie wird uns noch eingehend beschäftigen. Die aus Braunschweig nach Weimar gezogene 56-jährige Gianini würde die Oberhofmeisterin von Herzogin Louise, die bald in Weimar eintreffen sollte. Und noch eine Personalie entschied Goertz; seine junge Nichte, Marianne von Woellwarth, wurde Hofdame der künftigen Herzogin. Zur Goertzpartei gehörte noch der Onkel von Gräfin Goertz, der Präsident der Landschaftlichen Kasse, von Oppel. Damit hatte Goertz eine stattliche Formation aufgebaut. Aber in welcher Absicht? Die Goertzbriefe geben auf diese spannenden Fragen keine Antworten, der Graf wohnte nach der Entlassung nicht mehr bei Carl August, sondern bei seiner Frau, folglich gibt es keinen Briefwechsel. Aber die weiteren Ereignisse, vor allem im Frühjahr 1776, zeigen deutlich, wo der Graf seine Zukunft sah.

Nach dem Regierungswechsel verschärften sich innerhalb der verschieden Hofcliquen die Spannungen. Jede wollte möglichst viel Einfluss auf den jungen Herzog, zumal man Goertz für »erledigt« ansah.

Anna Amalia ließ, wo immer es möglich war, Graf und Gräfin Goertz ihren Unmut spüren und blieb ihrer Einstellung treu: »Es ist meine Pflicht, ihm zu zeigen, mit wem er es zu tun hat.« Herzog Carl August lud, wann immer er in Weimar Mittags- und Abendtafel hielt, den Grafen und seine Frau an seine Seite. Baron Josias von Stein rückte mit einem Jahresgehalt von 2000 Talern zum Oberstallmeister auf, was dem Kammerpräsidenten von Kalb nicht gefiel, und dem Ersten Minister Fritsch gefielen die Kalb'schen Finanzreformen nicht. Die neue Oberhofmeisterin, Gräfin Gianini, lag mit Oberstallmeister von Stein und seiner Clique ebenso über Kreuz wie mit Charlotte von Stein und ihrem Anhang. Andere Höflinge wie Seckendorf und Witzleben kamen. Die Cliquen waren keine geschlossenen, sondern offene und flexible Systeme. Sie am Hof zu integrieren, ihre Kämpfe in Sinnvolles zu sublimieren war eine wichtige Aufgabe eines Landesherrn. Sollte es ihm nicht gelingen, seine Vasallen zu integrieren und zur Raison zu bringen, würde sein Thron fallen. Das wusste die Adelsgesellschaft durch die klassischen Theaterstücke Shakespeares ebenso wie aus den zahlreichen Memoiren der Zeit Ludwigs XIV., dem es durch die Ritualisierung des ihm dienenden Adels gelungen war, dass innere Konflikte nicht mehr durch Putschversuche gelöst wurden. In Weimar bestand so eine Gefahr zu keiner Zeit, Gefahr drohte von anderswo und war auch hausgemacht.

Sosehr es Dichter und Gelehrte unter Anna Amalia und Carl August nach Weimar zog – um Wirtschaft und Finanzen im Herzogtum stand es dermaßen schlecht, dass Sachsen-Weimar permanent am Staatsbankrott entlangschlitterte.

Die Wirtschaft basierte auf den Erträgen der Landwirtschaft und des städtischen Handwerks. Der überregionale Getreidehandel scheiterte an den zu hohen Transportkosten bis zu den Seehäfen an Nord- und Ostsee und an Getreideverlusten.

Es gab zahlreiche Textilmanufakturen, deren Erzeugnisse jedoch wegen ihrer schlechten Qualität und zu hoher Preise nicht konkurrenzfähig waren. Die Textilwirtschaft verkam zu Subunternehmungen und Zulieferern und koppelte sich vom restlichen Markt ab. Mit den reichlich vorhandenen Salinen konnte ebenfalls kein gewinnbringender Handel aufgebaut werden, nicht einmal die eigene Bevölkerung konnte mit Salz versorgt werden. Der hochsubventionierte Tabakanbau und -handel hielt keiner Konkurrenz stand und brach zusammen. Der ebenfalls hochsubventionierten Ilmenauer Porzellanmanufaktur gelangen nur schlechte Raubkopien des Meissner Porzellans; die Pleite war unausweichlich.

Der ebenfalls vom Hof beförderte Handel mit Amerika wurde wegen der aus Weimar angebotenen schlechten Waren ein Reinfall. Und auch das erhoffte Einnahmen-Allheilmittel Bergbau erwies sich wie die versuchte Seidenraupenzucht als Flop.

Die katastrophale Wirtschaftslage war dem Geheimen Consilium durchaus bekannt, aber es fehlten dort der Wille zu drastischen Reformen, fähige Beamte, die sie hätten umsetzen können, und ein entschlossener Regent. Das Geheime Consilium, die Verwaltung und der Herzog selbst waren ein erheblicher Teil des Problems, denn man hielt in allen Instanzen an kameralistischen Wirtschafts- und Finanzregeln des 17. Jahrhunderts fest. Ein unübersehbares Vorschriftengewirr nahm in dem Maße zu, wie Handel und Wirtschaft niedergingen, ein deutliches Krisensymptom. Entsprechend schlecht stand es um die Finanzlage des Herzogtums; Anna Amalia und ihren Vorgängern drohte mal mehr, mal weniger die Sequestration durch den Kaiser.

Die Steuerquote in Sachsen-Weimar lag in jenen Jahren bei 30 bis 35 Prozent. In Preußen waren es maximal 20 Prozent, in England 10 bis 12 in Frankreich 12 Prozent.

Das Geheime Consilium glaubte der Quadratur des Kreises mit immer neuen Verordnungen nahezukommen. Auf die Kopfsteuer (mit dem Ergebnis einer Landflucht der Steuerpflichtigen) folgten Luxus- und Hundesteuer. Am Ende erließ das Consilium eine Bankrottordnung, um die Wirtschaft aufrechtzuerhalten, sie wurde aber bald wieder abgeschafft.

Gleichwohl gab es zum Regierungsbeginn von Carl August Reformversuche, um die Wirtschaft zu vitalisieren und die Finanzen aufzubessern. Allerdings: bis 1775 fehlte jedes finanzpolitische Konzept.

Carl August hatte beim Regierungswechsel mehrere Vertraute mit der Erarbeitung solcher Konzepte beauftragt. Er selbst erfuhr erst bei Beginn seiner Regentschaft vom ganzen Ausmaß der Krise. Anna Amalia hatte in ihrer späten Amtszeit ihren Sohn nicht nur von den Sitzungen des Consiliums gegen den dringenden Rat von Fritsch ausgeschlossen, sondern auch keine geordnete Übergabe vorgenommen.

Graf Goertz lieferte im Herbst 1775 auch eine Anleitung zum Krisenmanagement. Dem Grafen war bewusst, dass ein deutscher Kleinstaat politisch nur stabil war, wenn dessen Finanzen und die Wirtschaft intakt blieben. Zumal, wenn er weder auf Bündnispartner noch auf lohnende Exportschlager wie Soldatenverkäufe zurückgreifen konnte. Goertz setzte in seinem Zehn-Punkte-Plan von Ende September 1775 auf Verschlankung der Verwaltung, Kürzung der Hofausgaben, Belebung der Wirtschaft, Steuersenkungen und Abschaffung hemmender Vorschriften.

Die Reformansätze scheiterten am Widerstand der Hofverwaltung und des Geheimen Consiliums. Carl August vergaß schnell seine guten Vorsätze und überzog seinerseits wie Anna Amalia weiterhin das Budget, investierte in fragliche Projekte, denen kein wirtschaftlicher Erfolg beschieden sein konnte. Während Anna Amalia durch Münzfälschung die Finanzlage verbessern wollte, unternahmen die Beamten von Carl August Luftbuchungen, um zumindest auf dem Papier bessere Bilanzen vorweisen zu können.

Goertz erkannte bald den Schwachpunkt der Reformansätze: *Solange sich so viel Heiler mit verschiedenen Heilmitteln am geschundenen Patienten zu schaffen machen, wird der nicht gesund.*

Das Alltagsleben von Handwerkern, Händlern und Bauern in den Städten und Dörfern hatte nichts mit der Hofkultur zu tun, die Aufklärung war dort nicht angekommen, die Analphabetenrate im Herzogtum war hoch. Auch die Staatsgewalt zeigte sich nicht human. So wurden weiterhin nicht nur unehelich schwangere Frauen gefoltert, sondern auch leichteren Delikten wurde mit Instrumenten aus der Folterkammer begegnet. In Preußen war die Folter 1740 per Dekret und 1753 endgültig abgeschafft worden, in Kursachsen 1770, in Österreich 1776. Dass Goethe ein Todesurteil für die junge Kindsmörderin Catharina Höhne mit unterzeichnete, ist kein Geheimnis. Nach einer Wirtschaftsstudie erlebte die Residenz Weimar »im Jahrzehnt zwischen 1770 und 1780 offenbar einen enormen gesellschaftlichen und wirtschaftlichen Verfall, der fast einer Verödung gleichkam« (Ventzke).

Ein Resümee, das den Gralshütern der Weimarer Klassik wenig gefiel und Widerstand hervorrief. Den sollte auch ich bald zu spüren bekommen, als sich abzeichnete, dass dank der Goertz'schen Korrespondenz ein völlig anderes als das liebevoll tradierte Bild des Musenhofes entstehen würde und dass etliches in den Biografien von Anna Amalia, Carl August und Goethe würde neu geschrieben werden müssen. Aber wir wollen der Chronologie der Ereignisse nicht vorgreifen.

Ende September 1775 reiste Carl August mit Goertz nach Karlsruhe, am 3. Oktober heiratete der Prinz dort Louise von Hessen-Darmstadt. Goertz handelte den Ehevertrag aus und sicherte Louise mit 20000 Gulden »Frauensteuer« von den Landesständen, 28000 Gulden von Louises Vater und 50000 Rubel aus Russland ab. Dazu kamen noch 5000 Taler Begrüßungsgeld aus Weimar, 6000 Taler Hand- und Spielgeld und eine Witwenrente von 12000 Talern.

Dann geschah etwas, das immer wieder gern als Beginn der Weimarer Klassik bezeichnet wird, obwohl mit Wieland die Weimarer Klassik längst begonnen hatte: Goethe kam nach Weimar, Carl August hatte ihn auf der Rückreise von Karlsruhe eingeladen. Eine Luftveränderung konnte dem Bestsellerautor, der klamm bei Kasse war, dessen Anwaltskanzlei wenig abwarf, der gerade eine Liebesbeziehung beendet hatte und der von einem mürrisch gewordenen Vater bedrängt wurde, nur guttun. Anna Amalia jubelte, Goertz und Herzogin Louise waren sich in ihrer Abneigung gegen den »Modeschreiber« Goethe einig. Goertz setzte nun darauf, dass Wieland und Goethe in Weimar bald aneinandergeraten würden: *worauf Besagtem aus Frankfurt nicht viel anderes, als die Koffer zu packen übrig bliebe.*

Diese Spekulation des Grafen ging ins Leere. Goethe reiste am 7. November 1775 in Weimar an, und einer seiner ersten Besuche galt Wieland, mit dem er noch »am selben Tag Freundschaft schloss«.

»Der junge Herzog glich einer aufgestauten Quelle, die nun den Damm durchbrochen hat und mit Gewalt dahin schießt. Am wohlsten aber war ihm, wenn er auf einem raschen Pferde und von ein paar großen Hunden begleitet über Stock und Stein reiten konnte … einmal geschah es, dass der voraus reitende Husar mit seinem Pferde stürzte und der Herzog im vollen Schusse über den Mann und Pferd hinwegfuhr, ohne dass es ihm Schaden tat«, notierte Zeitgenosse Lyncker. Der Herzog gab sich enthemmt, und es hatte den Anschein, dass Carl August in Goethe seinen neuen Mentor sah. Gerüchte von ausgelassenen Orgien machten bald die Runde und fanden sich in etlichen Schilderungen wieder: »Der Herzog läuft mit Goethe wie ein wilder Bursche auf den Dörfern herum, er besäuft sich und genießt brüderlich einerlei Mädchen mit ihm.«

Goethe. Stich um 1775

Neben wilden Jagden und Besäufnissen pflegten Carl August und Goethe das Theaterspiel. Stücke von Lessing, Voltaire, dem Meister selbst kamen auf die Bretter. Aber die hohe Kunst war eher Ausnahme. Gefragt war andere Kost, wie bei Wilhelm Bode, dem Kenner der Weimarer Verhältnisse, nachzulesen ist: »Auch die Redouten, die schon seit Jahren sehr beliebt waren, hatten jetzt zuweilen einen Höhepunkt in theatralischen Aufzügen und Vorstellungen. Eine davon – im Februar 1776 – empfand jedoch mancher als sehr anstößig, nämlich die ›Versuchung des heiligen Antonius‹, die wahrscheinlich von Goethe ausgedacht war. Dem in seiner Höhle sitzenden frommen Manne erschienen die Teufel, von denen jeder ein Laster darstellte; der Geiz, die Gefräßigkeit, die Völlerei, die Wollust usf. Goethe machte den Hochmutsteufel mit Pfauenschwanzflügeln und auf Stelzen schreitend … Es war eine Mischung von bitterem Ernst und ausgelassenem Spott, gepfefferte Kost, wie sie die neumodischen Genies am liebsten bereiteten.«

Graf Goertz war angewidert von Goethe. Der fühlte sich im Verdrängungskampf um die Gunst von Anna Amalia und Carl August wohl als Sieger: »Meine Lage ist vorteilhaft genug, und die Herzogtümer Weimar und Eisenach immer ein Schauplatz, um zu versuchen, wie einem die Weltrolle zu Gesicht stünde.«

Goethe als Platzhirsch. Er wusste, dass auf den Verfasser des »Werther« viele recht neugierig waren, besonders die Damen. »Er war ein Mann von sechsundzwanzig Jahren, ziemlich groß, sehr mager, steif in Haltung und Benehmen, gelblich-blass im Gesicht, fast hohlwangig. Sobald er sich unter Freunden sicher fühlte, die ihn verstanden, wurde er höchst liebenswürdig, ja bezaubernd. Dann brach das Feuer seines Inneren durch die angenommene Kälte, die Augen blitzten und funkelten, die Wangen röteten sich«, erzählt Wilhelm Bode.

Goethe scharte schnell junge Adlige wie Einsiedel, Wedel und Seckendorf um sich, baute sich eine Hausmacht auf, ermutigt von Anna Amalia.

Herzog Carl August vereinnahmte den Unterhalter Goethe und bezahlte ihn dafür. Er bekam zunächst das Gartenhaus am Stern geschenkt, im Juli folgte die Ernennung zum Geheimen Legationsrat mit einem Jahresgehalt von 1200 Talern. Davon konnte Goertz nur träumen. Goethe schrieb im Juli 1776 an Freund Merck: »Der Herzog, mit dem ich nun schon an die neun Monate in der wahrsten und innigsten Seelen-Verbindung stehe, hat mich endlich auch an seine Geschäfte gebunden; aus der Liebschaft ist eine Ehe entstanden, die Gott segne.«

Fast möchte man homoerotische Töne aus der neunmonatigen Liebschaft, die eine Ehe geworden ist, herauslesen. Aber bekanntlich hat die Sprache der Empfindsamkeit einen anderen Hintergrund als die Sprache des technischen Zeitalters.

Herzogin Louise übrigens weigerte sich standhaft, mit Goethe an einer Tafel zu sitzen. Allmählich wurde auch klar, dass Louises Lebensauffassung zu der von Carl August fast durchweg konträr war. Goertz lernte als Oberhofmeister von Louise eine ihm höchst unangenehme Seite seines früheren Schützlings kennen. »Der Ehemann fühlt sich als Herr, der kommt, wann er will und wie er will, der sich nehmen kann, was er will, der seine ehelichen Rechte zusätzlich dadurch gestützt sieht, dass sein Land auf herrschaftlichen Nachwuchs wartet. Da er seine Frau nicht wirklich liebt, reduziert sich sein Begehren tatsächlich aufs Animalische. Louise muß dafür da sein, wenn es ihn überkommt«, ist in der Biografie von Ebersbach über das Verhältnis von Carl August und Louise zu lesen.

Goertz behielt weiterhin kühlen Kopf, ließ die Häme über sich ergehen und berichtete seinem in Berlin lebenden Bruder Carl Adam, was sich in Weimar zutrug. Der verstand den Wink. Oberst Carl Adam war kein Günstling des Preußenkönigs, aber ein gerngesehener Gast an der Tafel Friedrichs II. Und dort muss Carl Adam, der bald zum General befördert werden sollte, über seinen Bruder und die Weimarer Verhältnisse berichtet haben. Die Reaktion des Königs, der sich noch gut an unseren Grafen erinnern konnte, ließ nicht lange auf sich warten. Im März 1776 erreichte Goertz die Einladung, Friedrich in Potsdam zu besuchen. Der Graf brach sofort auf, mit Station in Leipzig und Magdeburg. Über das Reiseziel waren nur Gräfin Goertz und Herzog Carl August informiert, und dabei sollte es bleiben. Goertz, formal immerhin Oberhofmeister einer Herzogin, reiste also als Privatmann, der seinen Bruder in Familienangelegenheiten aufsuchte. Die Abwesenheit von Goertz rief prompt Anna Amalia auf den Plan, die Gefahr witterte. Carl August ließ sich wegen der Abwesenheit von Goertz dagegen nichts anmerken. Die sich hier anbahnende Machtkonstellation sollte für die nächsten Jahre symptomatisch und durch die Goertzbriefe hervorragend belegt werden: Anna Amalia dachte gar nicht daran, sich von der Macht zurückzuziehen, um fortan, wie es heißt, die Musen zu pflegen. Und Carl August dachte nicht daran, Anna Amalia an seiner Macht teilhaben zu lassen. Zwei Machtzentren entstanden am Weimarer Hof, Höflinge, aber auch die Dichter und Künstler mussten sich entscheiden, in wessen Lager sie gingen. Sollte sich jemand nicht klar für die eine oder andere Partei entscheiden, wie etwa Goethe, dann wurde er sowohl von Anna Amalia als auch von Carl August für die eigenen Zwecke instrumentalisiert, wie sich noch deutlich im Krisenjahr 1778 zeigen wird. Auch hier werden die Goertz'schen Briefe, stets aus der kritischen Distanz zur Macht geschrieben, deutlich Auskunft geben, weshalb sie in längeren Passagen zitiert werden.

Der Graf reist geheim

Graf Goertz schreibt an Gräfin Goertz: *Potsdam, den 5. April 1776 / Hier bin ich nun, liebe Caroline, an dem Ort, wo sich unser zukünftiges Los auf die eine oder andere Weise entscheiden wird. Meine Reise war sehr glück-*

Potsdam, alter Markt. Stich um 1770

lich, und ich bin gestern, am Donnerstag, hier um 8 Uhr morgens angekommen. Bis zu diesem Augenblick habe ich Ihnen nichts anderes Interessantes mitzuteilen, außer dass ein gewisser Mann [Friedrich II.] *sich freut, mich zu sehen. Er spricht von mir wie von einem alten Bekannten … Gestern habe ich die Prinzessin von Preußen gesehen* [Friederike Louise, geborene Prinzessin von Hessen-Darmstadt, Schwester von Herzogin Louise von Sachsen-Weimar, Goertz kannte sie bereits seit 1772], *die erfreut war, Neuigkeiten von der Herzogin* [Louise] *zu erhalten. Mein Bruder ist weniger alt, als ich dachte, und seine Kinder sind sehr charmant, besonders der kleine Henri ist ein sehr schönes Kind. Die Stadt Potsdam ist herrlich und ich stelle sie – die Schönheit der Gebäude betreffend – auf eine Stufe mit Nancy. Aber, meine liebe, zärtliche Freundin, was machen unsere Kinder und unsere Freunde?*

Bereits vor der Reise muss klar gewesen sein, dass für Goertz die Zukunft in Preußen lag und der Posten des Oberhofmeisters in Weimar nur eine Formalie war, der er nachkam, um das Gesicht nicht zu verlieren. Friedrich empfing Goertz nicht nach dem offiziellen Protokoll, sondern durch die Hintertür, damit die Neugier von Diplomaten anderer Höfe auf Goertz nicht geweckt würde.

Gräfin Goertz an Graf Goertz
5. April 1776 / Das ist jetzt das zweite Jahr, an dem mir das Vergnügen genommen wird, Ihnen selbst zu gratulieren. Mögen Sie im 39. Lebensjahr ein glücklicheres, ein angenehmeres Leben beginnen können, als das, was Sie bisher geführt haben. Hierzu habe ich einige Hoffnung. Und wenn wir kein anderes Glück haben werden, so haben wir doch dasjenige, uns zu lieben. Das ist von allen das größte. Gestern, mein Freund, habe ich mit großem Vergnügen Ihren ersten Brief erhalten, der mich sehr getröstet hat. Ich bedaure, dass Sie in Leipzig etwas gefunden haben, was Sie in schlechte Stimmung versetzt hat. Sie hätten vielleicht noch Vorteil daraus gezogen, wenn Sie gewusst hätten, dass sich der Unendliche [Goethe] *bereits im Aufbruch befand. Alle Welt stimmt darin überein, dass diese acht Tage seiner Abwesenheit dem jungen Mann* [Carl August] *sehr gut getan haben und dass er ein anderer geworden ist. Seine Gesundheit ist sehr schlecht, man sagt, er sei so mager, so blass, so geschwächt, dass es jedermann erschreckt, und sogar ihn selbst. Sein Verlust wäre grausam …*

Goertz hatte in Leipzig Goethe getroffen, der im Auftrag von Herzog Carl August und in eigener Verliebtheit die schöne Sängerin Corona Schröter für den Weimarer Hof zu gewinnen suchte.

Samstag Morgen. Vielleicht mein Freund, entscheidet der heutige oder der morgige Tag unser Schicksal. Mit welcher Ungeduld warte ich auf Information. Die Gianini ist für mich ein großer Trost. Ich sehe sie täglich, ich rede mit Ihr über Sie … Ich soll Ihnen sagen, dass sie krätzig ist.

Die Gesundheit des Herzogs hat sich gebessert, er spricht sogar schon von einer Reise zusammen mit Goethe nach Ilmenau zum kommenden Montag, aber man geht davon aus, dass sie nicht stattfinden wird. Gestern gab es ein Oratorium und heute nehme ich an einem Souper bei Hofe teil … Währenddessen dauert die Freundschaft unter allen mit noch größerer Macht als je zuvor; Seckendorf [Weimarischer Kammerherr] *beginnt, so wie es scheint, aus irgendeinem Grund dort beizutreten. Er hat gleich zwei Aprés-Diners hintereinander beim Herzog verbracht.*

Sonntag, Vormittag / Gestern waren wir bei Hofe sehr fröhlich, mein Freund, wir haben viel gelacht. Die Herzogin [Louise] *war von besonders guter Laune, sie hat mir viele Grüße aufgetragen und bittet Sie, in der Berliner Porzellanmanufaktur nach einem Frühstücksgedeck zu sehen.*

Der 60-jährige
Preußenkönig Friedrich II.
Stich von Camphausen

Beglückwünschen Sie uns, mein Freund, zur Ankunft eines neuen Schöngeistes. Es handelt sich dabei um Herrn Lenz, einen Freund von Goethe …

Friedrich II. an Graf Goertz, 6. April 1776
An den Grafen Goertz.
Ich würde mich freuen, Euch zu sehen und kennenzulernen. Es wäre sogar schon morgen oder übermorgen möglich. Mein C. [Adjutant] *und Ihr Bruder sind davon in Kenntnis gesetzt und ich werde ihnen Tag und Stunde sagen, wann man Euch bringen kann.*

Graf Goertz an Gräfin Goertz
Potsdam, 6. April 1776
… Beim P.d.P. [Prince de Prusse, Neffe Friedrichs II., ab 1786 als Friedrich Wilhelm II. auf dem preußischen Thron] *hat man mich sehr gut empfangen und mir viele Liebenswürdigkeiten zuteil werden lassen. Langsam bemühe ich mich, Bekanntschaften zu machen. In diesem Augenblick kommt ein Bote, der mir befiehlt, um 11 Uhr in Sanssouci zu sein. Bis morgen.*

P. 7. April 1776
Also, beste aller Frauen, ich habe gesehen und bin gesehen worden. Man hat mich sehr gnädig empfangen und mit mir viel Liebenswürdigkeiten gesprochen. Das Ganze hat gute zehn Minuten gedauert … Seid nur sicher, dass ich hier nichts überstürze und dass ich kein Bedürfnis habe, mir einen Herrn zu geben. Ich nehme die Ketten nur in der Hoffnung, Ihre Lage und die unserer kleinen Familie und auch meine eigene viel angenehmer gestalten zu können …

Gräfin Goertz an Graf Goertz
Weimar, 8. April
Die arme Gräfin [Gianini] *ist wirklich krank, mein Freund. Ich fand sie gestern mit starkem Fieber und Kopfschmerzen im Bett. Huffland sagt, dass sie immer noch Wallungen im Körper hat, die es zu bekämpfen gilt.*

Die junge Herzogin und die Herzoginmutter [Anna Amalia] *haben mich nach Neuigkeiten von Ihnen gefragt und lassen Sie grüßen. Heute gibt es noch ein schönes Konzert; der Stabat und Mater, den Fräulein von Waldner den Shakespeare nannte. Man ist vom neuen Gelehrten* [Lenz] *entzückt, man findet ihn einfach liebenswert und er wurde von allen männlichen und weiblichen Schöngeistern umringt und bewundert … Die alten Liaisons dauern noch an, vergrößern sich sogar, das Postskriptum* [Goethe] *wird zu einer Arroganz, aber er wird gehätschelt, man rennt ihm nach. Ich habe von ganzem Herzen gelacht.*

Graf Goertz an Gräfin Goertz
Potsdam, 8. April 1776
… Die Regierung von Frit. [Fritsch, 1. Minister in Sachsen-Weimar] *hat jemandem hierher geschrieben, um zu erfahren, was ich hier mache und was das Ziel meiner Reise ist …*

Potsdam, 10. April 1776
… Gestern habe ich noch einmal beim P. de P. soupiert [Prinz von Preußen, Friedrich Wilhelm] *und werde es heute Abend noch einmal. Die Preise hier sind nicht höher als in Weimar und ziemlich viele Artikel sind hier zu meinem Erstaunen besser verpackt. Man erzählt mir, dass man*

über mich spricht ... Es würde mich viel kosten, alle Vorstellungen, noch nützlich sein zu können, aufzugeben, wo man sich natürlicherweise noch dem Dienst widmet ...

Goertz, der in kürzester Zeit zum König, zum Thronfolger Friedrich Wilhelm und zu Friedrichs Bruder Prinz Heinrich ein Vertrauensverhältnis geschaffen hatte, verhielt sich in Berlin abwartend.

Gräfin Goertz an Graf Goertz
Weimar, 12. April 1776
... Gestern fühlte sich der Herzog viel besser, dennoch wagt man kaum darauf zu zählen, weil die Krankheiten, die von den Nerven herrühren, heimtückisch sind. Man fürchtet, dass ihn zuviel Gesellschaft umgibt, und der Lärm dabei wird seine Wiederherstellung verlangsamen. Gott erhalte ihn uns, aber ich bin nicht ohne Furcht. Haben Sie gelesen, wie man W. [Wieland] *in den Hamburger Zeitungen behandelt? Wir haben ein neues Stück von Lenz ›Die Soldaten‹ – schlimmer als ›Der Hofmeister‹, wie man sagt. Aber man bewundert ihn. Ich bin ganz neugierig darauf, es zu lesen.*

Sonntag, Morgen. Dem Herzog ging es seit drei Tagen ziemlich gut. Aber ach, die Umstände sind nun sehr unglücklich. Gestern haben seine guten Freunde ihn weiß Gott was essen lassen, und er hatte in dieser Nacht eine schreckliche Verdauung. Sie sehen also, dass dies alles ein trauriges Ende nehmen wird, das weit über jede Vorstellung hinaus geht. Herr Lenz setzte ihm ein Ei auf den Kopf und schlug ihm vor, ihn mit dem Seil zu ziehen. Herr Ber. [Bertuch] *hat ihm zu dem gleichen Unternehmen das Haarnetz am Kopf befestigt. Man fürchtet jeden Augenblick ein Unglück ...*

Ihren Kindern geht es gut, sie küssen Euch. Adieu, mein Herzensfreund.

... Ich muss Ihnen, mein Freund, auch etwas Amüsantes erzählen; wie vorgesehen ist gestern die Herzoginmutter [Anna Amalia] *mit dem Freund Einsiedel und seiner kleinen Buckligen* [Louise von Göchhausen, Gesellschafterin von Anna Amalia] *und der armen Stein* [Baronin Christina von Stein] *mit einem Diener samt Mietpferden ausgefahren –*

nicht viel weiter als bis zur Redoute nach Eisenach, wo sie beim Juden vorstellig wurden [Anna Amalia lieh sich vom Eisenacher Bankier wiederholt Geld], *und von wo sie heute Mittag wieder zurück sein wollten. Trotz Schnee und Schlamm.*

Graf Goertz an Gräfin Goertz

Berlin, 12. April 1776

Jetzt bin ich, allerliebste Caroline, in einer der schönsten Städte, die ich jemals gesehen habe, vielleicht ist es sogar die schönste. Ich bin gestern Abend um 7 Uhr angekommen. Ich habe noch nicht viel anderes als Häuser gesehen. Meine Unterkunft ist nicht gerade angenehm, über meinem Kopf wurde die ganze Nacht ein Ball abgehalten. … Man macht sich übrigens absolut keine richtige Vorstellung von dem Großen Mann, der dieses Land regiert. Man ist voller Vorurteile gegen seine Regierung. Vor allen diejenigen, die ich als gerecht und unparteiisch angesehen habe und die in Bezug auf Geheimnisse die am wenigsten beschwerlichen sein können …

Berlin, 18. April 1776

… Gestern hatte ich noch ein anderes Vergnügen, liebe Freundin, nämlich die Bekanntschaft mit dem berühmten Moses Mendelssohn zu machen. Er verdient die allgemeine Wertschätzung durch seine Gelehrsamkeit wie durch Tugend und Weisheit, die sich in seinem Diskurs ebenso ausdrückt wie in seinen Handlungen. Er weiß von Goethe, Wieland, Lavater etc. und ist sicher, dass diese in vier, fünf Jahren ihren Roman beendet haben werden und ebenso ihren Einfluss auf die Zeitgenossen. Aber während man hier abwartet, wird bei uns das Unglück geschehen sein. Er sagt, deren Messen besitzen nur Einbildungskraft, aber keine Vernunft, die sie verachten und verkennen. Das kann nicht andauern. Er kennt Herder, und das, was er von ihm sagt, lässt mich hoffen. Dieser Mann wird mehr Konsequenz haben. Ich wünschte, dass Sie Mendelsohn kennenlernen würden. Er sagte mir: Vor zwei Jahren hatte ich Lust, nach Weimar zu gehen, aber was man seit einiger Zeit von dort hört, lässt mich den Geschmack daran verlieren. Adressiert noch immer Eure Briefe nach Weißenfels, zumindest diejenigen, die Wichtiges für mich enthalten.

Potsdam, 24. April 1776
Ich habe gestern, meine allerliebste Caroline, beim Prinzen von Preußen [Friedrich Wilhelm] *soupiert, wo man mir viel Gutes bezeugt. Man findet es gut, wenn ich den König vor meiner Abreise um Anweisung bitte. Ich habe dies also gestern in einem ziemlich kurzen Brief getan, in dem ich ihm sagte, dass ich ihn vor meiner Abreise um seine Anweisung für W. bitten wollte. Heute oder morgen werde ich Antwort erhalten …*

Freitag. Guten Abend, liebe Caroline, ich bin gezwungen, meine Abreise zu verschieben. Der König hat mir sehr liebenswürdig geantwortet, dass er noch einmal mit mir reden wolle, aber heute für zwei Tage nach Berlin geht. Er kann mich erst Montag sehen. … Ganz Berlin und Potsdam bezeichnet mich als in Dienst genommen …

Welche Anweisung Goertz vom König erhielt, wer oder was mit *W.* gemeint ist, geht aus der Korrespondenz nicht hervor, aber aus dem weiteren Verlauf der Geschichte. *W.* für Weimar zu setzen, macht keinen Sinn, weil der Weimarer Hof und dessen Politik 1776 keinerlei Bedeutung für Preußen hatte. Wahrscheinlich steht *W.* für Wien, denn dort hielt sich Goertz in einer Geheimmission auf. Der Grund: Friedrich II. hatte im März 1776 von seinem Gesandten in Wien erste Informationen über Pläne Kaiser Josephs II. erhalten, der Kaiser beabsichtigte, im Todesfall des bayerischen Kurfürsten Maximilian dessen Land zu besetzen, was der Preußenkönig unter keinen Umständen billigen wollte. Für Friedrich waren weitere Informationen von großer Bedeutung. Graf Goertz kehrte Anfang Mai 1776 nach Weimar zurück, inmitten einer Regierungskrise. Der Erste Minister Fritsch hatte mit seinem Rücktritt gedroht, weil er meinte, »nicht in einem Collegio, dessen Mitglied gedachter Dr. Goethe werden sollte«, sitzen zu können. Anna Amalia nämlich hatte entschieden, dass der bürgerliche Dichter Goethe Mitglied des Geheimen Rates werden solle. Für Fritsch ein ungeheurer Affront, obwohl der Minister zur Partei Anna Amalias zählte. Er wurde mit schönen Worten und Versprechungen überredet, sein Amt wieder aufzunehmen, Fritsch willigte nach langem Zögern ein.

Goethe wurde im Juni 1776 zum Geheimen Legationsrat ernannt und in das Collegium aufgenommen.

Auch Goertz nahm sein Amt als Oberhofmeister bei Herzogin Louise wieder auf. Der Graf war von seinem Schützling wegen dessen Eskapaden enttäuscht und machte den Einfluss von Goethe und Lenz dafür verantwortlich. Wieland kommentierte in einem Brief an Merck (24. Juli), »dass Goertz uns überall mit Dreckfarbe mahlt …«

Im August 1776 erreichte Goertz eine Depesche Friedrichs II.: *An den Grafen Goertz. Euer Memoire vom 2. dieses habe ich erhalten. Ihr sollt Euch in dieser Angelegenheit mit dem Baron v. Edelsheim besprechen, der auf dem Weg zu Ihnen ist. 8. August 1776 Friedrich.*

Was es mit der Denkschrift auf sich hatte, die Goertz dem König gesandt hatte, ließ sich noch nicht ermitteln. Der König sandte Baron von Edelsheim im August 1776 mit weiteren Instruktionen zu Goertz. Georg Ludwig von Edelsheim war ein für Friedrich II. wichtiger, allerdings in ganz Europa hinlänglich bekannter »Geheim«diplomat. Goertz und Edelsheim sollten bald intensiv zusammenarbeiten. Dass Goertz im Herbst 1776 erneut auf Reisen gehen würde, war in Weimar kein Geheimnis. Offizielles Reiseziel war das Reichskammergericht Wetzlar, wo Goertz tatsächlich eine Erbschaftsangelegenheit vortrug, das wusste auch Wieland, der seinen Freund Merck in Darmstadt am 5. Juli wissen ließ: »Graf Goertz rüstet sich nun auch, in eure Gegenden u. nach Maynz u. Mannheim zu gehen, und dort alles gegen Goethen und mich aufzuwiegeln. Der Elende! Nichts weiter von dem Geschmeiß.«

Tatsächlich absolvierte Goertz aber auch seine erste Geheimmission im Auftrag Friedrichs II. am Hof von Mannheim. Gräfin Goertz ertrug die neuerliche Trennung von ihrem Mann nur schwer, wie wir aus ihren Briefen erfahren. Neben dem Privatleben einer Gräfin, die am Weimarer Hof offiziell keine Funktion bekleidete, dennoch Teil der Hofgesellschaft war, lesen wir über die Auswirkungen der Finanzkrise, die Vorgänge am Hof um Anna Amalia, Herzogin Louise, Herzog Carl August und dessen angebliche Männerfreundschaft zu Goethe und von der Ankunft Herders. Die Gräfin am 10. Oktober:

Ich fand, er [Herder] *sah weniger stutzerhaft aus, als man mir gesagt hatte. Er hat sich nach Ihnen erkundigt, hat den Merkur getadelt und Wieland wegen seiner gutherzigen Art gelobt. Wir werden ihn erst am*

Sonntag in acht Tagen hören. Das ist alles, was ich Ihnen über den großen Mann sagen kann, den der göttliche Goethe mit Begeisterung hat einsetzen lassen …

Ich begreife nicht, welches Vergnügen die gute H. [Herzogin Louise] *an Belvedere finden kann, es sei denn, sich nicht anzukleiden, und auch nicht in der Stadt zu Abend zu essen, da sie sich bereits um 9 Uhr zurückzieht. Ich weiß nicht, was sie mit ihrer Zeit anstellt. Man arbeitet an Einschränkungen, man nimmt denjenigen die Tafel wieder weg, die sie hatten, man wird den Saal nicht mehr heizen und es wird keine Suppe mehr für die Fräulein geben. Nur noch ein Konzert …*

Die Anstellung Herders hatte Anna Amalia gegen erheblichen Widerstand der Kirchenverwaltung durchgesetzt. Louises Flucht in das kalte Belvedere war wohl ihre Reaktion auf die Zudringlichkeit von Carl August.

Weimar, den 13. Oktober 1776: … *Meine Lektüre behagt mir nicht sehr, ich vertreibe mir die Zeit mit Wielands Merkur, den Sie nicht den Mut haben zu lesen. Hr. Wieland hat sehr viel von seiner Art hineingelegt, doch ich versichere Ihnen, es sind die größten Plattheiten …*

Weimar, den 15. Oktober 1776: … *Ich widme mich so viel als möglich meinen Kindern, und sie machen mir täglich mehr Freude. Die kleine Louise ist für ihr Alter weit fortgeschritten. Stellen Sie sich vor, … wie sie mit Drucken die Gellertschen Fabeln erklärt und wie sie den ganzen Tag vom Papa spricht. Wir haben Messe und ich habe alles Mögliche versucht, um Spielsachen zu finden, die Sie den Kindern geben könnten, doch es gibt nichts. Sie werden in Gotha bei Agathe etwas finden. Wo werden Sie Quartier nehmen? Ich hoffe, es wird nicht mehr lange dauern …*

Man arbeitet hier sehr an Einschränkungen, man will sogar jenen die Tafel wegnehmen, die keinen Dienst haben, das finde ich unnütz, wenn man den geringen Vorteil bedenkt, der sich daraus ergibt. Davon unbeeindruckt höre ich alle Abende Feuerwerke im Garten von G. [Goethe] *und das Geld geht für tausend Kleinigkeiten weg. Der H.* [Herzog] *hat die vergangenen Tage bei Herder zu Abend gegessen. Sehen wir, ob er ihm die Kirche schmackhaft macht, die bislang kaum besucht war. Fr.* [Fritsch] *ist auf der Messe, er ist mir wegen seiner Gemeinheiten verhasster denn je, und selbst jene, die einst seine Partei ergriffen, verlassen ihn*

Gräfin Goertz.
Rückseitig handschriftlich:
Gräfin G. Weimar 78.
Stich um 1778

nun. Seine Frau ist die Einzige, die der Mutter [Anna Amalia] *emsig den Hof macht …*

Die 1774 geborene Louise war nach der 1772 geborenen Karoline die zweitgeborene Tochter. Herder sollte bald Hauslehrer der Mädchen werden.

Weimar, den 19. Oktober 1776 / … *Er* [Herder] *hat eine ausgezeichnete Predigt gehalten, in der er die Religion unter einem sehr interessanten Gesichtspunkt darstellte. Ich habe lange nichts gehört, was meine Seele so bewegt hätte. Diejenigen, mit denen ich gesprochen habe, sind ebenso zufrieden, auch das Volk. Er hat den Hoheiten keine abgeschmackten Komplimente gemacht. Er hat ihnen sehr gut nachvollziehbare Dinge gesagt, vor allem dem Herzog. Außerdem bin ich davon überzeugt, dass Wieland erzgläubig von dieser Predigt wird, und dass sie die anderen Geistesgrößen und schlimmen Geister vielleicht einige ernsthafte Überlegungen anstellen lassen wird. Die H.* [Herzogin Louise] *ist zurückgekommen, ganz traurig darüber, Belvedere verlassen zu müssen, und die Einschränkungen haben begonnen. Alle Domestiken, die eine Tafel hatten, erhalten nun Kostgeld, hart ist, dass auch den Kavalieren die Tafel genommen wird. Seckendorf und mein Bruder haben deshalb dem Herzog geschrieben und angedeutet, seinen Dienst verlassen zu wollen, wenn dies nicht geändert würde …*

Goertz teilte am 20. Oktober in einem kurzen Brief seiner Frau mit, dass er bis Ende Oktober seine Rechtsangelegenheiten am Reichskammergericht in Wetzlar erledigt haben wolle. Er verbringe die Abende mit Besuchen und Büchern.

Gräfin Goertz an Graf Goertz
Weimar, den 22. Oktober 1776 / … Man meint, am Hof wird es alle Tage knausriger, und dass dies bis zum Äußersten getrieben wird. Ich bin für heute Abend geladen worden, was nun sehr ungern gesehen wird, weil die Herzogin in ihrem Zimmer zu Abend isst, außer, es sind Fremde von Rang da. Dann werden vier Gerichte und die Suppe aufgetragen. So weit heruntergebracht ist der Weimarer Hof, von dem man kürzlich noch annahm, er solle zu einem glänzenden werden. Zu allem kommt, dass die Finanzkammer Schulden gemacht hat, und es wird behauptet, dass der Hzg. [Herzog Carl August] *in Leipzig seinen Schmuck und seine Münzen versetzt hat. Sicher ist, dass man sie bei Siegmund genommen hat, und dass Hrn. G.* [Goethe] *ein sehr schöner Ring ziert, den der Hzg.* [Herzog Carl August] *ihm gegeben hat. Er ist gerade von Kochberg zurückgekommen … Man hat eine schöne Sängerin von Leipzig engagiert, für die der Herr Goethe eine gehörige Leidenschaft gefasst hat und die 600 Taler in Leipzig bekommt. Sie sehen, dass diese Art von Dingen nicht den Einschränkungen unterliegt.*

Weimar, den 26. Oktober 1776 / … Nun sind bald fünf Wochen vergangen, und Sie sagten, drei, höchstens vier, doch ich wage nicht mehr, Ihren Versprechungen in dieser Sache zu trauen, sonst sind Sie ein Mann, der Wort hält, doch in diesem Fall haben Sie mich enttäuscht …

Weimar, den 29. Oktober 1776 abends / Unsere liebe kleine Louise, das Kind, macht mir heute die größte Sorge. Sie hat starkes Fieber, was mich weniger beunruhigen würde, wenn sie nicht große rote Flecken bekäme. Ich zittere um sie. Dieses Kind, das so schön, so sanft, so folgsam, so vielversprechend und für sein Alter so reif ist, zu verlieren, diese Vorstellung ist quälend. Sie sind nicht hier, um mich zu ermutigen, mich zu trösten, was ich nötig hätte …

Mittwochmittags. Gott sei Dank geht es unserer kleinen Louise heute etwas besser, mein Freund. Es ist das Scharlachfieber in seiner ganzen Aus-

prägung, wie es auch ihre Schwester durchmachte. Ich hoffe, wenn man ihr alle Pflege angedeihen lässt, besteht keine Lebensgefahr mehr für sie.

Donnerstagmittag. Unsere arme kleine Louise hatte gestern einen schrecklichen Nachmittag und ebensolche Nacht, sie war bewusstlos, alle in unserem Haus weinten, stellen Sie sich vor, wie ich gelitten habe. Der heutige Tag wird nicht besser werden. Huffland [Hufeland] *hofft, dass keine Gefahr mehr besteht und dass morgen die Krankheit größtenteils überwunden ist. Gebe es Gott.*

Freitagmorgen. Ich kann Sie, mein Freund, über Louises Krankheit beruhigen, sie ist wohl überstanden. Noch äußerst schwach und leidend, hat sie kein Fieber mehr, was mich beruhigt. Meine Gesundheit hat sich nicht verschlechtert, seien Sie darüber nicht mehr besorgt …

Weimar, den 3. November 1776 / Wie unangenehm gegenwärtig doch die Abende am Hof sind, mein Freund. Ich verliere dort ständig Geld und habe noch kein einziges Mal 21 gewonnen, und zum Unglück ist der Hof so klein, dass man notgedrungener Weise mitspielen muss. Um neun Uhr kehre ich nach Hause zurück. Seit Ihrer Abwesenheit erscheinen mir die Abende unerträglich lang, ich verbringe sie allein, sogar ohne interessante Lektüre … Die Finanzen sind in einem erbärmlichen Zustand, es sind hier noch keine Gehälter ausgezahlt worden …

Am Abend. Ich komme von der Gfn. [Gräfin Gianini] *zurück, die wie ich wegen Ihrer ständigen Abwesenheit zetert. Sie grüßt Sie und lässt Ihnen ausrichten, Sie seien ein Schweinigel …*

Unser Graf hatte Ende Oktober 1776 seiner Frau mitgeteilt, dass er nicht von Wetzlar aus zurückkäme, sondern wieder nach Mannheim reise. Dort residierte Kurfürst Karl Theodor von der Pfalz, der im Fortgang der Geschichte noch eine bedeutende Rolle spielen wird. Der 1724 geborene Prinz kam mit 18 Jahren auf den Thron. Seine Eltern waren früh gestorben, und nach dem Tod seines Urgroßvaters, Onkels und Vetters wurde Karl Theodor Herr »über sieben Teutsche Länder«. Er regierte damit den drittgrößten Staat des Heiligen Römischen Reiches Deutscher Nation nach Österreich und Preußen. Karl Theodor war belesen, tolerant und humorvoll. Im Gegensatz zu Friedrich II. ließ Karl Theodor seine Minister regieren. Er sprach fließend Deutsch, Französisch, Latein, Englisch und Italienisch. Er hatte kein Interesse am Militär und war bestrebt, Konflikten durch Neutralität aus dem Weg zu gehen. Seine Gegner sahen in ihm einen »asiatischen Despoten«, für andere war er eine rheinische Frohnatur. Der Kurfürst schätzte Friedrich II., der Preußenkönig hegte keine Gegenliebe. Im Privaten ein Lebemann mit Vorlieben für Mätressen und die Jagd, konnte er in tiefe Frömmigkeit verfallen. Sein Kunstsinn und Geschmack waren stilbildend. Architektur, Theater und die Oper hatten europäischen Ruf. 1760 bezog er mit der Residenz in Mannheim eines der größten Schlösser im Reich. Bis heute haftet dem Kurfürsten sein mit Joseph II. geplanter Länderschacher in Folge der Bayerischen Erbschaft als größte Fehlleistung an.

Goertz musste in Mannheim mit größter Vorsicht Informationen über die Positionen von Minister und Kurfürst in Sachen Bayerischer Erbfolge sammeln. Er gab sich dabei als künftiger Gesandter des Herzogtums Weimar am Reichstag zu Regensburg aus. Ohne Wissen und Einwilligung von Herzog Carl August hätte Goertz so nicht auftreten können. Ob Carl August auch über Details der Mission von Goertz unterrichtet war, bleibt unklar. Unser Graf vertröstete seine Frau erneut mit seiner Rückkehr, worauf die Gräfin ihm in einer Deutlichkeit, die nichts zu wünschen übrig lässt und sehr modern anmutet, antwortete: *Ich will auf gar nichts mehr hoffen, ich will Ihnen nicht mehr glauben, ich will niemandem mehr glauben, ich will nur noch an meinen schlechten Stern glauben, denn alles, was den anderen zu ihrem Glück gereicht, kostet mich das meine. Sie wollen mich nie mehr verlassen. Wie oft haben Sie mir dieses Versprechen gegeben, wie oft sind sie abgereist und haben mich verlassen. Sie wollen am 27. zurückkehren. Ich glaube dies ebenso wenig wie all das Übrige, und bis zum 27. dauert es ein Jahrhundert. Sie predigen mir Vernunft, wenn Sie fühlten wie ich, wüssten Sie, dass Sie tauben Ohren predigen. Ich war noch nie auf so traurige Weise von Ihnen getrennt. Die Sorgen um meine Gesundheit, die allergrößten um mein Kind, um meine Schwägerin. Die Klagen in der Öffentlichkeit, die Vorstellung, dass die Freude aus jeglicher Gesellschaft, und vielleicht noch mehr, aus meinem Herzen verbannt ist, meine abwesende Tante, all die langen Abende, die ich allein zu Hause verbringe, ohne interessante Lek-*

Kurfürst Karl Theodor von der Pfalz

türe zu haben, das ist meiner Meinung nach etwas, dem etwas Vernünftiges hinzuzufügen wäre. Doch ich habe trübe Gedanken. Gute Nacht.

Goertz stand unter doppeltem Erfolgsdruck. Seine Frau sehnte sich nach ihrem Mann, wünschte sich weitere Kinder und ein geregeltes Familienleben, der Graf hatte Karriere-Ambitionen, auch um die Seinen angemessen durchzubringen. Das bedeutete in seinem Metier vor allem, beweglich zu sein. Der innerfamiliäre Konflikt sollte noch viele Jahre anhalten, und wir werden immer wieder darüber in den Briefen lesen. Gräfin Goertz wahrte bei Abwesenheit ihres Mannes die Fassade. Auffällig ist, dass sie immer dann an die Tafel von Anna Amalia geladen wurde, wenn unser Graf unterwegs war. Anfang November 1776 erwähnte sie das Zerwürfnis zwischen Anna Amalia und Herzogin Louise: *Gestern bin ich wieder zum Abendessen bei der Hzgn. Mutter* [Anna Amalia] *geladen worden, wo auch die junge Hzgn.* [Herzogin Louise] *war und Konzert. Die beiden Frauen sind sich völlig überdrüssig, und obwohl sie alles beobachten, was um sie herum geschieht, ist es ihnen im Grunde ihres Herzens völlig gleichgültig … Heute bin ich am Hof, und das ist mir nicht lieb, denn es heißt, die Hzgn.* [Herzogin Louise] *sei so schlechter Laune wie noch nie, ohne dass man wisse, weshalb … Gestern war wie gewöhnlich, mein Freund, ich habe wieder im 21 verloren, das hat mich schon 36 Taler gekostet. Das ist unangenehm. Die Hzgn.* [Herzogin Louise] *war fröhlich, aber niemand wusste warum. Heute Abend werden wir Bürgerkomödie haben. Frau von Oppel hat den Morgen bei mir verbracht, sie erweist mir Freundschaft. Unsere Kinder sind wohlauf. Louise ist noch angeschwollen und etwas traurig wegen ihrer Krankheit …*

Der Herzog [Carl August] *ist auf Jagd. Es ist gewiss, dass er nicht mehr will, dass sich seine Mutter mit etwas befasst, selbst wenn es denjenigen schadet, die sich an sie wenden. Die Mutter ist von einer seltenen Freigebigkeit, sie hat gerade Herrn von Einsiedel eine Dose und einen goldenen Stock gegeben, und die Göchhausen überhäuft sie mit Geschenken. … Gott weiß, was man in Mannheim mit Ihnen anstellen wird und wie gern man Sie dort verhaften möchte, wofür man schon Gründe finden wird. Wenn doch bloß all meine Sorgen darüber grundlos wären …*

Während Gräfin Goertz darauf setzte, Weimar bald den Rücken kehren und nach Preußen ziehen zu können, hatte es Friedrich II. gar nicht eilig, Goertz offiziell in den Dienst zu nehmen. Für ihn war der entlassene Weimarsche Prinzenerzieher ein idealer Geheimdiplomat. Goertz kam aus unverdächtiger Stellung und von einem unverdächtigen Hof nach Mannheim. In nicht erhaltenen Briefen muss der Graf Näheres über seine Mission und die erhoffte Reaktion des Preußenkönigs mitgeteilt haben, denn Gräfin Goertz fragte unvermittelt: *Was werden Sie mir über die Erfolge des Königs sagen? Mögen sie für ihn, für Sie glücklich sein. Das wird, denke ich, unser Leben ändern.*

Die Absichten von Graf Goertz blieben in Mannheim nicht unbemerkt. Ausgerechnet der Architekt des späteren Geheimvertrages zwischen Kaiser Joseph und Karl Theodor, der Wiener Gesandte in Mannheim, Baron Lehrbach, erkundigte sich intensiv über die Absichten von Goertz in der Residenz. Möglicherweise ließ Lehrbach den Grafen Goertz überwachen. Graf Goertz berichtet in seinen Briefen von der Mannheimer Oper, höfischen Vergnügungen und deutet an, dass man ihm nachstellt. Die Sorge von Gräfin Goertz, ihr Mann könnte in Mannheim verhaftet werden, war durchaus real. Es sollte nicht mehr lange dauern und Kaiser Joseph sah in dem entlassenen Prinzenerzieher vom unscheinbaren Weimarer Hof einen persönlichen Feind.

Goertz kehrte im November nach Weimar zurück. Er muss erfolgreich gewesen sein, bat Herzog Carl August, von den Pflichten des Oberhofmeisters der Herzogin entbunden zu werden, und setzte seine Zukunft ganz auf König Friedrich. Carl August willigte ein, die Gegner Goertzens am Hof triumphierten darüber, dass Goertz nun auch von Carl August fallen gelassen wurde, Anna Amalia suchte nach den wahren Hintergründen. Von ihrem Sohn erfuhr sie dazu nichts. Das Hofleben lief trotz Geldnot nach vertrauten Regeln weiter. In Goethes Tagebuch, das im Zusammenhang mit dem nächsten Kapitel eine wichtige Rolle spielen wird, ist von Konzerten, Bällen, Feuerwerken, Theaterproben zu ›Die Mitschuldigen‹, dann zu ›Elmire‹ die Rede. Auch das neue Jahr änderte nichts an den Ritualen. Der 19-jährige Herzog Carl August erwartete das Frühjahr, um endlich wieder jagen zu können: Wild und junge Mädchen. Herzogin Louise litt unter Depressionen.

Im Jahr 1777 lebte Familie Goertz viele Monate in ihrem Haus zusammen, ein Zustand, der sich bald wieder ändern sollte. Herder unterrichtete die beiden Töchter als Hauslehrer, der Graf wurde von Carl August weiterhin an seine Tafel geladen, an der bis zu 40 Gäste teilnahmen, mit dem Hof von Anna Amalia und Herzogin Louise galt es an die 80 Höflinge zu versorgen. Anna Amalia ließ über Getreue wie Knebel, Fritsch und Goethe erforschen, wie das Verhältnis zwischen Goertz und ihrem Sohn zu bewerten sei. In Goethe hatte Anna Amalia einen zuverlässigen Informanten über das, was bei Carl August vor sich ging. Es wäre jedoch ein Irrtum zu glauben, dass sich Carl August bei all seiner pubertären Ausgelassenheit mit Goethe in die Karten der Politik hätte blicken lassen. Goethe sollte das am 16. Mai 1778 schmerzlich bewusst werden.

Im Juni 1777 reiste unsere Gräfin für sechs Wochen zu einer Brunnenkur nach Berlepsch. Sie wohnte bei ihrer Verwandten Emilie von Berlepsch, die später als romantische Dichterin bekannt wurde. Der Graf war auch unterwegs, möglicherweise sogar inkognito nach Wien in Sachen Bayerische Erbfolge. Gräfin Goertz wünschte Erholung. Brunnenkuren waren im 18. Jahrhundert durch den Bad Pyrmonter Arzt Johann Philipp Seip populär geworden. Regelmäßiges Trinken von Mineralwasser mit entsprechender Diät erwies sich als wirkungsvolle Therapie gegen sogenannte hypochondrische Leiden, wozu Ver-

Weimar um 1785. Stich von Bartning

dauungsbeschwerden gehörten, über die Gräfin Goertz regelmäßig klagte. In und um die Anhöhen von Berlepsch, etwa 40 Kilometer von Kassel entfernt, suchte man die »Acht heiligen Quellen« auf. Aus ihnen fließt sauerstoffarmes Wasser. Einige Auszüge aus den Briefen der Gräfin mögen Stimmungsbilder liefern.

Berlepsch, den 9. Juli 1777 / Mein Herzensfreund, nun bin ich in Berlepsch, wo ich meine Emilie wiedergetroffen habe, eine zärtlichere als je zuvor. Sie wäre beinahe in Ohnmacht gefallen, als sie mich wiedersah, ich könnte glücklich mit ihr sein, wenn ich es denn ohne Sie, ohne meine Kinder könnte. Sie hat sich nicht verändert, nicht so, wie Sie meinen, sie legt nicht den Schöngeist an den Tag. Sie dankt Ihnen dafür, dass ich herkommen konnte. Meine Reise war beschwerlich und ermüdend. Ich bin erst um 10 Uhr eingetroffen. Ich war im Wald vom Weg abgekommen, unzählige Male drohte uns der Wagen zu brechen, es war Nacht, es goss. Ich habe dem Himmel gedankt, mein Freund, dass Sie nicht all diesen Gefahren ausgesetzt waren. Obgleich ich gern mit Ihnen zusammen sein würde, merke ich, dass Ihnen das Leben hier nicht zusagen würde. B. [Berlepsch] *ist ein Mann, der Ihnen niemals behagen dürfte ...*

Berlepsch, den 10. Juli 1777 / ... Stellen Sie sich ein über 400 Jahre altes baufälliges Gemäuer vor, auf einem hohen Berg, ohne ein Dorf, ganz von

Wald umgeben, und Sie wissen, wie meine jetzige Bleibe aussieht. Ich will nicht sagen, dass ich mich hier langweile. Ich verbringe meine Zeit auf die angenehmste Weise. Emilie ist sehr beständig geworden, pflichtbewusst, sie passt sich den Eigensinnigkeiten ihres Mannes an und ist dabei ziemlich zufrieden mit ihrem Los. Wir fühlen in fast allen Dingen gleich, sind fast immer beieinander. Wir reden, wir lesen, wir arbeiten, wir laufen viel. Am Montag oder Mittwoch werde ich die Brunnenkur beginnen. Wir sind viel allein, was nicht schlecht ist, denn der Herr [Berlepsch] *ist noch immer unverändert und seine Art verträgt sich nicht mit der meinen. Doch da kommt Emilie. Adieu*

Die beiden Frauen verstanden sich, waren spontan und unternehmungslustig. Die Stimmung war schon deshalb entspannt, weil es fernab vom Hof kaum Zwänge gab, weder aufwendige Garderobe noch zeitraubende Empfänge oder Verpflichtungen gegenüber anderen. Emilie und Caroline lasen sich aus Büchern vor, streiften durch die Felder, ritten in die Umgebung und begannen endlich die Brunnenkur. Völlig ohne gesellschaftliche Verpflichtungen ging es allerdings auch im abgelegenen Berlepsch nicht.

Berlepsch, den 13. Juli 1777 / … Ich habe gerade die Brunnenkur begonnen, mein Freund. Obwohl das Wetter abscheulich ist, habe ich keine Zeit verlieren wollen, da ich nicht weiß, wann Sie mich wiedersehen möchten. Mein Kopf ist ganz benommen, dennoch kann ich mir nicht versagen, Ihnen einen guten Tag zu wünschen. Ich habe noch immer von niemandem einen Brief, das verdrießt mich.

Berlepsch, den 18. Juli 1777 / … Ich setze meine Brunnenkur fort und mache ausgiebige Spaziergänge. Es würde Sie freuen, wenn Sie sehen, wie ich laufe und mich ermüde, Sie, der immer meint, ich könnte nicht genug tun. Unsere Reise nach Geismar hat noch nicht stattgefunden, da Berlepsch Geschäfte hatte. Wir werden mit Pferden fahren, der Hof ist dort, wir werden wahrscheinlich viele sein und die Ausgaben bleiben klein, da wir dort nur einige Tage sein werden. Hier habe ich nur Ausgaben für die Briefpost. Mir verbleiben noch 100 Taler. Meine Reise hat mich 38 Taler gekostet, darauf war ich nicht gefasst …

Berlepsch, den 31. Juli um elf Uhr abends. / Ich bin aus Geismar zurück, bester Mann, und obwohl ich von Anstrengungen überwältigt bin, kann ich vor Freude nicht länger widerstehen, Ihnen zu schreiben … Wir sind dort am Montag um die Komödienzeit angekommen, und da wir nichts Besseres anzufangen wussten, sind wir hingegangen, um uns unbemerkt in eine Ecke zu drängen. Nach dem Eintreffen des Hofes begann man uns von Kopf bis Fuß zu mustern, als ob wir äußerst seltene Wesen wären, und man schien sich über uns lustig zu machen. Zwischen den beiden Stücken schickte Frau von Witzleben einen Mann, um zu erfahren, ob wir Verwandte von ihr seien. Dann kam sie selbst und begrüßte uns auf das herzlichste in alter deutscher Höflichkeit. Als wir sagten, dass wir am nächsten Tag dem Hof vorgestellt zu werden wünschten, sagte sie es der Landgräfin, die zu uns kam und sich einige Zeit sehr höflich mit uns unterhielt. Ich versprach mir viel davon. Am nächsten Tag wurden wir dem Landgrafen in der Galerie vorgestellt und an die Mittagstafel gebeten. Wir fanden den ganzen Hof in der Galerie vor. Der Landgraf und die Landgräfin sagten uns einige Worte, dann begab sie sich an einen Tisch, um Pharao zu spielen. Sie schien übler Laune zu sein und behielt diese sowohl an dem Abend als auch am nächsten Tag. Ich habe sie mit niemandem sprechen sehen und bei Tisch machte sie sich über den armen Landgrafen von Philippsthal lustig, der mir als ein ehrenwerter Mann, wenn auch ohne Scharfsinn, erscheint. Uns bat man weder zum Souper noch am nächsten Tag zum Mittagessen. Das schien alle zu entrüsten, ich glaube, es war der Fehler des einfältigen Hofmarschalls von Boeneburg. Als wir gesagt hatten, dass wir aufbrechen, lud man uns zum Souper am Mittwoch. Der Herr Landgraf sagte nichts. Ihm war es peinlich, dass wir ihn morgens und nachmittags auf dem Flur unserer Herberge auf der Suche nach einer dicken hässlichen Schauspielerin herumstreifen sahen. Die Frau Landgräfin trug mir gefällige Grüße an Sie auf und bat mich, am Abend wiederzukommen. Wozu ich keine Lust hatte, da ich nicht zufrieden mit dem Betragen des Hofes mir gegenüber bin …

Berlepsch, den 5. August 1777 / Guten Tag, mein Freund, ich komme früher zu Ihnen, da ich meine Brunnenkur beendet habe. Ich weiß nicht, ob es auf die Kur oder auf meinen Aufenthalt hier zurückzuführen ist, aber ich habe mich die ganze Zeit äußerst wohl befunden, und wenn mich nicht meine Schwermut überkommt, da ich fern von Ihnen und den Kindern bin, habe ich allen Grund, zufrieden zu sein.

Wie danke ich Gott für die Impfung unserer Kinder. Die furchtbarste Seuche geht hier in der Gegend um, und in Kassel sollen über 800 Kinder an den Pocken gestorben sein. Emilie ist in größter Sorge um ihr Töchterchen. Mir gefällt nicht, wie sie ihre Kinder aufzieht. Sie werden von Arznei ernährt …

Sonntagmorgen. Guten Tag, mein Freund, wir haben seit gestern große Gesellschaft, so groß, dass Emilie sich in meinem Bett einquartieren musste, in dem ich eine sehr schlechte Nacht verbracht habe, in Gesellschaft eines halben Dutzends Fledermäuse, die in meinem Zimmer hausen. Das vermittelt Ihnen ein Bild des hiesigen Schlosses.

Freitag. Wir sind gestern in Göttingen gewesen, mein Freund … Die Stadt ist schön, die Bibliothek prächtig. Ich habe dort herrliche Kupferstiche gesehen und eine gerade erst eingetroffene, äußerst fein gearbeitete Marmorbüste des englischen Königs. Im naturgeschichtlichen Kabinett habe ich keine besonders interessanten Dinge gefunden und mich anderthalb Stunden in der Reitschule gelangweilt …

Ende August verließ Gräfin Goertz Burg Berlepsch und reiste über Gotha, wo sie ihre Familie besuchte und ihre Kinder wohlauf wiederfand, zurück nach Weimar. Sie leitete das Einrichten des neuen Hauses an der Esplanade, das die Goertz' zur Miete bewohnten: *Ich habe Ihre Zimmer gestern, so gut ich es mit der fehlenden Tapete vermochte, herrichten lassen. Ich hoffe, es ist mir gelungen, Ihren Geschmack zu treffen. Was den Herrn Berger* [Sekretär] *angeht, er wird sein eigenes Bett haben und selbst dann zu Ihnen gehören, wenn er es unten haben soll, in Ihrer Garderobe, wo ich es wegen der Bücherkisten nicht habe hinstellen können. Die unteren Zimmer sind eingerichtet, das eine zum Schlafen, das andere zum Wohnen. Da es Berger beliebt, sich mit niemandem gutzustellen, wird er sich vielleicht mit einem Zimmer zufriedengeben. Er könnte in dem Bücherzimmer schreiben … Die anderen Domestiken bleiben, glaube ich, lieber zusammen, es bringt auch mehr Ordnung in eine Wohnung …*

Im September 1777 war auch Graf Goertz wieder in Weimar und Gast an der herzoglichen Tafel. Über seine Reise nach Wien ist im Nachlass noch nichts Aufschlussreiches zu finden gewesen.

II. EINE LIEBE ZU DRITT

Die große Eifersucht

Die Übersetzungen der Goertz'schen Briefe war im Frühjahr 2008 dank der Hilfe von drei Mitarbeiterinnen weit vorangeschritten. Die chiffrierten Briefe der Gräfin hatte ich auf meinem Tisch liegen. Trotz vorhandener Nachschlagewerke und Anfragen bei Autoren, die über Geheimschriften publiziert hatten, kam ich nicht voran. Ich schlich wie die Katze um den heißen Brei und brach meine Versuche vorerst ab, um die übersetzten Schreiben nach ihren Inhalten zu ordnen. Die Briefe der Gräfin folgen einem stets wiederkehrenden Kanon. Sie beginnen mit der Bestätigung eines erhaltenen Briefes oder mit Bedauern wegen eines noch nicht erhaltenen Gegenbriefes. Dann folgt eine Reaktion auf den Gegenbrief, die Erledigung von Rechnungen oder Aufträgen wird bestätigt. Als Nächstes ist von einer eigenen oder von Krankheiten der Kinder oder von Verwandten zu lesen.

Dann werden Neuigkeiten vom Hofleben, über ihre Freundin Gräfin Gianini und über die Verwandtschaft berichtet. Deren Namen sind häufig abgekürzt, gelegentlich werden verschiedene Sachverhalte in einem Satz ohne Punkt und Komma abgehandelt. Religiöse oder philosophische Themen kommen in den Briefen beider nicht vor. Zwei Kategorien von Informationen fallen in den Briefen der Gräfin deutlich auf: jene über politische Belange, die ihren Mann betreffen und mit denen wir uns später befassen, und ihre Mitteilungen über Anna Amalia, Goethe und Charlotte von Stein. Dass Gräfin Goertz in ihren Briefen über Anna Amalia berichtet, ist verständlich, sie war lange Zeit die Zentralfigur am Weimarer Hof und hielt weiterhin mit ihren alten Ministern die Fäden im Consilium in der Hand. Was die Herzoginmutter tat, und sei es nur ihre Anwesenheit bei einer Theaterprobe, war Teil rituellen Hoflebens und damit ein Politikum. So wie in unseren Tagen Äußerungen eines Politikers aus seinem Ferienort schnell den Weg in die Weltpresse finden, gewollt oder ungewollt, so reflektierten damals die Höflinge alles, was Anna Amalia umtrieb. Die Herzogin verteilte ihrerseits an den Hofstaat wohldosiert ihre Launen, ihre Einfälle oder ihre Absichten und Vorstellungen in Regierungsfragen. Gräfin Goertz kannte das Spiel und ging darauf auch in ihren Briefen ein. Ihre Informationen stammten zumeist aus eigenen Beobachtungen. Unsere Gräfin kannte wesentlich mehr höfische Zusammenhänge und Interna, als sie in den Briefen zur Sprache brachte und, wegen der Gefahr, dass ihre Briefe abgefangen würden, zur Sprache bringen konnte. Das wenige jedoch, was die Gräfin über Anna Amalia notierte, manchmal nur ein Halbsatz, ergibt ein atemberaubend anderes Bild vom Leben der Musenherzogin. Denn wenn von Anna Amalia die Rede ist, schreibt die Gräfin zugleich von Goethe und Charlotte von Stein so, als gehörten diese drei nach Rang, Stellung und Ansehen grundverschiedenen Personen thematisch zusammen. Was für eine Klammer war das, die Herzogin, Dichter und Hofdame miteinander, und zwar auf mehr tragische als glückliche Art verband? Denn was die Gräfin über das Verhältnis der drei zueinander zu berichten wusste, sind Auswüchse von Neid, Eifersucht und Missgunst. Schrieb die Gräfin so, weil sie selbst von Neid und Zwietracht durchsetzt war? Weil sie Freude am Tratsch und bösen Unterstellungen hatte?

Dazu aber gab es kein Motiv, denn zum einen wehrte sich die Frau des Geheimdiplomaten dagegen, eine Stellung am Hof anzunehmen, etwa jene als Oberhofmeisterin von Herzogin Louise, wofür sie 1775 vorgesehen war, zum anderen setzte sie darauf, Weimar eher heute als morgen verlassen zu können. Um erfolgreich intrigieren zu können, fehlten der Goertz eine Hausmacht und eine Perspektive am Weimarer Hof. Missglückte Intrigen zogen in der Regel den sofortigen Ausstoß aus der Hofgesellschaft nach sich, eine Ächtung, von der bald im gesamten Reich berichtet wurde. Vergleichbare Quellen über die Beziehungen zwischen Anna Amalia, Goethe und Charlotte von Stein sind nicht bekannt. Aus den Briefen unserer Gräfin an ihren Mann aus der Zeit von 1775 bis 1780 folgen nun einige Passagen, die Herzogin, Dichter und Hofdame von einem Gefühl zusammengehalten zeigen, der Liebe.

Die alten Liaisons dauern noch an, vergrößern sich sogar, das Postskriptum [Goethe] *wird zu einer Arroganz, aber er wird gehätschelt, man rennt ihm nach. Ich habe von ganzem Herzen gelacht* (8. April 1776).

Lotte [Charlotte von Stein] *ist mit dem Herrn Lenz auf dem Land* [in Kochberg], *um die Gerüchte über ihren Freund* [Goethe] *zum Schweigen zu bringen, der nicht wagt, sie zu besuchen. Man behauptet, dass dieses Zartgefühl eine Verstimmung der Mutter* [Anna Amalia] *gegen sie bewirkt hat* (3. Oktober 1776).

Man sagt, dass Lotte [Charlotte von Stein] *den gesamten Winter auf dem Land verbringen wird, um die üble Nachrede verstummen zu lassen und um sich die Langeweile zu vertreiben, sie hat Herrn Lenz mitgenommen* (8. Oktober 1776).

Die H.M. [Herzogin Mutter Anna Amalia] *ist gestern ganz zeitig aus Kochberg zurückgekehrt. Ich vermute, sie hat sich dort gelangweilt. Man behauptet, es gebe eine Abkühlung zwischen ihr und dem Favoriten* [Goethe]. *Ich kann mir nicht vorstellen, dass es lange andauert* (13. Oktober 1776).

Es ist gewiss, dass G. [Goethe] *gänzlich mit der Mutter entzweit ist, und ich hoffe, dass sie endlich sehen wird, dass Sie ihr nicht das Vertrauen ihres Sohnes entzogen haben, sondern er* (26. Oktober 1776).

G. [Goethe] *glaubt sich schöner als Amor, nur wollen sich die Frauen* [Anna Amalia und Charlotte von Stein] *nicht beherrschen lassen und langweilten sich.*

Unterdessen haben der Hzg. [Herzog], *seine Mutter* [Anna Amalia], *Familie Stein, und die Waldner* [Adelaide von Waldner, Hofdame der Herzogin Louise] *mit allen Schöngeistern und Dame Thusnelda* [Göchhausen] *in Tiefurt zu Mittag gegessen, getanzt und zu Abend gegessen. Man meint, die Liebe der Lotte* [Charlotte von Stein] *schreite rüstig voran und dass keine so liebäugeln würde wie sie* (5. November 1776).

Frau von S. [Charlotte von Stein] *steht noch immer bei der jungen Hzgn.* [Herzogin Louise] *in der größten Gunst, doch mit ihrer Herr-*

schaft bei der Mutter [Anna Amalia] *ist es ganz vorbei. Diese sieht, hört und existiert nur noch durch die Organe ihrer kleinen Buckligen* [Göchhausen](6. November 1776).

Ich muss Ihnen noch von diesem kleinen Stück erzählen. Es ist wirklich hübsch. Man war bezaubert vom Stück und der Aufführung. Lotte [Charlotte von Stein] *war entrückt, so, wie sie ihren Freund bewundert, wie sie bei seinem Spiel aufgeschrien hat. Das Stück wurde derart gelobt, dass ich nicht den Mut aufbrachte zu sagen, dass Hr. G.* [Goethe] *nicht gerade ein guter Schauspieler genannt werden kann* (21. November 1776).

Maman [Anna Amalia] *steht mit dem Genie par excellence* [Goethe] *auf besserem Fuß als jemals zuvor, und trotz seiner* [Goethes] *Zurückhaltung in der Öffentlichkeit spricht die Verleumdung darüber* (14. März 1778).

Die Nachricht des gestrigen Tages war eine Vergnügungsreise nach Jena, um dort eine von Studenten aufgeführte Komödie aufzusuchen. Die Frau Herzoginmutter [Anna Amalia] *ist dorthin zusammen mit ihrem lieben Freund Goethe gegangen. Und Lotte* [Charlotte von Stein], *die sich über alles, sogar über die Launen der Maman stellt, wenn es sich darum handelt, ihren Freund zu sehen, hat eine eigene Reise unternommen, um auch dorthin zu gehen* (26. April 1778).

Ich hatte gerade einen sehr angenehmen Besuch von Herder, der Euch viele Dinge ausrichten lässt, der unsere Freude teilt, der mit uns fühlt. Er ist ständig traurig und bedauert das unglückliche Schicksal von Weimar, die Verirrungen des Meisters [Carl August], *die Situation der Frau* [Herzogin Louise]. *Er verachtet mehr denn je die Mutter* [Anna Amalia] *und tadelt den Favoriten* [Goethe] (1. Mai 1778).

Das Leben hier wird mit jedem Tag lächerlicher. Gestern hat G. [Goethe] *ein Diner bei Puffert für den Herzog, die Herzogin, die Frau von Stein und Frau Herder gegeben. Der Herzog hat dies mit einem Souper auf dem Stern erwidert* (3. Mai 1778).

Maman [Anna Amalia] *hat mich nach Neuigkeiten von Euch gefragt; und als ich gegangen bin, habe ich mich von all ihren Allüren, die sie an den Tag legte, gereinigt … Sie* [Anna Amalia] *hat nun Zeit, sich viel mit ihrem kleinen Monster* [Göchhausen] *zu langweilen, denn sie ist nicht mehr Teil seiner* [Goethes] *Unternehmungen, und ihr blutet deshalb das*

Herz, sie weint deshalb in der Öffentlichkeit, sie kann sich dessen nicht enthalten (5. Mai 1778).

Ergänzend sollen noch zwei Passagen aus Briefen der Gräfin Gianini an Gräfin Goertz folgen: *Goethe drechselt immer noch an der vollkommenen Liebe und die arme Frau von Stein, dümmer gab es noch keine, erträgt geduldig das Geschwätz in der Öffentlichkeit und von Herrn Goethe und die üblen Launen seiner Frau. Sie können daraus ersehen, dass alles beim Alten geblieben ist* (11. Juni 1778).

Unsere Neuigkeiten … die Erhebung Goethes in den Adelsstand. Die Liebschaften vom Letzteren mit seiner alten Schindmähre sind immer noch ganz aktuell, die Macht, die diese Clique ausübt, ist größer denn je (12. August 1782).

Bevor die Zitate kommentiert werden, sollen sie in den Kontext zu zwei anderen, gleich wichtigen Quellen gesetzt werden, sie stammen von niemand Geringerem als einem der Hauptakteure: Goethe. Seine Tagebücher und seine Briefe an Charlotte von Stein sollen hier vor allem interessieren.

Goethe führte sein Tagebuch von 1775 bis 1782. In der neuen kommentierten Ausgabe von 1998 heißt es einleitend: »Nicht für ein Publikum also waren Goethes Tagebücher bestimmt, sondern allein für den Dichter selbst. Daraus erklärt sich ihr monologischer Charakter, die Freiheit des Ausdrucks … Stichwortartig, häufig elliptisch verkürzt werden Handlungen, Ereignisse und Begebenheiten eines Lebenstages festgehalten … Für die häufig eilig, meist am Abend eines jeweiligen Tages niedergeschriebenen Notizen verwendete Goethe zahlreiche Abkürzungen, Abbreviaturen, und das in den Kalendern befindliche Verzeichnis astronomischer Zeichen.« Goethe hatte seine Einträge mehr oder minder chiffriert, ein einfaches Lesen und Verstehen ist schwer möglich. Um das zu veranschaulichen, sollen hier exemplarisch einige Einträge vom Beginn der Aufzeichnungen zitiert werden:

1. [Juli 1776] Apollonius. Allein Mittags zu Hause. Herz. M. Bechtolsheims Erklärung, in Wielands Garten. Nach Hause.

11[. Juli 1776] E.T. des Vog. Sch. Aufspannung über K.

12[. Juli 1776] Zweyter tag des Vogelsch. Gessen mit den Schüzzen pp
13. [Juli 1776] Früh Eröffn. der Comission. Mittag Denstedt. Einsiedels Igelheit. Nachts zurück

Goethe notierte in seinem Tagebuch auch, wann und wo er mit Charlotte von Stein zusammen war, ob es Streit zwischen ihnen gab, ob das Essen bei ihr schmeckte. Über Goethes Beziehung zu ihr schrieb Boyle in seiner umfassenden Arbeit 1994: »Natürlich erhebt sich die Frage, ob diese Beziehung jemals körperlich war; ohne schlüssige Antwort auf sie ist schwer zu beurteilen, was diese merkwürdige ménage für Goethe bedeutet haben mag ... Ein Beobachter mit gutem Einblick in die Verhältnisse äußerte die Überzeugung, Frau von Stein sei ›nur seine Vertraute‹, und es ist kaum vorstellbar, dass an einem Hof, wo der Inhalt eines vergessenen Zettels in einer zum Schneider gebrachten Hose sofort überall die Runde machte, ein ehebrecherisches Verhältnis über einen längeren Zeitraum hätte fortgesetzt werden können, ohne dass die luchsäugigen Gräfinnen Goertz und Gianini getratscht hätten ... Beide Seiten hatten ihre unausgesprochenen Gründe, diesen seltsamen ausweglosen Schwebezustand zu wollen, der die Gefühle ständig in Hochspannung hielt, ihnen aber den körperlichen Ausdruck ständig versagte ... Ein wesentlicher Teil dieser Beziehung bestand in dem harmlosen, ausführlichen Austausch über das tägliche Tun und Lassen: Charlotte sprach über ihre Kinder, deren Gesundheit und Erziehung, über Bekannte und Freunde, über Gutsangelegenheiten, über die Farbe ihrer Zimmerwände ...« Nach heißer und inniger Liebe hört sich das nicht an. Aber worauf spielt Boyle an, wenn er feststellt: »Beide Seiten hatten ihre unausgesprochenen Gründe, diesen seltsam ausweglosen Schwebezustand zu wollen, der die Gefühle ständig in Höchstspannung hielt, ihnen aber den körperlichen Ausdruck ständig versagte«?

Über sein Zusammensein mit Anna Amalia finden wir formal die gleichen Einträge. Wir lesen in Stichpunkten von gemeinsamen Essen, Theaterspielen und Ausflügen und selten etwas über Goethes Stimmung nach einem Besuch bei der Herzogin. Interessant ist, welche Chiffren er für die ihm gefühlsmäßig Nahestehenden wählte; Anna

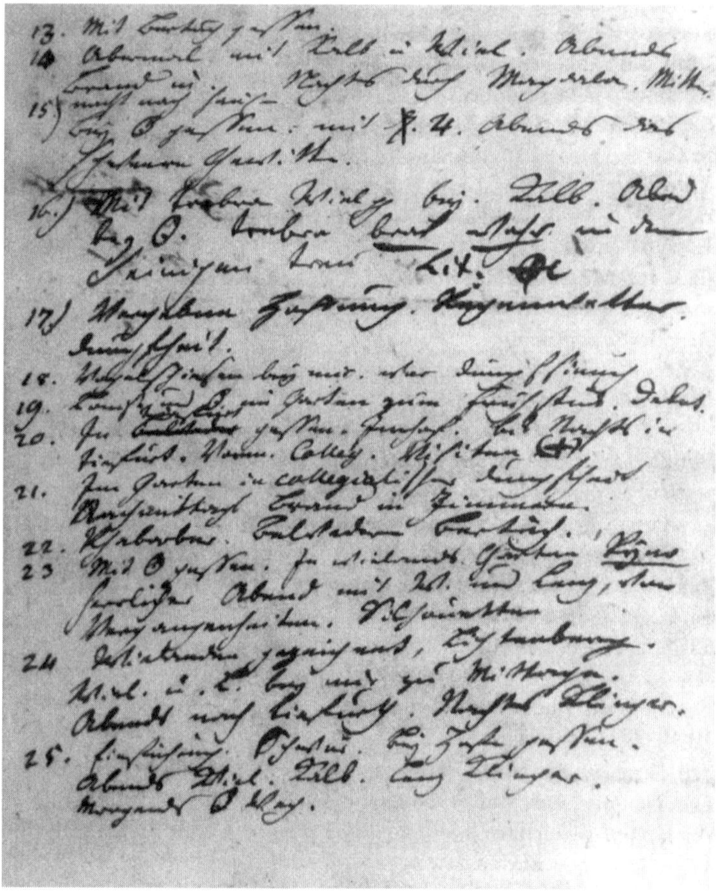

Aus Goethes Tagebuch, Juni 1776

Amalias Symbol wurde die Mondsichel (☽ oder ☾), Attribut der Jagd- und Liebesgöttin Diana, Hofdame Charlotte von Stein stellte er durch die Sonne dar (⊙), Herzog Carl August bekam das Sternkreiszeichen des Planeten Jupiter (♃). Von den aberhunderten Einträgen in Goethes Tagebuch fallen zwei völlig aus dem Rahmen. Sie beziehen sich auf Treffen mit Anna Amalia. Am 8. Juni 1776 notierte er: »Mit ☽ +.« Und zwei Monate später, am 21. August: »in ⊙ Stube. Abends ☽ +.«

Übersetzt heißt der letzte Eintrag: Goethe hielt sich abends mit Anna Amalia in der Stube von Charlotte von Stein auf, die jedoch abwesend war. Und dann hatte Goethe das vielsagende Kreuz dazugesetzt.

Aus einigen intimen Tagebüchern des 18. Jahrhunderts ist bekannt, dass deren Verfasser dem Eintrag zu einem Schäferstündchen gern Bewertungen folgen ließen. Waren sie zum Zuge gekommen, gab es ein Plus, nach einer Abfuhr gab es ein Minus. Casanova tat das, Marquis de Sade, und auch von Friedrichs Bruder, dem Prinzen Heinrich, ist bekannt, dass er in seinem (verschollenen) Tagebuch den Verlauf von Amouren mit Kürzeln wie Plus und Minus bedachte. Weil in keiner Ausgabe von Goethes Tagebüchern die beiden Kreuze kommentiert werden, sprach ich darüber mit einem Herausgeber der letzten Tagebuchausgabe. Meine Interpretation der Kreuze stieß auf wenig Gegenliebe: »Es gehört anscheinend zum Zeitgeschmack, immer Abstruseres über Goethes Leben und Werk in die Welt zu setzen, um endlich Aufmerksamkeit zu erhaschen. Die Kreuze in Goethes Tagebuch sind nichts anderes als Auslassungszeichen.«

»Ein Plus als Auslassung hinter einer Notiz, die eindeutig ist, welchen Sinn macht das?«

»Was ist an der Notiz vom 21. August spektakulär? Goethe hatte sich im Haus der Stein mit Anna Amalia getroffen. Wollen Sie jetzt jeden Eintrag in Goethes Tagebuch daraufhin abklopfen, ob die Herzogin Witwe etwa mit Goethe eine erotische Beziehung unterhalten hatte?«

»Warum nicht? Anna Amalia war 1776 mit ihren siebenunddreißig Jahren eine gutaussehende Frau, die auf ihr Äußeres hielt, gern tanzte, Konversation pflegte und sich den Musen verpflichtet fühlte. Sie war selbstbewusst und konnte über sich auch lachen. Sie hielt sich nicht für omnipotent, davor bewahrte sie schon der karge Alltag im lächerlich kleinen Fürstentum, sondern für eine moderne, aufgeklärte Frau, die zeitweilig das Land regierte, so gut sie es konnte. Liebesaffären mit Prinzen oder Höflingen hatte sie nicht. Anna Amalia bewunderte wie zahllose ihrer Zeitgenossen den Verfasser des ›Werther‹, er war ein Popstar. Warum sollte sie sich nicht wie zahllose ihrer Zeitgenossen gefragt haben, ob der Mann Goethe auch im Bett die Faszination ausstrahlen würde wie seine Helden? Warum nicht den zehn Jahre jüngeren Dichter verführen, auf Diskretion konnte sie nach einjähriger Bekanntschaft mit Goethe rechnen. Auf der politischen Bühne hätte ein Liebesabenteuer Anna Amalias mit Goethe keine anderen Folgen außer saftigem Tratsch gehabt.«

»Das mag alles stimmen«, wandte mein Gesprächspartner ein, »aber die Sache mit der Liebesaffäre ist konstruiert. Sie verschwenden damit nur Zeit für wichtigere Dinge.«

Goethes Kürzel isoliert zu betrachten, um so die These von der Liebe zwischen der Herzogin, dem Dichter und der Hofdame zu belegen, machte wenig Sinn. Goethes Tagebücher sind ein Kosmos, komplex das Gewebe von Notaten zu Erlebnissen, Empfindungen und Reflexionen, wozu auch Auslassungen, Zeichen und fehlende Einträge gehören. Sein Leben bei Hof, seine Beziehungen zu den verschiedenen Persönlichkeiten in und außerhalb Weimars und die politischen Ereignisse jener Zeit standen im Zusammenhang, oft bedingte eines das andere. Dennoch, Goethe hat Spuren hinterlassen, die deutlich auf eine *ménage à trois* hindeuten.

Ich zählte zunächst in Strichlisten aus, welche der von Goethe in den Tagebüchern so häufig erwähnten Damen er im Zeitraum von 1776 bis 1782 wo besuchte und wie oft Anna Amalia, die Stein und die umworbene Muse Corona Schröter den Dichter beehrten. Entweder um gemeinsam zu essen, Ausflüge zu unternehmen, im Garten zu sitzen oder um die Nacht miteinander zu verbringen.

1776 war Goethe laut Tagebuch 13 Mal bei Anna Amalia zu Gast, davon zweimal zum Essen. Zwei Nächte hat er bei ihr verbracht. 32 Mal erwähnte Goethe sein Zusammensein mit Charlotte, davon galten 13 Einträge gemeinsamen Essen, einmal war Goethe über Nacht bei der Stein. Die Bilanz von 1777: 7 Mal bei Anna Amalia, 61 Mal bei Charlotte, davon war er 24 Mal zum Essen bei ihr, einmal besuchte sie Goethe. Im folgenden Jahr waren Goethe und Anna Amalia 11 Mal zusammen, mit Charlotte war er 27 Mal zusammen.

Sicher wird Goethe beide Frauen viel häufiger getroffen haben, etwa bei Theaterproben oder an der Hoftafel. In seinen Tagebüchern erwähnte Goethe davon kaum etwas, weil Formales dort keinen Platz hatte, im Gegensatz zu den ihm wichtigen Erlebnissen und Eindrücken.

Die Strichliste allein, die sich auch für die darauffolgenden Jahre fortsetzen ließe, sagte aber nur etwas über Quantitäten. Mit einer anderen Methode war ich erfolgreicher. Ich markierte jene Passagen in Goethes Tagebüchern farbig, die sich auf ein Zusammensein mit Anna Amalia (rot) Charlotte von Stein (gelb) und die schöne Corona (blau) bezogen. Was das Farbspiel an Informationen aus den sonst eher trostlosen druckschwarzen Seiten entließ, war erstaunlich, und ich empfehle das Verfahren jedem Zweifler. Goethes Kürzel und seine im Kommentarband von den Herausgebern nicht erläuterten Einträge bekamen ein Eigenleben. Ein anderes Tagebuch, eines über die *ménage à trois*, entstand. Das Farbspiel verriet Goethes Bemühen um Balance zwischen der Herzoginmutter und seiner Lotte, und es zeigt das Scheitern seines Bemühens. Um nur ein Beispiel zu nennen; am 5. März war Goethe bei Anna Amalia; als Charlotte davon erfuhr, reagierte sie so: »Ich sollte gestern mit der Herzogin Mutter [Anna Amalia] zu Wieland gehen, weil ich aber fürchtete, Goethen da zu finden, tat ichs nicht. Ich habe erstaunlich viel auf dem Herzen, das ich dem Unmenschen sagen muß.« Goethe versuchte keine der beiden Damen in ihren Gefühlen ihm gegenüber zu brüskieren. Jeder wollte er die von ihm erwartete Zuwendung zukommen lassen, erreichte jedoch nur das Gegenteil. Goethes über Jahre beibehaltenes Ritual wird deutlich: kam Goethe von Anna Amalia, ging er anschließend meistens zu Charlotte und umgekehrt. Ein aus Goethes Sicht austariertes Gleichgewicht. Das liest sich in Goethes Tagebuch so: »Mit ♃ und ☽. Abend ☉« (22. August 1776). – »Nachmittag Amalie« (30. Oktober 1776). – »Stein angekommen mit ihr zu Nacht gessen« (31. Oktober 1776). – »zu ☾ gangen Zu ☉« (28. November 1776). – »bei ☾ gessen. Abends ☉« (21. Dezember 1776). – »bey ☾. einen Augenblick zu ☉« (24. Dezember 1776).

Nicht zu vergessen Goethes Einträge vom 8. Juni »mit ☽ +« und 21. August 1776 »in ☉ Stube. Abends ☽ +«. Am Tag darauf war Goethe bei Charlotte: »Abends ☉.«

Goethes Bemühen, den Ansprüchen beider Frauen gerecht zu werden, kostete ihn zunehmend Kräfte, denn Charlotte von Stein war eifersüchtig. Oft kam es zwischen beiden zum Streit, wenn Goethe zuvor bei Anna Amalia gewesen war, auch das erzählt das Farbspiel. »Nach T.[Tisch] ☉ finsterniss«, lesen wir beispielsweise am 7. Oktober 1776. Verständlich wird der Eintrag, wenn wir wissen, was Goethe am gleichen Tag an Charlotte schrieb: »Ich sehe nun wie meine Gegenwart sie plagt« und bedenkt, dass Goethe zuvor eine Nacht im Schloss von Anna Amalia verbrachte: »Allein Auf Ettersburg. Herrliche Nacht«, worauf folgt: »Fortwährender Verdruß. Zu ☾ gangen. Zu ☉.«

Trotz Zurückweisungen konnte Goethe nicht von dem Spiel lassen. Bis 1781 gibt das Tagebuch Zeugnis darüber. Einige der typischen Einträge lauten so: »Bey ☽ gessen [...]. Zu ☉ am Porträt fortgezeichnet« (24. März 1777). – »Mittags bei ☽. Probe des Westindiers. Abends zu ☉« (2. Januar 1778). – »zu ☽ um 12 Schlitten die Waldn gef. nach Tiefurt. Ganz lustig, abends herein zu ☽ ...« (3. Januar 1778). – »4. (Januar 1778) Zu ☉ essen bis gegen abend«. – »mittags bei ☽ Abends zu ☉« (2. Juni 1778) – »Nach T[iefurth] kam ☾ nach den Aepfeln gelaufen um Preise. Abends zu ☉ sehr lieb und viel geschwäzzt« (5. Januar 1779). – »Bei ☽ Conzert ... Abends bey ☉ gut« (19. Januar 1780). – »zu ☾ ... zu ☉ essen« (8. Februar 1780). – »bey ☉ gessen ... zu ☽« (19. Februar 1780). – »kam ☾ ... Abends ☉« (27. Februar 1780). – »zu ☉ ... bei ☽ essen« (6. Januar 1781). – »zu ☾ ... zu ☉« (17. Januar 1781).

Ab 1777 dominieren neue Farbkombinationen. Der Grund: »Crone sehr schön.« Schwer auszumachen, was Goethe an Corona Schröter mehr bewunderte, ihre Schönheit oder ihre Schauspielkunst. Im Tagebuch von 1777 wird sie 15 Mal erwähnt. Auch hier ist wichtig, in welcher Konstellation Goethe was notiert: »bei ☉ gessen zu Cr. nachts fieberhafft« [vor Erregung?] (2. Januar 1777). – »bei ☽ gessen« (4. Januar 1777). – »Bis 10 bey Kronen. Nicht geschlafen. Herzklopfen und fliegende Hitze« (6. Januar 1777). – »bey ☉ gessen« (11. Januar 1777). – »zu Cr.« (12. Januar 1777). – »bey ☉ mir [mit] Cr.« (13. Januar 1777). – »mit Cr. gessen. Nachmitt zu ☉« (19. Januar 1777).

Nahm die Schöne die Rolle von Anna Amalia ein? Goethe agierte nun allerdings aus der umgekehrten Position; während die Herzogin

Mutter Kraft ihrer Stellung ihr Begehren Goethe signalisieren und ihn zum Liebhaber machen konnte, war es nun Goethe, der Kraft seiner Stellung Corona Schröter zunächst an den Weimarer Hof holte und ihr dann sein Begehren signalisierte. Was unweigerlich die Eifersucht Charlotte von Steins nach sich zog. Am 8. Mai war »Crone den ganzen Tag im Garten«, steht im Tagebuch. Als Charlotte davon erfuhr, »Kam ☉ in Garten«. Anna Amalia beherrschte die Kunst, eine erotisch aufgeladene Atmosphäre zwischen sich und Goethe lange Zeit aufrechtzuerhalten. Wozu gelegentlich auch eine handfeste Szene gehörte. So ließe sich ein Tagebucheintrag verstehen, als er von Anna Amalia kam: »Bös Wetter.«

Um Charlottes Gunst bemühte sich Goethe offensichtlich im Frühjahr 1777 besonders. Am 9. Februar könnte ihm die lang ersehnte Eroberung der Widerspenstigen gelungen sein, im Tagebuch ist vermerkt: »zu L. + +«. Eine Erklärung sucht man in den Kommentarbänden übrigens vergeblich. Ein Brief an Charlotte vom 9. Februar ist nicht erhalten, der vom 11. Februar beginnt melodramatisch und endet neckisch zweideutig: »Aus Schnee und dichtem Nebel schicke ich Ihnen ein Paar freundliche Blumen. Ich gehe in's Conseil sizzen, werde mit unter einen Augenblick bey Ihnen seyn, und vielleicht gar zu Ihnen kommen und um einen Bissen Nachtisch bitten.«

Goethe näherte sich Charlotte auf noch andere Weise, eroberte sie gleichsam dauerhaft; er zeichnete sie in vielen Sitzungen. Nach allzu viel Nähe krachte es bald erneut und Goethe besuchte wieder Anna Amalia und Corona Schröter häufiger.

Goethes Furcht vor Charlottes Eifersucht mag eines seiner kleinen Briefchen an die Stein vom August 1778 belegen: »Die Herzogin Amalie will mit dem Herzog fahren lässt er mir eben sagen. Also liebe Frau wird aus unsrer Abrede nichts. Aber wenn Sie mich nur ein bisgen lieb haben kommen Sie doch.« Goethe sagte eine Verabredung mit Charlotte zugunsten von Anna Amalia ab, hoffte aber auf Nachsicht, getragen von »ein bisgen lieb haben«.

Hatte der Dichter in seiner ›Stella‹ von 1775 nicht selbst eine Dreierbeziehung beschrieben? Lebte er mit seiner *ménage à trois* nun sein eigenes Schauspiel nach? Dieses Eindrucks kann sich nicht erwehren, wer Goethes Briefe an Charlotte mit denen des berühmten ›Werther‹ an seine geliebte Lotte vergleicht. Formulierungen wie »Meine Vielgeliebte« (24. November 1779), »Wir wollen uns lieb und werth behalten meine beste« (3. Juli 1780), Sentenzen wie »meine liebste, meine einzigste«, oder: »mein Verlangen zu dir, meine Geliebte« usf. lassen sich wörtlich im zuvor geschriebenen ›Werther‹ nachlesen. Boyle hat festgestellt, dass Goethe in seinen Wertherbriefen mit besitzanzeigenden Fürwörtern so ziemlich alles vereinnahmte, was sich vereinnahmen ließ (»meine Geliebte, mein Wald, mein Haus«). Eine solche Vereinnahmung gibt es auch in Goethes Briefen an die Stein. Lässt sich, was Boyle über den ›Werther‹ schrieb, auch über die Beziehung Goethes zu Anna Amalia und Charlotte von Stein sagen? »Die Geschichte Werthers ist zunächst einmal keine Liebesgeschichte. Es ist die Geschichte der Selbstzerstörung eines fühlenden Herzens, einer empfindsamen Seele, und dabei ist die Liebesgeschichte nur eines von mehreren Momenten.«

Des Dichters eigener Kommentar zu seinem Erfolgsroman lautet im Tagebuch: »d. 30. [April 1780] las meinen Werther seit er gedruckt ist das erstemal ganz und verwunderte mich.«

Für das Jahr 1779 gibt es in den Aufzeichnungen des *Unendlichen* wenig Verweise auf seine Beziehungen zu Anna Amalia und Charlotte. Die Gründe dafür sind schnell ausgemacht. Goethe hatte für das Herzogtum nun tatsächlich wichtige Ämter inne. So oft zuvor von Corona Schröter die Rede war, so häufig werden 1779 Amtsgeschäfte: »mit Ackten oder Kriegs Kommission« erwähnt.

Der Minister musste sich einarbeiten, und wochenlange Dienstreisen durch das Herzogtum gehörten dazu. Die wenigen Tagebucheinträge erklären sich auch durch die große Schweizer Reise mit Herzog Carl August (Oktober/November 1779). Viel Arbeit, kaum Beziehungsspannungen, kaum Tagebucheinträge.

1780 sehen wir im Tagebuch das vertraute Verhaltensmuster wieder. Goethe hatte sich eingearbeitet, Dienstreisen währten nun kaum länger als eine Woche. Der Dichter verkehrte wieder bei Anna Amalia, 14 Mal, davon er eine Nacht bei ihr, sie eine Nacht bei ihm. Mit Charlotte war er laut Tagebuch 28 Mal zusammen, davon besuchte sie ihn einmal. Und Corona Schröter ist elfmal erwähnt, fünfmal wurde sie von Goethe aufgesucht. Die Rituale liefen ab wie gewohnt: »Bei ☽ […]. Abends bey ⊙ gut« (19. Januar 1780).

Am folgenden Tag ging er »zu Cr. Essen«, dann: »bei ⊙ gessen«. Goethes Zusatz »nach Tisch gespr. über […] unser Verhältniss« mag wieder als Hinweis auf Charlottes Gereiztheit gelten, denn in den Wochen darauf übte er Abstinenz bei Corona. Dann aber brach bei Goethe das Verlangen durch, Charlottes Eifersucht hin oder her. Am 1. April notierte er, was sich wie eine Beichte von Sünden liest, die Goethe jedoch nicht bereute: »Nach Tisch Torheit ♐ [Prinz Constantin] kam Crone zu mir … kam ♃ [Carl August] Abends und da wir alle nicht mehr verliebt sind und die Lava Oberfläche verkühlt ist, giengs recht munter und artig, nur in die Rizzen darf man noch nicht visitieren. da brennts noch.«

Im Spätsommer 1780 bemühte sich Goethe wieder auffällig häufig um das Wohlwollen der Stein. »Mittags zu ⊙ artig gegessen. Abends Gesellschafft im Garten, sehr vergnügt« (28. August 1780). – »zu ⊙ gessen. Nachklang der Schönen Gegenwart« (29. August 1780). Wenige Tage später, wie immer, wenn Goethe und Charlotte einander zu oft sahen, kippte die Stimmung: »Nachts Missverständniss mit ⊙.« Charlotte zog sich sofort auf ihr Gut Kochberg zurück, Goethe verkehrte wieder häufiger bei Corona Schröter.

Und Anna Amalia? Ihr Begehren nach Goethe mochte nach 1780 erloschen sein. Das mag erklären, warum es in seinem Tagebuch von 1781 keinen Hinweis mehr auf Rivalitäten oder Streit seitens Charlottes gibt. Im Gegenteil, es heißt: »mit ⊙ gegessen. Schöne Nacht« (31. August 1781). Oder: »Glück durch ⊙«, oder: »Mit ⊙ stille und vergnügt gelebt« (Ende Dezember 1781).

Noch deutlichere Auskünfte über den Zustand der Dreierbeziehung geben Goethes Einträge von 1782. Er benutzte nun nicht mehr das intim-vertrauliche Mondsichelzeichen, wenn er über sein Zusammensein mit Anna Amalia schrieb, sondern gebrauchte die für einen Höfling formal korrekte Anrede: »zur Herzoginn Mutter zu Tafel« (24. Januar 1782) oder: »bey d Herzoginn Mutter« (2. Februar 1782).

Für Anna Amalia war Goethe nach 1780 wohl mehr Garant ihrer politischen Interessen denn diskreter Liebhaber. Der Kommentar von Gräfin Gianini: *Unsere Neuigkeiten … die Erhebung Goethes in den Adelsstand. Die Liebschaften vom Letzteren mit seiner alten Schindmähre sind immer noch ganz aktuell, die Macht, die diese Clique ausübt, ist größer denn je …*

Die dritte Quelle, die über Goethes Beziehung zu Anna Amalia und Charlotte von Stein Auskunft gibt, sind die Briefe des Dichters an die Letztgenannte. Schon bald nach Goethes Tod erschienen seine Briefe an Charlotte von Stein gedruckt. Komplette Ausgaben gibt es nicht, weil der Bestand unvollständig erhalten ist. Charlotte hatte nach Goethes Flucht gen Italien 1786 ihre Briefe an den Dichter zurückgefordert, um sie anschließend zu vernichten. Was sie dem *Unendlichen* in all den Jahren mitgeteilt hat, wissen wir nicht. Wir finden jedoch in Goethes Gegenbriefen gelegentlich einen Widerhall, etwa Versuche, die eifersüchtige »Lotte« zu besänftigen. Nach Lektüre einzelner oder aller der bislang über 1700 Briefe und Zettel von Goethe an Frau von Stein überwiegt aber ein anderer Leseeindruck. Der Dichter umsäuselte und verklärte seine Angebetete in monomanisch anmutenden Litaneien.

Es ist belanglos, ob wir Goethes frühe oder späte Ergüsse an Charlotte zitieren, klingt es nicht stets gleich? »Hab mich nur ein bissel lieb. Ich erzähl dir auch viel und hab dich lieber, als du magst.« Oder: »Sein Sie mir lieb, wie immer, ich will auch seltener schreiben und kommen. Bleiben Sie mir immer die liebe, unveränderliche von Ewigkeit zu Ewigkeit. Amen.« Oder: »Die Liebe gibt mir alles und wo die nicht ist, dresch ich Stroh.« Oder: »Wir können einander nicht seyn und sind einander zu viel.« Und noch ein Zitat: »Ich bitte dich fusfällig vollende dein Werck, mache mich recht gut! du kannsts, nicht nur wenn du mich liebst, sondern deine Gewalt wird unendlich vermehrt wenn du glaubst daß ich dich liebe. Lebe wohl. Ich hoffe immer noch daß du wohl seyst. Leb wohl. Mir fällt eins aufs andere ein … Leb wohl ich kan nicht von dir kommen wenn nicht des Blättgens Ende wie zu Hause die Thüre mich von dir scheide.«

Wer das als Beleg inniger Liebe sieht, muss sich fragen lassen, warum der Autor dann von seiner Angebeteten im Tagebuch trotz Sonnensymbol von ihr als »der Stein« sprach. »Mit der Stein gegessen, die Stein weg, die Stein angekommen«, heißt es da. Mehr noch; während Goethe immer neue Liebesbeschwörungen an Charlotte kreierte, lesen wir in seinem Tagebuch vom Alltag der Beziehung Goethe-Stein: »Zu ☉ viel gelitten allein gessen.« Oder: »bey ☉, gegessen neuer Streit.« Nach einem Streit mit ihr berichtete er von »vergebener Hoffnung«, etwas später von »fortwährendem Verdruß«.

Was tat Goethe nach einem Krach? Er ging zu Anna Amalia, wenn wir seinem Tagebuch glauben dürfen. Und schrieb, wenn er wieder zu Hause war, Briefe an Charlotte: »Liebste ich habe gestern Abend bemerkt dass ich nichts lieber sehe in der Welt als Ihre Augen, und dass ich nicht lieber seyn mag, als bey Ihnen.« Schrieb Goethe an Frau von Stein, was er bei Anna Amalia erlebt und gefühlt hatte?

»Überall such ich Sie, bey Hof, in Jhrem Haus und unter den Bäumen, auch ohne es zu wissen geh ich herum und suche was, und endlich kömts heraus daß Sie mir fehlen« (24. September 1778).

Er konnte ihr auch, weil sich das irdische Glück schon so karg gab, mit einem Gruß aus dem Jenseitigen kommen: »Heut hab ich im Paradiese an Sie gedacht, dass Sie drinn herumgingen eh Sie mich kannten. Es ist mir fast unangenehm dass eine Zeit war wo Sie mich nicht kannten, und nicht liebten. Wenn ich wieder auf die Erde komme will ich die Götter bitten dass ich nur einmal liebe, und wenn Sie nicht so feind dieser Welt wären, wollt ich um Sie bitten zu dieser lieben Gefährtinn.« Dann, am 7. Mai, wieder irdisch: »Von Ihnen kan ich doch nicht wegbleiben. Vergebens daß ich dencke das Wasser soll einen Fall irgendwohin nehmen, werd ich immer wie ein Klotz auf dem See auf einem Fleck herumgespült.«

Erwähnt soll auch sein, dass Goethe nach einem seiner Anbetungsmonologe neun Kreuze, wie wir sie aus dem Tagebuch kennen, folgen ließ: »Ich kann weder verlangen noch wünschen daß meine Gute zu mir komme es wird besser mit mir, doch ist es um mich weder so anmutig noch so reinlich daß ich dich mit gutem Gewissen einladen kann. Ich will mich heute kasteyen und trösten. Damit ich morgen desto freyer die Freude dich zu sehn geniessen könne. Lebe wohl.« Nach dem Schweizer Goetheforscher Fränkel war es ein neunfaches Liebesbekenntnis. Ich fragte mich, warum bislang noch niemand über die Kreuze in Goethes Tagebuch und im Brief gestolpert ist. Weil diese Frage am Dogma vom Weimarer Musenhof rüttelt?

Schrieb Goethe während seiner Zeit mit Charlotte von Stein auch anderen Frauen Liebesbriefe? Ja, viel ist jedoch nicht erhalten. Er betete die schöne Gräfin Branconi so an: »Erst iezt spür ich dass Sie da waren, wie man erst den Wein spürt wenn er eine Weile hinunter ist. In Ihrer Gegenwart wünscht man sich reicher an Augen, Ohren und Geist, um nur sehen, und glaubwürdig und begreiflich finden zu können, dass es dem Himmel, nach so vielen verunglückten Versuchen, auch einmal gefallen und geglückt hat etwas Ihresgleichen zu machen.«

Welches Geständnis hat Goethe an jenem Tag Frau von Stein oder Anna Amalia zukommen lassen? Ohne unserer Chronologie vorzugreifen, sei erwähnt, dass Goethe auch dann noch Charlotte mit Liebesbriefen traktierte, als er mit Christiane Vulpius zusammenlebte. »Ich will dich diesen Abend erwarten. Laß uns freundlich Leid und Freude verbinden damit die wenigen Lebenstage genoßen werden … liebe mich« (20. Februar 1789).

Hatte Goethe ein gespaltenes Verhältnis zur Realität? Nach seinen Tagebuchaufzeichnungen zu urteilen, nicht. Trieb Goethe ein perfides Doppelspiel mit »der Stein«? Quälte Goethe mit seinen dauerhaften Liebesbezeugungen Charlotte dafür, dass sie ihn ebenso dauerhaft hatte abblitzen lassen? »Guten Morgen mein beste und liebste, ich kan Ihnen nichts weiter sagen als daß, wenn ich so wohl wäre als ich Sie lieb habe, ich recht sehr wohl seyn müsste … Lieben Sie mich. Ich will suchen es zu verdienen.« Dann eröffnete Goethe der mit Josias von Stein verheirateten Frau: »Wir sind wohl verheuratet, das heist: durch ein Bund verbunden wovon der Zettel aus Liebe und Freude, der Eintrag aus Kreuz Kummer und Elend besteht.« Oder er bedrängte Charlotte mit eindeutigen Träumen: »Ich habe die ganze Nacht von dir geträumt. Unter anderen hattest du mich an ein artiges Misel [Mädchen] verheurathet und wolltest es sollte mir wohlgehen.« Oder: »Als ich heute früh erwachte und die schöne Sonne sah, hoffte ich du würdest kommen und so bracht ich meinen ganzen Tag zu. Jetzt da es Nacht wird sinckt mein Vertrauen nach und nach, und Resignation tritt ein.«

Goethe, der Barde im Zeitalter der Empfindsamkeit, schrieb der Stein sogar mehrmals täglich »Briefgen und Zettelgen« dieser Art: »Mein Verlangen zu dir meine Geliebte läßt mich dir fast nicht schreiben, wenn ich ihm folgte, so setzte ich mich auf und ritte hinein, denn der Zeit nach wär ich doch Morgen zur rechten Stunde wo ich seyn soll.« Oder: »Ich bin dein und muß deyn sein. Alles leitet, treibt, drängt mich wieder zu dir. Ich mag nichts weiter sagen. … Ich bin schon bey dir, mein Herz verzehrt sich für dich.«

Goethe schrieb Charlotte bis zu seiner Flucht nach Italien manchmal mehrmals täglich seine egomanischen Monologe. Selbst als er in Italien war, ließ er nicht von der Manie ab, tat, als wohne er Tür an Tür mit Charlotte: »Heute komme ich später zu dir als gewöhnlich und hätte dir noch recht viel zu sagen.« Wenig später verlangte er einen Ring von ihr als Symbol der inneren Bindung. Und am 13. Dezember 1786 schrieb er aus Rom, nachdem Charlotte von Stein ihm mitgeteilt hatte, dass sie keinen weiteren Kontakt mehr mit ihm wünsche: »Dein Zettelchen hat mich geschmerzt aber am meisten darum dass ich dir Schmerzen verursacht habe. Du willst mir schweigen? du willst die Zeugniße deiner Liebe zurücknehmen? Das kannst du nicht ohne viel zu leiden, und ich bin schuld daran.«

Um die Hofdame Anna Amalias, die etlichen Damaligen wie Heutigen als Geliebte und angebetete Muse Goethes galt und noch gilt, besser zu verstehen, sind über sie einige Zeilen zu verlieren.

In die dreiunddreißigjährige Mutter von sieben Kindern soll sich der sechsundzwanzigjährige Dichter schon vor seiner Ankunft in Weimar verliebt haben, um bei Charlotte dann Glückseligkeit und Inspiration zu finden. Andere Damalige wie Heutige winkten und winken ab, wollen von dieser Lesart nichts wissen. Die Stein sei einfältig, prüde und gänzlich unerotisch gewesen, an einer Liaison konnte der Gefühlsmensch Goethe unmöglich Gefallen gefunden haben.

Sie war die zweitälteste Tochter des gothaischen Reisemarschalls von Schardt. Charlotte wird als ernsthaftes Mädchen beschrieben, ihre Kindheit und Jugend nannte sie selbst freudlos und eintönig. Was an der frommen, zu Schwermut und Melancholie neigenden Mutter gelegen haben mag, der lebenslustige Vater war jedenfalls seinem Amt gemäß stets auf Reisen. Kam der Musik- und Tanzlehrer ins Haus, war Charlotte glücklich. Als Sechzehnjährige wurde Charlotte Hoffräulein bei Herzogin Anna Amalia und zog ins Schloss Wilhelmsburg. Atmete das zierliche Fräulein auf? Sie wusste immerhin von ihrem Vater, wie am Hof gute Figur zu machen war, kannte die Etikette und war vor den offen und verborgen stehenden Fettnäpfchen gewarnt. Charlotte wusste auch von den Launen der Herzogin, ihrem Misstrauen, ihrer Liebe zu Musik, Literatur und Tanz. Charlotte gefiel es am Hof; Maskenbälle und Ausritte mit der Herzogin waren nach ihrem Geschmack. Sie war als Hofdame überall dabei und als ein schönes Fräulein von so manchem Kavalier umworben. Konnte »sie nicht durch jugendlichen Übermut, durch berauschende Lustigkeit bezaubern, so erquickte sie durch Ruhe, Heiterkeit, Freundlichkeit ... Ihr Tanzen wurde von Jahr zu Jahr lebhafter bewundert. Sie verstand sich hübsch anzuziehen und mit einfachen Mitteln zu schmücken.« Was ein bisschen nach der Unschuld vom Lande klingt.

Tatsächlich sind am Weimarer Hof keine Hinweise auf Affären des Fräulein Charlotte zu finden. An Liebeshändeln konnte sie offenbar wenig Gefallen finden, aber eine Betschwester war Charlotte nicht. Das Spinnen von Intrigen, Lieblingsbeschäftigung gelangweilten Adels, lag ihr schon eher. Während der abendlichen Divertissements, bei denen auch aus frivolen neuen Romanen, aus Reisebeschreibungen und Theaterstücken gelesen wurde, entdeckte Charlotte ihre Liebe zur Literatur. Einen gehörigen Anteil daran hatte unser Graf Goertz, der vortrug, empfahl und mit der Herzogin debattierte.

Als Zwanzigjährige wurde sie mit dem Kammerjunker und Stallmeister der Herzogin, Josias von Stein, verheiratet. Eine gute Partie, Stein brachte ein Vermögen mit. Der Kavalier galt als freundlich und einfältig, war ein mäßig erfolgreicher Spieler, guter Tänzer und noch besserer Reiter. Auf dem Rücken der Pferde fand er sein Glück. Charlotte ertrug die Ehe, brachte sieben Kinder zur Welt, von denen fünf früh starben. Ihren 1772 geborenen Sohn Fritz, den Goethe später erziehen sollte, stillte sie als einziges Kind. Die Mutterrolle empfand

Charlotte von Stein.
Stich nach einer Zeichnung
von Goethe

sie als lästig. Anders sah es mit einer Handarbeit aus, die Charlotte bis zur Perfektion brachte: ihren Scherenschnitten mit Profilen von Carl August, Anna Amalia, Wieland und sich selbst. In Frau von Stein sollte sich Goethe verlieben, nachdem er ihren Schattenriss in Händen hielt. Charlotte war tief beeindruckt vom Dichter des ›Werther‹ und hoffte, Goethe, der im Sommer 1775 noch in Frankfurt lebte, kennenzulernen. Sie streckte ihre Fühler aus, Freunde vermittelten Kontakte. »Bald danach begegneten sich Goethe und Frau von Stein bei den Konzerten und Tafeln am Hofe, auf den Bällen und Redouten, bei Picknicks und Assembleen. Sogar Charlotte ließ sich jetzt von der allgemeinen Stimmung anstecken und von der lustigen Jugend mitreißen.« Einer der Höflinge beschrieb, was damit gemeint war: »Mit eins ging die Tür auf und siehe: die alte Herzogin kam herein und mit ihr die Oberstallmeisterin, einer trefflichen, guten, schönen Frau von Stein. Beide trugen zwei alte Schwerter aus dem Zeughause, eine Elle höher wie ich und schlugen uns damit zu Rittern. Wir blieben bei Tische sitzen und die Damen schenkten uns Champagner ein. Nach Tisch ward Billard gespielt, da küßten wir die Oberstallmeisterin, die neben der Herzogin stand. Wo läßt sich das sonst bei Hofe tun?«

Goethe soll bei diesen Vergnügungen zunächst zurückhaltend und unbeholfen gewirkt haben, um sich dann zum Star-Talkmaster der Gesellschaft aufzuschwingen. Was den Damen gefiel. Sie hingen an seinen Lippen, folgten seinen Armbewegungen ins Imaginäre. Goethe ging noch einen Schritt weiter, er wollte allen Herrschaften am Hof gefallen und installierte in den kalten Wintermonaten ein Ritual, das heute lauthals als Event gepriesen würde. Goethe brachte den Damen und Herren das Schlittschuhlaufen bei. Der nahe gelegene Teich im Baumgarten war über Monate zugefroren, genügend Zeit, um auf den Kufen und an Goethes Hand stehen zu lernen, dann die ersten Kurven auf dem Eis zu drehen, um sich kreischend dem Lehrmeister in die Arme zu werfen. Gräfin Goertz und die Gianini waren nicht von der Partie, Letztere schrieb von *albernen Auftritten* Goethes. Frau von Stein ließ sich den Spaß nicht verderben. Nach dem Verlustieren auf dem Eis war Goethe gerngesehener Gast in ihrem Haus, wo er in seinen ersten Weimar-Wochen beinahe täglich an ihrer Tafel saß. Charlotte von Stein hatte das Rennen um die Gunst Goethes gewonnen, der Dichter fühlte sich bei ihr wie zu Hause. Tatsächlich hatte er noch gar kein eigenes Quartier in Weimar, es war nicht einmal klar, ob er am Hof bleiben würde. War sie verliebt in das enfant terrible? Was sich beide anfangs nicht zu sagen trauten, schrieben sie auf Zettel. Einige dieser ganz frühen Beziehungsbeweise haben sich zum Glück erhalten, denn bekanntlich vernichtete Charlotte Jahre später ihre Briefe an Goethe vollständig.

»Alles Liebe peinigt mich auch hier, außer Sie, liebe Frau, so lieb sie auch sein.« Auf einem anderen Zettel hinterließ Goethe am 23. Februar 1776 folgenden Gruß: »Ich muß dir sagen, du einzige unter den Weibern, die mir eine Liebe ins Herz gab die mich glücklich macht.« Hätte es ohne Anna Amalias Anspruch auf Goethe das »glückliche Liebespaar« Goethe-Stein gegeben?

Eben noch hatte sich Doktor Goethe als glücklichster Mensch gepriesen, dann lief er herum wie ein vom schlechten Gewissen Geplagter, verstört, ohne jemandem in die Augen blicken zu können, schrieb Gräfin Gianini an ihre Freundin Goertz.

Ein schlechtes Gewissen wegen Anna Amalia? Wegen der Dreiecksbeziehung?

Im Frühjahr 1776 soll Charlottes Dauergast seine Gefühle ihr gegenüber kaum noch unter Kontrolle gehabt haben. Goethes Eskapaden beeindruckten die kühle Frau wenig, sie tröstete den zu Tode betrübten und bremste den himmelhoch jauchzenden Dichter. Und bestand darauf, die formelle Anrede »Sie« und Distanz beizubehalten. Ihr Ehrbegriff war von gesellschaftlichen Normen geprägt, und sie hatte kein Interesse daran, diese Normen zu verletzen. Charlotte wollte Goethes Lehrmeisterin sein, den Wildfang bändigen und ihm Manieren beibringen. Goethe litt darunter: »Ich habe gestern Abend viel an Sie gedacht, indem ich Briefe und das ganze Vergangne Jahr zusammen packte. Ich mögt Ihnen so gern was zum neuen Jahre schicken und finde nichts, ich bin in Versuchung kommen Ihnen von meinen Haaren zu schicken und hatte sie schon aufgebunden, als mirs war als wenn diese Bande keinen Zauber für Sie hätten« (1. Januar 1778). War dann, wenn schon das eigene Geschenk verschmäht wurde, mit einem Halstuch, einem Strumpfband oder Handschuh der Angebeteten zu rechnen? Frau von Stein gab sich empört und verbat sich diese Bitten. Wurde Goethe zu aufdringlich, erteilte sie ihm Hausverbot für mehrere Wochen. Um Goethe auszuweichen, zog sie auf ihr Gut in Kochberg oder fuhr zur Kur nach Bad Pyrmont.

Die Hüterin des Gräflichen Archivs und ich telefonierten regelmäßig, weil sie eine der Übersetzerinnen der Goertz-Briefe war. Wir stellten Thesen auf, verwarfen sie und suchten nach Beziehungszusammenhängen, die sich aus den Briefen der Gräfin nicht ohne weiteres ergaben. Im Frühjahr 2008 bekam ich zu später Stunde einen Anruf von ihr.

»Vor mir liegt ein Brief der Gräfin Gianini, in dem es einen Satz gibt, der für mich keinen Sinn macht, er steht vollkommen ohne Kontext da.«

Ich fragte, wie der Satz lautete.

»*Die Liaison von Maman und ihrem Favoriten hat alles, was es braucht.* Ich denke, es soll heißen, *die Liaison von Maman und ihrem Favoriten ist so, wie sie sein soll.* In den vor- und nachfolgenden Briefen gibt es zu diesem Satz nur den Bezug, dass zwischen Maman und Goethe alles beim Alten ist. Ich kann die Intention der Gianini nicht erkennen, ironisiert sie oder beschreibt sie eine Realität. Bei Letzterer fehlt mir in ihren anderen Briefen der Aufschrei der Empörung. So weit ging reale Freizügigkeit im 18. Jahrhundert denn doch nicht, dass sich eine Herzogin einen Dichter ins Bett nimmt, ohne mit dem Verhalten gewaltig Anstoß zu nehmen. Es war ein Tabubruch nach allen Regeln. In den erotischen Romanen jener Zeit war das möglich, Katharina von Russland konnte sich das auch erlauben, aber hätte das am kleinen Hof von Sachsen-Weimar durchgehen können, ohne dass sich irgendwer über Anna Amalias Moralvorstellung beklagt hätte? In den Briefen der Gräfin Goertz gibt es diesen Aufschrei der Empörung übrigens auch nicht, sondern den ironischen Ton einer Mitwisserin. Das würde bedeuten, dass Gianini und Goertz von der Beziehung wussten.«

»Davon gehe ich aus«, sagte ich, »und weil beide Teil des Establishments waren, wussten sie Diskretion zu wahren.«

»Wenn es bei Gianini aber heißt, die Liaison ist so, wie sie sein soll, klingt das für mich, als folge die Beziehung einer von außen gesteuerten Regie.«

Wie sie das meine, wollte ich wissen.

»Ist von Herzog Carl August bekannt, dass er etwas gegen die Nähe zwischen Anna Amalia und Goethe gehabt hätte?«

»Nicht, dass ich wüsste.«

»Aber aus den Briefen von Gräfin Goertz ist bekannt, dass Anna Amalia ihm immer wieder und massiv ins Regierungsgeschäft hineinpfuschte. Könnte da Carl August nicht ein Interesse gehabt haben, Anna Amalias politische Ambitionen mit Hilfe von Goethe zu neutralisieren? Ob diese Beziehung sexueller Natur war oder eine Art platonische Liebe, spielt für mich keine Rolle, denn Carl August war moralisch alles andere als gefestigt.«

Ich rollte meinen Stift, mit dem ich das Gespräch mitschrieb, über das Papier.

»Wer sollte Ihrer Meinung nach die Regie im Stück geführt haben? Sagen Sie nicht Graf Goertz.«

»Müsste ich ein Drehbuch verfassen, würde ich vielleicht Goertz als Bösewicht nehmen, aber Goertz war ja meist abwesend und in seinen

Missionen unterwegs und in Gedanken ohnehin schon am preußischen Hof. Und Herzog Carl August hatte mit seinen achtzehn Jahren nicht das Zeug, seine Mutter in eine Affäre zu verwickeln.«

»Dann bleibt nur noch Anna Amalia übrig, sie wird selbst die Regie in dem Stück geführt haben, das anderen Parteiungen nicht ungelegen kam, um ihre jeweils eigenen Süppchen zu kochen. Auch dem Grafen Goertz nicht, dem es wichtiger war, Carl August weiterhin politisch zu lenken, als sich über Anna Amalias Eskapaden auszulassen.«

»Warum wollte Goertz den Herzog beeinflussen, wenn es ihn fortzog?«

»Weil Goertz bereits an verschiedenen Höfen nach Verbündeten für Preußen im Fall eines Krieges zwischen Österreich und Preußen wegen der bayerischen Erbfolge gesucht hatte. Sachsen-Weimar war also ein potenzieller Allianzkandidat für Preußen.«

Ich hatte ein Buch vor mir liegen und zitierte daraus die Erinnerungen von Gleim, der im Sommer 1777 auf Goethe getroffen war. Er gab einen typischen Goethe jener Jahre wieder, einen, der Carl August und Goertz nur recht sein konnte: »Ich war Abends zu einer Gesellschaft bei der Herzogin Amalie geladen, wo es hieß, daß Goethe späterhin auch kommen würde. Als literarische Neuigkeit hatte ich den neuesten Göttinger Musenalmanach mitgebracht, aus dem ich eins und das andere der Gesellschaft mittheilte. Indem ich noch las, hatte sich auch ein junger Mann ... mit Stiefeln und Sporen und einem kurzen, grünen aufgeschlagenen Jagdrocke unter die übrigen Zuhörer gemischt. Er saß mir gegenüber und hörte sehr aufmerksam zu. ... Während einer kleinen Pause ... erhob sich jener feine Jägersmann ... vom Stuhle, nahm das Wort und erbot sich in demselben Augenblicke ..., dass er, wofern es mir so beliebte, im Vorlesen ... von Zeit zu Zeit mit mir abwechseln wollte ... Anfangs ging es zwar ganz leidlich ... Auf einmal aber war es, als ob den Vorleser der Satan des Übermuthes beim Schopfe nähme ... Das ist entweder Goethe oder der Teufel! rief ich Wieland zu, der mir gegenüber am Tische saß. ›Beides‹ – gab mir dieser zur Antwort.«

»Das klingt glaubhaft«, sagte die Übersetzerin, »Goethe trat bei Anna Amalia wie ein Höfling gestiefelt und gespornt auf, dazu mit dem Übermut und Selbstbewusstsein eines jungen Herrn, weil der bürgerliche Schriftsteller bei Anna Amalia so auftreten konnte. Nicht ohne Grund imponieren Pfauen mit ihren Federn.«

Die Übersetzerin fragte, ob es aus der unmittelbaren Umgebung Anna Amalias Zeugen der Liaison geben könnte.

»Ihr Hofstaat war nach dem Regierungswechsel überschaubar. Es gab einen Oberhofmeister, der bald starb, seine Aufgaben übernahmen Anna Amalias beiden Kammerherren. Dann gab es zwei Hofdamen, mit denen Anna Amalia formalen Umgang hatte. Als Vertraute kann Luise von Göchhausen gelten. Wie vertraut beide miteinander waren, ob die Göchhausen in ihren Briefen Andeutungen zur Liebe machte, müsste man herausfinden. Soviel ich weiß, ist die private Korrespondenz zwischen der Göchhausen und Anna Amalia vernichtet. Der Rest von Anna Amalias Hofstaat bestand aus dem Fußvolk: ein Geheimsekretär, ein Bibliothekar, zwei Kammerfrauen, zwei Kammerdiener, ein Lakai, ein Garderobenmädchen und ein Laufmädchen, das auf dem Markt beim Einkaufen vielleicht hätte plaudern können, aber nichts geschrieben hat. Von Anna Amalias Mundkoch samt seinem Gehilfen erwarte ich ebenso wenig wie vom Konditor, ihrem Silberdiener, dem Tafeldecker, oder ihrer Scheuermagd. Es sei denn, der wäre beim Wischen und Putzen eines von Goethes Liebesbilletten in die Hände gefallen. Vermutlich wird es außer Gianinis und Goertzens Zeugnissen keine weiteren Quellen geben.«

»Übrigens taucht in den Briefen, die ich gerade bearbeite, eine Große Mätresse auf, abgekürzt als G. M., manchmal auch als *La Grande Maitresse* ausgeschrieben, ohne dass sich bis jetzt sagen ließe, wer damit gemeint ist. Und wenn ich Ihnen sage, dass Gräfin Goertz in ihren Briefen Anna Amalia oft mit G.M. für *Grande Maman*, also Große im Sinne von Hoher Mutter abkürzt, wird die Sache doch richtig spannend. Vielleicht sehen Sie sich das mal selbst an.«

»Wenn Gräfin Goertz von Anna Amalia als Großer Mätresse sprechen würde, wäre das tatsächlich ein Aufschrei der Empörung, von dem es in unseren Briefen übrigens doch einen gibt. Nicht von der Gräfin, aber von Herder, der regelmäßig bei Goertz verkehrte.«

»Ja«, sagte die Übersetzerin, »ich erinnere mich gut. Herder *verach-*

tete mehr denn je die Mutter und tadelt den Favoriten. Das ist allerdings deutlich.«

Bei dieser Gelegenheit klopften wir die übrigen jener Passagen ab, in denen sich die Gräfinnen Goertz und Gianini zur Beziehung zwischen Anna Amalia und Goethe äußerten. Die früheste reichte in jene Zeit, als Goethe im Frühjahr 1776 vom Herzog das Gartenhaus geschenkt bekam und von Charlotte von Stein Hausverbot erhalten hatte: *Die alten Liaisons dauern noch an, vergrößern sich sogar, das Postskriptum* [Goethe] *wird zu einer Arroganz, aber er wird gehätschelt, man rennt ihm nach. Ich habe von ganzem Herzen gelacht* (8. April 1776).

Goethe war nicht nach Lachen zumute und er ließ das Charlotte wissen: »Also auch das Verhältniß, das reinste, schönste, wahrste, das ich außer meiner Schwester ie zu einem Weibe gehabt, auch das gestört! – Ich war darauf vorbereitet, ich litt nur unendlich für das Vergangene und das Zukünftige … Ich will Sie nicht sehn, Ihre Gegenwart würde mich traurig machen. Wenn ich mit Ihnen nicht leben soll, so hilft mir ihre Liebe so wenig als die Liebe meiner Abwesenden, an der ich so reich bin« (24. Mai 1776).

Charlotte hat Goethe, ohne namentlich Anna Amalia zu nennen, ganz offensichtlich deutlich gemacht, was sie von der Dreierbeziehung hielt; entweder Goethe bekennt sich klar zu ihr und widersteht den Avancen der Herzogin, oder es bleibt bei der Trennung. Goethes naive Reaktion darauf: »Sie sind lieb, daß Sie mir alles gesagt haben! man soll sich alles sagen wenn man sich liebt.«

Ob sich Goethe bewusst war, als er das am 7. Juni 1776 schrieb, dass es einen Unterschied zwischen lieb haben und lieb sein gibt?

Auch die folgende Sentenz in den Briefen der Gräfin Goertz war eingedenk bekannter Umstände einzuordnen; Charlotte von Stein, wegen Goethes Eskapaden um ihren Ruf besorgt, zog sich mit Lenz, bei dem sie Englisch lernen wollte, auf ihr Schloss Kochberg zurück. Wichtig hier der deutliche Hinweis einer Eifersucht seitens Anna Amalias auf Charlotte und Goethe im Nachsatz. Erinnert sei an Goethes Tagebucheintrag vom 21. September 1776: »Abends ☽ +«. Das Echo auf diese besondere Nacht findet sich bei Gräfin Goertz: *Lotte* [Charlotte von Stein] *ist mit dem Herrn Lenz auf dem Land* [in Kochberg], *um die Gerüchte über ihren Freund* [Goethe] *zum Schweigen zu bringen, der nicht wagt, sie zu besuchen. Man behauptet, dass dieses Zartgefühl eine Verstimmung der Mutter* [Anna Amalia] *gegen sie bewirkt hat* (3. Oktober 1776).

Verbannte Anna Amalia die Hofdame Stein auf ihr Gut, um die lästige Charlotte los zu sein? *Man sagt, dass Lotte* [Charlotte von Stein] *den gesamten Winter auf dem Land verbringen wird, um die üble Nachrede verstummen zu lassen und um sich die Langeweile zu vertreiben, sie hat Herrn Lenz mitgenommen* (8. Oktober 1776).

Es hat den Anschein, als kontrollierte Anna Amalia auch Charlotte von Stein in Kochberg, zumindest dann, wenn Goethe sich auch dort aufhielt: *Die H.M.* [Herzogin Mutter, Anna Amalia] *ist gestern ganz zeitig aus Kochberg zurückgekehrt. Ich vermute, sie hat sich dort gelangweilt. Man behauptet, es gebe eine Abkühlung zwischen ihr und dem Favoriten* [Goethe]. *Ich kann mir nicht vorstellen, dass es lange andauert* (13. Oktober 1776).

In der folgenden Passage vermischen sich zwei Sachverhalte. Es ist von einem Streit zwischen Anna Amalia und Goethe die Rede, von einer *Abkühlung* der Beziehung hatte Gräfin Goertz bereits berichtet. Dann hoffte die Gräfin, Anna Amalia möge erkennen, dass ihr Verhältnis zu ihrem Sohn nicht durch Goertz, sondern durch Goethe belastet wird: *Es ist gewiss, dass G.* [Goethe] *gänzlich mit der Mutter entzweit ist, und ich hoffe, dass sie endlich sehen wird, dass Sie ihr nicht das Vertrauen ihres Sohnes entzogen haben, sondern er* (26. Oktober 1776). Meinte Goethe die Situation im Griff zu haben? *G.* [Goethe] *glaubt sich schöner wie Amor, nur wollen sich die Frauen* [Anna Amalia und Charlotte von Stein] *nicht beherrschen lassen und langweilen sich.*

In Goethes Tagebuch und in seinen erhaltenen Briefen wird der Eindruck bestätigt, den Gräfin Goertz wiedergibt; Goethe wähnte sich als Herr der Szene: *Unterdessen haben der Hzg.* [Herzog], *seine Mutter,* [Anna Amalia] *Familie Stein, und die Waldner* [Adelaide von Waldner, Hofdame der Herzogin Louise] *mit allen Schöngeistern und Dame Thusnelda* [Göchhausen] *in Tiefurt zu Mittag gegessen, getanzt und zu Abend gegessen. Man meint, die Liebe der Lotte* [Charlotte von Stein] *schreite rüstig voran und dass keine so liebäugeln würde wie sie* (5. November 1776).

Wegen der Zurückweisungen durch Anna Amalia suchte Charlotte von Stein nun um die Gunst bei Herzogin Louise nach: *Frau von S.* [Charlotte von Stein] *steht noch immer bei der jungen Hzgn.* [Herzogin Louise] *in der größten Gunst, doch mit ihrer Herrschaft bei der Mutter* [Anna Amalia] *ist es ganz vorbei. Diese sieht, hört und existiert nur noch durch die Organe ihrer kleinen Buckligen* [Göchhausen] (16. November 1776).

Die folgende Passage bedarf keiner Kommentierung: *Ich muss Ihnen noch von diesem kleinen Stück erzählen. Es ist wirklich hübsch. Man war bezaubert vom Stück und der Aufführung. Lotte* [Charlotte von Stein] *war entrückt, so, wie sie ihren Freund bewundert, wie sie bei seinem Spiel aufgeschrien hat. Das Stück wurde derart gelobt, dass ich nicht den Mut aufbrachte zu sagen, dass Hr. G.* [Goethe] *nicht gerade ein guter Schauspieler genannt werden kann* (21. November 1776).

Die nächsten Äußerungen zur Beziehung Anna Amalia, dem *Unendlichen und seiner Lotte* stammen aus dem Jahr 1778 und gleichen jenen des Jahres 1776: *Maman* [Anna Amalia] *steht mit dem Genie par excellence* [Goethe] *auf besserem Fuß als jemals zuvor, und trotz seiner* [Goethes] *Zurückhaltung in der Öffentlichkeit spricht die Verleumdung darüber* (14. März 1778).

Anna Amalia und Goethe reisten nach Jena, um eine Studentenaufführung anzusehen. Charlotte war nicht eingeladen. Sie fuhr beiden auf eigene Faust nach, um Goethe nahe zu sein, im Bewusstsein, sich deswegen Anna Amalias Zorn zuzuziehen: *Die Nachricht des gestrigen Tages war eine Vergnügungsreise nach Jena, um dort eine von Studenten aufgeführte Komödie aufzusuchen. Die Frau Herzoginmutter* [Anna Amalia] *ist dorthin zusammen mit ihrem lieben Freund Goethe gegangen. Und Lotte* [Charlotte von Stein], *die sich über alles, sogar über die Launen der Maman stellt, wenn es sich darum handelt, ihren Freund zu sehen, hat eine eigene Reise unternommen, um auch dorthin zu gehen* (26. April 1778).

Herder, die Moralinstanz am Weimarer Hof, war über die *ménage à trois* offensichtlich im Bilde: *Ich hatte gerade einen sehr angenehmen Besuch von Herder, der Ihnen viele Dinge ausrichten lässt, der unsere Freude teilt, der mit uns fühlt. Er ist ständig traurig und bedauert das unglück-*

liche Schicksal von Weimar, die Verirrungen des Meisters [Carl August], *die Situation der Frau* [Herzogin Louise]. *Er verachtet mehr denn je die Mutter* [Anna Amalia] *und tadelt den Favoriten* [Goethe] (1. Mai 1778).

Nachdem Charlotte beim Ausflug nach Jena offenbar nicht erwünscht war, lud Goethe sie zu einem großen Diner an der Seite von Herzog und Herzogin. Ihre verletzte Ehre war wiederhergestellt. Nicht geladen war Anna Amalia, deren Ehre nun verletzt war. Für Gräfin Goertz eine immer lächerlicher werdende Konstellation: *Das Leben hier wird mit jedem Tag lächerlicher. Gestern hat G.* [Goethe] *ein Diner bei Puffert für den Herzog, die Herzogin, die Frau von Stein und Frau Herder gegeben. Der Herzog hat dies mit einem Souper auf dem Stern erwidert* (3. Mai 1778).

Anna Amalia ertrug die Isolation nicht und lud nun ihrerseits ausgerechnet Gräfin Goertz zu sich, bei der sie sich über ihre Ausgrenzung beklagte: *Maman* [Anna Amalia] *hat mich nach Neuigkeiten von Euch gefragt; und als ich gegangen bin, habe ich mich von all ihren Allüren, die sie an den Tag legte, gereinigt … Sie* [Anna Amalia] *hat nun Zeit, sich viel mit ihrem kleinen Monster* [Göchhausen] *zu langweilen, denn sie ist nicht mehr Teil seiner* [Goethes] *Unternehmungen, und ihr blutet deshalb das Herz, sie weint deshalb in der Öffentlichkeit, sie kann sich dessen nicht enthalten* (5. Mai 1778).

Gräfin Gianinis Beobachtungen bestätigen die höchst angespannte Dreierbeziehung: *Goethe drechselt immer noch an der vollkommenen Liebe, und die arme Frau von Stein, dümmer gab es noch keine, erträgt geduldig das Geschwätz in der Öffentlichkeit und von Herrn Goethe und die üblen Launen seiner Frau. Sie können daraus ersehen, dass alles beim Alten geblieben ist* (11. Juni 1780).

Unsere Neuigkeiten … die Erhebung Goethes in den Adelsstand. Die Liebschaften vom Letzteren mit seiner alten Schindmähre [Charlotte von Stein] *sind immer noch ganz aktuell, die Macht die diese Clique ausübt, ist größer denn je* (12. August 1782).

In den nächsten Tagen widmete ich mich der *Grande Maitresse*. Wie angekündigt fand ich sie in den Briefen mal abgekürzt, mal ausgeschrieben und ohne dass sich mir erschloss, wer damit gemeint sein könnte: *Übrigens ist die Herzogin* [Louise] *einigermaßen freundlich mit der G.M. und vernachlässigt es nicht, sie alle Tage zu sehen,* oder: *Heute Abend ist Hof, und ich bin neugierig, auf welchem Fuß man mich behandeln wird, weil die G.M. nicht ausgehen wird.* War das des Rätsels Lösung, war *G.M.* Herzogin Anna Amalia und zugleich die »Große Mätresse«?

Die Anrede Maman für eine Regentin, auch wenn sie nicht mehr regierte, war für das späte 18. Jahrhundert noch ungewöhnlich. Formal korrekt hätte es heißen müssen »La Duchesse«, wenn die Herzogin regierte, oder »La Duchesse maman«, wenn sie nicht mehr regierte. Natürlich fragte ich mich, wieso mit einem Mal von Gräfin Goertz diese intime Anrede benutzt wurde, woher die Vertrautheit kam. Oder war es eine von den Goertz'schen Verballhornungen, wie wir sie bereits für Goethe, den *Unendlichen,* das *Postscriptum,* das *Genie par excellence, den Favoriten* kennen?

Konnte sich Gräfin Goertz überhaupt erlauben, von einer Herzogin als »Großer Mätresse« zu sprechen? Verstieße sie damit nicht gegen alle höfischen Regeln, die sie sonst beachtete? Ich ließ, was sich an meinem Schreibtisch an Papieren aufgetürmt hatte, für einige Tage liegen, ignorierte das Telefon und die E-Mails und ging in meine kleine Werkstatt, um wieder Bücher zu binden. Es gab noch immer einige Dutzend arg ramponierter Exemplare aus der einstigen Bibliothek des Grafen Goertz. Ich führte beim Zuschneiden des weinroten Kalbsleders, beim Verkleben von Rückenbünden und Pressen der Einbände lange Monologe, was half, wieder einen klaren Kopf zu bekommen.

Graf und Gräfin Goertz als Tabubrecher in einem System, dem sie dienten, von dem sie abhängig waren? Ausgeschlossen, antwortete es beim Aussuchen authentischer Einbindepapiere, die ich mir nach und nach besorgt hatte. War das doppelt besetzte *G.M.* für die Goertz' Tarnung, dachten sie daran, Anna Amalia unter den Fürsten im Deutschen Reich unmöglich zu machen?

Warum sollten sie das tun, lautete die Gegenfrage beim Säubern meiner leimverklebten Hände. Weil die Goertz' mit Anna Amalia noch offene Rechnungen zu begleichen hatten? Der Rauswurf von 1775, die immer noch nicht gezahlte Abfindung von 20000 Talern.

Deswegen musste Anna Amalia aber nicht zur *Großen Mätresse* werden. Das war ein feststehender Begriff für die Geliebte eines Königs. Die Geliebte Ludwigs XIV. wurde offiziell als »Maitresse du Roi« oder als »La Grande Sultane« – die große Herrscherin – geführt. Sie war Bestandteil des höfischen Lebens und wurde nicht versteckt. Ludwig XV. hatte mit der Pompadour und der Dubarry seine »Großen Mätressen«, offiziell betitelt als »La Grande Maitresse« oder als »Maitresse declarée«. Allerdings pflegten mächtige Feinde der Pompadour sie auch als »Maitresse putaire«, als Hure, zu bezeichnen. Friedrich II. nannte sie Madame Fisch – nach ihrem Geburtsnamen Poisson. Der Nachfolger Friedrichs II. hatte mit der bürgerlichen Wilhelmine Encke, die im Bett des Königs zur Gräfin Lichtenau aufstieg, ebenso seine »Große Mätresse«. Die vielen Mätressen Augusts des Starken sind bis heute sprichwörtlich.

Aber Anna Amalia konnte als Frau schlecht ihre eigene Mätresse gewesen sein, kam sofort als Gegenargument.

Im zu Ende gehenden 18. Jahrhundert erkoren auch Fürsten kleiner Reiche ihre Geliebten zur »Großen Mätresse«. Die Geliebte von Herzog Carl Eugen von Württemberg, Franziska von Hohenheim, führte am Hof ganz offiziell den Titel »La Grande Maitresse«, ebenso Frau von Esebeck, die Geliebte des Herzogs Karl von Zweibrücken. Unser Goertz kannte sie.

Gut, aber wessen Mätresse sollte Anna Amalia gewesen sein, sie hatte keinen kaiserlichen Verehrer, der sie zu seiner Mätresse hätte erklären können, sie hatte ja bis dahin nicht mal eine Liebschaft mit einem Pagen oder einer Hofschranze.

Zwischenfrage beim Einspannen eines Buches in die Presse, das nun wieder Vorder- und Rückendeckel erhalten hatte: Konnte mit *G.M.* nicht eine Mätresse von Anna Amalias Sohn gemeint sein? Er war ein Schürzenjäger erster Güte.

Eine Geliebte von Carl August kam schon deshalb nicht in Betracht, weil der Herzog zu diesem Zeitpunkt noch gar keine Geliebte hatte.

Einspruch beim Festdrehen der Buchpresse: Carl August und Goethe überboten sich gerade in der Zeit, um die es hier geht, mit Liebesabenteuern. Sie teilten sich sogar die jungen Schönen.

Ja, das taten sie, aber es waren nichts als flüchtige Liebschaften mit Schönheiten vom Lande, das machte noch keine am Hof eingeführte *Grande Maitresse*. Zumal so ein Status in gerade dieser Zeit am Weimarer Hof schlicht unmöglich gewesen wäre.

Warum, wer hätte das verhindern sollen?

Carl August und Louise waren gerade verheiratet, beide verstanden sich noch einigermaßen. Und nicht nur Anna Amalia erwartete als erstes Ergebnis dieser Verbindung einen Erbprinzen, Carl August wünschte sich selbst Nachwuchs mit Louise.

Als reichlich Bücher unter der Presse lagen, Leder und Papiere verklebten waren, musste ich mir mit Gartenarbeit den Kopf auslüften. Wieder am Schreibtisch klärte ich, wann in den Goertzbriefen die *Große Mätresse* das erste Mal auftauchte. Gelesen hatte ich davon zum ersten Mal im Brief des Grafen vom 11. April 1776. Aber die Goertz' pflegten da schon acht Jahre rege Korrespondenz miteinander. Es waren also die Briefe der beiden von vor 1776 nach *G.M.*, *La Grande Maman* und *la Grande Maitresse* abzusuchen. Ich meldete mich wieder im Gräflichen Archiv an, veranschlagte eine Woche Arbeit im Archiv und am Kopierer. Die Archivarin, mit der ich nun regelmäßig telefonierte, ersparte mir allerdings die weite Reise. Sie kopierte für mich die fragliche Korrespondenz. Als die Briefe auf meinem Arbeitstisch lagen, suchte ich Seite für Seite nach den Reizworten ab, benutzte dabei wie einst Doktor Schuchard eine Lupe.

Das Ergebnis war eindeutig: Vor April 1776 schrieben Graf und Gräfin Goertz weder von *G.M.*, noch von *La Grande Maman*, noch von *La Grande Maitresse*.

Was war also am Weimarer Hof in der Zeit, nachdem Anna Amalia ihrem Sohn im September 1775 die Regentschaft übergeben hatte, bis April 1776 geschehen?

Goethe war aufgetaucht.

Es traf sich gut, dass mich Dan Farrelly, Germanist, Verleger und Jesuit aus Dublin, auf seiner Durchreise nach Weimar an einem frühlingshaft warmen Wochenende im März aufsuchte. Dan Farrelly arbeitete seit Jahren am Bewegungsprofil von Carl August, Louise, aber auch Charlotte von Stein, Goethe und Anna Amalia. Er suchte Archive auf, las in alten Büchern und hoffte, im Goertz-Briefwechsel wichtige Angaben für seine Arbeit zu erhalten. Die erste Gesprächsrunde hielten wir, um uns die Beine zu vertreten, strammen Schritts im nahen Wald ab. Mich interessierte, ob er beim Auswerten der vielen Literatur über den Weimarer Musenhof von einer *Großen Mätresse* gelesen hatte.

Hatte er nicht, deutete die Mätresse aber nicht als Geliebte von jemandem, sondern als große Meisterin, also Oberhofmeisterin.

Ich hielt dagegen, dass der Begriff Mätresse auch im 18. Jahrhundert eindeutig besetzt war. Im Wörterbuch des Grafen Goertz von 1756 hieß es unter dem Stichwort Mätresse: »Frau, Gebieterin, eine Geliebte, Buhlerin«. Beide Goertz' nannten in ihren Briefen die Oberhofmeisterin Gianini bei ihrem Namen, manchmal hieß sie auch *unsere Gräfin* oder *Herzensfrau*.

Man müsste in den Besoldungslisten nachschauen, ob in Weimar die Oberhofmeisterin als »La Grande Maitresse« geführt wurde. Als Nächstes wären alle Namensumschreibungen in den Goertzbriefen mit in Frage kommenden Namen abzugleichen. Anna Amalia für die Große Mätresse, die große Hure, zu setzen, fand Farrelly sehr gewagt.

Was er von der These halte, dass Goethe zehn Jahre lang aus verletztem Narzissmus Charlotte von Stein intime Briefe schrieb?

»Gar nichts«, war Farrellys Antwort. »Das Problem beginnt schon damit, dass heute niemand sagen kann, wem welcher Brief oder Zettel von Goethe gegolten hat. Tatsächlich ist keiner der Briefe und Zettel von Goethes Hand adressiert. Die Erben Charlottes haben die Namen der Adressaten abgeschnitten, manchmal auch ganze Sätze und was übrig blieb, in eine Art Reliquienbuch geklebt. Da kleben sie heute noch. Aber wem galten seine innigen Liebesseufzer? Charlotte, Anna Amalia, Corona Schröter? Es gibt etliche Briefe von Goethe, die derart personalisiert sind, dass sie nur Charlotte gelten können. Andere, in denen Goethe zum Abendessen einlädt, tragen ein Datum, an dem Charlotte überhaupt nicht in Weimar war.«

»Ich glaube, dass Anna Amalia, Goethe und die Stein recht harmonisch ihre Beziehung pflegten«, sagte Farrelly. »Dass alle drei recht impulsiv sein konnten, dass sie sich verletzten und wieder suchten, beweist nur, dass die Beziehung funktionierte.«

Vor uns lag ein kleiner See, in dessen Schilfgürtel aufgeregtes Federvieh Nester baute.

Ich nahm einem anderen Ansatz: »Dass sich Goethe und Anna Amalia regelmäßig schrieben, Zeitgenossen sagen beinahe täglich, ist bekannt.«

»Nur ist davon leider nichts erhalten«, wandte Farrelly ein.

»Goethe und Anna Amalia hatten also Mittel und Wege gefunden, ihre Korrespondenz vor unerlaubten Blicken Dritter zu schützen. Warum sollte Goethe dann der Herzogin über Dritte, nämlich die Stein, weitere Liebesbriefe schreiben? Anna Amalia wie Goethe wussten, dass ihre Liaison besser nicht zum Gegenstand einer allgemein verbreiteten Lust am Skandal werden sollte. Wenn ich eine heimliche Liebe pflege, werde ich keine Dritten einweihen, die mich mit dem Wissen irgendwann kompromittieren könnten. Zumal Anna Amalia zu keiner Zeit ein besonderes Vertrauensverhältnis zu der Stein unterhielt. Und warum war Charlotte in Besitz vertraulicher Briefe, die für Anna Amalia bestimmt waren? Hatte die Stein die Briefe an die Herzogin nicht weitergeleitet? Sollte Anna Amalia die kompromittierenden Briefe nach dem Erhalt der Stein wieder zurückgesandt haben, damit sie dann Schleifchen darum bindet und die Zeugnisse der Leidenschaft in Kartons versteckt?«

Auch das hielt Farrelly für Indizien einer funktionierenden Dreierbeziehung.

Abends, beim Essen im Hotel, kam Doktor Farrelly auf meine Fragen zurück. Er hatte seinen Laptop aufgebaut und zeigte mir in einer scheinbar endlosen Tabelle jeden von Goethes Briefen an die Stein, dazu Angaben, wo sich Goethe, Anna Amalia und die Stein aufhielten, als Goethe den jeweiligen Brief schrieb. Hinzu kam ein historischer Stadtplan Weimars. Farrelly konnte bereits für viele Wochen nachweisen, wann sich welcher der drei Akteure wo und bei wem aufgehalten hatte: »Für mich zählt neben diesen Angaben aber auch das Werk Goethes. Es ist das aufgeschlagene Buch seines Lebens, man muss es nur zu lesen verstehen.«

Nun schüttelte ich den Kopf, auf Werkinterpretation wollte ich mich nicht einlassen, weil mit der Methode nahezu jedes gewünschte Ergebnis herausinterpretierbar sei. Und wenn neue Quellen wie die Goertzbriefe auftauchten und alles auf den Kopf stellten, einschließlich die Werkinterpretation, was dann?

»Ich gratuliere Ihnen neidlos zu den Quellen, die Sie gefunden haben, so etwas passiert einem nicht allzu oft im Leben. Und dann noch das Thema. Goertz, von dessen Bedeutung bislang keiner Notiz genommen hat, Anna Amalia, Friedrich II., Goethe. Wenn das kein Stoff ist. Aber eines erklären Sie mir bitte: warum ein Historiker nur an Urkunden als Beleg klebt? Nehmen Sie die ›Iphigenie‹ oder den ›Tasso‹ und Sie sehen, wie Goethe Akteure seines Umfeldes zu Helden auf der Bühne werden lässt.«

In der Zwischenzeit hatte ich meinen Laptop aufgebaut. Auch ich konnte mit einer Tabelle aufwarten, sie hatte drei Spalten. In der linken standen die Äußerungen von Gräfin Goertz zur Beziehung Herzoginmutter, Dichter und Hofdame, in der mittleren Charlottes Hinterlassenschaften, in der rechten die von Goethe. Farrelly bat um einen Ausdruck zur Nachtlektüre und setzte die Debatte zur Beweistheorie im Vergleich mit historischen Fakten am Beispiel von Schillers ›Don Carlos‹ fort. Der Wein schmeckte uns gut.

Am nächsten Tag widmeten wir uns bei ebenso viel Sonnenschein und milden Temperaturen zunächst der Großen Mätresse. In der Menge unübersetzter Goertzbriefe herumzustochern machte wegen der Vorliebe der Schreiber für Fallstricke und doppelte Böden keinen Sinn. Aber Farrelly hatte zur »Großen Mätresse« eine Vermutung: »Es könnte sich um den Meistergrad in einer Freimaurerloge handeln. Anna Amalia war in einer Loge, sie könnte die »Große Meisterin« gewesen sein. Möglich, dass die Goertz' mit ihrem Hang zur Ironie von Anna Amalia als »Großer Meisterin« im Sinne des Logengrades schrieben. Dazu müssen dann alle Äußerungen der Goertz' abgeglichen werden.«

Ich legte Farrelly einen Brief vor, den die philosophiesinnige Herzogin Louise Dorothea von Sachsen-Gotha im Mai 1756 dem großen Spötter Voltaire geschrieben hatte; sie bedankte sich darin für eines seiner Gedichte und endete ihre Zeilen mit dem Gruß: »Die Große Meisterin des Herzens macht Ihnen tausend Komplimente.«

Da war sie wieder, »La Grande Maitresse«, nun in einem völlig anderen Zusammenhang.

»Die Nachtlektüre hatte es übrigens in sich«, sagte dann Farrelly. »Ich bleibe bei meiner Theorie der Werkinterpretation, aber was Sie da an Quellen zusammengestellt haben, ist ziemlich eindeutig. Von einer harmonischen Dreierbeziehung kann wohl keine Rede sein. Sie war von Anfang an höchst angespannt. Ich würde gern die Goertz-Briefe dazu komplett lesen, das wäre dann die nächste Nachtlektüre.«

In Sachen »G.M.« kam ich innerhalb von Stunden zur Auflösung des Rätsels. Ich hatte in Goethes Tagebüchern nachgeschaut, ob dort von einer Mätresse die Rede ist. War es nicht, dennoch kam ich der rätselhaften Frau auf die Spur, weil Goethe am 3. Juli 1778 vom »Gewäsch mit d[er] Gianini« geschrieben hatte. Zufällig lag auf meinem Tisch ein Brief von Gräfin Goertz vom gleichen Tag, in dem der Streit zwischen der Gräfin und dem Dichter erwähnt wurde, weiter heißt es: *Die Gr. M. wird Ihnen sicherlich selbst darüber schreiben.*

Gräfin Gianini wäre also die »Große Mätresse«? So klar war das nicht in jedem Fall, wenn bei Gräfin Goertz von der »Grande M.« oder »G.M.« die Rede war: *Die Frau Herzogin* [Louise] *besitzt viel Humor und die G.M. wird an den Rand gedrückt.* Anna Amalia oder Gianini?

Oder: *Mein Freund, wissen Sie von dem Diner in Tiefurt* [bei Herzogin Louise], *wo die G.M. bei einer einzigartigen Gelegenheit zugegen war?*

Klarheit brachte dagegen folgende Briefpassage: *Gestern, als ich von der Herzogin-Mutter kam, überbrachte mir der Diener des Statthalters* [Dalberg] *einen Brief, in dem er mich zusammen mit der Grande Maitresse für morgen* [14. März 1778] *einlud … Ich habe die G.M. davon überzeugt, mich zu begleiten.*

Hier traten Anna Amalia und die Grande Maitresse als deutlich unterscheidbar auf. Anders die folgende Passage: *Ich komme gerade von einem Ausflug im Wagen mit der G.M., die sich extrem über ihre Gesundheit beklagt und große Schmerzen in der Seite hat.*

Eleonore von Gianini in jungen Jahren. Die Weimaraner kannten sie nur mit Damenbart und riesiger Nase.

War mit *G.M.* die Grande Maman, also Anna Amalia, oder die Große Mätresse Gianini gemeint? Immerhin war die Gianini ins Blickfeld und Anna Amalia aus dem Blickfeld gerückt. Als nach Monaten weitere Übersetzungen vorlagen, sollte sich die Gianini unzweifelhaft als *la Grande Maitresse* erweisen.

Farrelly freute sich über die Klärung, schon deshalb, weil Anna Amalia als Große Hure nur in einer Art geheimem Kosmos von wenigen eingeweihten Feinden der Herzogin so bezeichnet werden konnte, von dem noch niemand etwas gehört hatte.

Nachzutragen bleiben die wenig bekannten biografischen Daten zu Eleonore von Gianini: Sie wurde 1719 in Wolfenbüttel als Tochter des Oberhofmeisters Leopold Joseph von Gianini geboren. Ihre Mutter, eine geborene von Ronow und Bieberstein, starb früh, ihr Vater 1730.

Die Gräfin wurde Hofdame der Herzogin Elisabeth von Braunschweig-Wolfenbüttel. Ob Graf Goertz oder Anna Amalia die Gianini nach Weimar verpflichteten, ist nicht geklärt, Gianini hielt jedoch vom ersten Tag zu den Goertz' und nicht zur Herzogin. Die Gräfin hatte Humor, spielte gern, trat selbstbewusst auf und ließ sich von ihrem gesunden Menschenverstand leiten. Schlank war sie wohl nicht, und einige Höflinge machten sich gern über ihre dick aufgetragene Schminke lustig, mit der sie Pickel und den Altweiberbart zu verdecken suchte. Gianini liebte Schnupftabak und Wein, Spötter sagen ihr eine Schnapsnase nach. Sie kränkelte bereits, als sie nach Weimar kam. Zur Herzogin Louise, deren Oberhofmeisterin sie war, hatte sie ein gelegentlich angespanntes, aber letztlich gutes Verhältnis. Mit ihren späten Briefen an die Goertz werden wir uns noch befassen.

Anna Amalias Gedanken

Wie nähert man sich Anna Amalia, die zunächst als Herrscherin und nach dem Regierungswechsel allein als Förderin und Hüterin der Musen begriffen wird, als liebende Frau aber nicht existiert? Tagebücher, wie Goethe sie schrieb, und die uns Einblick in Privatheit erlauben, gibt es von ihr nicht. Briefe, die ihre Seelenlage schildern, sind kaum vorhanden.

Andererseits ist mit Vorsicht zu genießen, was gekrönte und gewählte Häupter zu Papier bringen. Sie lieben die Selbstinszenierung, für die es stets ein williges Publikum gibt. Trifft das auch auf Anna Amalia zu?

Memoiren hat sie nicht hinterlassen, ebenso wenig politische Streitschriften. Allerdings weiß niemand, was nach Anna Amalias Tod an Papieren aus ihrem Besitz vernichtet wurde. Erhalten haben sich einige Briefe, die an Charlotte von Stein, an die Göchhausen, an Minister Fritsch oder an Wieland gerichtet waren. Über das Innenleben der Herzogin verraten sie wenig. Der im Nachlass Goethes gefundene lange Brief Anna Amalias mit der Überschrift »Meine Gedanken« bildet eine Ausnahme. Es ist die schonungslose Selbstreflexion einer Herrscherin mit Hang zum Selbstmitleid und zur Leidenschaft. In diesen Aufzeichnungen lesen wir auch von den Sorgen einer Mutter und der Einsamkeit einer Frau. Und immer wieder ist von der Suche nach einem Freund, einem Vertrauten die Rede. In Sprache und Diktion sind Anna Amalias Gedanken kein Meisterwerk, dafür jedoch umso glaubhafter.

Von Kindheit an, die schönste Frühlingszeit meiner Jahre, was ist da alles gewesen? Nichts als Aufopferung für Andere! Ein liebendes Herz war es, was ich von dir, o Schöpfer, erhielt. Dieses, nach deinem Bilde geschaffen, sollte hier mein Glück ausmachen; aber dies teure Geschenk ist eben, was meine Ruhe verstöret. Jeder Tag, jede Stunde ist mit Schmerz und Kummer ausgefüllet. Bald sorget das zärtliche Mutterherz um das Wohl der Kinder; bald hat es mit Neid, Tücke und Arglist zu kämpfen; bald hat es nötig, der eigenen warmen Empfindung Einhalt zu tun. Ach! und zu warmes Blut, welches durch jene meine Adern wütet! Jeder Pulsschlag ist ein Gefühl von Zärtlichkeit, von Schmerz, vor Zerknirschung der Seele … Doch murren will ich nicht. Ein glückliches Gefühle ist mir übrig geblieben, das soll mir keine menschliche Kraft benehmen: die Wollust, andere Mitmenschen glücklich zu machen, sie vergnügt und an ihrer Zufriedenheit Anteil zu nehmen …

Meine Erziehung zielte auf nichts weniger, als mich zur Regentin zu bilden. Sie war: wie alle Fürstenkinder erzogen werden. Diejenigen, die zu meiner Erziehung bestimmt waren, hatten noch selber nötig, gouverniert zu werden. Eine Person, die sich völlig ihren Leidenschaften überließ, war die, die ein junges Herz führen sollte. Sie hatte leider viele Leidenschaften, folglich auch viele Launen, die ich allein entgelten mußte. Nicht geliebt, von meinen Eltern immer zurückgesetzt, meinen Geschwistern in allen Stücken nachgesetzt, nannte man mich nur den Ausschuß der Natur. Ein feines Gefühl, welches ich von der Natur bekommen hatte, machte, daß ich sehr empfindlich die harte Begegnung fühlte. Es bracht mich öfters zur Verzweiflung, sogar ****.

Durch diese harte Unterdrückung zog ich mich ganz in mich selbst. Ich wurde zurückhaltend, ich bekam eine gewisse Standhaftigkeit, die bis zum Starrsinn ausbrach. Ich ließ mich mit Geduld schimpfen und schlagen und tat doch so viel wie möglich nach meinem Sinn.

In meinem sechzehnten Jahre wurde ich aus den harten Banden erlöst. Man verheiratete mich so, wie gewöhnlich man Fürstinnen vermählt. Sie werden glauben, da ich nun aus denen Fesseln befreiet war, müsse ich gewesen sein wie ein junges Füllen, welches seine

Freiheit bekommt. Nichts weniger! Ich fühlte mich vielmehr wie eine Person, die nach einer großen ausgestandenen Krankheit in ihrer Genesung sich noch kraftlos fühlet.

Im siebzehnten Jahre wurde ich zum ersten Mal Mutter. Könnte ich Ihnen beschreiben das Gefühl, welches ich bekam, als ich Mutter wurde! Es war die erste und reinste Freude, die ich in meinem Leben hatte. Mir war, als wenn ich auch von verschiedenen anderen neuen Empfindungen entbunden worden. Mein Herz wurde leichter, meine Ideen wurden klarer; ich bekam mehr Zutrauen zu mir selber. In meinem achtzehnten Jahre fing die größte Epoche meines Lebens an. Ich wurde zum zweiten Mal Mutter, wurde Witwe, Obervormünderin und Regentin! Die schnellen Veränderungen, welche Schlag auf Schlag kamen, machten einen solchen Tumult in meiner Seele, daß ich nicht zu mir selber kommen konnte. Ein Zusammenfluß von Ideen, von Gefühlen, die alle unentwickelt waren! Kein Freund, vor dem ich mich aufschließen konnte. Ich fühlte meine Untüchtigkeit, und dennoch mußte ich alles in mir selber finden. Wenn man die Gefahr vor Augen sieht oder der Mensch viele Leiden hat, so nimmt er seine Zuflucht im Gebet. Nie habe ich mit wahrer und mehrer Inbrunst gebetet als zu dieser Zeit; ich hätte die größte Heilige werden können. In denen Jahren, wo sonst alles blüht, war bei mir Nebel und Finsternis …

Da stand ich nun ganz nackend; meine Eigenliebe wurde gedemütiget durch das Gefühl meines Unvermögens. Ich sah auf einmal das Große, was auf mich wartete, und fühlte dabei meine gänzliche Untüchtigkeit. Wahrheit und Eigenliebe kämpften: zum Glück, daß Wahrheit die Oberhand behielt!

Ich hatte schon Stolz genug, um mich in der Welt hervorzutun; es war aber nur noch in einem Schlummer. Mein Unvermögen kränkte mich sehr; ich wurde gegen mich mißtrauisch; ich fühlte immer und wußte nicht: was? Ach! wie glücklich wäre ich gewesen, wenn ich damals einen Freund gehabt hätte, der die große Kenntnis des menschlichen Herzens besessen, mir das aufzuschließen, was mir selber ein Rätsel und in mir tief verschlossen war! Es sollte aber nicht sein, und es schien, ich sollte ganz durch eigene Erfahrung gebildet werden …

Die Geschäfte, von denen ich nun gar nichts wußte, vertraute ich Leuten an, die durch lange Jahre und Routine Kenntnis davon besaßen.

Ich blieb eine Weile in dieser Dumpfheit der Sinne; auf einmal erwachten bei mir alle Leidenschaften. Mir war wie einem Blinden, der auf einmal das Gesicht erhält …

Da fühlte ich nun, wie sehr ein Freund nötig war, auf den ich mein ganzes Zutrauen setzen könnte. Es waren Viele, die sich um meine Gunst und Freundschaft bewarben. Einige suchten sie durch Schmeicheleien, Andere durch den falschen Schein der Wahrheit und frommen Aufrichtigkeit, unter welchem sie ihre eigenen Interessen suchten, und andere aus Eitelkeit, um sich damit zu brüsten. Es vergnügte mich inniglich, zu sehen, wie man nach meinem Zutrauen strebte. Ich erhielt sie alle in der Hoffnung, nahm sie bei ihrer schwächsten Seite, lernte sie dadurch kennen und hütete mich wohl vor ihrer Freundschaft.

Mein Herz war zu voll, es wollte Luft haben! Mir war alles zu eng, es war mir wie ein Fisch, der nach frischem Wasser schnappt. Ich fand endlich einen Freund mit aller der Freude, die man empfindet, wenn man einen Schatz gefunden hat. Wie glücklich und froh war ich!

Er hieß Greiner, war Geheimrat und saß mit in dem Geheimen Konseil …

Wenn der Fürst und sein Freund edel gesinnt sind, so kann wohl nichts anderes als die größte und edelste Freundschaft entstehen, und so ist wohl die Frage entschieden, ob Fürsten Freunde haben können …

Bei Fürsten muß ich leider selber bekennen, daß es schwer ist, wahre Freunde zu finden, und wenn es wahre Freunde sind, sie zu erhalten. Sie sind von Jugend auf mit Ungeziefer umringt. Hierdurch werden sie entweder mißtrauisch gegen Alle oder werfen sich unwürdigen Menschen in die Arme. Treffen sie jemanden, den sie ihrer Freundschaft würdig achten, so ist es etwas sehr Seltenes, daß dieser sich in seinem Gemüt nicht über sich selbst erhebet und die freundschaftliche Neigung des Fürsten mißbraucht …

An wen die »Gedanken« adressiert waren, ist nicht geklärt, ebenso, wie Goethe in Besitz der Aufzeichnungen gelangte. Sollten sie Goethe zu Diskretion über sein eigenes Verhältnis zu Anna Amalia mahnen? Dem Dichter zeigen, wie vielen Gefahren ihre Beziehung ausgesetzt war? Als Gegenstück eine Passage aus den Aufzeichnungen der Henriette von Egloffstein, einer Gesellschafterin Anna Amalias.

> In dem stillen Thale, das die bescheidene Ilm durchschlängelt, schuf sie sich und ihren unzähligen Verehrern ein anmutiges Sorgenfrei … Hier herrschte Amalia in weit höhrem Sinne über die Gemüther und zog durch ihre himmlische Milde alle Herzen an. In der Atmosphäre, die sie umgab, erschloß sich das Reich der Poesie Jedem, dem es vergönnt ward, das Heiligtum zu betreten, wo die Freundin und Beschützerin der Künste in einfacher Häusligkeit thronte. Der Friede, den sie hier genoß, ging auf diejenigen über, welche das Glück in ihre Nähe führte. Diese Gunst ward Vielen zu Theil, aber nur Wenige konnten sich rühmen, zu den Auserwählten der Herzogin zu gehören … Deshalb entsprach auch die Lebensweise in Tiefurt ihren Neigungen am meisten … Schon am frühen Morgen sah man dort die Herzogin im schlichten Gewande, das aufgerollte schöne Haar unter dem einfachen Strohhut verborgen, ihre lieben englischen Hühner und Tauben füttern. War dies Geschäft vollbracht, dann wandelte sie allein, mit einem Buche in der Hand, zu ihrer Lieblingsbank im Park. Hier verweilte sie, theils lesend, theils ernsten Betrachtungen hingegeben, bis das Schlagen der Mittagsstunde von dem Thurm der kleinen Dorfkirche sie an die Rückkehr mahnte. Schnell ward nun die prunklose Toilette gemacht, während welcher die angelangten Briefe durchgelesen wurden; dann trat die Herzogin aus ihrem bescheidenen Schlafzimmer in die ebenso bescheidenen Wohngemächer, woselbst ihr kleiner Hofstaat nebst denen sie erwartete, die zu den täglichen Tafelgenossen gerechnet werden konnten … Nach beendigtem Mittagsmahl zog sich die Herzogin zurück, und die übrigen Anwesenden zerstreuten sich nach allen Seiten hin, bis die Theestunde sie wieder vereinigte. War das Wetter günstig, so strömten nun aus allen Gegenden die Besucher

herbei und vermehrten die Gesellschaft, welche der Herzogin in den Park folgte, wo im Schatten hoher Bäume der Theetisch bereit stand. Da man wußte, dass Amalia Frohsinn und Ungezwungenheit über alles liebte, so ließen die Gäste ihre Laune nach Willkühr walten, und bald belebten Scherz und Spiele … Nicht jeder Tag glich dort dem eben geschilderten, da die Stimmung der geliebten Fürstin von dem Eindruck abhing, den die Besuchenden auf sie machten. Es erklangen auch mitunter Mißtöne, welche die sanfte Harmonie des Tiefurter Lebens störten …

So sah sich Anna Amalia gern dargestellt. Es gibt eine Vielzahl derartiger Porträts, sie nähren die Legende von der Musenherzogin. Von ihrer besonderen Nähe zu Goethe kein Wort, über ihre politischen Absichten Stillschweigen. Es ist Propagandaliteratur, für die es ein weiteres bezeichnendes Beispiel gibt, nämlich die Briefe Anna Amalias an Goethes Mutter. Allein die Tatsache, dass eine Herzogin einer Bürgerlichen schrieb, die nicht viel für Theater und Musik übrig hatte, macht stutzig. Erst recht, wenn man von den Belanglosigkeiten in den Briefen liest. Nur wenige der im Weimarer Archiv noch schlummernden Zeugnisse sind bislang publiziert worden.

29. August 1778: »Die letzt verflossene Woche hat der Herr Doktor Wolf [Goethe] mir ein Souper im Stern gegeben, wo die neuen Anlagen gemacht sind, welche gar lieblich und herrlich sind; nach dem Abend-Essen war eine kleine Illumination ganz in dem Rembrandtschen Geschmack veranstaltet, wo nichts als Licht und Schatten würkte …«

4. November 1778: »Freund Merck hat recht, daß er darauf besteht, mit Ihnen, liebe Mutter, zu künftiger Frühjahr hierher zu kommen, sehen Sie die Sache nicht so schwer an, Freund Wolf wünscht es auch, wir haben letztlich viel davon gesprochen … Thusnelde [Göchhausen] wird Ihnen die ganze Beschreibung von der Fête, die ich hier gegeben habe, machen, unser Freund Wolf hat die Freundschaft für mich gehabt, alles selber zu ordnen, der Jahrmarkt von Plundersweilen ist herrlich gegangen. Ihr Sohn schicket Ihnen die Abschrift, wie es hier gespielt worden ist, das Gemälde von Bänkelsänger hat Wolf, Kraus und ich gemalt, da ist wieder etwas vor das Weimarsche Zimmer.«

21. April 1779: »Der dritte Feiertag ist glücklich vorbeigegangen, wovon Thusnelde Ihnen Beschreibung gemacht hat. Kurz darauf ist es wiederholt worden und mit dem nämlichen Beifall, ich denke, dass er Ihnen das ganze Stück schicken wird, und da werden Sie selbst ersehen, wie schön und vortrefflich es ist und wie sehr seiner würdig. Sie wollen gerne wissen, liebe Mutter, wer meinen Schattenriß gemacht hat? Es ist der Herr Sohn, der es im großen gezeichnet, und sein getreuer Philipp [Sekretär], der es in kleinem fabrizieret hat, das ist das ganze Rätsel.«

13. Juli 1781: »... auch könnte ich erzählen, dass der viel geliebte Herr Sohn Wolf gesund und wohl ist, dass er in Ilmenau auf eine Kommission gewesen und daneben noch allerlei kleine Exkursions gemacht und vergnügt und gesund wiedergekommen ist ...«

23. November 1781: »Liebste Frau Aja! ich kann Ihnen mit viel Vergnügen ankündigen, daß ihr geliebter Hätschelhans [Goethe] sich in Gnaden resolvieret hat, ein Haus in der Stadt zu mieten, zwar werden sie erst um Ostern es beziehen, weil der Kontrakt von den jetzigen Bewohnern bis dahin gehet; indessen haben wir doch, liebe Mutter, halb den Sieg davongetragen, es ist gut, daß es nun soweit gekommen ist; auch habe ich ihm versprochen, einige Möbel anzuschaffen, weil er so hübsch fein und gut ist ... Unser Wolf läßt Ihnen tausendmal grüßen, er ist recht wohl und brav.«

17. Oktober 1782: »Ich könnte viel Schönes von hier sagen, unter andern daß das Palais des Herrn Geheimden Rats von Goethe von außen und innen prächtig geschmückt wird und daß es eines der schönsten in der Stadt Weimar werden wird ...«

Warum die Schmeicheleien Anna Amalias um das Wohlwollen von Goethes Mutter? Warum die permanente Friede-Freude-Eierkuchen-Stimmung in den Briefen? Vergleicht man, was Goethe an jenen Tagen über sich in sein Tagebuch notierte, als Anna Amalia der Mutter über ihren Sohn schrieb, ergibt sich ein anderes Bild.

28. August 1778: »Schlep[p]te mich mit verdorbenem Magen.«

31. August 1778: »Wundersames Gefühl vom Eintritt in's dreysigste Jahr. Und Verändrung mancher Gesichts Punckte.«

24. Oktober 1778: »Die Herrsch.[aft] war in Tief.[urt] um des Geb. Tags ☽ [Anna Amalias] willen. Ich blieb zu Hause zu Tisch. und

wohnte über mir. durchsah die Rechn. pp.« – »Den Rest des Oktbr und den November [1781] Täglich mehr Ordnung bestimmtheit und Consequenz in allem.«

Charlotte von Stein bekam am 12. Juli 1781 von Goethe einen Brief mit folgendem Inhalt: »Zum erstenmal wieder von Haus einen guten Morgen. Gestern Abend verlangte mich noch recht herzlich dich zu sehen. Die Gesellschafft blieb zu lang beysammen und ich konnte nicht weg. Heut bin ich bey Hofe geladen, und bringe vorher meine Sachen in Ordnung. So geht es alsdann unter dem alten Joche den gewohnten Pfad.«

Hatte Anna Amalia einen Tag später Goethes Mutter nicht davon berichtet, dass sich der »viel geliebte Herr Sohn Wolf gesund und wohl« befindet?

Schrieb Anna Amalia deshalb Goethes Mutter, und überhäufte sie mit Schilderungen von Harmlosigkeiten, um bei der alten Dame keinen Argwohn über ein allzu enges Verhältnis zwischen Herzogin und Dichter aufkommen zu lassen? Ein Verhältnis, das Goethes Mutter nie und nimmer gutgeheißen hätte. Weshalb auch Goethe nicht als Anwalt in eigener Sache bei seiner Mutter in Erscheinung treten konnte. Anna Amalia schon. Und sei es, um die alte Frau gnädig mit Komplimenten einzulullen.

Mit im Boot muss Anna Amalias Gesellschafterin, die schon öfter erwähnte Göchhausen, gesessen haben. Sie schrieb Goethes Mutter, wenn Anna Amalia nicht selbst zur Feder griff, und echote hölzern die Diktion ihrer Fürstin.

25. Oktober 1778: »Also den 20. 8br. dieses mit Gott hinschleichenden Jahres trug sich zu, daß auf den hiesigen neuerbauten Ettersburgschen Theater der Médecin malgré lui, von Einsiedeln übersetzt, und das Jarmarktsfest zu Plundersweilen, zu großen gaudium aller vornehmen und geringen Zuschauer, hier aufgeführt wurde. Drey ganz Wochen vorher war des Mahlens, des Lermens und des Hämmerns kein Ende, und unsere Fürstin, Dr. Wolf, Krauß etc. purzelten immer übereinander her ob der großen Arbeit und Fleißes.«

Sah das Goethe auch so? »Die Welt ist so lachend und die Gegend so frey daß ich wieder zeichnen würde, wenn die Umstände nicht wieder

Ball mit mir spielten. Ich bin wie der Komet im Spiel den man zu allen Karten macht«, ließ er die Stein am 31. Oktober 1778 wissen. Goethe, der seine Lektion im Mai 1778 in Berlin gelernt hatte, sprach von sich nun als Spielball. Und was da purzelt und übereinander herfällt, waren die Umstände, die politischen Zeitläufte, der ausbrechende Krieg.

Göchhausen an Frau Rat Goethe, 12. April 1779: »Daß der Herr Doktor seine Schuldigkeit gemäß seine treffliche Iphigenie wird überschickt haben oder noch schickt, hoffe ich gewiß. Ich will mich also alles Geschwätzes darüber enthalten, und nur so viel sagen, daß er seinen Orest meisterhaft gespielt hat. Sein Kleid, so wie des Pylades seins waren Grigisch, und ich hab ihm in meinem Leben noch nicht so schön gesehen. Ueberhaupt wurde das ganze Stück so gut gespielt – daß König und Königin hätten sagen mögen: Liebes Löbchen, brülle noch einmal! Heute wirds wieder aufgeführt, und so herzlich ich mich darauf freue, so glauben Sie mir, daß ich sehr seelig seyn würde, wenn ich den Mütterlichen Herzen meinen Platz geben könnte.«

Noch ein Beispiel aus Anna Amalias Propaganda-Abteilung an Frau Rat Goethe vom 21. Mai 1779: »Gestern hat uns der Hr. Geh. Leg. Rath ein Schäferspiel, Die Laune der Verliebten, hier aufgeführt, das er in seinem 18ten Jahr sagte gemacht zu haben und nur wenig Veränderungen dazu getan … Es wurde recht gut gespielt, und wir waren den ganzen Tag fröhlich und guter Dinge.«

Im Tagebuch ist zu lesen, womit der Herr Geheime Legationsrat noch beschäftigt war: »… Den Tag meist in der Kriegs Comm …« (26. Mai 1779).

Es gibt weitere Hinweise darauf, dass sich Anna Amalia intensiv darum mühte, ein bestimmtes Bild von sich und ihrer Beziehung zu Goethe zu inszenieren. Die tradierte Forschung nennt sofort beider Engagement für das Liebhabertheater.

Hätte es das Theater ohne Goethe auch gegeben? Hätte es diese Art Theater, bei dem sich Anna Amalia und Goethe bei den Proben und Aufführungen sehr nahe kommen konnten und wo das intime Verhältnis vor den Augen der anderen durch die Aufführungen verschleiert wurde, ohne die Beziehung Anna Amalia-Goethe geben können?

Benutzte Anna Amalia die Künste für ihr Bedürfnis nach Nähe zu Goethe? Aus den Briefen der Caroline von Goertz wissen wir, dass Anna Amalia die gesamte Bandbreite, andere für ihre Zwecke zu instrumentalisieren, glänzend beherrschte. Wäre Goethe dann als ein tragisches Opfer von Anna Amalia anzusehen?

Mitte März 2008. Nach einem Vortrag über den Fürstenbund in Berlin fuhr ich weiter zur Buchmesse nach Leipzig. Ich gelangte in eine kleine Halle, in der Verlage ausstellten, die sich auf Reprints bibliophiler Kostbarkeiten spezialisiert hatten. Es roch nach Leder und Pergament. Ich sah goldglänzende Nachdrucke mittelalterlicher Atlanten, Gebetbücher, Folianten über Ritterturniere. Am Stand eines Schweizer Verlegers blieb ich länger stehen. Dort war das Faksimile von Goethes Italienreisetagebuch ausgestellt. Ich fragte den Verleger, ein stattlicher Herr in extravagantem Anzug, mit Siegelring am Finger und handgefertigten Schuhen, wie hoch die Auflage des Reisetagebuchs sei.

Das hänge von den Vorbestellungen ab, sagte er. – Wie hoch die denn seien, also ob sich der Aufwand finanziell für den Verlag lohne. – Er lachte generös und sagte, dass in seiner Branche noch niemand verhungert sei. – Ich fragte, ob er auch Goethes Tagebuch als Faksimile herausbringen würde. »Nein, das ist zu speziell, das interessiert nur Fachidioten. Ich weiß, wovon ich spreche, ich bin von Haus aus Germanist und aus Leidenschaft Goetheliebhaber.« – »Dann kennen Sie Goethes Tagebuch gut?«, wollte ich wissen. »Was halten Sie von den Kreuzen hinter zwei Einträgen, als der Dichter mit Anna Amalia zusammen war?«

Er bekannte, dass ihm die Kreuze noch nicht aufgefallen waren, er aber sehr neugierig auf eine Erklärung meinerseits wäre, denn dass derartige Zeichen und Abkürzungen im Zeitalter des verliebten Schreibens etwas zu bedeuten hätten, sei ganz sicher.

Ich trug dem Verleger bibliophiler Kostbarkeiten meine Theorie zunächst über die Deutung der Kreuze und dann die Theorie der *ménage à trois* vor. Die entsprechenden Passagen in Goethes und Charlottes Briefen zitierte ich mühelos, als wäre es seit Jahren mein Geschäft. Nach einer Stunde hatte ich in dem Verleger nicht nur einen begeisterten Anhänger meiner Thesen, sondern er bot sich in gönnerhafter Sektlaune auch an, die Goertzbriefe, die ich nur nebenbei erwähnt hatte, umgehend als Faksimile zu drucken. Vorher wollte er mich jedoch mit einem Freund, einem passionierten Autographensammler, zusammenbringen, der sich sehr um die Weimarer Klassik bemühe. Er lebe in Australien und komme zu Anlässen nach Hause, also in die Schweiz. Wir tauschten unsere Adressen aus, und ich fragte mich auf dem Rückweg, wie lange wohl die Euphorie des Verlegers anhalten würde.

Ich hatte noch einen Termin in Leipzig, im Zentrum für Bucherhaltung, um mir dort von Experten Rat zu holen. Der Grund dafür hieß Lepisma saccharina L., gewöhnlich Silberfischchen genannt. Die acht Millimeter großen Plagegeister alter Bücher hatte ich mir mit dem Kauf der Goertz-Bibliothek ins Haus geholt. Ich bemerkte das Malheur, als ich eines Nachts ein Buch von der Fensterbank nahm, neben dem auch etliche des Grafen lagen. Als das Licht anging, huschte ein Halbdutzend dieser Tierchen schutzsuchend in die Ritzen der Fensterbank, hinter die Fensterläden und das Paneel. Eine nur schwer einnehmbare Festung. Während ich des Holzwurmes und eines Schimmelpilzes in den alten Exemplaren vor allem deshalb Herr geworden war, weil Schnelligkeit nicht Eigenschaften von Wurm und Pilz waren, machten mir die Silberfischchen das Leben schwer. Erste Maßnahme: Alle Goertzbände in ein Regal quetschen, damit die Eindringlinge nicht mehr Farbe und Tinte vom Papier fressen konnten. Zweite Maßnahme: Nächtliche Überraschungsangriffe auf die Schlupfwinkel der Viecher. Ich hätte meiner Tochter die in mir erwachte Jagdleidenschaft besser verschwiegen. Denn als Begleiterin in Sachen Goertz-Bücher nahm sie für sich in Anspruch, auch schützen zu dürfen, was sie zuvor im Antiquariat mit entdeckt hatte. Das bedeutete, sie wollte dabei sein, wenn ich spät abends oder nachts oder vor der Dämmerung meine Attacken startete. Aus der Schule brachte sie den Vorschlag mit, dass wir uns in Schlafsäcken vor die Bücher auf Lauer legen sollten. Sie würde von ihrem Taschengeld auch neue Batterien für die Taschenlampe kaufen. Ich erlaubte ihr einen Angriff am Wochenende. Ich habe keine Ahnung, wie das Frühwarnsystem der Tiere funktioniert, wir waren erfolglos und wir sahen keinen der reizenden Tintenfresser.

Vom Leipziger Zentrum für Buchbehandlung erhoffte ich mir Hilfe. Ich hatte, wie immer, wenn ich in Sachen Goertz auf Reise ging, zwei Exemplare seiner Bücher dabei. Im nüchternen Klinkerbau mit den hellen Fluren empfing mich eine Assistentin. Sie war vor vier Jahren dabei gewesen, als der gerettete, aber schwer beschädigte Bestand der Anna-Amalia-Bibliothek notversorgt wurde. Sie zeigte mir die brummenden Tiefkühlkammern, in denen die Bücher der Herzogin bei minus 20 Grad in eine Art Koma versetzt worden waren. Ebenso groß waren die Gefriertrockner, die Feuchtigkeit aufsaugten. In den Laboren sah ich Spezialisten, die verklebte Seiten im Papierspaltverfahren voneinander trennten, andere saßen mit Mundschutz hinter Glasscheiben und gingen mit Gammastrahlen gegen Pilzbefall vor. Ich sah zahllose Kartons mit verkohlten Schnipseln, zerfetzten Seiten und aufgeworfenen Bucheinbänden. Reste von nicht identifizierten Büchern, die Helfer nach der Katastrophe von Weimar aus dem Schutt geklaubt hatten.

Und dann kam ich und zog etwas verschämt meine beiden Goertz-Bücher aus der Tasche, worauf sich das Gesicht der Assistentin entspannte. Ihre Hände glitten über den Ledereinband, über die Seiten, sie roch am Papier und schmeckte es. Kein Zweifel, sie hielt die Exemplare für in bester Verfassung.

»Hier war kein Tintenfresser am Werk. Wenn die fressen, ist das nicht zu übersehen. Wir nennen die Rasenmäher. Wenn Silberfischchen über das Papier gegangen sind, ist es nur noch hauchdünn. Am liebsten mögen sie den stärkehaltigen alten Einbindeleim. Wir haben mal eine Ausstellung betreut, in der ein Künstler seine Druckgraphiken zeigte. In den Farben war viel Stärke, und zwei Wochen nach Eröffnung waren Scharen trotz Pressrahmen am Werk und haben die Blätter regelrecht abrasiert.«

An mich ging ein ironischer und ein praktischer Ratschlag: »Entweder Sie sehen zu, dass in Ihre Bücher überwiegend Grünfarben kommen, die werden nicht gefressen, weil sie bitter schmecken, oder Sie stellen Köderdosen auf. Aber nicht vor den Büchern, sondern am Versteck.«

Im Herbst, als ich schon nicht mehr damit rechnete, bekam ich eine Nachricht vom Verleger bibliophiler Kostbarkeiten. Er habe mit seinem Freund, dem Autographensammler, mehrmals über die ihm sehr einleuchtende Dreiecksbeziehung zwischen der Herzogin, dem Dichter und der Hofdame gesprochen, obwohl noch keiner die Belege dazu aus den Goertzbriefen kenne. Aber was verfügbar sei, spreche eine deutliche Sprache. Der Verleger bibliophiler Kostbarkeiten erneuerte sein Angebot, die Goertzbriefe als Faksimile herauszubringen, würde sie aber zuvor gern lesen und auch dem Autographensammler zeigen. Im Gegenzug würde der mir die Briefe Anna Amalias an Goethe zeigen. Verlockende Angebote.

Ich fragte, ob diese Briefe bekannt seien. – »Nein«, sagte er. – Ich wollte wissen, aus welcher Zeit sie stammten, er sagte, aus den frühen Weimarer Goethejahren. – Ob er mir etwas über den Inhalt der Briefe sagen könne, fragte ich weiter. – Da wolle er nicht vorgreifen, es seien nicht seine Briefe. – Auf meine Frage, wie viele Briefe es seien, sagte er: »Sieben.«

Ich blieb weiter neugierig: »Was wird mit den Briefen geschehen, kommen sie zur Auktion?« – »Nicht dass ich wüsste.« – »Wie soll das Prozedere ablaufen?«

Sein Freund käme über Weihnachten nach Bern, um bei seiner Tochter und den Enkelkindern zu sein. Da fände sich dann eine Möglichkeit, die Briefe einzusehen. In die Goertzbriefe könnte er zuvor Einblick nehmen.

Die Freude über den Anruf stellte sich erst allmählich ein. Unabhängig davon, ob inhaltlich etwas zur *ménage à trois* zu lesen sein würde, wären Briefe der Herzogin an den Dichter eine Sensation, zumal aus der frühen Weimarer Goethezeit. Es wäre auch ein Hinweis darauf, dass nicht alle Briefe zwischen den beiden vernichtet worden sind. Und dass andernorts noch mehr existieren könnten. Wie zuverlässig waren denn die Beweise für die Vernichtung des Briefwechsels von Anna Amalia und Goethe? Gab es darüber Aufzeichnungen, Belege?

In Goethes Tagebuch ist öfter von der »Verfeuerung« von Briefen die Rede. Aber mussten das Anna Amalias Briefe sein, die da aufloderten? Und was war davon den russischen, englischen und amerikanischen

Trophäenkompanien in die Hände gefallen, die ab Mai 1945 systematisch in Deutschland beschlagnahmten, was zur Identität der Deutschen gehörte: Archive, Museumssammlungen, Inventare von Schlössern? Hinlänglich bekannt ist, wie der Quedlinburger Domschatz von einem amerikanischen Offizier 1945 aus seinem Versteck geraubt und 1988 von dessen Kindern einem englischen Kunsthändler angeboten wurde. Wie russische Offiziere 1945 die Gemäldegalerie Friedrichs II. plünderten, und wieder sind es die Nachkommen, die mit der Beute schnelles Geld machen wollen, so mit dem kürzlich in Moskau aufgetauchten Rubens aus Potsdam. Ganz zu schweigen von den geplünderten Familienarchiven aus Schlössern in der russischen Besatzungszone, die nun irgendwo in einem sibirischen Kreisarchiv lagerten.

Gespräch mit dem Archivar des Goethe-Schiller-Archivs zu Weimar. So behutsam ich auch meine Fragen zum Bestand von Briefen Anna Amalias an Goethe zu formulieren versuchte, die Stimmung war von Beginn an gereizt. Vielleicht hatte ich keinen guten Zeitpunkt erwischt, als ich fragte, ob es überhaupt Briefe der Herzogin an Goethe im Archiv gegeben habe.

»Es gibt keine Briefe von Anna Amalia an Goethe.« – »Gibt es sie nicht mehr, hat es sie denn gegeben?« – »Ob es Briefe der Herzogin an Goethe gegeben hat, weiß ich nicht, bei uns liegen keine.« – »Gibt es in den Inventarverzeichnissen Hinweise auf diese Korrespondenz?« – »Nein.« – »Ist der Bestand des Goethe-Schiller-Archivs vollständig erfasst?« – »Ja.« – »Und seit wann?« – »Schon seit 1880.« – »Das heißt, der Bestand von vor 1880 ist nicht vollständig erfasst?« – »Worauf wollen Sie hinaus?« – »Es gibt Hinweise, wonach das Archiv vor 1880 gesäubert wurde.« – »Wovon gesäubert, was sind das für Hinweise?« – »Zeugnisse von einer allzu großen Nähe zwischen Anna Amalia und Goethe.« – »Es lässt sich immer wunderbar über etwas spekulieren, das gar nicht vorhanden ist.« – »Darum geht es mir nicht.« – »Sondern?« – »Ob zu irgendeiner Zeit in Ihrem Haus Briefe der Herzogin an Goethe gelegen haben.« – »Nein.« – »Aber Briefe von Anna Amalia an Wieland und Herder gibt es?« – »Ja.« – »Und natürlich an Carl August?« – »Ja.« –

»Auch Briefe an Graf Goertz?« – »Ja. Mein Gott, das können Sie alles selbst nachlesen.«

Einige Fragen hatte ich noch auf meinem Zettel: »Haben Trophäenjäger nach 1945 Bestände des Archivs geraubt?« – »Nein.« – »Was meinen Sie, haben sich Anna Amalia und Goethe nie geschrieben?« – »Ich war nicht dabei.« – »Ist das Archiv 1945 ausgelagert und geplündert worden?«

»Nein, daraus wird auch kein Schuh. Das Archiv wurde nicht geplündert. Meistens vergriffen sich diese Leute ja an ausgelagerten Objekten. Gemälde oder Schmuck, der in den Stollen lagerte. Das Archiv wurde aber nicht ausgelagert.«

»Auch aus nicht ausgelagerten Beständen haben sich die Siegermächte tüchtig bedient, ich denke nur an einige der Berliner und Potsdamer Museen und Schlösser«, entgegnete ich.

»Wir haben selbstredend immer wieder die alten Inventarlisten mit denen von nach 1950 verglichen, ich kann nur sagen, in unserem Haus gibt es keine Verluste, es gibt sie nicht. Im Mai 1945 rückten die Amerikaner in Weimar ein, und die haben nichts angefasst; als den Russen Weimar übergeben wurde, kam zum Glück auch nichts abhanden. Gehen Sie davon aus, dass es diese Briefe nicht gegeben hat.«

»Der Goertz-Briefwechsel spielt an Ihrem Haus keine Rolle? Wenn man so unmittelbar an den Quellen sitzt, damit täglich arbeitet und auch die Möglichkeiten hat, Querverbindungen herzustellen, da liegt es doch auf der Hand, sich auch mit dieser These zu befassen.«

»Nein, über Goertz ist alles bekannt.«

Der Archivar wünschte mir einen guten Tag.

Eine Woche darauf saß ich mit Freunden, einer Schriftstellerin und einem Schauspieler, zusammen und erzählte von dem kurzen Disput. Die beiden waren gerade aus Berlin zurückgekehrt, wo sie einen alten Bekannten getroffen hatten, einen Kunsthistoriker, der sich leidenschaftlich mit Goethe befasste und der bis 1964 in der Weimarer Klassik-Stiftung mit den Quellen gearbeitet hatte.

Der Kontakt zu Professor Finkelstein war schnell vermittelt. Es sprudelte aus dem alten Herrn nur so heraus. Natürlich habe man sich zu seiner Weimarer Zeit über die vielen Ungereimtheiten in der Beziehung zwischen Anna Amalia, Goethe und der Stein Gedanken gemacht, und die Kollegen, die vor dem Krieg dort geforscht haben, hatten sich auch ihre Gedanken gemacht. »Die Quellenlage zu dieser Geschichte ist völlig unbefriedigend, während über die Hofhaltung, die Erlasse, das Liebhabertheater, die Schlossumbauten und was Sie wollen, sehr viele Unterlagen vorhanden sind.«

Finkelstein sprach mit einem noch leicht vernehmbaren schlesischen Dialekt: »Für uns war damals klar, dass die Quellen gesäubert wurden, und die Kollegen vor uns waren der gleichen Meinung.«

»Warum gesäubert?«

»Wegen der intimen Beziehung von Anna Amalia zu Goethe, was glauben denn Sie? Das lässt sich bis in das Jahr 1885 zurückverfolgen. Als Walther von Goethe, der letzte Enkel des Dichters, den Nachlass seines Großvaters dem herzoglichen Hausarchiv vermachte. Als Herzogin Sophie den Auftrag zur Goethe-Gesamtausgabe gab, wobei man sich erst einmal genau anschaute, was da im Nachlass lag.«

»Briefe von Anna Amalia an Goethe?«

»Davon können Sie getrost ausgehen. Vielleicht hat Goethe den einen oder anderen intimen Brief der Herzogin selbst verbrannt, aber den Hauptteil hat man um 1885 beseitigt.«

»Das heißt, die intime Beziehung war schon damals ein Thema?«

»Natürlich. Das drang nicht nach draußen, Herzogin Sophie war wohl auch eine energische Sittenwächterin, aber bei denen, die mit dem Nachlass arbeiteten, war das mit der Intimität zwischen Anna Amalia und Goethe ziemlich klar. Und das wurde so von Generation zu Generation weitergegeben. Als ich am Haus war, lernte ich dort einen Germanisten kennen, der genau zu diesem Thema arbeitete. Er tat das schon seit Jahren, aber er musste sich dabei bedeckt halten. 1960 war nicht die Zeit, den Goethe als Charmeur und Liebhaber einer Aristokratin darzustellen, da sollte Goethe ein edler Humanist, ein Volkserzieher, ein sozialistischer Vorkämpfer sein. Ich habe selbst das Manuskript gesehen, in dem die Beweise für die Liebe aufgeführt waren. Und Kollegen am Haus haben es auch gesehen. Aber er konnte es zu der Zeit unmöglich veröffentlichen. Als ich das Haus verließ, habe ich jedes Jahr auf eine Publikation gewartet, aber sie kam weder in Ost noch in West.«

»Warum nicht?«

»Die Zeit war auch in Westdeutschland nicht reif dafür. Die Zeit ist bis heute nicht reif für diese Geschichte.«

»Haben Sie damals das Manuskript gelesen?«

»Leider nein.«

»Beschäftigt sich derzeit jemand aus der Klassik-Stiftung oder vom Goethe-Schiller-Archiv mit der Liebesbeziehung?«

»Ich kenne da niemanden mehr, aber in solchen Häusern hält sich das geheime Wissen. Es wird an Assistenten und Doktoranden weitergegeben, das stirbt nicht aus, auch wenn es darüber noch keine Publikation gibt.«

»Von Ludwig XIV. oder Kaiser Joseph von Österreich ist bekannt, dass sie viel Wert auf ein ihnen gemäßes Bild in der Öffentlichkeit legten, die Medien, aber ebenso die Künste in diesem Sinne vereinnahmten. Kommt Ihnen Anna Amalia auch so vor?«

»Während meiner Weimarer Zeit wurde nicht explizit zu Anna Amalia geforscht. Schon aus ideologischen Gründen. Der ideologische Druck war damals ungeheuer. Durch die Nazis war alles, was mit der Weimarer Klassik zu tun hatte, missbraucht.«

»Spätestens nach 1989«, sagte ich, »hätte viel von dem Ballast abgeworfen werden können. Ist Ihnen aufgefallen, dass selbst in den neuesten Publikationen zu Anna Amalia so gut wie gar nichts über die Frau Anna Amalia, über ihre Empfindungen, über ihr Seelenleben zu finden ist? Sie erscheint dort als nüchterne Regentin, gelegentlich sogar wirtschaftlich erfolgreich, die sich nach dem Regierungswechsel vor allem ihrem Liebhabertheater, der Malerei, den Sprachen und der Musik widmete. Aus den Goertzbriefen erst habe ich etwas über ihre Empfindungen erfahren, etwa ihre Verletztheit, als Goethe für Carl August und Charlotte von Stein ein Fest gab, Anna Amalia jedoch nicht einlud. Sie weinte sich bei Gräfin Goertz aus.«

»Tatsächlich?«

»War Goethe ohne Anna Amalia möglich?«

»Eine gute Frage. Eigentlich ist sie die Schöpferin der Weimarer Klassik, sie hat Wieland, Goethe und Herder geholt.«

»Noch einmal zu Goethes Briefen. Hatte Walther von Goethe jeden Posten des Nachlasses seines Großvaters aufgelistet?«

»Soviel ich weiß, nicht. Da stand nur Position Briefe von Herzog Carl August, oder von Wieland oder Herder.«

»Man weiß also nicht, ob und wie viele Briefe von Anna Amalia an Goethe im Nachlass waren und wie viele im herzoglichen Hausarchiv angekommen sind?«

»Dass welche da waren, ist vermerkt, im Archiv sind ja jetzt auch noch einige Fragmente aus dem Briefwechsel Goethe-Anna Amalia erhalten. Allerdings beschnitten, ohne Anrede und ohne Gruß. Und der Inhalt ist höchst belanglos. Da kann sich jeder selbst ausrechnen, was mit Briefen der beiden geschehen ist, deren Inhalt nicht belanglos, sondern intim und vertraulich war.«

»Im Krieg ist aus dem Weimarer Archiv angeblich nichts weggekommen?«

»Die Amis haben die Finger davongelassen und die Russen haben das Archiv sogar vor Plünderung geschützt.«

»Um es möglichst komplett nach Russland abzutransportieren?«

»Nein, nein, da tun Sie den Russen ausnahmsweise Unrecht. Ich habe den russischen Kunstoffizier kennengelernt, ein Goetheliebhaber, Professor Demschitz. Der wollte nicht, dass irgendwas abhanden kommt. Er war Jude, ich bin Jude, er war verfolgt von den Nazis, ich war bei den Partisanen unter Tito, wir hatten mit unserer Liebe zu Goethe und Heine gleich den richtigen Draht zueinander, und wir haben uns später öfter besucht, kurz; unter Demschitz kam nichts aus Weimar weg.«

»Halten Sie es für möglich, dass es Briefe von Anna Amalia in Privatbesitz gibt?«

»Warum denn nicht? Ich habe nie daran geglaubt, dass alles vernichtet ist. Wie viele Rembrandts und Renoirs sind in Privatbesitz, und nur eine Handvoll Leute weiß davon und die gehen damit nicht hausieren. Je mehr über die Liebe zwischen der Herzogin und Goethe öffentlich spekuliert wird, desto mehr steigen solche Briefe im Wert. Eines Tages werden die schon auftauchen.«

»Das muss nicht sein«, wandte ich ein. »Es gibt Eigentümer alter Familienarchive, in denen für die Forschung hochbedeutende Quellen liegen, aber es öffnet sich keine Tür für Fremde, als sei das zu pflegende Tradition.«

»Ich kann Ihnen auch sagen, warum. Wenn erst jeder weiß, was da liegt, können die Herrschaften ihre Kostbarkeiten nicht mehr still und leise versilbern. Das hat man im Osten nach 45 besser gemacht, da wurden solche Archive verstaatlicht. Im Westen ist das leider nicht so.«

Mit den Stichworten Ost und West wurden für Finkelstein seine Erinnerungen an den Kalten Krieg das Thema, seine Archivreisen nach England, in die Schweiz, dank einer Anzahl grenzöffnender Pässe bei obligaten Schikanen von allen Seiten.

Wenige Tage vor den Feiertagen erhielt ich wieder Nachricht vom Verleger bibliophiler Kostbarkeiten. Ich hatte mich darauf eingestellt, zwischen Weihnachten und Neujahr nach Bern zu reisen, um mir die sieben Briefe der Maman an den Unendlichen anzusehen. Stattdessen kam das Angebot, sie zu kaufen. Ich holte tief Luft: »Kaufen?«

Der Besitzer wolle sich für eine humane Summe von den Briefen trennen, ich fragte, wie human human sei. Es bliebe unter Hunderttausend. Mich interessierten dann Expertisen zur Echtheit und zur Provenienz der Briefe.

Die würden selbstredend beigebracht. Im Frühjahr sollte das Geschäft abgeschlossen sein. Ich fragte, ob es weitere Interessenten geben würde. Die Antwort lautete: »Sammler ja, Wissenschaftler noch nicht.«

»Auktionshäuser?«

»Das Angebot geht vorerst exklusiv an Sie.«

»Wem verdanke ich das?«

»Mir, in aller Bescheidenheit. Ihre Forschungen zu den Goertzbriefen imponieren mir, ich hätte solche Briefe auch gern mal aufgespürt.«

»Ich würde gern die Expertisen lesen«, sagte ich.

Der Händler war einverstanden und wollte sie mir zusenden.

Ich wandte mich an Professor Jörg Drews. Der umtriebige Germanist hatte des Öfteren laut über Goethes Beziehung zu Anna Amalia nachgedacht, er kannte meine Forschungen zu Goertz und ermunterte mich in vielen Debatten, mit den Recherchen nicht nachzulassen, um, wie er sagte, den Stachel ins Fleisch der Ignoranten und Dogmatiker zu treiben, bis ein öffentlicher Diskurs über das Liebespaar möglich sei. Dass Drews wegen seiner Position von Kollegen angegriffen wurde, nahm er sportlich.

Ich berichtete ihm von dem Angebot aus der Schweiz.

»Na, das ist doch mal was. Und wenn da noch etwas von großen Gefühlen steht, wären wir ein schönes Stückchen weiter.«

»Den Inhalt kenne ich nicht«, sagte ich und nannte die Kaufsumme, die er mit »Stolzer Preis« kommentierte. Weder Drews noch ich hatten das Geld, er schlug vor, an die Öffentlichkeit zu gehen, ich hatte aber Diskretion zugesagt. Drews bedauerte: »Denken Sie daran, was die Leute lesen wollen und was wirklich zählt: die Liebe. Was glauben Sie, was Goethe sonst zu seinen schönsten Gedichten gebracht hätte? Goethe und Anna Amalia waren für mich ein wunderbares Liebespaar, es ist in die Weltliteratur eingegangen, die Poetik beflügelt es bis heute.« Drews bot an, Sponsoren zu suchen, und wünschte Kopien einiger Briefe.

Ich bat den Händler aus Bern um Zusendung von Unterlagen, die sowohl die Authentizität als auch die Provenienz der Briefe erklärten. Die habe er noch nicht, mahnte aber an, den Transfer nicht zu verkomplizieren. Das Geschäft beruhe auf Vertraulichkeit, er könne sich für die Seriosität seines Freundes verbürgen und Rechtsanwälte seien in der Regel nicht mit am Tisch. Ich würde aber schon gern wissen, welchen Inhalts die Briefe sind, wandte ich ein.

»Das kann ich mir vorstellen, da liegt wohl auch ein Problem. Sie sind offenbar kein Autographensammler, sondern lediglich am Inhalt der Briefe interessiert. Ich ging davon aus, dass Sie wegen der Einmaligkeit auch am antiquarischen Gegenstand Ihre Freude haben würden.«

»Ob als Historiker oder Sammler – würden Sie die Katze im Sack kaufen?« Ich schlug vor, mir von drei Briefen dreißig Prozent des Inhaltes mitzuteilen.

»Ich weiß aber nicht, auf welchen Inhalt Sie genau abheben. Ich kann Ihnen schlecht so lange dreißig Prozent eines Briefes zur Kenntnis geben, bis Sie letztlich zufrieden mit dem Inhalt sind, aber dann kennen Sie auch den ganzen Brief. Und wenn wir uns auf die Eindrittelregelung verständigen, müssten Sie auch garantieren, dass Sie vor dem Kauf kein Wort aus den Briefen zitieren. Können Sie das? Schon sind wir bei Rechtsfragen, das weitet die Sache auf unangenehme Weise aus. Ich schlage Ihnen die schlanke Variante vor, die so funktioniert wie der Kauf eines Buches im Antiquariat für 5 Euro.« Es folgten Höflichkeiten zum Jahreswechsel, dann war das Gespräch beendet.

Im Januar 2009 fragte mich Professor Drews nach dem Stand der Dinge in Sachen Anna-Amalia-Briefe: »Wo bleiben die Unterlagen? Ohne sie kann ich kaum etwas ausrichten.«

»Wahrscheinlich bin ich der falsche Mann für das Geschäft«, sagte ich und schilderte ihm meine Debatte mit dem Schweizer Verleger.

Drews wurde unruhig: »Es wäre ausgesprochen schade, wenn wir die Chance vertun.«

»Ich stelle gern den Kontakt zwischen Ihnen und dem Verleger her, das Prozedere kann auch ohne mich über die Bühne gehen.«

Drews war damit einverstanden, einen Monat später standen der Verleger und Professor Drews miteinander in Verbindung, bis Ende März dachte er die Angelegenheit geregelt zu haben. Anfang März 2009 starb Professor Drews an einem Herzinfarkt. Ich hörte es zuerst im Radio und las dann den Nachruf in der Zeitung. Sein Konterfei zeigte ihn so, wie ich Drews kennengelernt hatte: offen, spontan, herzlich.

Vom Schweizer Verleger bekam ich bald darauf die Information, dass das Angebot zum Kauf der Briefe nicht mehr bestünde.

Aber auch ohne diese Quelle lässt sich zur Beziehung zwischen Anna Amalia, Goethe und Charlotte von Stein ein Fazit ziehen.

Anna Amalia leistete sich für eine gewisse Zeit den Liebhaber Goethe, den Popstar seiner Zeit, der nach dem Erscheinen des ›Werther‹ von vielen Frauen angehimmelt wurde. Von Anna Amalia sind bislang keine Zeugnisse ihrer intimen Beziehung zu Goethe bekannt – wohl auch nicht zu erwarten, dazu hielt die Herzogin viel zu sehr auf das höfische Reglement, bekannte sich also nicht öffentlich zu ihrer Liaison. Die Herzogin hielt dennoch zeitlebens schützend ihre Hand über Goethe, sie hatte den Dichter überhaupt erst in Weimar ermöglicht, ihn gegen erhebliche Widerstände als Minister im Geheimen Rat durchgesetzt und am Kaiserhof in Wien dessen Erhebung in den Adelsstand betrieben. Anna Amalia kanalisierte ihr Verlangen nach Goethe mit dem Liebhabertheater. Dort standen beide, nun nicht mehr im Verborgenen, auf der Bühne und spielten Rollen, die sie im realen Leben nicht spielen konnten. Anna Amalia dachte und handelte aber auch stets politisch, und das Famlienunternehmen Herzogtum stand im Mittelpunkt ihres Tuns. Anna Amalia und Goethe lebten ihre Beziehung also nicht im apolitischen Raum. Wie sehr Goethe von Anna Amalia für ihre politischen Zwecke instrumentalisiert wurde, soll im letzten Abschnitt zur Sprache kommen.

Goethe, der erfolgreiche Dichter und erfolglose Frankfurter Anwalt, sah in seinem Umzug nach Weimar im November 1775 die Chance seines Lebens. Er wollte Karriere machen, gestalten und verändern. Er sei »voll entschlossen: zu entdecken, gewinnen, streiten, scheitern, oder mich mit aller Ladung in die Luft zu sprengen«, erklärte er Lavater fünf Monate nach seiner Ankunft in Weimar. Das Resultat seiner Ankündigungen fällt nicht ganz so bedeutend aus: Goethe brachte in seinen ersten Weimarer Jahren den Höflingen das Schlittschuhlaufen bei, war Carl August ein williger Jagdbegleiter und Unterhalter in Gesellschaften und schrieb Unterhaltungsstücke für das Liebhabertheater. Den Annäherungen Anna Amalias konnte sich Goethe nicht entziehen. Er war zu jener Zeit alles andere als ein »Frauenheld«, und Anna Amalias Bedürfnis nach Nähe zu Goethe bewirkte beim Dichter eine Achterbahn der Gefühle, denn seine Zuneigung galt Charlotte von Stein. Nach 1778 kühlte Goethes Beziehung zur Herzogin deutlich ab.

Charlotte von Stein wäre den vielen Werbungen Goethes um ihre Hand wahrscheinlich erlegen; über zehn Jahre quälten sich beide mit gegenseitigen Abweisungen, um letztlich die gegenseitige Zuneigung zu suchen. Anders als Goethe war die Hofdame jedoch für klare Verhältnisse: Entweder Goethe widersteht entschieden den Avancen der Herzogin oder sie beendet ihre Beziehung zum Dichter. Von Goethes

Versuch einer Balance im Sinne einer Dreierbeziehung hielt die Stein gar nichts. Die Hofdame dachte auch rational genug, um sich nicht auf einen Konflikt mit Anna Amalia um Goethes Zuneigung einzulassen, und so blieb Eifersucht, die vor allem Goethe zu spüren bekam, das Fundament einer unmöglichen Beziehung.

Carl August, der achtzehnjährige Herzog, wusste früh um die Beziehung Anna Amalias zu Goethe. Er tolerierte diese Beziehung aus taktischen Gründen, denn Anna Amalia wollte sich weder aus der Innen- noch der Außenpolitik zurückziehen, wie bald zu sehen ist.

Die Goertz' spielen in diesem Beziehungsgeflecht keine Rolle. Graf und Gräfin lehnten Anna Amalias Liaison zu Goethe ab, als Teil des Hofes hielten sie sich an die Spielregeln und wahrten Diskretion. Nur gegenüber engen Vertrauten wie der Gianini deuteten sie die Beziehung an oder zitierten in ihren Briefen eine Institution wie Herder, der zumindest gegenüber den Goertz' kein Blatt vor den Mund nahm. Ihre Beobachtungen sind jedoch neben Goethes eigenen Zeugnissen der bislang wichtigste Beleg für die *ménage à trois*.

III. IN DER GROSSEN POLITIK

Wie ein Krieg entsteht

Am 30. Dezember 1777 spielte Goethe in Weimar am Vormittag »glücklich« Theater. ›Die Mitschuldigen‹ hieß das Stück. Anschließend speiste er bei Anna Amalia, wo es laut seinem Tagebucheintrag »lustig und gut« zuging. Familie Goertz saß wieder zusammen in ihrer Wohnung mit Gräfin Gianini. In Berlin gab König Friedrich anlässlich der Karnevalssaison Empfänge und danach einen Ball, in Wien wurde auch gefeiert und darüber hinaus wartete Kaiser Joseph auf Neuigkeiten aus München. Kurfürst Maximilian ging es schlecht, Diplomaten des Wiener Hofes sahen sein baldiges Ende. Am vorletzten Tag des Jahres geschah, worauf der Kaiser wartete: Endlich starb der Kurfürst in München. Der natürliche Gang der Dinge wäre kaum eine Zeile wert, hätte besagter Fürst einen Erbprinzen hinterlassen. Hatte er aber nicht. Sein Erbe wurde der Neffe, Kurfürst Karl Theodor von der Pfalz. Mit ihm hatte Kaiser Joseph bereits einen Geheimvertrag ausgehandelt; der Kaiser erhielt zur »Abrundung« seiner Erblande die Oberpfalz und Niederbayern gegen ein stattliches Sümmchen und die vage Zusage, eines schönen Tages selbst als König anerkannt zu werden. Karl Theodor, von Geldnöten geplagt, machte sich über die Folgen einer Teilung Bayerns nicht allzu viele Gedanken. Die preußischen Diplomaten meldeten Friedrich II., was sie in Erfahrung gebracht hatten. Am 4. Januar 1778 wusste er vom Tod des Kurfürsten und dass die Besetzung Bayerns durch österreichische Truppen bevorstand. Dass Joseph derartige Pläne hegte, war dem Preußenkönig bekannt, ob er sie realisieren würde, jedoch nicht. Letztlich orientierte sich der 37-jährige Kaiser mit seinen Plänen an Friedrich II., der

Kaiser Joseph II. Stich um 1780

zu Beginn seiner Regentschaft 1740 die österreichische Provinz Schlesien unter fadenscheinigen Begründungen erobert hatte. Der Kaiser, bekannt für seine Spontaneität, Rast- und Ruhelosigkeit, sah die Eroberung Bayerns als einen folgenlosen Kavalierstreich zur rechten Zeit, wie er seinen Bruder wissen ließ: »Alle Welt ist beschäftigt ... daher hoffe ich, dass dieser Streich auch ohne Krieg durchgehen wird. Der König von Preußen ... ist der übelsten Laune ... er wagt es aber nicht ... sich allein in den Vordergrund zu stellen. So wird zum Erstaunen der ganzen Welt diese Angelegenheit in großer Ruhe verlaufen.«

Worin sich Joseph gründlich täuschen sollte. Friedrich war unter keinen Umständen bereit, die Vergrößerung der österreichischen Hausmacht auf Kosten des Reichsterritoriums zuzulassen, selbst wenn Zarin Katharina bei dem Deal mit am Tisch sitzen sollte. Die Zeichen standen wieder einmal auf Sturm. Fünfzehn Jahre nach dem Ende des Siebenjährigen Krieges brach die Rivalität zwischen Österreich und Preußen um die Vorherrschaft im Deutschen Reich wieder offen aus. Um sowohl diplomatisch als auch militärisch handeln zu können, brauchte Friedrich zunächst genaue Informationen: Was hatte Joseph genau vor, wer war mit ihm verbündet?

Am Weimarer Hof kümmerte man sich in den Januartagen um anderes. Goethe, Intendant des Liebhabertheaters, brauchte nicht nur neue Schauspieler und neue Stücke, er musste sich auch um die Proben, Kostüme und Bühnendekorationen kümmern. Für große Dichtung war keine Zeit, wohl auch kein Bedarf. Goethe schrieb in jenen Tagen Unterhaltungsstücke wie »Der Triumph der Empfindsamkeit«, Anna Amalia komponierte Singspiele und Carl August drängte auf die Bühne, wenn er von der Jagd kam.

Wieland hielt sich zu dem Zeitpunkt in Mannheim am Hof von Kurfürst Karl Theodor auf und verfolgte gespannt die Proben zu ›Rosamunde‹, einer Oper von Schweizer, deren Libretto von ihm stammte. Der Dichter, Kritiker und Herausgeber des »Teutschen Merkur« fühlte sich in der Residenz des kunstsinnigen Kurfürsten wohl, der berühmte Komponist Cannabich wurde ihm vorgestellt, auch Mozart, der mit Wielands »gelehrter Grobheit« nicht viel anfangen konnte, wie er seinem Vater schrieb. Der bayerische Tod verhagelte aber sowohl Mozarts als auch Wielands Hoffnungen auf glänzende Auftritte: »… der unvermutete Hintritt des Churfürsten von Bayern hat alles … in unruhevolle Erwartung der Dinge, die da kommen sollen, gesetzt. Dem hiesigen Publiko und mir selbst hat der Tod Maximilian Josephs einen großen Spaß verdorben. Meine von Herrn Schweizer ganz vortrefflich gesetzte Oper Rosamunde sollte den 11ten dieses zum ersten Male gegeben werden, und das Karneval durch achtmal wiederholt werden …«

Auch König Friedrich quälte wie Wieland die Ungewissheit über die Dinge, die da kommen würden: »Der Tod des Kurfürsten von Bayern könnte wohl ein Verfahren veranlassen, das die allgemeine Ruhe heftig erschüttern wird … Die Zukunft wird von einem Nebel verhüllt … den die Ungewissheit der Ereignisse verdoppelt«, schrieb er Voltaire. Zarin Katharina war durch den sich ankündigenden Konflikt hellwach. Melchior Grimm, dem Freund von Goertz, den die Zarin gelegentlich zu Rate zog, schrieb sie: »… aber wer zum Teufel hat denn Recht oder Unrecht und wer ist denn ein Lügner?« Der französische Außenminister Vergennes, mit dem Goertz seit der Kavalierstour ebenfalls auf gutem Fuß stand, instruierte seinen Residenten beim Kurfürsten Karl

Theodor, »… in dem Streit keine Verbindlichkeiten gegenüber Österreich einzugehen«.

Die Vorstellung des Kaisers, dass »der Streich auch ohne Krieg durchgehen wird«, war aberwitzig, denn gerade aus kleinen Konflikten entwickelten sich oft Kriege von europäischer Dimension, da Regenten immer wieder gern nach Gebietszuwachs auf Kosten anderer Ausschau hielten.

Am 8. Januar bekam Goertz unangemeldet Besuch aus Berlin von seinem Bruder. Goertz muss nicht schlecht gestaunt haben, als er hörte, was Graf Carl Adam im Namen des Königs von Preußen mitzuteilen hatte: Eustach möge so schnell wie möglich nach München reisen, um dort dem neuen Kurfürsten die Pläne zur Bayerischen Teilung zu entlocken. Goertz solle sich zu seiner Legitimation als zukünftiger Resident der sächsischen Fürsten am Regensburger Reichstag ausgeben, um eine Audienz zu bekommen. Wenn sich Kaiser und Kurfürst bereits einig waren, solle Goertz umgehend zum Herzog Karl von Zweibrücken reisen, denn der war der Erbe von Karl Theodor und hatte Vetorecht, was Bayern anging. Goertz sollte, wenn in München nichts mehr im Sinne Preußens auszurichten sei, Herzog Karl von Zweibrücken dazu bringen, sein Veto gegen die Teilung Bayerns einzulegen und Preußen als Schutzmacht anzurufen. Dann könnte Friedrich sowohl als Verhandlungsmacht auftreten als auch sein Schwert gegen den Kaiser und dessen Willkür erheben, ohne selbst als Aggressor gebrandmarkt zu werden. Das war alles. Goertz blieben 24 Stunden Bedenkzeit für eine Mission, die ihm im schlimmsten Fall den Kerker bescheren konnte, denn von Friedrich gab es, Einmaleins der Geheimdiplomatie, weder einen Begleit- oder Schutzbrief noch eine diplomatische Legitimation oder irgendein anderes Stück Papier, das der Graf hätte vorweisen können.

Über die Gespräche im Hause Goertz an jenem 8. Januar ist nichts bekannt. Carl Adam wird seinem Bruder bei Erfolg eine Berufung an den preußischen Hof in Aussicht gestellt haben, sicher nicht ohne mit dem König vorher darüber gesprochen zu haben. Für Friedrich war Goertz der ideale Geheimdiplomat: offiziell am Weimarer Hof entlassen und damit unauffällig und durch seine wiederholten Reisen an süddeutsche Höfe gut mit den jeweiligen politischen Situationen vertraut. Goertz konnte sogar in Mannheim, der alten Residenz von Karl Theodor, in Zweibrücken, der Residenz von Herzog Karl, aber auch in Karlsruhe auf Verbündete gegen Österreich rechnen. Seine Chancen, den schwer berechenbaren neuen bayerischen Kurfürsten in das preußische Lager zu ziehen, gingen auf null, beim Zweibrücker sah er Möglichkeiten. Gräfin Goertz wird der Besuch ihres Schwagers gar nicht gefallen haben, denn jedes Mal, wenn Goertz für Preußen unterwegs war, wurden aus den kalkulierten drei Wochen Trennung mehrere Monate.

Am 9. Januar sagte Goertz seinem Bruder zu, der sofort nach Berlin zum König ritt. Goertz blieben noch einige Stunden, um das Nötigste zu packen und – Carl August zu informieren. Wann und wo sich Graf und Herzog trafen, ist nicht zu ermitteln, nur dass Goertz dem Weimarer Herzog die drohende Kriegsgefahr und seine Mission schilderte, ist sicher, wie aus dem Briefwechsel der Goertz' hervorgeht. Dieser Briefwechsel zeigt in geradezu exemplarischer Weise auch, wie gründlich Goertz seinen früheren Schützling in außenpolitischen Angelegenheiten beriet (das Herzogtum Sachsen-Weimar war mit Preußen in einer »Liaison« verbunden, die bis 1918 hielt) und wie Anna Amalia Politik gegen ihren Sohn betrieb, indem sie mit dem Wiener Hof kooperierte. Die Goertz' sollen deshalb durch Briefauszüge selbst zu Wort kommen, ebenso König Friedrich, der Goertz in chiffrierten Depeschen Anweisungen gab. Dass diese Depeschen im Goertzarchiv erhalten sind, ist eine kulturhistorische Rarität erster Güte, denn Goertz hatte diese Schreiben sofort nach Erhalt und Entzifferung zu vernichten. Im Geheimen Staatsarchiv Preußischer Kulturbesitz sind keine Abschriften, nicht einmal Vermerke zu diesen Depeschen bekannt.

Goertz brach am 10. Januar 1778 in Weimar auf und langte sieben Tage später in Regensburg an. Dort erfuhr er, dass österreichische Truppen bereits Teile von Bayern besetzt hatten, und ihn erreichte Friedrichs Depesche vom 19. Januar: *Ich bin mit Ihrer Bereitschaft, meinen Auftrag anzunehmen, sehr zufrieden und weiß Ihnen unendlichen Dank. Nach Ihrem Brief vom 10. bin ich fast sicher, dass ich ihn niemals geschickteren Händen als den Ihren hätte anvertrauen können, und Ihr erstes Auftreten veranlasst mich zu einer günstigen Prognose für den zukünftigen Erfolg Ihrer Bemühungen.*

In Regensburg gab sich Goertz, wie mit Friedrich und Herzog Carl August abgesprochen, als künftiger sächsischer Gesandter am Reichstag aus und wartete auf weitere Instruktionen aus Berlin. Gräfin Goertz berichtete aus Weimar, dass der Hof noch keinen Verdacht geschöpft hatte, ihr die konsequente Geheimhaltung der Mission auch gegenüber den Verwandten aber schwerfiel: *Noch zweifelt niemand an dem Weg, den Sie genommen haben. Mit Unerschrockenheit sage ich die Unwahrheit, aber gegenüber meinen Eltern kostet mich das viel. Hier geht alles seinen Gang im alten Trott. Ich finde nichts schlechter oder besser. Der Herzog* [Carl August] *ist noch immer ehrlich …*

Am 19. Januar verfasste der Preußenkönig seine Richtschnur für Goertz, die dessen Handeln in den nächsten Monaten bestimmen sollte. Der Tenor: Einen Krieg verhindern. *Es ist von höchster Wichtigkeit, eine Privataudienz beim Kurfürsten* [Karl Theodor] *zu erlangen. Es wird Ihnen dann nicht schwerfallen zu ergründen, was er denkt und plant, oder wenigstens zu erkennen, was noch für die deutschen Interessen getan werden muß. Für den Fall, dass Seine Kurfürstliche Hoheit Sie abweist, müssten Sie sich an den Herzog von Zweibrücken wenden, um zu erfahren, ob dieser Fürst nicht gegen alles, was jetzt ohne seine Einwilligung getan wurde, Protest einlegen will. Es wäre allerdings sehr ärgerlich, wenn Sie überall vor verschlossenen Türen stünden. Ich verlasse mich ganz auf Ihre Klugheit und Geschicklichkeit.*

Klugheit und Geschicklichkeit bedeutete für Goertz im Klartext, am Hof des Kurfürsten Verbündete, Informanten einschließlich bestechlicher Beamter zu aktivieren: *Morgen hoffe ich mit hereinbrechender Nacht in Mannheim zu sein. Sagen Sie der Gräfin* [Gianini], *sie habe zwar in ihrem Leben viel gelogen, aber sie dürfte es nicht auf so brüskierende Weise tun, wie ich es tun musste. Die Teufelin* [Anna Amalia] *wird wütend auf mich sein, und für die, welche das Geheimnis kennen* [Carl August], *wird es eine wahre Komödie sein, wenn sich das Ganze aufklärt. Ich bleibe nur einen Tag in Mannheim und bin wahrscheinlich Freitag in Zweibrücken.*

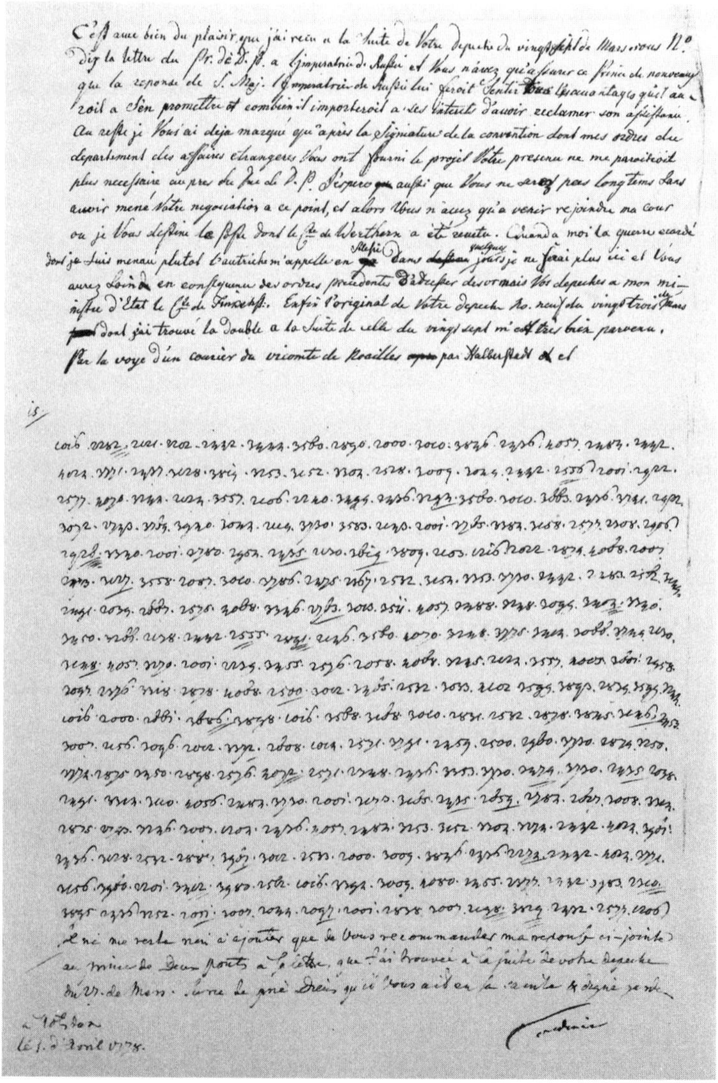
C'est avec bien du plaisir que j'ai reçu a la suite de Votre depeche du vingt sept de Mars vous N° dix la lettre du Pr. de D. P. a l'Imperatrice de Russie et Vous n'avez qu'a assurer ce Prince de nouveau que la reponse de S. Maj. l'Imperatrice de Russie lui feroit sentir les avantages qu'il auroit a s'en promettre et combien il importeroit a ses interets d'avoir reclamer son assistance.
Au reste je Vous ai deja marqué qu'après la signature de la convention dont mes ordres du departement des affaires etrangeres Vous ont fourni le projet Votre presence ne me paroitroit plus necessaire auprès du Duc de D. P. J'espere aussi que Vous ne serez pas longtems sans avoir mené Votre negociation a ce point, et alors Vous n'avez qu'a venir rejoindre ma cour ou je Vous destine le poste dont le Cte de Werthern a été revetu. Quand a moi la guerre ecarté dont je suis menacé plutot l'autriche m'appelle en Silesie dans quelque jours je ne ferai plus ici et Vous aurez soin en consequence des ordres precedents d'adresser desormais Vos depeches a mon ministre d'Etat le Cte de Finckenst. Enfin l'original de Votre depeche No. neuf du vingt trois de Mars dont j'ai trouvé la double a la suite de celle du vingt sept m'est très bien parvenu. Par la voye d'un courier du vicomte de Noailles par Halberstadt et

Je ne me reste rien à ajouter que de Vous recommander ma reponse ci-jointe au Prince de Deux ponts a sa lettre, que j'ai trouvée a la suite de votre depeche du 27. de Mars. Sur ce je prie Dieu qu'il Vous ait en sa sainte & digne garde.

Depesche Friedrichs II. mit der Dechiffrierung durch Goertz

Mitte Februar glaubte Anna Amalia die Legende von den zu regelnden Familienangelegenheiten, in denen Goertz unterwegs wäre, nicht mehr. Die Herzogin ging in die Offensive und lud unsere Gräfin, die darüber ihrem Mann berichtete, wiederholt zur Tafel: *Sie* [Anna Amalia] *fragt mich mit Nachdruck über Nachrichten von Ihnen.* Um dem *Nachdruck* der *Teufelin zu entgehen,* zog sich Gräfin Goertz zu ihren Verwandten nach Erfurt zurück – und machte Anna Amalia nur noch misstrauischer: *Ich habe beschlossen zu sagen, dass Sie Bassenheim nach Würzburg begleitet haben, um die Geister zu besänftigen. Ich habe die gemeine Rolle zu täuschen. Ich weiß, was mich das kostet.*

Währenddessen bekam Goertz in München eine Audienz in der Höhle des Provinzlöwen Karl Theodor. Goertz verstand sich mit dem kunstsinnigen Fürsten, verstellte sich also mustergültig. Man redete über Bücher, Opern und, ganz im Vertrauen, über den gerade mit Wien abgeschlossenen Vertrag zum Länderschacher. Den nur der »teure Bruder« in Zweibrücken aufhalten könnte, aber, Hand aufs Herz, gegen die Interessen Wiens habe der Preußenkönig kaum etwas auszurichten. Worauf man herzlich lachte. Den Geheimvertrag zwischen Kaiser und Kurfürst bekam Goertz nicht zu Gesicht, aber so viel war sicher, Karl Theodor war fest in der Hand des Kaisers. Goertz sandte Eilboten mit chiffrierten Nachrichten über das Gehörte nach Berlin und reiste nach Regensburg, um dort mit Karl von Zweibrücken zusammenzukommen. Der Herzog hatte jedoch einen Tag zuvor Regensburg verlassen und war auf dem Weg nach München, um mit Karl Theodor über den Deal des Kaisers zu reden. Dieses Treffen durfte nicht stattfinden, bevor Goertz mit Karl von Zweibrücken gesprochen hatte. Mit der schweren Kutsche war der Vorsprung des Herzogs nicht einzuholen. Goertz instruierte seinen Kammerdiener, dem Herzog nachzureiten, ihn aufzuhalten und ihm wichtige Nachrichten von König Friedrich anzukündigen. Der Kammerdiener hatte Glück, erfuhr in Gasthöfen und Poststationen, welchen Weg Durchlaucht genommen hatte und wie viel Vorsprung sie noch voneinander trennte: *In meinem ganzen Leben werde ich den gestrigen Tag nicht vergessen. Wir haben regelrecht Nasse Gasse gespielt. Das mag in einem Zimmer gehen, aber in einem ganzen Kreis von Deutschland ist das kaum möglich. Nachdem ich bei meiner Abreise einen Vertrauensmann in München durch Stafette benachrichtigt hatte, dass ich dort hinfahren würde, hat dieser Mann den Herzog* [Karl von Zweibrücken] *aufgesucht und ihn vier Stunden festgehalten und hat ihn einen Kurier zu mir schicken lassen, um mir zu sagen, was er beabsichtigt. Dieser Kurier ist eine halbe Stunde vor mir in Cannstatt durchgekommen, hat überall gesagt, dass einer der Briefe, die dieser Mann mitgebracht hat, von hier abgegangen sei und dass er wahrscheinlich in zwei Tagen zurückkäme. Ich reise heute Morgen ab, liebe Frau, um inkognito meinen Mann zu treffen …*

Goertz erwartete aus Mannheim eine Abschrift des Geheimvertrages zwischen Joseph und Kurfürst Karl Theodor, um mit Hilfe dieses Dokuments Herzog Karl von Zweibrücken die Augen über den für ihn höchst unvorteilhaften Schacher zu öffnen. Dazu sollte er bald Gelegenheit haben, nämlich im Gartenhaus der Herzogin Marie Anna von Bayern. Sie war eine bekennende Feindin Josephs II. und empfand die Besetzung Bayerns als zutiefst verletzend. Marie Anna sah in Goertz den Retter Bayerns, sie unterstützte Goertz mit Informationen aus Wien und praktischer Hilfe. Goertz an seine Frau am 6. Februar: *München, im Gartenhaus der Herzogin von Bayern, am Abend des 6. Februar 1778 / Nun, geliebteste Frau, bin ich hier, und man empfängt mich wie einen Schutzengel. Als ich ankam, hatte ich eine Audienz in meinen Reisekleidern beim Herzog* [Karl von Zweibrücken] *und der Herzogin von Bayern* [Marie Anna]. *Ich bin sehr zufrieden und kann nur sagen, mein Geschäft ist erledigt. Morgen wird es klarer sein, und dann werde ich wahrscheinlich nur den Herzog beauftragen, diesen Brief einer sicheren Post zu übergeben. Ich spiele eine glänzende Rolle, wenn ich keine öffentliche Rolle spiele, und ich zweifle nicht daran, dass der König sowohl mit meinem Eifer als auch mit meiner Art zufrieden sein wird. Es wird mir auf ewig den Hass Österreichs eintragen, aber es ist nicht möglich, zweien gut zu dienen … Mit der Herzogin von Bayern* [Marie Anna] *bin ich äußerst zufrieden. Sie ist eine starke Frau mit Charakter. Vor vier Wochen habe ich Sie verlassen und habe 165 Meilen zurückgelegt, und wenn ich Glück habe, komme ich mit 200 davon. Ich bin hier allein mit meinen Domestiken in den Garten verbannt. Ich kann erst bei hereinbrechender*

Nacht zur Herzogin [Marie Anna] *gehen. Am Tag wagt man nicht, mich zu besuchen … Friedrich* [König Friedrich] *ist erstaunt über die Vorgänge. Ich möchte gern wissen, was er darüber denkt. So viel steht fest, es ist anstrengend, weil ich größtenteils auf mich selbst gestellt bin. Ich versuche mir die Wartezeit mit Schreiben und Lesen zu vertreiben, obwohl mein Kopf nicht frei genug dafür ist und ich überdies nur Ihnen und der Gräfin* [Gianini] *schreiben kann … Ich hatte heute Abend in der Mansarde meine Unterhaltung. Lehrbach, der Kurfürst* [Karl Theodor] *und sein einfältiges Ministerium werden wütend sein, wenn sie erfahren, was hier vor ihrer Nase geschieht. Doch solche Leute verdienen es.*

Lehrbach, der Architekt des Geheimvertrages zwischen Joseph und Karl Theodor, wusste ebenso wenig wie der Kurfürst, was sich im Gartenhaus, unweit vom Residenzschloss, abspielte. In den folgenden Tagen verhandelten Herzog Karl von Zweibrücken und Kurfürst Karl Theodor um das Bayerische Erbe, Lehrbach assistierte, Goertz und Herzogin Marie Anna hofften, dass der wankelmütige und stets klamme Zweibrücker den Einflüsterungen aus Wien standhalten würde. Immerhin bot der Kaiser an, die horrenden Schulden Karls zu bezahlen und noch Handgeld draufzulegen, dazu einen hohen Orden aus der Hand des Kaisers. Karl verzichtete nicht auf sein künftiges Erbe Bayern, so schnell, wie Goertz es hoffte, entschied sich der Herzog aber auch nicht für Preußen. Immerhin gab es da noch Frankreich, das seit vielen Jahren Zweibrücken mit stattlichen Krediten am Leben hielt. An einer Vergrößerung Österreichs hatte Frankreich kein Interesse: *Den 9. Februar 1778, Beste Frau, ich habe heute wieder einen ziemlich beschwerlichen Tag gehabt. Der Kurier sollte gestern Abend abgehen, alles stand bereit, als mich jene Herren für heute zu sich beriefen. Wir mussten zu einem Ergebnis kommen, da auch Frankreich auf unserer Seite steht. Ich war zum Abendessen beim französischen Minister, wo auch Freund Marbois war, es überraschte ihn, dass ich bereits drei Tage in München verbracht hatte, ohne dass jemand davon wusste. Er war erstaunt über das, was ich zustande gebracht habe, er betrachtet es als ein Wunder … Jetzt muss der große Mann* [Friedrich II.] *auch glauben, dass ich ein Wunder vollbracht habe. Fast glaube ich das auch. Marbois ist gestern gekommen, um mit mir Mittag zu essen. Den Abend habe ich allein mit der*

Herzogin [Marie Anna] *verbracht, eine selten verdienstvolle Frau. Es ist auch von Ihnen die Rede gewesen, allerliebste Frau. Sie sind eingeladen, zu ihr zu kommen. Am Abend habe ich meine Herren aus Zweibrücken zum Essen und ich mache köstliches Fleisch. Mir fehlen letztlich nur Sie und meine Kinder in dem Gefängnis. Da man nichts ahnt, bleibe ich noch bis morgen hier …*

Am Weimarer Hof folgte eine Aufführung der nächsten: »Der Triumph der Empfindsamkeit, eine dramatische Grille mit Musik untermischt, von Göthe in den ersten Jahren seiner Anstellung in Weimar auf das Theater gebracht, solte die in der Zeit überhand genommene, durch so mancherlei Schriften bewirkte Modeschwärmerei in ihren lächerlichen Übertreibungen darstellen …«, heißt es in einem anonymen Bericht aus jenen Tagen, in denen sich Goertz im Gartenhaus der Herzogin versteckt hielt und weiterhin Herzog Karl überzeugte, sein Veto am Reichstag gegen die bayerische Besetzung durch Österreich einzulegen. Es ging um Krieg oder Frieden, und der Zweibrücker war das Zünglein an der Waage. Goertz hatte Erfolg, König Friedrich erwartete *jetzt die Protesterklärung des Herzogs. Bevor sie erfolgt und abgesandt worden ist, muss man immer mit Attacken der Österreicher rechnen.*

Was König Friedrich seinem Geheimdiplomaten in seinen nächsten fünf Depeschen mitteilte, ließ sich bis zum heutigen Tag nicht entschlüsseln, wissenschaftliche Arbeiten zum Dechiffrieren friderizianischer Noten gibt es nicht. König Friedrich benutzte mehrere Codes, bestehend aus Zahlenkolonnen. Einige der Depeschen des Königs hatte Goertz, offenbar in Eile, gleich zwischen den Zeilen entschlüsselt. Diesem glücklichen Umstand ist zu verdanken, dass sich auch Depeschen des Königs entschlüsseln ließen, die Goertz separat decodiert hatte. Friedrich benutzte in diesem Fall keinen starren, sondern einen variable Zahlencode. Welchen Goertz anwenden musste, erfuhr er aus bestimmten Zahlenkombinationen, die irgendwo in einer Depesche eingefügt waren. Eine Codierung war an der Zahlenfolge 16. 801. 16. 802 zu erkennen. Eine andere an den Zahlen 219. 802. 58. 219. Tauchten beide Codenummern auf, musste Goertz sehen, nach welchem System ein Wort Sinn ergab. Das Wort *attendant* (mittlerweile, inzwischen) wurde in einer Depesche beispielsweise mit den Ziffern 3.67.9.1.444.44.21.84 und 3.67.9.1.91.3.1.84. chiffriert. Für den Wiener Hof hatte man eine fester Hausnummer: 222. 38. 203.1.21.107., *Electeur* (Kurfürst) wurde mit der Ziffer 784 codiert, *la France* mit 574. Das codierte Alphabet nach dem benutzten Schlüssel sah wie folgt aus:

a 3. 44. 132.
b 47.
c 11. 13.
d 91. 444.
e 8. 9. 107.
f 105. 403.
g 22.
h 67.
i 29.
l 11.
m 66.
n 21. 1.
o 2.
p 19.
q 87. 190.
r 97. 291.
s 70.
t 84. 67.
u 95.
v 82. 528.
w 83. 222.

Die Zahlenkolonnen der fünf nicht überschriebenen Depeschen des Königs ließen sich nicht entschlüsseln, weil die Ziffern vom Sekretär des Königs ineinandergeschrieben wurden. Wo also ein Wort begann und wo es endete, war nicht auszumachen. Grund genug für mich, im Geheimen Staatsarchiv Preußischer Kulturbesitz nach vergleichbaren Depeschen – und deren Dechiffrierung – zu suchen. In den Findbüchern gibt es tatsächlich Hinweise auf von Friedrich benutzte Codes, aber sie sind unvollständig erhalten und betreffen andere Jahre. Gleiche Chiffren wurden selten länger als zwei Monate benutzt, dann hatte die jeweilige Gegenseite den Code geknackt. Dass ein großer Teil geheimer Depeschen von Agenten anderer Lager abgefangen und abgeschrieben wurde, gehörte und gehört zur Diplomatie, Friedrich und Goertz waren sich dessen bewusst und beide waren selbst Meister in dem Geschäft. Im Berliner Archiv kam ich nicht weiter und reiste nach Weimar, begleitet von meiner Tochter. Im dortigen Staatsarchiv fand ich zur Goertz'schen Mission nur einen einzigen Ordner, und der war irgendwann gesäubert worden.

Nachmittags besuchte ich mit meiner Tochter Schloss Ettersburg, die Sommerresidenz Anna Amalias. Eindrucksvoll restauriert und mit einigen Stücken aus dem Besitz Anna Amalias ausgestattet, hier ein filigran bemalter Fächer, da bestickte rote Seidenschuhe, brachte mir die Musenfürstin jedoch nicht näher. Wie funktionierte das Leben zu ihrer Zeit in den Räumen? Wo schlief sie, wo wusch sie sich, wo hielt sie Toilette, wo befindet sich ihr intimes Appartement, wo die Zugangstüren, wer hatte von wo Zutritt, wo war ihre Wäsche untergebracht, wo wurde sie gewaschen und getrocknet? Gab es eine Badewanne, und wie roch es im Schloss? Von Versailles ist bekannt, dass es unter Ludwig XIV. wegen fehlender Toiletten zum Himmel stank, da Höflinge sich gern an den schweren Fenstervorhängen erleichterten. Und wo hielt sich das Personal auf, wenn Anna Amalia nicht die Glocke läutete, wo der restliche Hofstaat?

Meiner Tochter gefielen die erlesenen Möbel mit ihren feinen Intarsien und der Ausblick in den sonnigen Park, der allerdings nur noch eine Ahnung seiner einstigen Blumenpracht gibt. Von der Parkmöblierung, den Vasen, Statuen, Brunnen und Bänken ganz zu schweigen. Auf die Frage meiner Tochter, ob Anna Amalia auch gärtnerte, ob sie ein eigenes Pferd hatte, das sie selbst ritt, konnte ich nur sagen, dass darüber nichts bekannt ist, weil sich das offenbar noch niemand gefragt hat.

Als ich aus Weimar zurückkam, fand ich in der Post eine Benachrichtigung vom Hauptzollamt. Eine Büchersendung sei gegen Vorlage von Pass oder Personalausweis und der Kaufquittung der Bücher abzuholen.

Ich hatte im Ausland jedoch weder Bücher bestellt noch gekauft. Am Telefon wollte man mir aus Datenschutzgründen nichts zu dem Vorgang sagen und verwies mich auf die Dienstzeiten der Behörde. Ich machte mich auf den Weg, rätselte dabei, wem ich die Sendung verdankte. Da saß ich dann im dunklen, mit glänzendem Linoleum ausgelegten Flur auf einem harten Stuhl und wartete wie der Zeuge eines Ladendiebstahls auf meine Vernehmung. Um mich abzulenken, besuchte ich im Geiste erneut Ettersburg. Benutzte Goethe, wenn er ins Schloss ging, stets den gleichen Eingang? Hatte er sich dort an ein Zeremoniell zu halten? Wo war Privatheit zwischen Anna Amalia und Goethe möglich?

Der Beamte rief mich in sein Büro. An Schloss Ettersburg erinnerte nur noch die Sonne, die durch vergitterte Fenster einfiel. Auf dem Tisch lagen vier Bücher in gelblichem Pappeinband, der mir nur zu gut bekannt war: die Goertz'sche Interimseinbindung. Zerfledderte Noppenfolie und der in seine Einzelteile zerlegte Pappkarton zeugten von gründlicher Kontrolle.

Der Beamte erklärte mir, dass für Kunstgut gesonderte Ein- und Ausfuhrvorschriften gelten, und blätterte in einem der Bücher, dessen Bindungen gebrochen waren, losen Seiten fielen heraus. Der Beamte wollte die Kaufquittung für die Bücher sehen, um den Zoll zu erheben und zu prüfen, ob es sich bei den Objekten um Kunstgut handele.

Was tun? Ich wusste nichts von einer Buchsendung, wollte aber angesichts der Verlockung nicht den Unmut des Beamten riskieren. Ich sagte, dass wie gewöhnlich alles dabeiliegen müsste. Worauf der Beamte nun die vier Exemplare durchblätterte und schüttelte, dass es aus den lappigen Seiten nur so rieselte: »Nur das hier«, sagte er und reichte mir einen Begleitbrief. Er stammte von Professor B. aus Kalifornien. Er habe bei erneuter Durchsicht seines Goertz-Bestandes vier Titel gefunden, die viele Anmerkungen zu diplomatischen Belangen enthielten. Etwa jene über den badischen Gesandten in Paris, Baron Edelsheim – »unseren« Edelsheim –, der im März 1804 darüber informiert wurde, dass Napoleon gedachte, den im badischen Exil lebenden Bourbonenprinzen, den Herzog von Enghien, entführen und erschießen zu lassen. Oder dass in zwei Bänden – es waren ausgerechnet die Memoiren des

Oberst von Massenbach – chiffrierte Notate standen. Professor B. wollte mir die Bücher überlassen, und ich sagte zum Beamten: »Das sind Geschenke.« Der zog seine Stirn in Falten und erwiderte, auch Schenkungen unterlägen der Steuer, wenn es sich um Kunstgut handle, was offensichtlich hier der Fall sei. Sonst hätten seine Kollegen in Frankfurt/Main, wo die Sendung auffällig geworden sei, sie nicht zur Klärung an das hiesige Hauptzollamt überwiesen. Die Objekte könnten wertvolle Stiche enthalten, mit denen derzeit reger Handel getrieben werde. Ein weiteres Mal wurden die Bücher visitiert, Stiche waren keine darin. Auch der desolate Zustand samt Einband suggerierte keine bibliophilen Kostbarkeiten. Der Zöllner war ratlos: »Wenn Sie mich fragen, ich würde dafür keine Schachtel Zigaretten geben«, und zeigte auf die vier Exemplare, »aber einen Wert müssen sie haben«.

»Fünfzig Euro«, sagte ich.

»Wegen fünfzig Euro brauchen Sie keinen Zoll bezahlen, aber ich muss deswegen drei Protokolle schreiben.«

Ich klagte pflichtschuldig über das Formalitätenunwesen und wurde mit den Büchern entlassen. Zu Hause legte ich sie in einen kleinen Kühlschrank, damit die Seiten austrockneten. Dort würden sie auch noch geraume Zeit bleiben, denn Anmerkungen zu den mich gerade interessierenden Ereignissen enthielten sie nicht.

Auch ohne die fünf noch chiffrierten Depeschen lässt sich aus der Goertz'schen Korrespondenz nacherzählen, wie ein Krieg entstand und welche Machtkämpfe am Weimarer Hof ausgefochten wurden. Nachdem Herzog Karl von Zweibrücken sein Veto gegen die Besetzung Bayerns eingelegt hatte, bestellte Friedrich II. Graf Goertz durch ein förmliches Schreiben zum außerordentlichen preußischen Gesandten am Hof von Zweibrücken und schützte ihn somit auch vor dem Zugriff durch Münchener oder Wiener Agenten. Friedrich zahlte Goertz für seinen Erfolg 2000 Taler und beauftragte ihn, von Zweibrücken aus den Boden für ein preußisch-französisches Bündnis zu bereiten. Am 18. Februar kündigte der Graf seiner Frau an, Herzog Carl August *unverzüglich zu schreiben*. Mittlerweile gingen im Reich Gerüchte um, die besagten, Goertz habe den Österreichern Herzog Karl von Zweibrücken abspenstig gemacht, Goertz nahm das mit gemischten Gefühlen zur Kenntnis: *Jetzt setzt man allmählich meinen Münchener Aufenthalt in die Zeitungen. Ich werde nicht namentlich genannt, doch man spricht von vielen Umständen, die mich betreffen.*

Das kam auch Anna Amalia zu Ohren, bei der nun alle Alarmglocken schrillten. Friedrich nahm darauf keine Rücksicht, am 3. März verfasste der König die nächste Order für Goertz: *Potsdam, 3. März / Um den Herzog* [von Zweibrücken] *in seinen Absichten zu bestärken, habe ich Kopien von den verschiedenen Denkschriften, die ich dem Wiener Hof vorgelegt habe, sowie dessen Antwort anfertigen lassen. Ich nutze die erste sichere Gelegenheit, sie Ihnen zukommen zu lassen, damit Sie den Herzog durch die Lektüre von der Lebhaftigkeit meines Interesses an der Erhaltung und Verteidigung der Rechte seines Hauses überzeugen können.*

Gräfin Goertz war besorgt, weil ihr Mann seinem einstigen Schützling keine Informationen über das Geschehen in der großen Politik zukommen ließ, obwohl das zuvor abgemacht war: *Was machen Sie bloß, mein Freund, dass Sie überhaupt nicht an den Herzog* [Carl August] *schreiben? Wissen Sie, dass er dies übel nimmt und dass er darüber mit dem Statthalter* [Dalberg] *gesprochen hat? Das bereitet mir Schmerzen, denn obwohl es keinen Grund gibt, dabei rücksichtsvoll umzugehen, möchte ich dennoch nicht, dass er sagen kann, dass es Ihnen an Aufmerksamkeit ihm gegenüber gemangelt hat. Hier zweifelt man an nichts mehr, schließlich hat die Gazette von Hamburg es ziemlich deutlich ausgesprochen, um sie aus ihrer Unwissenheit zu entlassen.*

Derweil bat der Graf am 5. März seine Frau um Übersendung einiger Kleidungsstücke für die wärmere Jahreszeit: … *Zunächst muss dafür gesorgt werden, meiner Blöße abzuhelfen und mir mit dem ersten Postwagen alles zu schicken, was Sie an Frühjahrshofkleidern und gewöhnlichen Kleidern finden und ferner, obgleich ich nicht hoffe, sie zu benötigen, zwei Sommerkleider und den Camelot. Legen Sie in den Koffer auch alles, was sich an Wäsche findet, Hemden, Manschetten und einen Stock. Ich habe einen in Heufeld im Posthaus liegenlassen. Ich hatte Kanzler Eiben in Schwaben gebeten, ihn mitzunehmen, wenn er dort vorbeikommt … Mein Bruder … sagt, dass man äußerst zufrieden ist, die Prinzen* [Kronprinz Friedrich Wilhelm und Prinz Heinrich, Bruder Friedrichs II.] *beglückwünschen mich wie zu einer gewonnenen Schlacht. Adieu, meine Liebe. Ich arbeite wie ein Galeerensklave …*

Wenige Tage später erhielt Goertz die nächste Anweisung von Friedrich: *… ich beauftrage Sie, alles Ihnen Mögliche zu tun, damit der Herzog* [von Zweibrücken] *einen Brief an die Zarin* [Katharina II.] *schreibt, in dem er um ihren Schutz und die Verteidigung seiner Rechte bittet. Sie können versichern, dass sein Schreiben von Seiten der Kaiserlichen Majestät gut aufgenommen werden wird.*

Friedrichs Kalkül ging dahin, den bestehenden Konflikt zu nutzen, um seine Allianz mit Russland, die ihm Kaiser Joseph streitig machte, zu vertiefen. Mit einem Dreierbündnis Frankreich-Preußen-Russland wäre der Kriegsausbruch zu verhindern. Goertz war diese Dimension bekannt. Währenddessen schufen die Österreicher weiter vollendete Tatsachen, konzentrierten ihre Truppen an der böhmisch-sächsischen Grenze, was nicht nur den Dresdner Hof in große Aufregung versetzte. Am 18. März ordnete Friedrich die Mobilmachung in Preußen an, Goertz kämpfte weiter an der diplomatischen Front: *Liebe Caroline, noch ein Kurier diese Nacht. Ich versichere Ihnen, ich sitze ständig vor dem Tintenfass. Es ist mir allmählich verhasst. Dennoch will ich Ihnen sagen, dass man mit mir zufrieden ist. Mein Bruder sagt, Pr.* [Prinz Heinrich von Preußen] *und Minister* [preußischer Außenminister Herzberg] *sängen ein Loblied auf mich … Ich schreibe heute keine Kurierpost mehr und bahne frei heraus den Weg für unser künftiges Leben. In vierzehn Tagen werde ich wissen, woran ich bin, und wenn es der Fall ist, werde ich Ihnen das zuerst vermelden …*

Derweil braute sich einiges Ungemach in Weimar über den Goertz' zusammen, vor dem die Gräfin gewarnt wurde: … *Klinkowström* [Kammerherr] *ist heute Morgen zu mir gekommen, um mich darüber ins Vertrauen zu setzen, was Fritsch ihm gesagt hat. Man hat ein Mittel gefunden, den Herzog* [Carl August] *gegen Sie aufzubringen, weil Sie abgefahren sind, ohne ihn* [Fritsch] *ins Vertrauen zu ziehen. Das ist ohne Zweifel die Liaison der Maman* [Anna Amalia] *und G.* [Goethe], *die sich zusammengetan haben, um Ihnen zu schaden. Fritsch gibt vor, Ihre Partei ergriffen zu haben, um den Herzog noch mehr aufzubringen … Ich sehe sehr genau, wohin das führen soll, man will an Ihre Pension …*

Die Gräfin erwähnte noch, dass kein Geld mehr da wäre, um Hof halten zu können, was aber Herzogin Louise nicht weiter zu stören schien, denn sie ließ sich die Tafel kurzerhand von der Weimarer Bürgerschaft bezahlen: *Die Taschen hier sind derartig leer, dass seit fünfzehn Tagen keine Damen mehr an den Hof gebeten wurden – ein neuer Grund zur Unzufriedenheit. Trotz all dem gibt sie* [Louise] *ein Picknick am Dienstag auf Kosten der Bürgerschaft und macht Geschenke an die Fräulein von Rang. Diese Haushaltung wird ein schlimmes Ende nehmen … Die Hundesteuer ist eingeführt und man spricht von einer auf die Pferde. Frohen Herzens würde ich Weimar Adieu sagen, wenn dies zu Ihrem Glück und Erfolg beitragen würde …* Auch Herzog Carl August machte von sich reden: *Seit dem man hier das preußische Exerzieren eingeführt hat, verbindet man damit noch etwas anderes, deshalb glaube ich, dass Huronen oder Hottentotten die Übung beenden. Man lässt alles ausziehen und die gesamte Kompanie, das heißt 40 Männer auf einmal, in der Ilm baden. Das hat man zweimal in der Woche in Gegenwart des Herzogs und seines Favoriten getan, die sich königlich darüber amüsiert haben …*

Die Gräfin Goertz warnte ihren Mann abermals vor Anna Amalia und ihren Parteigängern: *Die Zahl Ihrer Feinde steigt natürlich, ihr Hass vergrößert sich im gleichen Maß, wie Sie Erfolg haben … als den Mann, der den Krieg hervorruft …*

Anna Amalia nämlich erhielt höchst unliebsame Post vom Wiener Kaiserhof, zu dem sie sich hingezogen fühlte, denn nicht etwa ihr Onkel, König Friedrich, zahlte auch nur einen Heller ihrer Schulden, sondern der Wiener Hof. Für Friedrich war Sachsen-Weimar bislang ein politisch bedeutungsloses kleines Fürstentum, zu seiner Nichte hatte er keinerlei persönliche Bindungen. Für den Kaiser war die Nähe Weimars zu Wien aber gerade deswegen interessant; die Nichte des Preußenkönigs im antipreußischen Lager war mehr als nur ein Propagandaeffekt. Deshalb schrieb man aus Wien auch der gar nicht mehr regierenden Anna Amalia statt dem regierenden Carl August und wollte wissen, was es mit Goertz auf sich hatte, der, vom Weimarer Hof aus handelnd, den Herzog von Zweibrücken ins preußische Lager gezogen hatte – war Weimar nun Freund oder Feind?

Man hat mir gesagt, dass man nach Wien geschrieben hat, um dort zu versichern, dass man von der größten Unkenntnis bezüglich Ihrer Unternehmungen wäre. All diese Anstrengungen, die Politiker auf sich nehmen, das ist wirklich amüsant …, ließ unsere Gräfin ihren Mann wissen. Während Anna Amalia gegenüber Wien die Ahnungslose gab, bereitete sie mit Goethe handfeste Schritte vor, um Goertz endlich loszuwerden. Sie diktierte dem Dichter eine strenge Rüge gegen Goertz in die Feder. Das Schreiben des Dichters ist erhalten: »In einer Zeit, da sich das Interesse der Mächtigen des deutschen Reiches gegeneinander neigt, kann ich nach Verhältnis und Pflicht nichts anderes tun, als die Krise in Stille abzuwarten, und da für mich und die meinen nichts zu gewinnen, wohl aber zu verlieren steht, will ich einer Partei nur ungern folgen … Nach einem so nahen Verhältnis mit mir, sich mit einem Charakter noch zu mir bekennend, gehen Sie von meinem Hofe aus, ohne mein Wissen, öffentlich für einen Teil entscheidende Unterhandlungen zu führen …« Dann verlangte Anna Amalia vom Herzog gegenzuzeichnen. Carl August blieb gar nichts weiter übrig, wollte er seine Verbindung zu Goertz nicht verraten. Der Herzog tat noch etwas: Er ließ Gräfin Goertz vor dem Verweis, der Vorstufe zu Landesverweis und Verlust aller Pensionsansprüche, warnen. Goertz gab sich scheinbar zerknirscht und parierte geschickt in seinem Schreiben an Carl August, das aber eigentlich Anna Amalia und dem 1. Minister Fritsch galt: *Das Missfallen, welches Euer Hochfürstliche Durchlaucht mir über die von mir getanen Schritte bezeugt, ist mir äußerst schmerzhaft … Der Auftrag des Königs kam ohne eigene Veranlassung von mir auf das Unvermutetste. Er war eigenhändig vom König.*

Dass Goertz mit dem König von Preußen drohte, brachte Anna Amalia noch mehr gegen den Grafen auf. Sie ließ seine Briefe an Gräfin Goertz abfangen, um sich ein Bild über seine Aktivitäten machen zu können, auch, um Wien über ihren Gesandten Isenflamm mitteilen zu können, dass Goertz auch ihr Feind sei und nicht im Sinne des Weimarer Regenten handele. Gräfin Goertz bemerkte schnell, was vor sich ging und warnte abermals ihren Mann: *Tausend Dank für Ihre politischen Nachrichten, aber ich muss Ihnen sagen, dass Ihr letzter Brief geöffnet worden ist. Treffen Sie deshalb in der Folge Ihre Maßnahmen, bedienen Sie sich nicht länger Ihres Siegels und geben mir eine andere Adresse.* Gräfin Goertz ging zum Herzog, Carl August konnte die Einmischung seiner Mutter nicht länger auf sich beruhen lassen, es blieb nur die Frage, ob er den offenen Machtkampf mit ihr suchte oder ganz im Sinne von Goertz eine diplomatische Klärung bevorzugen würde. Am 1. April, während einer Abendgesellschaft bei Anna Amalia, zu der auch Gräfin Goertz geladen war, hatte dann Carl August seinen kurzen, aber wirkungsvollen Auftritt. Zunächst spielte der Herzog mit anderen Gästen Karten, die Stimmung war entspannt. Dann, als Anna Amalia im Salon bei ungezwungener Unterhaltung zu Caroline von Goertz kam, gesellte sich auch der Herzog dazu: *Er hat mich gefragt, ob Ihre Briefe nicht mehr geöffnet würden. Und Maman stand daneben.*

Ein Affront des Herzogs gegenüber seiner Mutter von erster Güte. Was Anna Amalia wiederum nicht auf sich beruhen lassen wollte. Ob Goethe oder Anna Amalia den Einfall hatte, unserem Grafen die Pension zu entziehen, bleibt offen, aber Gräfin Goertz wusste auch darüber bald Bescheid: *Es ist nur allzu wahr, dass man den Abscheu und die Undankbarkeit vorantreibt, um Ihnen die Pension zu nehmen.*

Carl August vereitelte das, und die Gräfin hoffte auf Burgfrieden mit Anna Amalia. Aber weit gefehlt, die Herzogin Mutter fühlte sich gedemütigt und zog andere Saiten auf. Wenn sie nicht die Pension von Goertz kappen konnte, dann die noch offenstehenden 20 000 Taler Abfindung. *Ich werde so lange nicht zur Audienz bei der Maman hingehen, bis ihre Wut verraucht sein wird,* teilte die Gräfin ihrem Mann mit. Als Anna Amalia sich dann zugänglicher gab – unsere Gräfin nannte dieses Verhalten *freundlich wie ein schlafender Hund* –, suchte sie die Gesellschaft der Herzogin wieder, war aber auf der Hut und ließ kein Wort über die noch ausstehende Abfindung fallen: *Ich muss zugeben, dass ich nicht den geringsten Mut besitze, darüber Erwähnung zu machen, aus Sorge, von neuem irgendwelche unheilvollen Ideen hervorzurufen, weil Sie dann niemals die 20 000 haben werden.*

Gräfin Goertz musste gut überlegen, was sie gegenüber wem äußerte, wenn sie von Anna Amalia sprach oder über sie schrieb. Tratsch und Klatsch konnte sie sich kaum erlauben, weil die Goertz' die Einnahmen aus Abfindung und Pension brauchten und das Verbreiten von Gerüchten über gekrönte Häupter in der Regel fatale Folgen für deren Urheber hatte.

Der Aufstieg der Goertz' verhinderte nicht offene Aversionen: *Beneidet wie ich werde, bin ich eine Person von Bedeutung, und Ziel für Personen, die sich vorgenommen haben, mich in Verlegenheit zu bringen.* Wozu auch Josias und Charlotte von Stein gehörten: *Stein ist tatsächlich verrückt. Gestern hat er mir von Ihnen gesprochen und hat mir die lebhaftesten Vorwürfe bezüglich Eurer neuen Stellung gemacht, indem er sagte, ›es wäre ein Wurm, der an seinem Herzog nagte‹, und dann derartig viele Dinge, dass ich Sorge hatte, Haltung zu bewahren. Die Frau konnte es nicht verhindern, mir etwas zu sagen, sie sagte es auf so üble Weise und mit einem so außergewöhnlichen Gesichtsausdruck, dass es mich zornig machte.*

Gräfin Goertz, die ihren Mann liebte, an ihren Kindern hing, zudem schwanger war, litt schwer unter der Trennung. Die Ungewissheit über das weitere Schicksal der Familie, die Lage im Reich und die offen ausgebrochenen Rivalitäten am Weimarer Hof taten ein Übriges. Wenn die Postkutsche in die Weimarer Esplanade einfuhr, stand sie an der Tür: *Vergeblich hoffte ich gestern Abend, hoffte diesen Morgen, Neuigkeiten von Ihnen zu erfahren. Die Post ist angekommen, ohne mir etwas zu bringen … Alle meine Gedanken sind schwarz wie die Nacht. Es kommt mir vor, als würde ich nie das Glück des Lebens genießen. Meine Gesundheit beunruhigt mich und treibt mich um. Ich mache mich über Hufeland lustig, aber er sagt nur, dass ich unter einem schlimmen Anfall von Hypochondrie leide, und dass ich nichts anderes mehr vor Augen hätte als die traurigsten Aussichten. Es ist eine schreckliche und unschöne Zeit für Sie und mich, mein Freund. Ich ertrage die Gedanken daran nicht. Ich bediene mich weiter irgendwelcher Mittel und gönne mir viel Schonung. Ich habe keine wirklichen Krankheiten wie Koliken und Kopfschmerzen, ich habe auch gute Tage …*

Die Zwiegespräche mit ihrem Mann zeigen die 29-jährige Gräfin zwischen Verzweiflung und Kampf: *Ich habe gerade Salz zu mir genommen, mein Freund, aber es hat mich nicht zum Erbrechen gebracht und ich beginne ein wenig Mut zu schöpfen. Ich hoffe, dass mir dies wegen meiner Koliken guttun wird. Was wäre ich glücklich, wenn ich aus dieser grausamen Unruhe heraus wäre.*

Die arme Gräfin [Gianini] *hat sich vorgestern so sehr geärgert, dass sie darüber krank geworden ist und deshalb ihr Zimmer hütet. Sie hat Fieber. Ich sehe nicht, wie sie das alles ertragen wird … Für uns erwarte ich überhaupt nichts Gutes mehr, mein Freund. Fritsch hat mich gestern so überaus zuvorkommend angesprochen, und er hat überhaupt nicht mehr mein Spiel verlassen; das alles sind schlechte Vorzeichen. Stein mit seinem verwirrten Verhalten scheint mir gegenüber ziemlich verlegen zu sein …*

Die Sorgen um ihre beiden Töchter beschäftigten unsere Gräfin, sie hatte aber auch Freude an den Kindern. Gräfin Gianini war allzu oft selbst krank, um Gräfin Goertz eine wirkliche Lebenshilfe zu bieten: *Ach, mein Freund, wenn doch meine Gesundheit so wäre, könnte ich einen Zeitpunkt festlegen, um Ihnen zu folgen. Aber meine Ungewissheit hält weiter an … Gegenwärtig bin ich von den Heilmitteln erschöpft. Obwohl ich eine Freundin von Hufeland bin, muss ich feststellen, dass er nicht auf meine Beschwerden hört, und all die Drogen von ihm nur Notbehelf sind. Sie helfen zwei Tage und haben danach nicht die geringste Wirkung. Frau Dumanoir ist zurückgekehrt und bietet ihre Dienste aller Art an. Ich habe beinahe Lust, die Kinder zu Lektionen dorthin zu schicken. Was haltet Sie davon, mein Freund? Sie umarmen Sie zärtlich und lieben Sie.*

Erhielt die Gräfin endlich Post von ihrem Mann, oft zwei und drei Briefe auf einmal, konnte sie Tage davon zehren: *Wie glücklich war ich, bester aller Ehemänner, als ich gestern in dem Augenblick Ihren Brief erhielt, als ich schon nicht mehr damit gerechnet hatte – sogar mit einem vollständig erhaltenen Siegel … Es geht Ihnen gut und Sie haben keine anderen Sorgen, als dass Sie Ihre Frau nicht sehen …*

Blieben die Briefe aus, kippte die Stimmung. Gräfin Goertz behielt ihr Lebtag die Fassung. Nur selten ist von emotionalen Ausbrüchen wie im Jahre 1776 zu lesen, als der Graf seine Rückkehr zur Familie immer wieder verschieben musste. *Ich bin traurig, mein Freund, ich habe überhaupt keine Nachrichten von Ihnen erhalten. Ich werde also acht Tage lang ohne ein Lebenszeichen von Ihnen sein. Ich war bei der Gianini, ich fand sie im Bett, jedoch ohne Fieber, aber mit einer Nesselfistel. An-*

schließend habe ich das berühmte Stabat Mater schreien hören. Wieland und Lenz waren hinter mir, der Erste hat mit mir gesprochen, der Zweite, obwohl er mir nicht vorgestellt wurde, nicht darüber. Die Herzogin [Louise] *hat der Musik ein Gespräch im anderen Zimmer mit dem Unendlichen* [Goethe] *vorgezogen, seine Ausführungen gingen an meinem schwachen Urteilsvermögen vorbei.*

In Goethes Tagebuch ist von diesen Vorgängen nichts zu lesen, dafür umso mehr von seinem Kosmos, in dem er sich Mitte März bewegte: »Nachts zu Cr. [Corona Schröter] War in schönem bestätigtem Wesen … zu ☉ [Charlotte von Stein] zu Tische. Lebhafftes Gespräch. Seltsame Gährung in mir. Ball gesp. in Garten … zu ☾ [Anna Amalia] zu Tische Abends Probe der Bettler. zu Cronen.« Auch Wieland gab sich entspannt und schrieb Freund Merck: »… heut ist nun der zehnte Tag [12. April 1778] seit wir so schönes Frühlingswetter haben als ich seit anno 1753 nicht mehr erlebet. Mir ist ich sey mit sammt meinem Garten durch Feerey mitten in Jemen oder in eine der glückseligen Inseln versetzt …«

Goertz, der nun von König Friedrich offiziell ernannte außerordentliche preußische Gesandte, bekam von seinem Dienstherrn die nächste Depesche: *Potsdam, den 15. März 1778 / Ihre Depesche vom 3. Nr. 1 ist mir heute zugestellt worden. Seit meinen letzten Anweisungen habe ich Nachrichten empfangen, die die schmeichelhaften Hoffnungen auf eine wirksame Unterstützung von Seiten Frankreichs nicht bestätigen. Alle Antworten vom Ministerium in Versailles tragen den Stempel der Schwäche. Es wäre mir lieb, wenn Sie mir die Meinung der Minister und der einflussreichen Persönlichkeiten am Hofe, wo Sie sich gerade aufhalten, ergründen könnten. Versuchen Sie zu erfahren, ob sie sich in dieser Angelegenheit nicht günstiger äußern. In der Zwischenzeit wäre es gut, wenn Sie mir bald den Brief beschaffen, den der Herzog* [von Zweibrücken] *an die Zarin* [Katharina II.] *geschrieben hat, worum ich Sie schon in meiner vorigen Depesche gebeten habe.*

Gleich mehrere heikle Aufgaben für Goertz. Was Frankreich anbelangte, sollte der Graf bald eine klare Position des Versailler Hofes konstatieren. Die Abschrift des Briefes von Herzog Karl an Zarin Katharina, mit der Bitte um Beistand war schwerer zu beschaffen. Der

Herzog ließ derartige Papiere nicht auf dem Treppenabsatz liegen, er wurde sich allmählich seiner internationalen Rolle bewusst und verhielt sich entsprechend. Goertz bewohnte im Zweibrücker Schloss ein Zimmer, wo er bevorzugt abends und nachts Kuriere empfing und abgehen ließ. In Zweibrücken hatten sich zahlreiche Sondergesandte von Höfen aus ganz Europa eingefunden. Goertz mied die Hofgesellschaften, so gut es ging, um nicht noch mehr Zielscheibe der Österreichisch-Bayerischen Partei zu werden. Vom Zweibrücker Herzog ist bekannt, dass er durchrechnen ließ, ob von Kaiser Joseph oder von Friedrich mehr Zahlungen für sein Wohlverhalten zu erwarten wären.

Herzog Karls Hauptinteresse galt allerdings dem Bau eines neuen Residenzschlosses, das dann dank preußischer und französischer Zahlungen zu einem gigantomanischen Projekt ausartete. Schloss Karlsberg mit eigenem Theater und Salons, in denen zwischen Palmen die Springbrunnen sprudelten und sich Affen tummelten, kosteten letztlich 14 Millionen Gulden. Die jährlichen Einnahmen des Herzogtums betrugen 1 Million Gulden. Herzog Karl setzte als Erbe des kinderlosen Kurfürsten Karl Theodor auf den Reichtum in München, »… wo sich vor Gold die Balken bogen«. Es sollte allerdings anders kommen. Infolge von Revolution und Terror in Frankreich geriet Zweibrücken unter französische Besatzung, Herzog Karl floh und sein geliebtes Schloss wurde 1793 von den Franzosen geplündert und anschließend dem Erdboden gleichgemacht. Friedrichs Erwartung, den Konflikt durch eine starke Allianz gegen Österreich friedlich zu lösen, sank mit der Unentschlossenheit der Franzosen und Russen.

Am 16. März schrieb Friedrich an Goertz: *Ihre Depesche vom 8. Nr. 2 ist äußerst interessant. Sie gibt mir Auskunft über den Zusammenhang und die vermutlichen Folgen des jüngsten Projektes des Wiener Hofes. Ich sehe, dass es sich um verschiedene Tauschangebote handelt. Die Lage der Dinge ändert sich dadurch vollständig. Gleichzeitig erklärt mir dies die Gleichgültigkeit der Franzosen. Bisher habe ich jedenfalls noch nicht gehört, dass sie sich klar zu der österreichischen Usurpation geäußert hätten. Das bestätigt meine Annahme, dass sie der Abtretung zugestimmt haben und vielleicht sogar Verhandlungen zwischen ihnen und den Österreichern darüber im Gange sind. Beachten Sie bitte, dass der Brief, in dem Frankreich den Rat erhält, sich an den Wiener Hof zu wenden, darauf hinzuweisen scheint, dass das Ergebnis dieser Verhandlungen noch nicht feststeht, sonst würde man nicht so stark die angeblich vollkommene Übereinstimmung zwischen den zwei Mächten betonen. Es ist nötig, genau die Verflechtungen dieser Affäre zu kennen. Sie werden daher selbst einsehen, dass Sie noch länger an dem Hof, wo Sie sind, bleiben müssen.*

Im Klartext, Goertz sollte jede weitere Annäherung zwischen Frankreich und Österreich im Einverständnis mit Herzog Karl verhindern. Was nicht nötig war, denn Frankreichs Außenminister Vergennes hatte bereits dem Wiener Hof mitgeteilt, dass »... die Umstände Sr. Majestät [Ludwig XVI.] nicht erlauben, eine andere Entschließung, als jene der Neutralität, bei einem etwa möglichen Kriege in Deutschland zu nehmen.« Goertz muss diese Position zugespielt worden sein, er schrieb davon Friedrich, der sofort antwortete: *Ihre beiden Depeschen vom 16. Nr. 6 und 7 sind angekommen. Ihr Inhalt klingt verheißungsvoll. Wenn sich die Meldungen über die Vorkehrungen Frankreichs bestätigen, könnten Sie mir in der Wartezeit den Brief des Herzogs von Zweibrücken an die Zarin beschaffen, in dem dieser sie um ihre Protektion bittet. Schon in meinem vorherigen Schreiben hatte ich Sie damit beauftragt, mir diesen so schnell wie möglich zu schicken.*

Goertz erfuhr auch, dass Friedrichs Geheimdiplomat Baron von Edelsheim mit weiteren Weisungen auf dem Weg nach Zweibrücken war und unterwegs Halt in Weimar machte. Edelsheim unterrichtete Herzog Carl August über das, worüber Goertz aus gutem Grund nicht schrieb, da seine Briefe abgefangen wurden. Herzog Carl August schirmte seinen Gast vollkommen ab, wenn überhaupt, durfte nur in seiner Gegenwart mit Edelsheim gesprochen werden – aus gutem Grund, denn die Anhänger der Wien geneigten Anna-Amalia-Partei waren begierig zu wissen, was Edelsheim dem Herzog anvertraute. Gräfin Goertz kam nicht einmal in die Nähe von Edelsheim: *Was sagen Sie, mein Freund, wenn ich Ihnen berichte, dass Edelsheim gestern nach dem Diner hier angekommen ist. Hier zerbricht man sich den Kopf. Ich habe ihn noch nicht gesehen, und möglicherweise werde ich ihn auch nicht sehen. Der Herzog hat ihn sofort bei sich untergebracht ... Ich habe bei Hof soupiert. Dort habe ich Edelsheim gesehen und habe darum gebeten, ihn sprechen zu dürfen. Aber Gott weiß, ob ich zu ihm komme, denn der Herzog* [Carl August] *lässt kaum von ihm. Ich wüsste gern, was der Herzog ihm bezüglich Eurer Angelegenheiten gesagt hat, und dessen Antwort … Edelsheim reist am Mittwoch ab, um Euch schnellstens zu sehen. Der Glückliche! Wie sehr ich ihn beneide.*

Gut möglich, dass Edelsheim dem Herzog auch eine Einladung – oder war es eine Aufforderung – nach Berlin mitbrachte, zu jenem 16. Mai 1778.

Graf Goertz kam nur langsam mit seinen Unterhandlungen in einem extra dafür eingerichteten Geheimkabinett im Zweibrücker Schloss voran, immer noch hoffend, dass Kaiser Joseph ohne Blutvergießen aus Bayern abziehen würde: *Meine allerliebste Caroline. Ich erhielt gestern nach dem Mittagessen äußerst zufriedenstellende Nachrichten. Die Hindernisse der Gegenpartei hatten beängstigende Verzögerungen gebracht, aber nun ist letztlich alles geregelt. In wenigen Tagen werden wir wissen, ob wir noch auf Frieden hoffen können, oder ob man für die Unterstützung seiner* [Herzog Karls] *Ansprüche Blutzoll entrichten will …*

Derweil meldete Gräfin Goertz ihrem Mann, dass Leibarzt Hufeland ihre Schwangerschaft bestätigt habe. Worüber sich der Graf freute und Ratschläge zur Gesundheit erteilte: … *Liebste Freundin, heute auf ein Wort. Ich bekam gestern eine Stafette, heute einen Kurier, Sie sehen, dass es mir nicht an Beschäftigung fehlt. Über das Geschwätz in Weimar bin ich erhaben, obwohl die Undankbarkeit bestimmt die Seele angreift. Hat man Sie zur Ader gelassen? Dies wäre in jedem Fall gut, versichert mir hier ein geschickter Arzt, den ich befragt habe. Reden Sie darüber mit Hufeland. Er würde mir eine Freude machen, wenn er mir seine Meinung über Ihren Zustand schreibt … Mein Gewissen ist gänzlich rein, selbst über den Vorwurf, ich sei schuld an dem Krieg. Wenn jemand ernsthaft daran gearbeitet hat, diese Geißel abzuwehren, dann ich. Und wenn mir dabei kein ganzer Erfolg beschieden war, dann deshalb, weil es die eingeweihten Leute gab, die von der Richtigkeit überzeugt waren, das ist meine größte Genugtuung. Ich habe nicht darum gebeten, in dieser Angelegenheit verwendet zu werden, ich bin dazu aufgefordert worden.*

Endlich, Ende März, unterzeichnete Herzog Karl von Zweibrücken das Allianzbündnis mit Preußen; Friedrich konnte nun als angerufene Schutzmacht die Rechte Zweibrückens durchsetzen. Der König: … *Wenn Sie die hier erwähnten Anweisungen befolgt haben, die gegenseitigen Garantien abgeschlossen und von Ihnen und dem Herzog von Zweibrücken unterzeichnet worden sind, glaube ich, dass Ihre Anwesenheit dort nicht länger nötig ist und Sie zurückkehren können. Das ist alles, was ich Ihnen heute in Eile schreiben kann …*

Graf Goertz atmete tief durch. Er hatte nun sogar Zeit für Ausflüge, etwa zur befreundeten Gräfin von der Leyen, wo er seine Frau während der Schwangerschaft und Geburt unterzubringen gedachte: *Ich war gestern zu Pferd in Blieskastel, liebe Freundin, und es hat mir sehr gut getan. Ich glaube, es würde Ihnen die größte Freude bereiten, wenn Sie mit den Kindern zu ihr* [Gräfin von der Leyen] *kämen, wenn Sie hier Ihre Niederkunft hätten, und wenn Sie sich keinerlei Zwang antun würden. Nach meinem Vorschlag könnten Sie dort ein Haus haben und wären immer mit ihr zusammen, ohne sich allzu sehr einzuschränken. Sie sagte, im Augenblick sei ihr das nicht möglich, aber im Sommer hätte sie ein gänzlich möbliertes Haus, das leerstünde. Es ist ein derart bezaubernder Ort, Sie wären in der Nähe eines sehr geschickten Arztes und fern aller Stänkereien …* und kündigte weitere Verlängerung seines Aufenthaltes in Zweibrücken an. Die Gräfin: *Wie mich Ihr Brief betrübt, mein Herzensfreund, das Schwarze von meiner Seele ist dem der Ihrigen gewichen … Obwohl ich mir nichts in Hinblick auf Ihre Rückkehr vormache, werden die zwei Monate Verzögerung, die Sie mir angekündigt haben, grausam für mein Herz. Wissen Sie eigentlich, dass Sie beinahe drei Monate von mir und den Kindern getrennt sind? Gestern hatte ich ein ziemlich langes Gespräch mit dem Herzog* [Carl August] *über die Angelegenheit Edelsheim geführt. Die Herzogin* [Louise] *hat mich in freundlichem Ton nach Neuigkeiten von Ihnen befragt. Ihre fortgesetzten Erfolge für den König haben mir deutliches Vergnügen bereitet.*

Das Lob des Königs hatte folgenden Wortlaut: *Potsdam, den 1. April 1778 / Ich habe mit großer Freude in der Anlage zu Ihrer Depesche vom 27. Nr. 10 den Brief des Herzogs von Zweibrücken an die Zarin erhalten. Weisen Sie nun den Herzog erneut auf alle Vorteile hin, die er durch die Ant-*

wort Ihrer Majestät, der Kaiserin von Russland, gewinnt, wie viel er sich davon versprechen kann, und welche Bedeutung es für seine Interessen haben wird, dass er sie um ihre Unterstützung gebeten hat. Darüber hinaus habe ich Ihnen bereits mitgeteilt, dass, nachdem die Konvention vom Herzog unterschrieben worden ist, Ihre Anwesenheit beim Herzog von Zweibrücken nicht mehr nötig erscheint. Ich hoffe, Sie haben die Verhandlungen bald an diesen Punkt geführt und finden sich an meinem Hof wieder ein, wo ich Sie für den Posten bestimmt habe, von dem Graf von Werthern zurückgetreten ist. Ich meinerseits werde jetzt nach Schlesien fahren, nachdem der Krieg, von dem ich mehr als Österreich bedroht bin, vermieden ist.

Unser Graf hatte es nun schriftlich, Friedrich II. wollte ihn zum preußischen Staatsminister ernennen. Des Königs Hoffnung, den Krieg durch den Allianzvertrag mit Zweibrücken vermieden zu haben, hinderte ihn nicht daran, seine Truppen in Marschbereitschaft zu versetzen. Denn so gut kannte er Kaiser Joseph durch zwei persönliche Begegnungen: Vor preußischen Waffen hatte der Hitzkopf in Wien Respekt. Am Reichstag in Regensburg wurden die neue Situation und die sich daraus ergebenden Konsequenzen verhandelt. Die Fürstentümer hatten sich nun für das Lager Preußens oder Habsburgs zu entscheiden. Bestechungszahlungen und Propagandadruck auf die Kurfürsten, Herzöge und Fürstbischöfe kamen von allen Seiten, inklusive Russland und Frankreich. Zarin Katharina hatte sich zur »Neutralität« entschlossen, um als Garantiemacht eines Friedens ihre eigene Politik im Reich zu festigen. Während in Regensburg verhandelt wurde, wandte sich König Friedrich direkt an Kaiser Joseph: »… Ihre Kaiserl. Königl. Majestät werden sich den Eindruck nicht verheelen können, den diese willkürlichen Unternehmungen, wodurch die Sicherheit, die Freiheit und die ganze Constitution des Reichs so wesentlich leiden, auf das ganze Reich und selbst auf ganz Europa gemacht haben; Ihre Majestät, der König von Preußen, verspreche sich von der Billigkeit der Mäßigung Ihrer Kaiserl. Königl. Majestät, dass Dieselben den Folgen, die natürlicherweise daraus entspringen müssen, zuvorzukommen sich bemühen, und die Vorstellungen, welche Ihre Majestät in diesem Betracht erinnern zu müssen sich verbunden halten, auf eine freundschaftliche Art annehmen werden …«

Die Antwort aus Wien kam prompt. Jeder Fürst im Reich wurde davor gewarnt, mit Preußen zusammengehen zu wollen, Anna Amalia müssen die Ohren geklungen haben: »Es sei zu vernehmen, dass mehrere Stände des Reiches der Kurbrandenburgischen am 6. März geschehenen und noch bevorstehenden Erklärung beizutreten geneigt wären, welches der Kaiserl. Königl. Majestät für widrige und feindselige Gesinnung ansehen müssten, denen gemäß Sie Dieselben behandeln lassen würde.«

Graf Goertz, immer noch in Zweibrücken, bestätigte die schwierige Lage: *Gott sei gelobt, Ihr gestriger Brief, beste Frau, verkündet mir die angenehmste Neuigkeit von Ihrer gebesserten Gesundheit. Alles andere sind flüchtige Sorgen, und wie Sie sagen, müssen wir immer dankbar sein für die Wohltaten, welche uns das Schicksal gebracht hat …*

Was die Friedensnachrichten betrifft, schenken Sie ihnen keinen Glauben. Die kaiserlichen Minister in München und Regensburg haben in den Versammlungen erklärt, dass der Kaiser den König von Preußen in die Schranken zu weisen wüsste, und dass es entschieden sei, dem König den Krieg zu erklären, ohne eine Vermeidung ins Auge zu fassen. Lehrbach hat es gesagt, wie finden Sie das. Danach bezichtigt mich die arme Person, schuld am Krieg zu sein, wo ich mein Leben opfern würde, um ihn zu verhindern … In diesem Augenblick erhalte ich eine Stafette des Königs, die mein Schicksal entscheidet. Der König ruft mich nach Berlin zurück und gibt mir die Stelle des Grafen von Werthern. Freuen Sie sich mit mir. Mein Bruder wusste nichts davon, es geschah aus seinem [Friedrichs] *Antrieb. Ich werde morgen über acht Tage hier abreisen.*

Zu der Zeit stand noch immer auf des Messers Schneide, ob es zum Kriegsausbruch kommen würde. Friedrich gab der Strategie seines Bruders zur Kriegsvermeidung eine Chance. Wenn schon kein preußisch-russisch-französisches Bündnis gegen Wien zustande kam, dann vielleicht eine Allianz protestantischer Reichsfürsten. Friedrich streckte die Fühler aus: *Mein Minister hat auch an … die Höfe der anderen protestantischen Fürstentümer geschrieben, um den Markgrafen zu überzeugen, in der bayerischen Angelegenheit mit mir gemeinsame Sache zu machen. Der Wiener Hof rühmt sich, die drei geistlichen Kurfürsten und Bischöfe von Bamberg, Würzburg und Salzburg dafür gewonnen zu ha-*

ben, dass diese ihre Hilfstruppen mit denen der Niederlande vereinen, um sie bei der Verteidigung Bayerns einzusetzen. Sie sind wohl in der Lage, diese Nachricht zu prüfen und festzustellen, ob sie fundiert ist. Wie viel Regimenter oder Bataillone sind aus den Niederlanden gekommen? In einigen Meldungen heißt es, die Truppen hätten Befehl, in den Niederlanden zu bleiben. Der französische Hof hat mir versichert, keine Garnison zu errichten.

Goertz erledigte auch diesen Auftrag und reiste aus Zweibrücken ab. In Frankfurt wurde ihm die Abschrift von einem Bericht eines französischen Agenten an den französischen Außenminister zugespielt, die Goertz an Friedrich weiterleitete. Der Inhalt war von höchster Brisanz:

> *Meine letzte Entdeckung scheint mir die wichtigste zu sein, wegen der Wirkung und der gegenwärtigen Umstände. Ich rede hier vom Auffangen der Privatkorrespondenz zwischen dem König von Preußen und seinem Gesandten in Wien. Wir haben durch diesen Kanal wahre und sehr interessante Aufschlüsse über die Politik der beiden Höfe, über ihre verborgenen Absichten, über ihre Verbindungen zum Petersburger Hofe, und über die Sprache und die Kunstgriffe eines Monarchen in Erfahrung gebracht, der durch seine bekannte Ehrsucht und Verachtung der Gesetze, welche Fürsten und Staaten binden, notwendig die Mächte beunruhigen muss. Die ganze Wichtigkeit dieser Auffassung konnte man aus den aufeinanderfolgenden und abgefangenen preußischen Depeschen sehen. Meine geheimen Triebräder haben noch eine andere Wirkung hervorgebracht. Um immer noch mehr und mehr in den Geist einzudringen, der die Potsdamer Politik beseelt, habe ich Mittel gefunden, mir, wenn es nur möglich ist, ganze Briefe des Königs von Preußen und öfter Auszüge von allem, was zwischen ihm und seinem Gesandten in Konstantinopel unterhandelt wird, zu verschaffen. Hierdurch haben wir die geheimen Unterhandlungen erfahren, die dieser Monarch führte, um den Frieden ohne die Vermittlung des Wiener Hofes zu beschleunigen und so die Zarin Katharina immer mehr an sich zu fesseln. Nach Aufdeckung dieser Absichten habe ich auch gemeldet, wie der österreichische Gesandte in Konstantinopel gehandelt hat. Ich schließe diesen Bericht mit der Ankündigung eines unfehlba-*

ren Schlüssels, den ich selbst Ihrer Majestät überbringe, um die geheimsten Details der Korrespondenz des Königs von Preußen mit seinem Gesandten in Paris zu erfahren.

Wie mochte Friedrich auf diese Informationen reagiert haben? Gab es undichte Stellen in seinen eigenen Gesandtschaften? Hatten die Franzosen Friedrichs Kuriere unter Kontrolle? Friedrichs Reaktion an Goertz lautete: *Ihr Brief vom 7. dieses Monats ist mir übergeben worden. Obgleich Eure Eilfertigkeit, nach Berlin zu kommen, mich freut, machen die jüngst eingetretenen Ereignisse Ihre Anwesenheit vor Ort noch länger notwendig. Sie erweisen mir einen großen Dienst, wenn Sie mir mitteilen, ob es zu feindlichen Auseinandersetzungen gekommen ist. In diesem Fall ist Ihnen erlaubt abzureisen, wann Sie es für ratsam halten.*

Friedrichs Depesche erreichte Goertz nicht mehr in Zweibrücken und nicht in Frankfurt. Der Graf war bereits in Kassel, um in Sachen Nordallianz zu verhandeln. Dieses Mal war die Gräfin eher im Bilde über den Weg des Grafen als der König von Preußen: *Weimar, den 21. April 1778 / Freund meines Herzens, Sie sind nun in Kassel und seit langer Zeit mir am nächsten. Doch was nutzt mir das? Ohne Unterlass beschäftige ich mich mit Ihnen, doch führt das zu nichts anderem, als mich zu betrüben … Heute findet eine Redeprobe bei der Maman* [Anna Amalia] *statt, wo ich nicht hingehen werde. Ich halte mich zurück. In Berlin werde ich bei Hofe meine Sache gut machen. Bis jetzt ist es mir noch nicht gelungen, einen passenden Diener zu finden, um Roede zu ersetzen. Es hat sich ein ausgeglichener, hübscher Junge vorgestellt, aber mir wäre ein Mann lieber, der schon gedient hat … Ludecus* [Sekretär von Anna Amalia] *war ebenfalls hier und lässt Ihnen ziemlich viele Dinge ausrichten. Er ist ein ehrlicher Junge, der Ihnen zugetan ist.*

Der Hinweis auf den ehrlichen Jungen Ludecus sollte aufhorchen lassen. Der Privatsekretär Anna Amalias bekam von den Goertz' gelegentlich Zuwendungen. Wofür? Fertigte er von Anna Amalias Schreiben Kopien für die Goertz' an? Kopierte er, was Anna Amalia an Schreiben aus Wien erreichte?

Am 26. April 1778 kam Goertz in Berlin an. König Friedrich war einige Tage zuvor zu seinen Truppen aufgebrochen, in Schönwalde, nahe der böhmischen Grenze, hatte er sein Hauptquartier aufgeschlagen. Friedrich hoffte noch immer, den Kriegsausbruch vermeiden zu können, in Berlin arbeitete Friedrichs außenpolitisch versierter Bruder Prinz Heinrich am Zustandekommen eines Fürstenbundes. Der Graf an Caroline von Goertz: *Seit gestern bin ich hier, beste Frau. Ich habe hier so viel Beschäftigung vorgefunden und bin noch müde von der Reise, dass ich diese große und schöne Stadt nicht recht genießen kann. Ich habe Ihre drei Briefe erhalten. Die Angelegenheiten hier gestalten sich täglich anders, ich kann Ihnen nicht mit Bestimmtheit sagen, wann wir uns hier niederlassen werden. Ich habe erst die beiden Minister* [Herzberg, Finkenstein] *gesehen, und ich muss mehr als je zuvor schreiben. Die Schwägerin habe ich in Potsdam getroffen. Sie wird heute für ein paar Tage herkommen und nach Dänemark reisen … Der jetzige Augenblick ist kritisch. Vielleicht kommen in Kürze alle hierher zurück. Viele glauben, dass wir keinen Krieg haben werden, und es ist nicht ausgeschlossen, dass ich gezwungen bin, noch eine Reise dorthin zu unternehmen, wo ich gewesen bin. Setzen Sie nicht Exzellenz auf unsere Briefe. Zwischen Mann und Frau geht das nicht. Ich habe noch nicht meine Ernennungsurkunde erhalten …*

In Goethes Tagebuch gibt es übrigens erst Mitte März 1778 einen ersten Eintrag zur Kriegsgefahr. Er zeigt deutlich, wie groß der Zwiespalt war, in dem Goethe lebte; hier der Künstler, der Ruhe und Inspiration für seine Dichtungen brauchte, dort der Minister, der im politischen Geschäft seinen Mann stehen wollte: »Unerwartet schön anhaltend Wetter in wenig Tagen viel grün, blos vegitirt, still und rein. Die Felsen und Ufer Arbeit sehr vorgerückt. Weiter vegitirt in tausend Gedancken an unsre Verhältnisse und unser Schicksaal. Unruhe des ♃ [Herzogs]. erwachend Kriegsgefühl.«

Graf Goertz hielt in Berlin Verbindung zur Herzogin Marie Anna von Bayern, die alles, was sie über Josephs Absichten in Erfahrung bringen konnte, an Goertz weiterreichte. Von Friedrich kam auch eine Nachricht: *Ich verleihe Ihnen hiermit den Titel eines Staatsministers mit den vereinbarten 3000 Talern Jahresgehalt. Da ich Ihnen aber nicht sofort die ganze Summe anweisen kann, da meine Staatskasse das nicht zulässt, geben Sie sich bitte zunächst mit 2000 Talern zufrieden, die Ihnen von der*

Hofstaatskasse zu diesem Zweck ausgezahlt werden. Bei nächster Gelegenheit füge ich die verbleibenden 1000 Taler hinzu.

Im Mai und Juni 1778 spielte sich in Berlin ein Kabinettstück der Diplomatiegeschichte ab. Während Friedrich II. im schlesischen Hauptquartier seine Armee weiter komplettierte, liefen in der preußischen Residenz offizielle Verhandlungen zwischen Österreich und Preußen. Die Akteure auf der einen Seite waren der mit allen Wassern gewaschene Prinz Heinrich von Preußen und Außenminister Herzberg, von Seiten Österreichs Graf Cobenzl, scheinbar von behäbiger Natur, tatsächlich aber gewieft. Graf Goertz assistierte öfter dem Prinzen. Die Rollen in dem Spiel waren verteilt. Prinz Heinrich gab gegenüber Cobenzl den Gutwilligen, auf Ausgleich Bedachten. Minister Herzberg gab sich drohend. Cobenzl bemühte sich, den Preußen unausgegorene Vorschläge schmackhaft zu machen und meldete Wien nach der zweiten Verhandlungsrunde, dass es Gerüchte gebe, wonach »... die durch mich eröffnete Verhandlung keinen anderen Endzweck hätte, als die Geschäfte in die Länge zu ziehen, um alsdann den Krieg mit mehrerem Nachdruck zu unternehmen. Der Herr Minister von Herzberg, von dieser Idee völlig eingenommen, war gleich der Meinung, man solle dem König vorschlagen, sich in Ansehung der Conciliations-Mittel keineswegs auszulassen und abzuwarten ... Prinz Heinrich hingegen gaben wir die kräftigste Versicherung, dass wir aufrichtig zu Werke gingen und eine billige Konvention zu schließen im Sinne hätten.«

König Friedrich, 800 Kilometer von Berlin entfernt, gab Regieanweisungen. Sein Agent Ellermann, ebenso bekannt wie der »Geheim-Diplomat« Edelsheim, sollte sich bei Cobenzl einnisten: »Wenn ihm auch Cobenzl nicht alles sagt, so könnte man doch immer einige Indices von ihm herauskriegen. Aus denen, die er heute gibt, daraus sieht man, dass sie unsere Proposition akzeptieren wollen.«

Cobenzl war auf der Hut und hatte seinerseits Agenten instruiert, die in Berlin wirkten. Die Verhandlungen stockten bald, Österreich war nicht bereit, die Besetzung Bayerns aufzugeben. Am Weimarer Hof buhlten zu der Zeit Carl August und Goethe um die schöne Sängerin Corona Schröter, Anna Amalia ließ Opern und Schauspiele aufführen und darbte nach Neuigkeiten von der großen Bühne Politik, um so mehr, als sie von Carl August vernehmen musste, dass er inkognito nach Berlin aufbrechen würde. Mit Goethe an der Seite.

Goethes Schock

Carl August und Goethe verließen Weimar am 6. Mai 1778. Zur Entourage des Herzogs gehörten noch »Kammerrad Wedel, Kammerdiener Wagner, zwei Jagd Laquais und der Läufer«, wie es im Fourierbuch heißt. Nach einem Staatsbesuch sah das nicht aus, eher nach einer privaten Lustreise, und dieser Eindruck war auch beabsichtigt. Die Gesellschaft logierte während ihrer ersten Station in Leipzig im »Hotel Bavarie« und besuchte Schauspiel, Oper und Auerbachs Keller. Dort fielen laut Goethes Tagebuch »Bemerkungen« über die Wandgemälde zur Faustsage. Beim nächsten Halt in Wörlitz zeigte sich Goethe beeindruckt von der Parklandschaft und ließ Frau von Stein wissen: »Mich hats gestern Abend, wie wir durch die Seen, Kanäle und Wäldgen schlichen, sehr gerührt, wie die Götter dem Fürsten erlaubt haben einen Traum um sich herum zu schaffen.« Goethe hielt auch die Begegnung mit einem ihm bekannten Reitknecht fest, dessen Frau gerade ein Kind zur Welt gebracht hatte, und »Regenwetter«. Über das Ziel und den wahren Zweck der Reise lesen wir nichts. Am 14. Mai: »Pr.[eußischer] Adler. Sand.«

Einen Tag darauf besuchte Goethe Park und Schloss Sanssouci, stand wohl auch im Arbeitszimmer des Königs: »Dem alten Fritz bin ich recht nah worden, da hab ich sein Wesen gesehen, sein Gold, Silber, Marmor, Affen, Papageien und zerrissene Vorhänge.« Spätestens jetzt wusste Goethe, dass sein Dienstherr keinen Jagdausflug in Berlin zu unternehmen gedachte, denn aus der Schilderung von Sanssouci spricht bereits deutlich die Abwehrhaltung gegen das, was kommen sollte.

Am 16. Mai zog die Weimarer Gesellschaft in Berlin ein, Herzog Carl August inkognito als Kammerjunker von Ahlefeld. Sie besuchten die Berliner Porzellanmanufaktur, die Lindenoper, den berühmten Zeich-

Sitzungssaal im Palais des Prinzen Heinrich

ner Chodowiecki und saßen laut Tagebuch am 16. und 17. Mai »zu Tafel Pr. [Prinz] Heinrich«. Der Prinz residierte in seinem Palais unter den Linden. Das beeindruckende Bauwerk besaß großzügige Treppenhäuser, zurückhaltend und edel ausgestattete Säle, Salons und intime Kabinette, in denen erstklassige Gemälde und Gobelins – Geschenke der russischen Zarin Katharina an Prinz Heinrich – präsentiert wurden. Bevor Goethe aber an der Tafel des Prinzen saß, wohin auch Höflinge und Offiziere geladen waren, galt es im kleinen Kreis über Politik zu sprechen.

Goethe, der bürgerliche Dichter, der Charlotte von Stein in Liebesbriefen sein Begehren gestand, der sich geborgen unter Anna Amalias schützendem Mantel wusste, der Stücke schrieb und sie auf die Bühne brachte, immer noch die schöne Corona Schröter anbetete und auch Akten zum Straßenwesen des Herzogtums bearbeitete, tanzte bei seinem ersten »Auslandsaufenthalt« als Geheimrat auf einem Seil ohne Netz und doppelten Boden. Es gab in der Runde drei Politprofis und einen Popstar. Es ging bei Prinz Heinrich aber nicht um kostümierte Schönheiten, sondern um die Bestätigung einer Allianz zwischen Preußen und Sachsen-Weimar gegen Österreich, eingedenk der bislang so einvernehmlichen Zusammenarbeit mit dem Grafen Goertz, der Preußens Interessen vertrat, und mit Carl August. Während sich König Friedrich in Sachen Allianz kaum um jene Fürstentümer bemühte, die am Reichstag in Regensburg oder ob ihrer geringen militärischen Potenz nur wenig Bedeutung hatten, wollte Prinz Heinrich diese kleinen Fürstentümer durchaus gewinnen. Dazu zählte Sachsen-Weimar. Dass Carl August durch Goertz bereits zur preußischen Phalanx gehörte, wusste Prinz Heinrich natürlich. Die Gespräche waren dann auch nicht kompliziert, im Gegenteil, der junge Herzog, durch seinen Mentor Goertz geführt, fühlte sich geschmeichelt und in seiner Bedeutung aufgewertet und hatte keine Not mit einer Bindung an Preußen. Der 21-jährige Carl August muss sogar euphorisiert gewesen sein, wünschte sich als Nebenprogramm Bälle, Oper – und eine Jagd. Zumindest mit Letzterem konnte Prinz Heinrich nicht dienen, die Tierhatz war ihm wie seinem königlichen Bruder zuwider, Goertz übrigens auch. Unser Graf hatte zur Vorbereitung auf die Verhandlung mit Carl August und mit weiteren Fürsten eine Denkschrift verfasst, eine Geschäftsgrundlage mit grundsätzlichem Tenor: ... *ich schildere die Höfe, die ich die Ehre hatte auf Befehl des Königs zu besuchen, und ... entwerfe eine Art politischer Vision, die ich ... für realisierbar halte ... Die gegenwärtigen Umstände könnten dem Haus Brandenburg sehr reale Vorteile bringen, wenn sich der König vor der unglücklichen Notwendigkeit sieht, einen gerechten Krieg für die Erhaltung der deutschen Reichsordnung führen zu müssen, aber zugleich geruhen würde, als Beschützer der deutschen Fürsten aufzutreten ... Man kann sagen, dass Deutschland jetzt aus zwei Teilen besteht: dem des Königs und dem des kaiserlichen Hauses ... Schon jetzt scheint der Kurfürst von Sachsen seine wahre Interessen zu erkennen, indem er sich dem König anschließt ... Das Haus Hannover hat sich im-*

mer eifrig für die Aufrechterhaltung der Reichsordnung eingesetzt. Braunschweig geht in all diesen Fragen mit dem König konform. Auf die positive Einstellung und ihre Stimme am Reichstag kann man beim Markgraf von Baden und den Herzögen von Sachsen immer rechnen. Der Herzog von Zweibrücken ist als zukünftiger Herrscher über die Pfalz und Bayern bereit, sich durch einen formellen Vertrag zu verpflichten … Damit erlangt der König, der bereits auf alle protestantischen Stimmen zählen kann, auch noch die des einzig mächtigen katholischen Fürsten im Reich … Auf österreichischer Seite stehen nur die Kirchenfürsten, von denen die von Köln und Münster auf Grund ihrer geopolitischen Lage … sicher noch leicht gewonnen werden können … Angesichts der Gleichgültigkeit des französischen Hofes gegenüber seiner Rolle als Schutzmacht des Westfälischen Friedens [1648] *… könnte der König den Einfluss dieses Hofes auf die Reichsangelegenheiten unwirksam machen …*

Goethe wird seinen Ohren nicht getraut haben, nicht nur weil Carl August und Goertz seit Jahren an einem Strang zogen, sondern auch, weil des Herzogs Politik im Gegensatz zu dem stand, was Anna Amalia verfolgte, nämlich die Nähe zum Wiener Hof. Anna Amalia nannte das »Neutralität gegenüber den Großen des Reiches«.

Goethe erfuhr, wer bereits im preußischen Lager stand, und erlebte, wie mit welchen Zahlungen und Zusicherungen Pakte geschlossen wurden, wie Entscheidungen des Kaisers plötzlich unmittelbare Konsequenzen für den Musenhof Weimar haben würden, etwa im Kriegsfall für Preußen Soldaten zu stellen und deshalb mit militärischer Reaktion der Kaiserlichen rechnen zu müssen. Freundlich war der Ton, der 52-jährige Prinz Heinrich ein zuvorkommender Gastgeber, der Unverbindlichkeiten jedoch nicht durchgehen ließ. Goethe muss sich in der Runde wie ein Narr vorgekommen sein, wie ein bedeutungsloses Anhängsel, vielleicht sogar Objekt des Spottes, den Prinz, Herzog und Graf mehr oder minder feinfühlig zu betreiben pflegten. Goethe war geschockt, verunsichert und enttäuscht. Anders ist sein nach dem Treffen geschriebener Brief an Charlotte von Stein nicht zu verstehen: »Wenn ich nur könnte bey meiner Rückkunft Ihnen alles erzählen wenn ich nur dürfte. Aber ach die eisernen Reifen mit denen mein Herz eingefaßt wird treiben sich täglich fester an, daß endlich gar

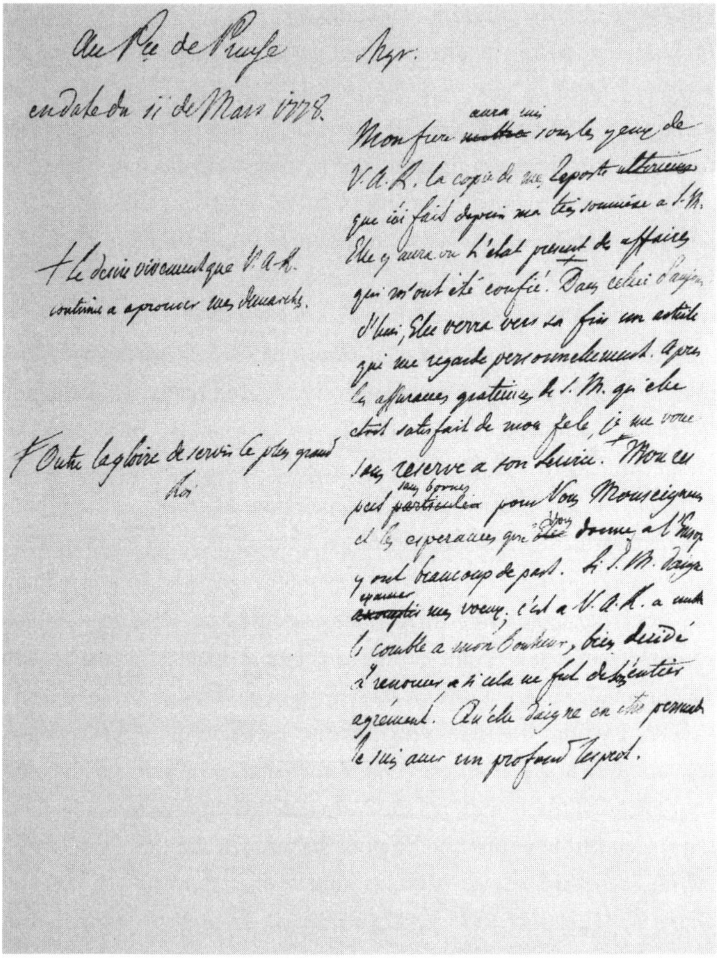

Verhandlungskonzept des Grafen Goertz

nichts mehr durchrinnen wird.« Im Würgegriff dieses eisernen Reifens Politik gestand Goethe immerhin: »So viel kann ich sagen, ie gröser die Welt desto garstiger wird die Farce und ich schwöre, keine Zote und Eseley der Hanswurstiaden ist so eckelhafft als das Wesen der Grosen [Prinz Heinrich], Mittlern [Carl August] und Kleinen [Graf Goertz] durch einander … Aber den Werth, den wieder dieses Abenteuer für mich für uns alle hat, nenne ich nicht mit Nahmen. – Ich bete die Götter an und fühle mir doch Muth genug ihnen ewigen Haß zu schwören …« (19. Mai 1778).

Bekannt ist, dass Goethe an der Abendtafel des Prinzen genealogisch nach den Vorfahren Carl Augusts befragt wurde und keine Antworten darauf kannte. Das wäre aber für jemanden wie Goethe kein Grund gewesen, den Großen, Mittleren und Kleinen Rache zu schwören, denn darüber, dass er nie in der Liga des Hochadels mitspielen würde, war sich Goethe völlig im Klaren.

Goethe reagierte sich mit Parkspaziergängen, Museumsbesuchen und an Spieltischen ab und schrieb Charlotte von Stein zwei Tage später: »Durch einen schönen Schlaf hab ich meine Seele gereinigt.« Die Seele war also beschmutzt worden, wir kennen die Übeltäter und die Drohungen des Dichters. Wie würde sich Goethe in den nächsten Wochen und Monaten verhalten? Auffällig ist, dass er nach der Reise lange Zeit sein Tagebuch bis auf wenige Stichpunkte nicht benutzte. Seinen Freund Merck in Darmstadt ließ Goethe Monate nach dem Treffen wissen: »Auch in Berlin war ich im Frühjahr; ein ganz ander Schauspiel! Wir waren wenige Tage da, und ich guckte nur drein wie das Kind in Schoen-Raritäten Kasten. Aber du weist wie ich im Anschaun lebe; es sind mir tausend Lichter aufgangen« (5. August 1778).

Die Verunsicherung gegenüber Anna Amalia, Carl August und Charlotte von Stein hielt bis in das Jahr 1779 an und mündete in Selbstzweifeln und Sinnfragen. Wie überschwänglich hatte noch seine Ankündigung aus dem Jahr 1776 geklungen: »Meine Lage ist vorteilhaft genug, und die Herzogtümer Weimar und Eisenach immer ein Schauplatz, um zu versuchen, wie einem die Weltrolle zu Gesicht stünde.« Im Dezember 1778 notierte er in sein Tagebuch: »Ich bin nicht zu dieser Welt gemacht, wie man aus seinem Haus tritt geht man auf lauter Koth. und weil ich mich nicht um Lumperey kümmre nicht klatsche und solche Rapporteurs nicht halte, handle ich oft dum. – Viel Arbeit in mir selbst zu viel Sinnens, dass Abends mein ganzes Wesen zwischen den Augenknochen sich zusammen zu drängen scheint.«

Graf Goertz verlor in seinen Briefen aus Berlin an seine Frau übrigens kein Wort über die Verhandlungen, aus Sorge, die Briefe würden abgefangen. Er teilte lediglich mit, wie entspannt sich Carl August auf dem Berliner Parkett bewegte, was bedeutet, dass die Unterhandlungen erfolgreich waren, und dass *man Goethe eine Lektion erteilt* habe.

Die im Frühjahr 1778 in Berlin vorbereiteten Allianzen führten erst 1785 zum Deutschen Fürstenbund. Ohne die Vorarbeit von Goertz und Prinz Heinrich wäre er später nicht so schnell zustande gekommen. Biographen von Carl August schrieben und schreiben dem Herzog immer wieder den Einfall und die Initiative für einen »Fürstenbund der Kleineren« zu, um sich so gegen Preußen und Österreich zu behaupten. Die Quellen sprechen eine andere Sprache.

An dieser Stelle ist auch die Frage angebracht, ob sich die Geschichte von der Männerfreundschaft zwischen Goethe und Carl August aufrechterhalten lässt, wenn Carl August und Goertz den Dichter über lange Zeit derart auflaufen ließen? Goethes Karriere als Politiker, der eingreifen und gestalten konnte, begann erst, als Graf Goertz im Herbst 1779 nach Petersburg ging. Goethe bekam unter anderem das Finanzressort zugesprochen und war zuständig für das Militär mit einer überschaubaren Truppe von weniger als 200 Mann. Eine Machtfülle, um die sich Goethe nie gerissen hat und die Konsequenzen auf seinem weiteren Lebensweg haben sollte, daraus resultierte auch seine Flucht nach Italien 1786, worüber bald zu berichten sein wird.

Wie es zwischen Goethe und Anna Amalia zuging, als sich beide wieder in Weimar sahen, ist den Goertz'schen Quellen nicht zu entnehmen. In Goethes Tagebuch gibt es erst wieder im Oktober einen Eintrag zu Anna Amalia. Und doch sahen sie sich beinahe täglich, probten auf der Bühne, aßen und unterhielten sich. Gräfin Goertz berichtete ihrem Mann von dem angespannten Verhältnis zwischen dem Herzog und seiner Mutter, offenbar sprachen beide gar nicht miteinander, seit Carl August aus Berlin zurückgekehrt war. Für Anna Amalia war Goethe der einzige Informant über das in Berlin Verhandelte. Aber würde Goethe, der nun erlebt hatte, wie er mal vom Herzog, mal von dessen Mutter instrumentalisiert wurde, sich wiederum zwischen die Lager stellen? Eine Verpflichtung wird der Dichter der Herzogin nicht abgegeben haben. Es dauerte einige Wochen, bis Anna Amalia

Die Maxburg bei Braubach am Rhein, von Anna Amalias Zeichenlehrer festgehalten

sich ein plausibles Bild über das in Berlin Geschehene machen konnte. Als sie das Bild zusammengesetzt hatte, beschloss sie eine Kunstreise an den Rhein, in die Länder des Kurfürsten von der Pfalz, des Verbündeten Kaiser Josephs, zu unternehmen.

Mit ihrer Gesellschafterin Göchhausen, Kammerherr von Einsiedel, Kammerfräulein Sophie von Stein, Kammermädchen Charlotte Piper und Hofmaler Kraus brach Anna Amalia im Juni auf. Sie reiste als Gräfin Allstedt inkognito. Ihr erster Abstecher galt in Erfurt Statthalter Dalberg, der in den letzten zehn Jahren immer wieder versucht hatte, die Animositäten zwischen Graf Goertz und Anna Amalia beizulegen, und der unter Napoleon Karriere machen sollte, während sein Neffe, Emmerich von Dalberg, möglicherweise von Goertz installiert, zusammen mit Talleyrand tüchtig am Sturz Napoleons von 1813 arbeiten sollte. Doch so weit wollen wir der Geschichte nicht vorgreifen.

Anna Amalias weitere Stationen waren Mainz, Bingen, Koblenz. Die Gesellschaft picknickte in Parks, an Flüssen, besuchte Klöster, und Hofmaler Kraus zeichnete eine Art Tagebuch.

Am 16. Juni 1778 stieß in Frankfurt Johann Heinrich Merck zur Gesellschaft. Dem kunstsinnigen Kriegsrat aus Darmstadt verdankt die Nachwelt Beschreibungen vieler Sehenswürdigkeiten. Sieben Tage später traf sich Anna Amalia mit dem kurtrierischen Regierungsrat Michael von La Roche in Ehrenbreitstein. Über Neuwied und Köln kam die Reisegesellschaft nach Düsseldorf. Die Aufmerksamkeit dort galt der berühmten Gemäldesammlung Karl Theodors. Seine Schlösser in Benrath, Bensburg und Bonn wurden anschließend besucht. In Nassau traf sich Anna Amalia mit dem Kurmainzer Geheimrat vom Stein. Weder Einsiedel noch Merck waren Zeugen des Gesprächs. Gerade Mercks spätere Briefe an Anna Amalia wie an seinen Freund Wieland gründeten für die Nachwelt die Legende von einer reinen Bildungsreise. Der pathetische Ton, den Merck zunächst gegenüber Wieland anschlug, unterstreicht den Eindruck noch: »Ich kan dir jetzt ohnmöglich sagen was ich für Freude auf der Reise gehabt habe. Die Herzogin hat so gut wie Ihr Sohn mein ganzes armes Herz weggenommen u. wohl Euch, Ihr leute, dass Ihr solchen Fürsten Kinder zugehört …« (20. Juli 1778).

Merck gab Wieland in seinem Brief vom 1. August 1778 sogar psychologische Ratschläge im Umgang mit Anna Amalia: »Sie [Anna Amalia] ist dir so zugethan, wie dus nur immer wünschen kannst, u. das war mir ein grosser Trost. Es ist eine so herrliche Frau, die so wenig kostet, aufrecht erhalten zu werden, dass wenn der Herre Gott nur so gnädig seyn wolte, den Leuten, die um sie sind, Ein Bißgen Goethesche Liebe, u. Wärme für andre Menschen einzublasen, so ist sie in Attention u. Freundschafft, u. Amusement gerade so wohlfeil zu halten, wie bey Tische – denn sie genießt warelich wenig.«

Anna Amalias Kunstreise an den Rhein hatte aber noch einen anderen Grund, und der galt nicht Rubensgemälden in der Düsseldorfer Galerie des Kurfürsten Karl Theodor, wohl aber dessen Politik gegenüber dem Wiener Hof. Denn in einer Aktennotiz des preußischen Außenministers Herzberg findet sich der Satz, dass … *die Herzogin Amalie von Weimar unterwegs ist in der bay. Angelegenheit.*

Damit sind wir auf einer anderen Bühne. Anna Amalia besuchte auch Mannheim, die Residenz von Kurfürst Karl Theodor, und traf dort – nein, nicht den Kurfürsten, das wäre eine offener Affront gegen Friedrich II., aber des Kurfürsten Minister Franz Karl vom Hompesch. Worüber sprach die »Gräfin Allstedt« mit dem Minister?

Anna Amalia wird weitergegeben haben, was ihr Goethe von den Verhandlungen in Berlin berichtet hatte. Dass Preußen im Reich eine Allianz gegen Wien zustande brachte, die auch über den momentanen Konflikt hinaus bestehen solle. Dass ihr »undankbarer Sohn« noch immer »im Netz des Grafen Goertz gefangen war«. Sie konnte sicher sein, dass Kurfürst Karl Theodor diese Informationen umgehend an Kaiser Joseph weitergab. Kaiser Joseph wurde an Goethes Verdienste sicherlich erinnert, als Anna Amalia einige Jahre später bei ihm um die Nobilitierung Goethes nachsuchte.

Merck übrigens berichtete Anna Amalia über Gerüchte, wonach ihre Reise anderen Zielen als Kunstbetrachtungen gegolten haben soll: »Man sey also um der Sache einen Schein zu geben, darauf gefallen, nach Düsseldorf zu gehen. Im Grunde aber sey es eine Politische Reise. – Da ich dieses … hörte, ward ich bestürzt, und es ging mir schwer ein zu erfahren, dass der ganze Campo von Kunst und Natur, worauf wir uns herumgetummelt hatten, ein Plaz wäre, von Politischen Bedürfnißen unterminirt und mit Dornen und Spinnweben von Plans u. Absichten umzogen.« Kurfürst Karl Theodor schenkte Anna Amalia mit herzlichen Grüßen Abgüsse aus seiner Antikensammlung …

Sommer 1778. Der erfolgreiche Graf Goertz würde in Berlin bleiben, und für Caroline von Goertz war es ausgemacht, mit ihren Töchtern so schnell als möglich nachzuziehen. Die Kinder brauchten den Vater und Caroline den Mann. Schon im April trug sich die Gräfin mit Umzugsgedanken.

Jeder Morgen beginnt mit Ihnen, Freund meines Herzens. Was wird sein, wenn sich meine Projekte durchführen lassen und ich mich zu Ihnen begebe? Ich kann mich nur noch mit dieser süßen Vorstellung beschäftigen … Nichts auf der Welt macht mir mehr Freude, als mich Ihnen anzuschließen.

Im Laufe der folgenden Wochen wurden die Überlegungen immer konkreter: *Ich wünschte sehr, mein Freund, dass Sie in der Angelegenheit eine Entscheidung treffen, denn an Ostern muss man das Haus kündigen, um nicht gezwungen zu sein, es von da an bis St. Johannes zu bezahlen. Und da es gegenwärtig Interessenten gibt, die Häuser suchen, wird es uns viel leichter fallen, uns mit dem Vermieter zu einigen … Ich rate Ihnen, mein Freund, in Berlin kein großes Haus vor St. Johannes zu nehmen, weil wir bis dahin die Miete hier bezahlen müssen, und weil ich sehe, dass ich vorher hier mit dem Verkauf der Möbel und allen Arrangements nicht zu Ende kommen werde. Außerdem bitte ich Sie, eine Notiz darüber zu machen, was ich unerlässlicherweise bei meiner Kleidung benötige und ob man auf reiche Kleider bei Hof verzichten kann.*

Auch das Personal der Gräfin schien vom Umzug nach Berlin begeistert: *Alle unsere Leute wollen uns folgen, den Kutscher habe ich nicht gefragt.*

Der avisierte Ortswechsel nahm immer größeren Raum in der Korrespondenz unserer Gräfin ein: *Wäre es nicht vorteilhaft, jetzt einen Vorrat Wein anzulegen, von dem man sagt, dass er in Berlin so teuer wäre. Das würde uns über einige Zeit hinweghelfen. Übrigens bin ich der Ansicht, dass wir alle diejenigen Möbel, die uns dort von Nutzen wären, einpacken und mitnehmen sollten. Unsere Betten, unsere Kissen, die Spiegel sowie Schränke aus der Küche – und den gesamten Rest verkaufen. Sobald ich weiß, dass Sie sich eingerichtet haben, übersende ich Ihnen den Schreibtisch, die Bücher und einen Teil der Dinge, auf die ich hier schon verzichten kann.*

Gräfin Goertz ließ sich von verschiedenen Umzugsunternehmen Angebote machen und fand heraus, dass der Transport über die Elbe bis Magdeburg deutlich günstiger ausfallen würde als ausschließlich über Land. Sie inventarisierte und bot an: *Hauptmann möchte den alten Wagen kaufen, Klinckhofström* [Klinkowström] *die Spiegel und Stühle. Ich werde alles das verkaufen, was sich leicht an den Mann bringen lässt. Falls Ihr ein Haus mit Garten finden könnt, wäre das sehr angenehm.*

Das Inventar über Einzelpositionen zu versilbern gelang der Gräfin nicht, also ging sie einen anderen Weg: *Ich bin entschlossen, eine Versteigerung zu veranstalten, weil es tausend Leute gibt, die schlecht bezahlen und um unsere Möbel betteln.* Wozu auch Charlotte von Stein gehörte, die zwei Spiegel geschenkt haben wollte. *Diese Versteigerung kann sofort nach meiner Abreise veranstaltet werden.* Beim Einpacken dachte sie vorausschauend: *Können Sie sich erkundigen, was man in Berlin für Zucker und Kaffee bezahlt? Man sagt, dass es dort das Doppelte kostet. Da wir zollfreien Eintritt haben, so wäre ich der Meinung, einen Vorrat anzulegen, das würde unserem Fortkommen helfen. Sobald Sie ein Haus gefunden haben, übersende ich Ihnen die Betten …*

Gräfin Goertz setzte einen Besichtigungstermin für den Hausrat an: *Für unsere Möbel habe ich eine Menge Käufer, von denen der Jude aus Gotha der angenehmste ist. Der will alles erwerben. Das wäre in mehr als einer Hinsicht gut.* Und dachte an ihr künftiges Leben in Berlin: *Wegen meiner Robe für den Hof glaube ich, dass ich nicht schlecht daran tun würde, sie noch einige Jahre zu behalten, das würde viel Ersparnisse bringen … An meinen Juwelen hänge ich nicht zu sehr und würde sie freiwillig verkaufen, wenn ich sie zu einem guten Preis verkaufen könnte, um damit Kapital zu erwirtschaften, dessen Zinsen uns helfen könnten.* Im Juni verkaufte Gräfin Goertz ihre Möbel der Herzogin Anna Amalia. Es wäre reizvoll, den Weg der Goertz'schen Kommoden, Schränke und Tische durch die herzoglichen Schlösser zu verfolgen und herauszufinden, was sich von dem Inventar bis heute erhalten hat. Vielleicht ließe sich in einer Ausstellung die Weimarer Bibliothek des Grafen mit einigen seiner Möbel rekonstruieren.

Im Juli 1778 wohnte Gräfin Goertz in Potsdam im Haus ihrer abwesenden Schwägerin. Einen Abschiedsempfang für die Gräfin scheint es am Weimarer Hof nicht gegeben zu haben. Von Goethe und Wieland sind keine Äußerungen zur Abreise der Goertz' bekannt. Carl August blieb mit Goertz in engem Kontakt, bald sollte der Herzog den Grafen um Vermittlung bei Zarin Katharina in einer Erbangelegenheit bitten. Durch die Gianini wurde Caroline fortan über die Ereignisse am Weimarer Hof unterrichtet. Der Briefbestand von Gräfin Gianini ist leider nur lückenhaft erhalten. Die Briefe von Graf und Gräfin Goertz an Gräfin Gianini sind verschollen. Die Befürchtung von Gräfin Gianini, ohne Goertz in Weimar in eine äußerst schlechte Position zu geraten, bewahrheitete sich nicht. Dennoch fühlte sich die 58-jährige, stets kränkelnde und empfindsame Dame am Weimarer Hof unwohl.

Für Graf Goertz waren das Nebenschauplätze, denn König Friedrich hatte Anfang Juli alle Unterhandlungen mit Österreich abbrechen lassen und nach Angriffen ungarischer Panduren auf preußische Truppen dem Kaiser am 3. Juli den Krieg erklärt. Zwei Tage später überschritten 100 000 Preußen die böhmische Grenze in Richtung Oberelbe. In Jaromirz schlug Friedrich sein Lager auf, die Österreicher das ihre in Glatz. Bei Friedrich war Außenminister Herzberg, Prinz Heinrich kommandierte die sächsische Armee. Heinrich sollte verhindern, dass die Österreicher in Sachsen oder Preußen einfallen. Beide Armeen verschanzten sich in ihren Stellungen, abgesehen von gegenseitigen Überfällen auf die Furagewagen kam es zu keinen Kampfhandlungen. Graf Goertz blieb in Berlin. *Ich hoffe, mein Freund, Sie sind glücklich in Berlin angekommen. Gestern habe ich noch die Folgen einer Kolik verspürt, was mich aber nicht davon abhielt, bei Frau von Zechlin zu Mittag zu essen. Es waren nur Frauen dort und es war recht fröhlich. Frau von Götz hat mich zu einem Stadtrundgang mitgenommen, wir sind in den königlichen Gärten gewesen, wo wir bis acht geblieben sind. Heute esse ich bei ihr zu Mittag. Ich hoffe, mein Herzensfreund, dass unsere Sachen bald eintreffen werden, dann kann ich zu Ihnen kommen. Ich hoffe Sonnabend, bestimmt Sonntag einzutreffen. Ich bin erschöpft von Besuchen, zudringlichen Menschen, Schreiben und der Beschäftigung mit offenen Rechnungen … Gestern habe ich den ganzen Tag bei Frau von Catt verbracht, wir waren in Sans souci spazieren, doch dafür bin ich nicht geschaffen, ich leide heute noch darunter und halte es für vernünftig, mich einen Tag auszuruhen, und habe das Abendessen bei Frau von Zegelin abgesagt. Frau von Götz ist bei mir gewesen und hat erzählt, dass ihr Mann am Sechsten einige Gefangene gemacht hat und dass er die Feindseligkeiten eröffnet hat. Ich fürchte, dass Sie aus vielerlei Gründen nicht herkommen können, mein Freund, obgleich mich dies unglaublich freuen würde. Bleibt zu hoffen, dass die Möbel bald kommen. Ich habe die erbärmlichste Tinte der Welt, die meine Geduld auf die Probe stellt. Ich schreibe eine Stunde an wenigen Zeilen. Jeden Buchstaben muß ich sechsmal nachziehen. Louise sieht wie ein Ungeheuer aus, sie ist derartig von Schnaken zerbissen, dass ihr Gesicht davon geschwollen und ein Auge seit vorgestern zu ist …*

Nach beinahe vierwöchiger Reise langte das Goertz'sche Inventar in Berlin an, die Gräfin zog zu ihrem Mann und brachte dort im August ihre dritte Tochter, Marie Anna, zur Welt. Der Briefwechsel zwischen den beiden hatte für über ein Jahr ein Ende.

Auf dem Kriegsschauplatz gab es keine Entscheidungen. Plünderungen und Scharmützel wechselten einander ab. Mitte August verlegte Friedrich II. sein Heer nach Soor unter den Augen und in Schussweite der Österreicher. Kaiser Joseph, der ebenfalls bei der Truppe stand, ließ die Preußen passieren. Prinz Heinrich zog sich mit seinem Heer nach Sachsen zurück. Über die Auseinandersetzungen berichtete eine Schar von offiziellen und selbst ernannten Kriegsreportern, die offen an der Front oder verdeckt im Hinterland auf der Jagd nach neuen Informationen waren, um die zahlreichen deutschen Tages- und Wochenzeitungen mit Meldungen zu versorgen: »Österreichischer Bericht aus Oberschlesien vom 3. November 1778. Heute früh gegen halb sieben hörte man gegen Jägerndorf starkes Kanonieren, bald darauf kam Lärm, dass der Feind stark anrücke. Das Khevenhüllersche Regiment rückte samt Kanonen sogleich nach Spillendorf vor, wo es sich postierte. Es ward aber bald wieder ruhig und das Regiment ist gegen 1 Uhr wieder eingerückt. Der Lärm ist daher gekommen, weil die Vorposten nebst 300 Scharfschützen, ihre Stellung bey Weißkirchen genommen hatten, auf welche die Preußen gefeuert hatten.« Aus einem Schreiben aus Wien von 7. November: »Heute war großer Kriegsrat … wo beschlossen wurde: Außer den 19 schon bestehenden Freikorps sollen noch 7 andere errichtet werden.« »Aus Schlesien, vom 14. November. Der im Dorf Dittersbach bei Schmiedeberg geschehene Überfall der Taddenschen Infanterie ist gar nicht mit so beträchtlichen Verlusten gewesen, als man anfänglich ausgesprengt hatte, da der Angriff erwartet wurde. Der Kommandeur, Oberst von Heilsberg, wurde gleich, als er sich auf den Sammelplatz verfügte, von einigen Kroaten erschossen, die sich ins Dorf geschlichen hatten, sein Adjutant verwundet. Der größte Verlust sind die acht Fahnen, welche aus dem Haus des Kommandeurs heimlich herausgeholt wurden …«

In Weimar wurde Herzog Carl August zu Beginn des neuen Jahres von seiner Mutter und deren Phalanx Fritsch und Goethe gedrängt,

Protest gegen die preußischen Werber einzulegen, die rücksichtslos im Herzogtum rekrutierten. Das Consilium riet Carl August im Februar 1779 zu einer Verbindung sowohl katholischer als protestantischer Höfe, um sich der »Zudringlichkeiten der kriegführenden Mächte zu erwehren«. Der gerade zum Kriegsminister ernannte Goethe forderte gar, sich den preußischen Rekrutierungswünschen und dem Preußenkönig »standhaft zu widersetzen«. Die Frage, wie weit Kriegsrat Goethe von der politischen Realität entfernt und von Anna Amalias Machtambitionen infiltriert war, muss erlaubt sein. Carl August war angesichts der vielfältigen Konflikte die Lust am Regieren vergangen, er suchte nach Ablenkung – eine Mätresse sollte es sein. Aber die von Goethe angebetete Schauspielerin Corona Schröter gab dem Herzog einen Korb, dem Dichter übrigens auch. Den finanziellen Zusammenbruch des Herzogtums verhinderten Kredite der Schlesischen Landeskasse, einer preußischen Einrichtung. Ob Goertz die Zahlungen an Weimar arrangiert hatte, muss offen bleiben.

Im März 1779 kam es zwischen Österreich und Preußen zu einem Waffenstillstand, im Mai zogen sich die Preußen aus besetzten österreichischen Gebieten zurück. Diplomaten waren wieder aktiv und Friedrichs Außenminister Herzberg handelte unter Vermittlung von Zarin Katharina einen Friedensvertrag aus, der im Mai geschlossen wurde. Kaiser Joseph räumte Bayern, Preußen hatte zum ersten Mal im Reich eine Allianz gegen Österreich zustande gebracht, die aber, wie zu befürchten war, nach dem Friedensschluss rasch zerfiel. Goertz hatte diese Gefahr gesehen und in einem Memorandum an König Friedrich zur Vertiefung des Bündnisses gemahnt, um die *Deutschen Fürsten zu einem Bund dergestalt zu einen, dass dieser Bund unter der Führung des Bedeutendsten sowohl gegen äußere Angriffe geschützt ist, als auch gegenseitig vorteilhaft handeln kann.*

König Friedrich dankte Goertz für seine Überlegungen aus Breslau: *Mit innerer Überzeugung von der Aufrichtigkeit Ihrer Gefühle habe ich Ihre Gratulation zum Friedensschluss empfangen. Die Dienste, die Sie mir von Beginn der Unruhe an mit Eifer und Hingabe geleistet haben, finden meine volle Anerkennung.*

Die Anerkennung des Königs sollte für Familie Goertz allerdings zum Pyrrhus-Sieg werden. Nun, wo der Friede wiederhergestellt war, dachte Friedrich weniger an Allianzen mit Reichsfürsten, das preußisch-russische Bündnis war ihm wichtiger. Goertz, der maßgeblich mit dafür gesorgt hatte, dass Preußen im Deutschen Reich fortan als gleichberechtigte Macht neben Österreich auftrat und als solche von der Mehrheit der deutschen Fürsten akzeptiert wurde, diesem Grafen trauten Friedrich und seine Nachfolger die heikelsten außenpolitischen Missionen zu. *Eurem Ruhm opfere ich mein Leben,* sollte Caroline von Goertz bald klagen müssen, denn Goertz wurde vom König auf den für Preußen wichtigsten Gesandtenposten nach Petersburg beordert und sogleich in das Amt eingeführt. Der König an Goertz: *Mit Freude sehe ich aus Ihrem gestrigen Brief, dass Sie fortfahren Akten zu studieren und sich so auf Ihre Mission in Russland vorbereiten. Ich werde Ihnen noch eigenhändige Briefe an die Zarin und an den Großfürsten* [Paul] *mitgeben. Wenn Sie übermorgen, den 31. dieses Monats kommen wollen, kann ich Ihnen diese selbst geben.*

Friedrichs Vorstellungen von der politischen Zukunft Preußens und auch des Reiches waren genialisch und absurd zugleich – zumindest aus heutiger Sicht. Goertz sollte in Petersburg eine Allianz zwischen dem Osmanischen Reich, Preußen und Russland zustande bringen. Das widersprach den Optionen Katharinas und Josephs, die schon lange Pläne schmiedeten, um der Hohen Pforte den Balkan zu entreißen. Hätte Friedrich seine Strategie durchgesetzt, wäre Österreich isoliert und wegen seiner Eroberungsabsichten Feind Russlands und des Osmanischen Reichs. Für Gräfin Goertz, die in Potsdam wohnende Mutter dreier Töchter, war der Weggang ihres Mannes nach Petersburg eine Katastrophe, denn es war höchst unsicher, ob sie mitgehen würde. Die labile Gesundheit ihrer Töchter, Marie Anna war noch kein Jahr alt, das raue Klima in Russland und der Umstand, von allen Freunden und Verwandten abgeschnitten zu sein, hielten sie zurück. Finanzielle Erwägungen kamen hinzu; Friedrich zahlte seinem Botschafter Goertz im Jahr 13000 Taler, damit war eine Familie von Stand, die auch repräsentieren musste, gut in Potsdam durchzubringen, aber nicht in Petersburg. Ausgaben von 13000 Talern waren in jenen Kreisen, in denen sich Goertz bewegen würde, eher das Monatsbudget.

In Weimar interessierte das außer Gräfin Gianini niemanden. Herzogin Anna Amalia schickte erneut den Geheimrat Goethe vor, der im Consilium dafür sorgen sollte, Goertz die Pension von jährlich 1500 Talern zu streichen. Für die Herzoginmutter war Goertz auch nach seinem Weggang aus Weimar eine Herausforderung, und es war ihr gleichgültig, in welcher Stellung und persönlichen Nähe der Graf zu ihrem Onkel Friedrich II. stand.

Trost erhielt Gräfin Goertz von der Gianini: *Alles, was ich Ihnen sagen könnte, meine liebe Gräfin, würde Ihnen nur unzureichend wiedergeben, wie aufrichtig ich an Ihrem gegenwärtigen Dasein Anteil nehme, ich kann Ihren Kummer und die Unannehmlichkeiten Ihrer Lage lebhaft verspüren, wie sollte ich das auch nicht? Zählen Sie, solange ich lebe, immer auf meine aufrichtige Freundschaft und bewahren Sie mir die Ihre. Hier ist ein Brief für unseren Deserteur* [Graf Goertz], *ach, er wird wahrscheinlich veraltet sein, wenn er ihn bekommen wird, ich hätte ihm vor vierzehn Tagen geschrieben, wenn nicht meine Spa-Bäder und die Kur meiner Herzogin* [Louise] *mich daran gehindert hätten. Gott sei Dank hat ihr der Brunnen gutgetan. Nun sind wir hier wieder in unserem täglichen Trott, das heißt, wir versinken bis über beide Ohren in Langeweile. Der Herzog* [Carl August] *hat uns für 6 Wochen verlassen, er macht dieselbe Reise wie seine Mutter vor einem Jahr, mit dem Unterschied, dass er mit Goethe und Wedel bis Frankfurt zu Pferd unterwegs ist und dann bis Düsseldorf zu Wasser, dann wieder zu Fuß, ich glaube, kein regierender Fürst hat je dergleichen getan. Sie werden vielleicht schon wissen, dass der Lyncker, Schnauß und Goethe zu Geheimen Räten ernannt worden sind. Letzterer ist der Häscher der anderen gewesen, die von der Sache Wind bekommen haben müssen … Goethe ist sehr um den Adel bemüht, er behauptet, von altem Adel zu sein, ist das nicht drollig? Adieu, meine Freundin, ich umarme Sie aus Leibeskräften. Wenn Sie hier wären, sähen Sie, wie Komödie nach der Art der Herzoginmutter* [Anna Amalia] *gespielt wird, sie spielt saumäßig …*

Und König Friedrich drängte: *Der Tag Ihrer Abreise auf den Posten, den ich Ihnen am Hof von Petersburg anvertraut habe, hängt ganz von*

Ihrer eigenen Entscheidung ab. Ich mache Ihnen darüber keine Vorschriften, bin aber überzeugt, dass Sie eifrig bestrebt sein werden, Ihre Pflicht zu meiner vollen Zufriedenheit zu erfüllen. Mir bleibt nur noch, meinen Instruktionen einen kleinen Hinweis in Hinblick auf den neuen Gesandten anzufügen, der vom Wiener Hof für Petersburg bestimmt worden ist. Es handelt sich um denselben Grafen Cobenzl, der vor dem letzten Krieg in Berlin residiert hat. Da ich seine raffinierte Art bei der Behandlung der Geschäfte kenne, empfehle ich Ihnen, seine Schritte aufmerksam zu beobachten, sowie für alle Umtriebe an seiner Residenz ein offenes Auge zu haben.

Cobenzl und Goertz würden die nächsten zwanzig Jahre miteinander zu tun haben, mal mehr, mal weniger freundlich.

Am Hof der Zarin

Graf Goertz erreichte Ende September Petersburg. Sein wichtigster Anlaufpunkt war der 61-jährige Graf Nikita Panin, einst mächtiger, nun aber zunehmend einflussloser Außenminister der Zarin. Panin, ein erklärter Freund Friedrichs II., hatte sich maßgeblich für das Bündnis zwischen Preußen und Russland von 1764 eingesetzt, das nun durch Kaiser Joseph in seinem Bestand bedroht werden sollte. Panin war krank, seine Geschäfte zog der momentane Günstling von Zarin Katharina, Fürst Potemkin, nach und nach an sich. Der 40-jährige Potemkin mochte die Preußen nicht, die Österreicher schon mehr, besonders, wenn er von deren Gesandten opulente Geschenke erhielt. Unsichtbare Fußangeln, Intrigennetzwerke und banale Fettnäpfchen lauerten überall, während Goertz darauf wartete, der Kaiserin vorgestellt zu werden und sein Beglaubigungsschreiben zu überreichen.

»Katharina II. hatte den höchsten Gipfel ihres Ruhmes und ihrer Größe erreicht. Alle Mächte Europas bewarben sich um ihre Freundschaft und ihren Beifall, alle Gelehrten und Schriftsteller streuten ihr Weihrauch, alle Monarchen und deren Thronerben überboten sich in Merkmalen der Bewunderung und hoher Achtung«, so ein zeitgenössischer Chronist.

Katharina von Russland nimmt die Fürsten Europas unter ihre Röcke. Zeitgenössische Karikatur

Unser Graf bewegte sich nun nicht mehr am Hof eines deutschen Provinzfürsten, sondern an dem des mächtigsten Staates Europas, neben England. Die Imperialmacht Russland verfügte über unermessliche Bodenschätze und genügend Menschen, um riesige Heere aufzustellen. Russlands Wirtschaft wuchs langsam, umso intensiver aber war das Verlangen der Kaiserin nach neuen, prosperierenden Provinzen, die sie am Rande ihres Reiches sah und die nur aufgefädelt werden müssten wie Perlen einer Kette: Polen, der Balkan, Südosteuropa. Und im Deutschen Reich wollte Katharina ein gehöriges Wort mitreden, eine Strategie, die von allen ihren Nachfolgern konsequent fortgesetzt wurde.

War Katharina neugierig auf Graf Goertz, brachte er einen Paradigmenwechsel in den russisch-preußischen Beziehungen?

Die Gegner des Grafen hießen nun nicht mehr Lehrbach oder Kurfürst Karl Theodor, sondern Kaiser Joseph und dessen Sprachrohr

Cobenzl. Selbstredend nahm der Kaiser den Frieden von Teschen nicht hin wie ein Gottesurteil. Der Kurfürst von Brandenburg, Regent eines unbedeutenden Fleckens Erde, hatte das einstige Imperialreich der Habsburger zum zweiten Mal nach dem Siebenjährigen Krieg in die Schranken gewiesen, und Goertz hatte einen erheblichen Anteil daran. Jetzt würde Joseph dem Preußenkönig seinen wichtigsten Verbündeten abspenstig machen, und das ohne Millionenbestechungen, sondern dank gemeinsamer Interessen mit Russland. Was konnte Friedrich bei der Eroberung des Balkans ausrichten? Brandenburgische Bauern in Soldatenuniform auf die Krim entsenden, um, wie Katharina es nannte, »den Frieden zu sichern«?

Friedrich würde seine Soldaten nicht jenseits von Schlesien operieren lassen, er war kein Hasardeur.

Goertz trat seine Gesandtschaft also an einem Wendepunkt der russisch-preußischen Beziehungen an. Ihm öffneten sich nur wenige Türen, und statt für das aberwitzige Allianzprojekt Friedrichs werben zu können, erlebte der Feingeist und treue Ehemann in den Petersburger Adelspalästen Sodom und Gomorrha. Kollektive Sauforgien gehörten genauso zum guten Ton wie Glücksspiele, in denen ganze Güter samt Einwohnern über den Tisch gingen. Nicht zu vergessen das Unterhaltungsprogramm, die Auftritte junger Mädchen, die als neckische Mitbringsel aus Afrika, Ägypten oder der Türkei im kalten Norden der Willkür ihrer Herren ausgesetzt waren. Private Salons, in denen Diplomaten Buchlesungen oder Konzerten lauschen konnten, gab es nur, wenn einer der Gesandten selbst die Musen pflegte. Die kulturtragende Schicht war in Petersburg hauchdünn. Was wogen die Eskapaden Carl Augusts und seines Unterhalters Goethe gegen dies russische Babylon?

Friedrichs Order an Goertz half da auch nicht weiter: *Ich höre gern, dass Sie … glücklich in Petersburg angekommen sind. Ich habe aus Wien noch keine Nachrichten über die Abreise des Grafen Cobenzl zum Hof, an dem Sie sich befinden. Sie können davon profitieren, um sich zu orientieren und sich vor seiner Ankunft fest in den Sattel zu setzen. Unterdessen wird mir versichert, dass man in Wien neue Pläne schmiedet. Da ich jedoch noch keinen Gesandten an diesem Hof habe, kann ich das nicht nä-*

Petersburg, um 1780

her nachprüfen. Sobald ich Einzelheiten weiß, werde ich nicht versäumen, Sie darüber zu informieren. Da aber aller Wahrscheinlichkeit nach der unruhige und turbulente Geist des Kaisers [Joseph II.] *nicht eher zur Ruhe kommt, bis er wieder irgendwo die Kriegsfackel entzündet hat, scheint es mir im Interesse der europäischen Mächte zu liegen, seinen Kriegsgelüsten genügend starke Deiche entgegenzusetzen. Solange man noch Herr der Lage ist, sollte verhindert werden, dass dieser Fürst nach Gutdünken Europa erneut in Brand stecken kann. Ich bin davon überzeugt, dass, wenn man diesen Fürst nicht zügelt, ein neuer Krieg ausbricht, in den ich unfreiwillig hineingezogen werde. Da ich meiner guten und treuen Verbündeten* [Katharina], *die wahrscheinlich ebenso fühlt wie ich, wie sehr die Aufrechterhaltung der allgemeinen Ruhe einem Krieg vorzuziehen ist, … schicke ich Ihnen beiliegenden Entwurf eines Bündnisvertrages zwischen mir, Russland und der Pforte. Es bleibt ganz dem Hof, an dem Sie weilen, überlassen, diejenigen Artikel zu ändern, zu streichen oder etwas hinzuzufügen, wie man es für ratsam hält. Dies sind Ideen, die Sie dem Grafen Panin vorlegen sollen. Es ist dann Ihre Sache, alle Argumente hinzuzufügen, die Sie am meisten für geeignet halten, um ihn zu deren Annahme zu bewegen …*

Goertz schilderte dem König zunächst seinen ersten Eindruck von Katharina, weniger aus eigener Beobachtung, sondern als Zusammenfassung von Beobachtungen anderer: … *Katharina besitzt einen außerordentlichen Grad an Eitelkeit, hervorgebracht und genährt durch die an sie verschwendeten Schmeicheleien; sie ist die Meisterin in der Verstellungskunst, und man möchte beinahe sagen, alles an ihr ist Verstellung … Sie leitet und entscheidet selbst alle wichtigen Angelegenheiten; ihr Wille ist das Machtgebot für ihre Minister …*

Goethe und Carl August hielten sich zur gleichen Zeit in der Schweiz auf, eine eher spontane und dennoch nötige Reise, die beiden bei der Selbstfindung half. Sie wollten hoch hinauf, Berge bezwingen, dem Schicksal trotzen, wenn schon in der Politik andere das Sagen hatten. In Goethes Tagebuch lesen wir über das Kraxeln im Herbst 1779: »Halb 10 erschien das Jungfr.Horn. … Man geht einen Fussteig über eine hängende Matte die Steg genannt. wir kamen über verschiedene Bächli und Wasserfälle. gegen halb 11 ward das Breithorn sichtbar. wir gingen an hoher Alp und dem Tschingel Gletscher vorbey.« – »[12. November] Wacht ich Nachts auf und ging sogleich ans Fenster. es war hell und kalt auch ich sah den Orion, es hatte nicht geschneit. Früh Trieben die Wolcken vom Abend aus gegen die Furka. wir um 7 Uhr ab nach Oberwald. tiefrer Schnee ein scharfer Morgenwind riss den Vorhang über uns auf wir fassten Muth. In Oberwald fragten wir ob man über die Furka kommen und ob sich Leute verbinden wollten uns hinüber zu bringen. Es melden sich 2 Bursche wie Rosse. um 10 ab. Sonnenschein … grosser Anblick des Rhone Glätschers. Zweite Stunde leidlicher Stieg viel Schnee …« Und dann, Mitte November am Sankt Gotthard: »Hohe Sonne. Leben. Eingekehrt.«

Oberhofmeisterin Gianini und Herzogin Louise genossen die Abwesenheit Carl Augusts und auch Goethes in vollen Zügen.

Ich habe Grund, wieder zufrieden mit meinem Leben und mit der Herzogin [Louise] *zu sein. Sie bezeigt mir Freundschaft und Vertrauen … im Augenblick ist es ganz anders, doch ich fürchte sehr, dass die Rückkehr des Herzogs* [Carl August] *mir alles verderben wird, denn er schwört auf diese Närrin und wird bestimmt versuchen, sie bei seiner Frau einzuschmeicheln und mich auszuschalten, wir werden ja sehen. Er ist in Frankfurt bei Goethes Eltern, und von dort aus unternimmt er Ausflüge nach Darmstadt, Homburg etc. obwohl er zurückkommen sollte, um sich einen Erben zu machen. Hier wird nur mit dem Schlitten herumgefahren, was mir, wie Sie sich wohl denken können, kein besonderes Vergnügen ist …*

Gräfin Goertz in Potsdam tröstete wenig, was ihr die Gianini geschrieben hatte, Nachrichten aus Petersburg waren ihr viel wichtiger: *Gestern, mein Herzensfreund, habe ich Ihren Brief erhalten. Wenn ich fähig wäre, mich zu trösten, so wäre nichts wirksamer gewesen als die Versicherungen Ihrer Zärtlichkeit, die Sie mir gegeben haben. Inmitten meiner Leiden fühle ich deren Wert, und nur das hält mich in meiner Verzweiflung aufrecht. Sprechen Sie nicht, mein Herzensfreund, von meiner Seelenstärke und meiner Vernunft. Wenn ich diese jemals gehabt habe, so haben sie mich jetzt verlassen, und seit zwei Monaten finde ich nur noch in meinen Tränen Erleichterung. Hatte ich Unrecht, mein Freund, mich so über Ihre Abreise zu grämen? Es scheint mir, dass mein Herz schon all das Unglück fühlte, das darauf folgen würde, ohne es zu kennen. Ich habe gehofft, dass ich mich nach und nach mit dem Gedanken, fern von Ihnen zu sein, vertraut machen könnte; aber vergeblich, mein Schmerz bleibt immer derselbe. Es ist mir unmöglich, darüber zu sprechen, und wenn ich schreibe, weine ich. Man schont mich und spricht mit mir nicht darüber. Ich hoffe, dass man es in Berlin ebenso macht …*

Der armen kleinen Nanni [Marie Anna] *geht es heute noch ziemlich schlecht. Ich hoffe jedoch, es besteht keine Gefahr, da dies nur die Folge der vielen Zähne ist, die sie zur gleichen Zeit bekommen hat … Unserer kleinen Marianne geht es besser, aber diese Besserung beunruhigt mich, denn sie ist eingetreten, nachdem ein Ohr eitrig geworden ist wie das von Caroline. Es wäre schlimm, wenn sie es ebenso behielte wie diese. Gott weiß, woher die Kinder so etwas haben. Ich hatte in meinem ganzen Leben nie etwas Ähnliches, und ich glaube, Sie auch nicht.*

Ich bin entschlossen, am nächsten Samstag den 15. nach Berlin zu fahren und bis zum Ende des Monats dort zu bleiben, um über genügend Zeit zur Erledigung meiner Angelegenheiten verfügen zu können. … Von Ber-

lin habe ich Ihnen nichts zu berichten. Der König ist noch nicht ausgegangen, aber er empfängt Buddenbrock, Chasot, Ramin und Schwerin fast jeden Tag zum Diner. Man sagt, er hätte sehr gute Laune …

Die immer wieder auftauchenden und harmlos anmutenden Hinweise der Gräfin über die Gäste des Königs und dessen Gesundheit hatten für unseren Grafen große Bedeutung. An allen wichtigen Höfen Europas wurden bewusst Falschmeldungen über den Gesundheitszustand anderer Regenten verbreitet, je nach machtpolitischer Konstellation, auch Goertz tat das. Die Absichten waren stets dieselben: Unsicherheit produzieren, um die eigene Position zu verbessern. Da Friedrich in seinen Depeschen nie über seine Krankheiten schrieb, übernahm Gräfin Goertz diesen Part. Ihr Schwager, beinahe täglich in Kontakt mit dem König, berichtete ihr, sie schrieb es auf. Etwas verklausuliert heißt es dann: *Man sagt* [Carl Adam, ihr Schwager], *er* [Friedrich] *hätte gute Laune, … er sei ausgeritten, … er tafele mit vielen Gästen …*

Im fernen Petersburg wurde Goertz endlich der Kaiserin vorgestellt. Er schilderte die Audienz ausführlich seiner Frau, die lieber gelesen hätte, wann er zurückkommt, und die antwortete: *Ich beglückwünsche Sie zu der Gunst, die Ihnen Ihre kaiserliche Majestät erwies, indem sie Ihnen ihre schönen Wohnräume gezeigt hat, und zu dem Glück, sie in kleiner Gesellschaft in der Eremitage zu erleben. Ich freue mich mit Ihnen und beneide Sie um die Gelegenheit, diese große Frau zu sehen und aus der Nähe die Eigenschaften ihrer Seele kennenzulernen. In gewisser Weise werden Sie gut für die Trennung von Ihrer Familie belohnt …*

Das wöchentlich wiederkehrende Anwesenheitsritual für Diplomaten am Petersburger Hof schilderte Goertz so: *Die großen Audienzen mit den Gesandten sind jeden Sonntag in der Eremitage, am Montag gibt der Großfürst* [Thronfolger Paul] *einen Ball, am Dienstag ist Theater oder Oper. Man hat immer zugegen zu sein. Ist Fürst Potemkin in der Stadt, hält er sich für gewöhnlich donnerstags in der Kleinen Eremitage bei Sr. Kaiserlichen Majestät auf … An den anderen Tagen sind Empfänge, wo an Tischen um Fürstentümer gespielt wird, dazu spielt Musik und anschließend ist Tanz …*

Graf Goertz bemühte sich, endlich bei Vizekanzler Potemkin vorgelassen zu werden, was jedoch eine erhebliche Herausforderung darstellte. Goertz monierte nach Berlin: *Man findet Potemkin beinahe niemals, weder am Hofe noch in Gesellschaften, und zu Hause sind seine Vorzimmer mit Höflingen ausgefüllt, unter welche sich zu mischen einem fremden Gesandten nicht geziemt. Er steht selten vor 11 Uhr auf, und dann harren hundert bis zweihundert Personen in seinem Zimmer auf Gehör. Nach Tische ruht er wieder bis fünf Uhr, wo bei seinem Erwachen seine Vorzimmer wie vormittags überfüllt sind.*

Dann kam es endlich zum Gespräch zwischen unserem Grafen und Potemkin, einem russischen Urgestein. Er war zwei Jahre jünger als Goertz und Sohn eines Gutsbesitzers aus niederem Adel. Sein erster Lehrer war der Dorfpfarrer. Als Elfjähriger kam Grigori Potemkin an die Universität von Moskau, wo er durch sein Sprachtalent auffiel. Er wechselte später in die Garde und wurde Adjutant des Generals Orlow, der Prinzessin Katharina 1763 an die Macht geputscht hatte. 1774 wurde Potemkin Liebhaber der Zarin. An die ein Meter neunzig groß, zunehmend beleibt, oft mit diamantenbesetztem Pelzmantel und Stiefeln bekleidet, so sah ihn auch unser Graf. Potemkin liebte Edelsteine, Frauen und das Kartenspiel. Er baute leidenschaftlich gern Schlösser und ließ Gärten nach englischem Vorbild anlegen. Er war ein guter Esser und ausdauernder Reiter. Zu Potemkins Lieblingsbeschäftigungen gehörte das Ausdenken schöner Melodien, die er vor sich hinträllerte und die sein Komponist in Noten zu setzen hatte. Potemkin gab ständig Gesellschaften und dabei spielte stets seine Blaskapelle. Er schlief schlecht und litt an Depressionen. Dann schloss er sich für Tage ein, um anschließend überschäumend vor Energie seinen Hofstaat anzutreiben. Potemkins Lektüre war nicht anspruchsvoll, anschaulich geschriebene erotische Romane zog er philosophischen Schriften vor.

Potemkin war ein großer Stratege und Visionär und lag damit auf gleicher Wellenlänge wie Katharina. Er war unermüdlich bei der Russifizierung der neuen Provinzen. Potemkin war kein Kriegstreiber; wenn er durch Geldzahlungen an neue Provinzen gelangen konnte, bevorzugte er diesen Weg. Obwohl märchenhaft reich, plagten den Spieler und Edelsteinliebhaber stets Schulden, meist bei Juwelieren. Letztlich beglich sie Katharina. Potemkin war kein Höfling, sondern eine Institution, an der niemand im Reich der Zarin vorbeikam. Hatte er schlechte Laune, spürte das jeder. Bei Tobsuchtsanfällen musste man sein Heil in der Flucht suchen. Bordete eine gute Stimmung über, konnte es Gold regnen. Goertz und Potemkin waren grundverschiedene Charaktere und die Ausgangspositionen beider verhinderten ein Zusammengehen. Potemkin war so gut wie unbestechlich, weil ihm schmeichelnde Summen kein Diplomat aufzubringen in der Lage war. Was Potemkin von Preußen hielt, zeigt folgende Szene, die Goertz nach einer Audienz bei Potemkin nach Potsdam berichtete: *Wenn ich die Landkarte anschaue, sehe ich sofort Russland. Das Osmanische Reich sehe ich auch und Österreich. Aber Ihr Königreich muss ich erst suchen.* Was Goertz über die aktuelle Politik vom Zarenhof noch berichtete, gefiel König Friedrich gar nicht. Zarin Katharina, von Kaiser Joseph angestachelt, wünschte endlich, Polen restlos aufzuteilen. Potemkins Position dazu war: *Die Polen sind nichts und werden nie etwas werden, sie ermüden durch ihre Klagen, sie werden nie vergessen, dass man sie geteilt hat … Wenn Preußen wie 1771 die Teilung Polens mitmache, solle es nicht zum Schaden Friedrichs sein.*

Kaiser Joseph setzte die Akzente in der europäischen Politik, und Friedrich war um Schadensbegrenzung bemüht. An Goertz schrieb er: *Mein normaler Kurier von gestern ist noch nicht angekommen und ich warte noch auf die Depesche von Ihnen. Inzwischen informieren mich meine Briefe aus Wien über die neue Tonart, die dieser Hof jetzt in Polen anschlägt. Der beiliegende Brief wird Ihnen zeigen, dass dieser sonst so stolze Wiener Hof gelindere Saiten aufzieht, seitdem ihm Russland die Zähne zeigt, und wie wichtig es daher ist, dass Sie dessen Selbstbewusstsein wecken, um es zu veranlassen, seine Würde durch rechtes Auftreten zu wahren.*

Um seinen Plänen für Polen und die Eroberung des Balkans Nachdruck zu verleihen, beschloss Kaiser Joseph, selbst mit Katharina zu verhandeln, er kündigte sich für das Frühjahr 1780 in Petersburg an – für Goertz die bislang größte Herausforderung. Der Kaiser, als man ihm sagte, Goertz sei auch in Petersburg, mochte diesen Namen nicht

Fürst Grigori Potemkin

mehr hören und sprach, wenn er unseren Grafen meinte, von Götz von Berlichingen in der Vulgärdeutung: Leck mich am Arsch.

Gräfin Goertz war derweil mit den Krankheiten ihrer Kinder beschäftigt: *Hier läuft die kleine Nanni im Zimmer herum und ruft nach ihrem Papa. Das arme Kind wird heranwachsen, bevor er wiederkommt. Caroline leidet noch immer sehr an ihrem schlimmen Fuß, denn das Geschwür wird sich erst in einigen Tagen öffnen. Ich glaube, dass Ihr englischer Arzt vielleicht in Bezug auf ihr Ohr Recht hat. Ich habe gestern an Baylies* [Leibarzt von Prinzessin Friederike] *geschrieben, möglicherweise bildet dieses Geschwür eine Ableitung und zieht diese Schärfe aus ihrem Körper … Ich fühle zu stark, wie sehr mich meine Kinder in der gegenwärtigen Situation brauchen, als dass ich nicht alles tun würde, um mein Leben, das mir ohne sie zur Last wäre, zu erhalten. Seien Sie, mein liebster Mann, darum ganz beruhigt und hoffen Sie mit mir, dass auch für uns das Glück noch einmal kommt …*

Es ist schön für mich zu erleben, dass fast ganz Berlin meinen Kummer geteilt hat, es ist schön, von Freunden umgeben zu sein, es ist gut zu sehen, wie sich unsere Kinder besonders in sittlicher Hinsicht weiterentwickeln. Caroline hat wahrlich eine schöne Seele. Sie denkt und urteilt sehr richtig für ihr Alter. Luises Fröhlichkeit ist ansteckend, sie wird mit jedem Tag drolliger. Was ihre Bildung anbelangt, können sie hier wenig lernen, die Schulmeister sind schlecht, aber ich muss der kleinen Tellier Gerechtigkeit widerfahren lassen, sie gibt sich alle Mühe, und die Sanftheit ihres Charakters beeinflusst den unserer Kinder, wodurch sie auch viel fröhlicher werden … Diese Nacht habe ich geträumt, ich hätte den König gesehen. Er fragte mich, warum mein Gesicht so traurig sei. Ich nahm all meinen Mut zusammen und erzählte ihm von meinem Kummer. Er hatte Mitleid und versprach mir zu helfen. Als ich mich freuen wollte, wachte ich auf und stellte bedauernd fest, es war nur ein schöner Traum …

3. Februar, Donnerstagmorgen / Nun habe ich mein gewohntes Leben wieder aufgenommen, mein lieber Freund, hier wo meine Kinder alles für mich sind. Ich sehe meinen Schwager recht selten, da er täglich mittags und abends mit dem König speist. Das wird sich wahrscheinlich so lange fortsetzen, wie der Prinz von Württemberg und Chasot hier sind …

Der hier erwähnte 26-jährige Prinz Friedrich Wilhelm Karl, späterer König Friedrich I. von Württemberg, sollte für unsere Gräfin bald zu einem Stück eigenen Schicksals werden, einem tragischen. Noch aber bestimmten die Kindererkrankungen die Themen: … *Die arme Caroline hat die ganze Zeit grausam an ihrem Fuß gelitten, jetzt aber ist der Abszess reif und ich hoffe, er kann morgen geöffnet werden. Heute früh habe ich sie gefragt, ob sie denn keine Briefe von ihrem lieben Vater haben wolle. »Ach!«, antwortete sie, »wenn ich einen Brief von meinem lieben Vater erhielte, würde ich weinen.« Ich fragte sie, warum? »Weil ich ihn so sehr, so sehr liebe.« Dabei standen ihre Augen voll Tränen. Oh, mein Freund! Wenn Sie wüssten, wie sehr wir alle leiden! Alle meine guten Entschlüsse nützen nichts. Ich falle immer wieder in Traurigkeit und Verzweiflung zurück …*

Caroline geht es nun besser, gestern konnte sie zum ersten Mal wieder einen Schuh anziehen, nun hoffe ich, dass sie bald wieder ganz gesund sein wird. Der Prinz von Württemberg hat wohl an den König geschrieben, dass er am 7. ankommen wird. Ich bin sehr ungeduldig. Ach, mein Freund, wenn man auf das kümmerliche Vergnügen warten muss, jemanden zu sehen, der 500 Meilen zurücklegen musste, um die Nachricht zu überbringen, dass er die geliebte Person gesehen habe und dass es ihr gut gehe, ist das sehr betrüblich. Es gibt einen tiefen Kummer in meiner

Seele, den nichts zerstreuen kann und alles erregt. Ich habe nichts Neues zu erzählen, das Sie, mein Freund, interessieren könnte …

1. März 1780 / Heute habe ich mein zweites Souper in der Stadt, wieder bei Herrn von Catt … Der Hof ist gar nichts mehr, und alles findet ohne jede Ausschmückung statt. Die Komödien beginnen wieder, aber ohne Zuschauer.

Frau Staatsminister Goertz lebte sich als Teil der Nomenklatura übrigens schnell an den verschiedenen Höfen in Berlin und Potsdam ein. Königin Elisabeth Christine lud sie zu sich: … *ich bin heute in die Privatgemächer der Königin eingeladen, das zwingt mich, wieder Quadrille zu spielen, niemand spielt etwas anderes … man sagt, dass ich gut spiele* … Dennoch verlor unsere Gräfin *7 Taler*, setzte aber darauf, den Verlust beim nächsten Mal wettzumachen. Was ihr gelang. Auch von Amalie, Friedrichs Schwester, wurde sie wiederholt eingeladen sowie von der Kronprinzessin.

Mit der Ankunft des Prinzen von Württemberg, er hatte in Petersburg seine Schwester, die Gemahlin des russischen Thronfolgers Paul, besucht, begann ein neuer Lebensabschnitt für unsere Gräfin: … *Der Prinz von Württemberg ist vorgestern in Berlin angekommen und gestern hier, mein liebster Mann. Ich habe ihn 1½ Stunden … gesehen. Er hat mir tausend Dinge von Ihnen erzählt. Er ist sehr geistreich, sehr fröhlich und sehr liebenswürdig. Er wurde von Ihrer Majestät sehr gut empfangen und er hat mit dieser sehr nachdrücklich über die hohen Preise in Russland gesprochen. Er will nicht länger als acht Tage hier bleiben. Es kommt ihm ganz merkwürdig vor, sich nach dem Trubel von Petersburg in der Ruhe von Potsdam wiederzufinden …*

Den hochgewachsenen und gerade zum preußischen General beförderten Prinzen von Württemberg schildern Zeitgenossen als intelligent, jähzornig und launisch. König Friedrich hielt es aus dynastischen Gründen für wichtig, Friedrich Wilhelm Karl mit der 16-jährigen Auguste Karoline von Braunschweig zu verheiraten, bevor Kaiser Joseph dazwischenfunkte, der ebenfalls aus dynastischen Gründen Prinz und Prinzessin brauchte. Und Friedrich tat in der Sache noch mehr; er empfahl der Brautmutter, Prinzessin Augusta von Hannover, unsere Gräfin als Oberhofmeisterin des Paares zu berufen. Sie sollte das

Friedrich Wilhelm Karl von Württemberg

Schlimmste verhindern; die naive und verspielte Prinzessin vor den Ausbrüchen ihres cholerischen Bräutigams schützen und auf diesen mäßigend einwirken.

Gräfin Goertz erbat sich Bedenkzeit und holte Rat bei ihrem Mann, der zustimmte. Gräfin Gianini, um ihre Meinung gefragt, antwortete im April: *Ich eile, meine liebe Freundin, Ihnen so schnell als möglich zu antworten und Ihnen meine Gedanken über den Vorschlag mitzuteilen, der Ihnen unterbreitet worden ist. Ich kann genau nachempfinden, in welcher Verlegenheit Sie deswegen sind. Man hatte mir zuverlässig gemeldet, dass Fräulein von Bode die junge Prinzessin* [Auguste Karoline von Braunschweig-Wolfenbüttel] *für ein Jahr begleiten würde. Das war alles, was ich wusste. Vermutlich ist dieser Plan geändert worden, weil die Prinzessin sie nicht mag, und da dem so ist, wäre die Bode dabei ohnehin unnütz gewesen, ihre unbeständige Gesundheit ist gewiss nur ein Vorwand. Dass die Wahl des Prinzen von Württemberg auf Sie gefallen ist, meine liebe Gräfin, lässt mich eine hohe Meinung von seinem Urteilsver-*

mögen haben, denn so wie ich die junge Person kenne, sind Sie genau diejenige, um ihr Vertrauen zu gewinnen und sie zu leiten, man hat sie am Anfang ihrer Erziehung verzogen, hat ihrem Stolz geschmeichelt, dann ist man ihr hart begegnet, um ihr das abzugewöhnen, was sie widerspenstig und starrköpfig gemacht hat. Sie besitzt viel Geist und will mit Sanftmut geführt werden, zu der Festigkeit hinzukommen muss. Sie besitzen sowohl das eine wie auch das andere, liebe Freundin, ich bin überzeugt, dass Sie ihr Vertrauen gewinnen werden. Wenn Sie annehmen sollten, binden Sie sich nicht, es sei denn als Freundin und nur so lange, wie man Sie als solche behandelt. Es hat doppelten Nutzen, denn Sie entziehen sich Ihrer gegenwärtigen Lage und Ihrem Kummer über die Trennung von Ihrem Mann und der Ortswechsel bringt Ihnen Zerstreuung. Kurz, Sie haben viel mehr Gründe anzunehmen als abzulehnen, nicht gerechnet die Genugtuung die es Ihrer Seele bereitet … Sollte der Vorschlag vom König [Friedrich II.] *nicht unterstützt werden?*

Bei uns ist alles beim Alten, unser Dasein ist immer ein Packen von Verwicklungen, meine arme Herzogin [Louise], *mit der ich noch immer sehr zufrieden bin, ist zu bedauern, unser Leben ist nur ein Dahinvegetieren, der Herzog* [Carl August] *denkt nur an sich und an das, was ihm Freude macht. Gegenwärtig gibt er sich damit ab, in die Gräfin Werthern verliebt zu sein, was Mitleid erregt. Ich vertreibe mir augenblicklich die Zeit damit, kleine Bänder zu besticken. Hätten Sie vielleicht die Güte, mir, wenn Sie vielleicht hübsche Muster haben, beispielsweise in der Art als Besatz für ein Kleid oder eine Circassienne, diese zukommen zu lassen?*

Auch im Haus Goertz wurde eifrig das Für und Wider des Angebotes erörtert. Schließlich stellte Gräfin Goertz dem württembergischen Prinzen Bedingungen: … *ich habe nicht die Vermessenheit zu glauben, dass ich die notwendigen Fähigkeiten besitze, um in irgendeiner Weise zu den Annehmlichkeiten Eures Hauses beizutragen. Meine Gesundheit ist schwankend und meine Fröhlichkeit habe ich infolge vieler Kümmernisse ganz verloren. Mir bleibt nur eine treue Seele, aber diese allein genügt nicht, um die Gunst einer jungen Prinzessin zu erlangen … und ihr Vertrauen zu gewinnen. Welche Belastung wäre es für Eure Durchlaucht, Euch meine Kinder mitzubringen, deren zärtliche Anhänglichkeit mich*

Auguste Karoline
von Braunschweig-Wolfenbüttel

davon abhält, mich von ihnen zu trennen, und deren Erziehung im Augenblick meine liebste Beschäftigung ist. Im Klartext hieß das: weitgehende Autonomie als Oberhofmeisterin, also auch in Personalfragen, Rücksicht auf ihre Gesundheit. Die Kinder kämen mit, was auch ausreichenden Wohnraum bedeutete. Bis der Prinz antwortete, holte Gräfin Goertz Informationen über Prinzessin Auguste ein und bekam arge Zweifel, als sie erfuhr, wie schwierig Auguste, aber auch der Prinz waren.

Daneben hatte unsere Gräfin die Ausstattung ihres Mannes weiter zu komplettieren – jeder Botschafter des Preußenkönigs hatte das gegen eine Pauschale zu leisten. Goertz brauchte, um Empfänge geben zu können, ein angemessenes Speiseservice und Silberbesteck. Das Service gab die Gräfin in Berlin in Auftrag, Porzellan der Marke KPM war in Russland besonders geschätzt, auch dies Bestandteil diplomatischen Verhaltens. Und das hatte seinen Preis: *Ich hoffe, dass alles rechtzeitig fertig sein wird … Nach all den Vorbereitungen für das Dekor der Serviceplatten folge ich der Meinung aller Leute mit gutem Geschmack. … Das bedeutet Mehrausgaben von 70 Talern, aber … es wäre ein Fehler ge-*

wesen, billiges Zeug zu kaufen. Aber, mein Freund, obgleich ich noch Reste unseres Geldes übrig habe, reicht dieser Rest nicht aus, um das Geschirr zu bezahlen. Und da meine Diamanten wahrscheinlich nicht schnell genug verkauft werden können, bitte ich Sie, an Schulenburg zu schreiben … während Sie von der Summe leben könnten, die der Verkauf meiner Diamanten eingebracht hat. Gräfin Goertz bekam das Gehalt ihres Mannes ausgezahlt, Graf Goertz bekam die Diamanten, um sie in Petersburg zu versilbern. Das Alltagsleben unserer Gräfin hatte viele Facetten. Von Müßiggang war keine Spur, beinahe sämtliche Finanzbelange hatte sie zu regeln. Pachten aus den Gütern, Bankeinlagen, Obligationen, Verbindlichkeiten, Außenstände aus Weimar … *Wann und wie viel Zinsen sind an Fritz und Ponceau zu zahlen … Habt Ihr den Wein bezahlt? Für Eure Garderobe veranschlage ich 1300 Taler …*

Endlich kam Antwort von Prinz Friedrich Wilhelm Karl. Er stimmte den Bedingungen von Gräfin Goertz zu und freute sich, sie an seinem Hof begrüßen zu dürfen. Gräfin Goertz willigte ein. Die Hochzeit, zu der auch Gräfin Gianini geladen war, musste auf den Herbst verschoben werden, die Gianini wusste es mal wieder früher: *Nur ein paar Worte als Antwort auf Ihren letzten Brief, liebe Gräfin, weil ich nicht die Zeit habe, Ihnen mehr zu sagen, doch das Wichtigste ist, die Braunschweiger Hochzeit wird erst gegen Ende September stattfinden. Dann werde ich auch dort sein, wo Sie und ich in der Stadt in der Nähe des Schlosses in Bürgerhäusern untergebracht werden, denn das Schloss ist brechend voll, da die verwitwete Herzogin* [Philippine, Schwester Friedrichs II.] *dort noch bis zu ihrer Rückkehr nach Potsdam wohnt. Ich sage Ihnen nichts über die Freude, wenn ich Sie wiedersehen werde. Ach, was werden wir schwatzen. Ich lache wie besessen, wenn ich nur daran denke. Ich umarme Sie von ganzem Herzen.*

Das Lachen fiel Gräfin Goertz schwer, angesichts des Gesundheitszustandes der zweijährigen Marie Anna: *Die arme Marie Anna ist nicht so guter Stimmung, dieses kleine Wesen scheint zum Leiden geboren. Krankheiten der Augen und Ohren folgen aufeinander. Sie weint viel und so als ob sie Schmerzen hätte, ohne dass man weiß, wo das Übel sitzt. Sie ist schwach und hat beim Laufen Schwierigkeiten, oft kann sie sich nicht auf den Beinen halten. Ich weiß nicht, was mit ihr wird. Ich bin resigniert, wenn sie stirbt, entgeht sie den Schmerzen, den Übeln und dem traurigen, unglücklichen Leben, das die meisten Menschen führen müssen …*

Über König Friedrich ist zu lesen, dass er *noch ein wenig Gicht hat, aber guter Laune ist, und seine Mittag- und Abendeinladungen sind die Ursache, dass mein Schwager uns noch immer fehlt. Dieser ist froh, jemanden zu haben, mit dem er über seine Freundin reden kann …*

Der Bruder unseres Grafen irrte sich aber gehörig, wenn er glaubte, an Friedrichs Tafel mit Zoten von seiner Liebschaft punkten zu können, um so seine Versetzung in ihre Nähe zu befördern: *Mein Schwager hat eine Bewerbung abgeschickt und müsste heute eine Antwort erhalten. Ich möchte fast beten, dass er abgewiesen wird, denn er bewirbt sich nur, um seiner Geliebten näher zu kommen. In seinem Alter sollte man sich nicht mehr so gehen lassen. Aber ich erwarte eine Ablehnung … Das, was ich im Hinblick auf die Bewerbung vorausgesehen habe, ist eingetroffen: Eine klare Ablehnung ohne schmeichelhaftes Kompliment. Das wurde nicht sehr gut aufgenommen … Unsere Kinder benehmen sich sehr gut. Sie sind nicht mehr verlegen, Caroline spricht französisch und Luise amüsiert mit ihrer schelmischen Art die ganze Gesellschaft …*

In jenem Frühjahr ging es ihrem Schwager Carl Adam, in dessen Haus sie wohnte, besonders schlecht und sie musste sich um ihn kümmern: *Nachdem mein Schwager an seinem Rheumatismus im Kopf sehr viel gelitten hat, sah er sich gestern gezwungen, eine Inzision oben auf dem Schädel machen zu lassen. Die gichtigen Säfte hatten sich dort angesammelt. Die Operation war ziemlich schmerzhaft, ist aber gut verlaufen, und er hat eine gute Nacht verbracht …* Kommentar von König Friedrich ob der Bohrung in den Kopf seines Generals: *Nun entfleuchen wohl die Flausen mit seiner Mätresse.* Gräfin Goertz wiederum bekam die Häme ihres Schwagers wegen der in Aussicht stehenden Stellung zu spüren: *Er hat nur noch Schmerzen, wenn man seine Wunde verbindet … aber oft bin ich das Ziel seiner hämischen Spöttereien wegen Lüben …* – künftiger Wohnort der Gräfin, ein trostloses Nest in Schlesien, in dem sich nicht einmal Fuchs und Hase gute Nacht sagten.

Zur Potsdamer Privatgesellschaft, in der sich Gräfin Goertz bewegte, gehörten neben Henri de Catt, Vorleser und Sekretär König Friedrichs, und Minister Heinitz auch der junge Freiherr Karl vom Stein und Minister von der Schulenburg, alles Freunde ihres Schwagers: *Eben meldet man mir den Minister Schulenburg. Er ist bei meinem Schwager und wird mich bestimmt auch besuchen. Sie bitten mich, mein Herzensfreund, um mein Porträt. Das ist sehr lieb von Ihnen, aber was wollen Sie damit machen? Ich habe mich nie für eine Schönheit gehalten, und Sie wissen, dass zehn Ehejahre, Schwangerschaften, Kummer und meine zerrüttete Gesundheit mich sehr verändert haben. Was würden Sie also gewinnen, wenn Sie dieses Porträt öffentlich herzeigen? ... Ich fange an, mir über den Verbleib meiner Diamanten Sorgen zu machen, ebenso wie über eine Trauerweste, die ich Ihnen mit demselben Boten geschickt habe und deren Erhalt Sie mir noch nicht bestätigt haben, obgleich der russische Offizier namens Heyking Weihnachten hier abgereist ist und über Warschau jetzt bei Ihnen angelangt sein müsste. Schulenburg lässt unnötig lange auf sich warten ...*

Über die frühen Jahre des jungen Stein in Preußen ist kaum etwas bekannt. Die Schilderungen über Karl vom Stein in Carolines Briefen an ihren Mann zeigen uns einen hochbegabten und ehrgeizigen 23-Jährigen, der auf Vermittlung seines Verwandten, des Bergbauministers Heinitz, seit dem Frühjahr 1780 als Kämmerer und Referendar im Bergbaudepartement angestellt war. Stein fand über Heinitz Zugang zum Haus Goertz, wo er mehrmals in der Woche verkehrte, entweder in der Gesellschaftsrunde mit Carl Adam, de Catt und Heinitz, oder Stein besuchte nur Gräfin Goertz: *Stein, der zufriedener ist, seit dem der König ihn auszeichnet, kommt oft, um uns mit seinen Geschichten und seinen Narreteien aufzuheitern.* Die Auszeichnung bestand darin, dass Friedrich den Freiherrn an seine Tafel lud, die Narreteien waren Steins Kolportagen der höfischen Gesellschaft. Stein wurde bei Friedrich in kürzester Zeit zum gerngesehenen Gast. Was er Gräfin Goertz von der königlichen Tafel berichtete, ist erstaunlich: *Der arme Stein ist wütend und hatte mit Pinto am Tisch des Königs eine Auseinandersetzung, weil sich Pinto vom König sagen ließ, er sei ein Schurke und verdiene, wie eine Laus zertreten zu werden.* Wie kam Stein dazu, den Flügeladjutanten und Generalfeldbaumeister Graf Pinto in Gegenwart des Königs anzugehen, weil sich dieser von Friedrich widerspruchslos abkanzeln ließ? Caroline von Goertz riet Stein jedenfalls, *sein Herz nicht so auf der Zunge zu tragen, obwohl dem König das gefällt.* Der Freiherr übrigens hatte Caroline vom neuen Amt abgeraten, *denn in dem kleinen Haus in Lüben kann man unmöglich leben, ohne dass es zu Streit kommen wird …*

Im Oktober 1780 heiratete der Prinz von Württemberg in Braunschweig Prinzessin Auguste Karoline. Der Prinz war von Friedrich zum Generalleutnant befördert worden, dessen Regiment im schlesischen Lüben stationiert lag. Wohin der Prinz und die Prinzessin sich zu begeben hatten – und mit ihnen die Oberhofmeisterin Gräfin Goertz.

Lüben, eine Kleinstadt von Ackerbürgern, verhielt sich zu Berlin wie Weimar zu Paris. Gräfin Goertz kam im Anbau eines kleinen Stadtpalais unter, blökende Schafe zu allen Seiten. Hatte die Gräfin das gewollt? Fern von jeder Ablenkung wie Bällen, Theater und Gesellschaften zeigte sich bald, wie wenig das Prinzenpaar zusammenpasste. Gräfin Goertz sah das mit großer Sorge und vertraute sich der Gianini an, die wiederum den Vater von Auguste alarmierte. Gräfin Gianini aus Braunschweig: *Ich bitte Sie um Verzeihung, liebe Freundin, weil ich Ihnen nicht eher geschrieben habe … Welch eine Freude für Sie, liebe Freundin, wenn es Ihnen gelingt, jenes Köpfchen* [Prinzessin Auguste] *zur Vernunft zu bringen. Und was wird Ihnen nicht alles der Prinz von Württemberg zu verdanken haben? Hier, meine Freundin, der Entwurf des Briefes, den der Herzog* [Karl Wilhelm von Braunschweig] *seiner Tochter* [Auguste] *schreibt. Er bittet mich, Ihnen zu sagen, dass er von Ihnen das Glück seiner Tochter erwarte, und beschwört Sie, ihm deren Fehler nie zu verheimlichen.*

Gräfin Gianini hoffte auf ein Wunder: *Ich freue mich aufrichtig, Sie in Lüben mit Ihrem Dasein und dem Glück der Neuvermählten zufrieden zu wissen. Die Eltern sind ganz glücklich und lassen ausrichten, dass all ihre Hoffnungen diesbezüglich auf Ihnen ruhen.*

Wir leben gegenwärtig sehr ruhig, ich mache mir, so gut es geht, die Anwesenheit meiner Freunde zu nutze, was bislang immer zu selten geschah. Ich reise hier am 28. November nach Hannover ab, wo ich für meine Rückkehr nach Weimar den Vollmond abwarten werde. Ich bin hocherfreut, den lieben Mann [Graf Goertz] *etwas ruhiger zu wissen, vielleicht werde ich einen seiner Briefe durch den Prinzen von Preußen bekommen …*

Graf Goertz im fernen Petersburg wurde deshalb ruhiger, weil Preußens Thronfolger die Stadt endlich in Richtung Heimat verlassen hatte. Schwierig war das Jahr 1780 für den Grafen auch aus anderen Gründen gewesen. Über Juli und August hatte Zarin Katharina Kaiser Joseph zu Gast, Preußens Gegner und Goertzens Intimfeind. Josephs Ziel in Petersburg: Preußen isolieren. Die Aufgabe des Grafen: Österreich isolieren. Goertz konnte selbstredend der Kaiserin nicht jene Optionen anbieten, die Joseph in petto hatte. Joseph zeigte sich in Russland von seiner besten Seite, er war mit üppigen Geschenken gekommen, gab Bälle und bezahlte großzügig Spielschulden. Katharina ließ sich nicht lumpen, sie lud ihn in die alte Residenz Smolensk ein, verbrachte eine Woche in Moskau mit Joseph und präsentierte ihm dann ihre glanzvolle Petersburger Residenz. Die Preußenpartei mit Außenminister Panin, Goertz und Thronfolger Paul stand im Abseits, ihre Spekulationen über Josephs Erfolge bei der Zarin schossen ins Kraut. Goertz versorgte den auf Neuigkeiten wartenden Preußenkönig mit einander widersprechenden Meldungen über Joseph. Mal habe der Kaiser die Zarin von seinen friedlichen Absichten für Europa fast überzeugt, dann wieder *durch schlecht gesetzte Satire gegen Preußen sein wahres Gesicht* gezeigt. Mal sei Katharina von ihm bezaubert, dann nenne sie ihn abschätzig *empereurvoyageur*, und *indiscret* oder *jongleur*. Friedrich hatte gewollt, dass sich Goertz gelassen gebe, um dem Besuch keine Bedeutung beizumessen. Joseph hatte auch mit Panin Gespräche geführt, deren Inhalt für den Grafen Goertz bestimmt war; von Österreich ginge zu keiner Zeit Gefahr für das Deutsche Reich und schon gar nicht für den so hoch verehrten Preußenkönig aus. Panin hatte sofort Goertz unterrichtet, der Berlin informierte. Diesen Informationsfluss hatten die mitgereisten Agenten des Kaisers allerdings in kürzester Zeit aufgedeckt, worüber der Kaiser sehr zufrieden war.

Joseph hatte einen glänzenden Eindruck bei der Zarin hinterlassen, er gönnte sich auch ein Techtelmechtel mit Katharinas Hofdame Engelhardt, Nichte des allmächtigen Potemkin. Trotz Einsatz allen Charmes und diplomatischer Zaubertricks setzte sich der Kaiser jedoch vorerst nicht gegen Preußen durch, Katharina war weder naiv noch so sprunghaft, wie Joseph glaubte. Die Zarin legte keinen Wert auf den offenen Bruch mit Preußen. Im Gegensatz zur bisherigen Geschichtsschreibung geht aus der Goertzkorrespondenz auch hervor, dass Panin den Einfall hatte, den preußischen Thronfolger umgehend nach Russland einzuladen, um *ein Gegengift* zum Kaiserbesuch zu haben. Bislang heißt es, Friedrich II. habe seinen außenpolitisch völlig unerfahrenen Thronfolger aus Sorge vor Isolation auf Reisen geschickt. Friedrich lehnte die Reise als *überflüssig* ab und Goertz tat es auch. Panin wollte, dass sich der Preußenprinz an den russischen Thronfolger Paul hielte, womit auf die Zukunft gesehen weit mehr zu erreichen wäre, weil Paul die Österreicher im Allgemeinen und den Kaiser im Besonderen nicht schätzte. Der Schachzug leuchtete in Berlin ein, Friedrich sagte zu und ließ die für August bis September 1780 geplante Tour vorbereiten. Goertz bekam Glückwünsche von der Gianini, sie gratulierte, weil Caroline nun zur Oberhofmeisterin avanciert war. Auch Herzog Carl August grüßte herzlich und bat Goertz um nichts Geringeres, als seine Ansprüche auf Jever bei der Zarin durchzusetzen. Friedrich lehnte es ab, dass sich Goertz damit befasste, um Katharina mit dem Ansinnen nicht zu verärgern, denn Katharina hielt bezüglich Jever selbst die Hand auf. Carl August reagierte auf die Absage gegenüber unserem Grafen ironisch: »Sollten Seine Majestät, Ihr großer König, der gewohnt ist, so viel vor seine Familie zu tun und für viele Personen väterlich zu sorgen, nicht zu bewegen sein, sich meiner gerechten Sache anzunehmen …« Er versuchte es in den folgenden Jahren wieder über Goertz, allerdings ohne den Preußenkönig vorher zu fragen.

Anfang August war Preußens Thronfolger Friedrich Wilhelm aus Berlin in Richtung Petersburg aufgebrochen, Goertz ihm einige hundert Kilometer, bis an die Narwa, entgegengefahren. Beide hatten Petersburg am 6. September erreicht. Und dann begannen die Pannen. Der Prinz war zehn Tage zu früh in Petersburg angekommen, weil man in Berlin nicht den julianischen Kalender der Russen bedacht hatte. Bis Zarin Katharina von ihrer Reise durch die Provinzen zurückgekehrt war, hatte der Prinz in den Salons sein ohnehin schmales Budget

Prinz Friedrich Wilhelm von Preußen

von 30000 Talern verprasst. Er verlor tüchtig und hatte, als sein offizieller Reiseteil begann, kein Geld mehr. Goertz musste helfen und besorgte einen Kredit von 100000 Talern. Friedrich Wilhelm trat dann in Petersburg auch in so manches Fettnäpfchen, er bewegte sich bei Empfängen linkisch bis ungehobelt. Zarin Katharina fällte nach einem Gespräch mit Friedrich Wilhelm ein wenig schmeichelhaftes Urteil: »Der muss noch stark wandern, um dass der Geselle aus ihm kommt.« Mit Großfürst Paul, dem künftigen Zaren, traf sich Friedrich Wilhelm viele Male, Goertz verkehrte ohnehin bei Paul, dem unsicheren und überreizten Sohn Katharinas. Hier ging das Konzept von Panin auf, beide Regenten in spe verstanden sich. Goertz hatte Friedrich Wilhelm in Petersburg immerhin vor den größten Peinlichkeiten bewahrt. Als König revanchierte sich Friedrich Wilhelm und verlieh Goertz den Schwarzen-Adler-Orden, die höchste Auszeichnung der Hohenzollern.

Caroline von Goertz richtete sich im Herbst 1780 notdürftig in dem kleinen Palais im schlesischen Lüben ein und mühte sich um das Wohl der ihr anvertrauten Eheleute. Abwechslungen und sinnvolle Beschäftigungen fehlten, die Reibereien nahmen rasch zu. Kam der Prinz aus der Garnison, zechte er oft mit Offizieren, begehrte anschließend Auguste, die aus ihrer Abneigung gegenüber ihrem Angetrauten kein Geheimnis machte. Keine gute Konstellation, Gräfin Goertz schilderte ihren Kummer der Gianini, die machte Prinzessin Auguste als Schuldige aus und schrieb unserer Gräfin: *... Über Ihre betrüblichen Meldungen werde ich Stillschweigen bewahren, doch verlieren Sie nicht den Mut, man liebt Sie und hat Vertrauen in Sie, dass Sie mit der Zeit einen glücklichen Wandel bewirken werden. Den armen Prinzen* [Friedrich Wilhelm Karl] *bedaure ich von ganzem Herzen, denn er hätte verdient, durch die Heirat glücklich zu werden. Versichern Sie ihm meine ehrerbietige Zuneigung. Ich danke Ihnen für die Schattenrisse meiner beiden Freunde, sie sind sehr treffend. Der garstige Mann* [Graf Goertz], *den ich dennoch von Herzen liebe, hat mir seit einem Jahrhundert nicht mehr geschrieben. Ich werde ihm deshalb Vorwürfe machen. Unterdessen grüßen Sie ihn tausend Mal von mir ...*

Um Gräfin Goertz zu trösten, gab sich die Gianini als Prügelknabe des Weimarer Hofes: *Ich würde Ihnen gern öfter wiederholen, dass ich der Prügelknabe des Hofes bin, oder besser, der Abtritt, zu dem jeder kommt und sich erleichtert. Vor allem da man nur aus dem Saal gehen muss, um bei mir zu sein, denn meine Zimmer sind immer noch nicht fertig, das macht mich recht knurrig, und doch muss ich die anderen aufheitern ... Unser Winter ist ziemlich fröhlich, Maskenbälle, Assembleen, Abendessen ... Wir haben beinahe ständig Fremde hier. Prinz Georg von Meiningen ist Gott sei Dank abgereist, nachdem er die Güte hatte, uns 6 Wochen hintereinander zu inkommodieren, welch ekelhaftes Wesen, er hat auf mich in etwa die gleiche Wirkung wie einige Hunde des Herzogs ...*

In Goethes Tagebuch ist davon nichts zu lesen. »Wenn nichts gehn wollte gezeichnet«, heißt es Ende November 1780. An den Einträgen vom Januar 1781 fällt auf, dass Goethe sich so häufig mit Charlotte von Stein traf wie im ganzen Jahr zuvor nicht. In jener Zeit verwendete sich die Gianini für den jungen August Kotzebue bei Goertz. Der Graf kannte den Vater, Weimarscher Legationsrat bei Anna Amalia, und auch August, der, bildschön, bereits 1776 als 15-Jähriger mit Goethe auf den Brettern des Liebhabertheaters stand und in den »Geschwistern« bezauberte. Kotzebue studierte Jura in Jena, erhielt aber nach seinem Examen keine Anstellung in Weimar. Goertz teilte Gräfin Gianini mit, Kotzebue solle nach Petersburg kommen, er werde für den klugen Burschen schon eine Anstellung finden. Dass Kotzebue 25 Jahre später einer der meistgespielten Theaterautoren Europas werden sollte, konnte keiner ahnen, auch nicht den Konflikt zwischen Kotzebue und dem Theaterdirektor Goethe, der auf Publikumswunsch Kotzebues Stücke spielen musste, während die seinen in der Schublade blieben.

Im Frühjahr 1781 spitzten sich in Lüben die Konflikte des Prinzenpaars zu, Gräfin Gianini sandte einen Hilferuf an den Braunschweiger Hof: *Können Sie wohl ahnen, wie sehr es mich bedrückt, was unsere Freundin in Lüben durchstehen muß, sie wird von den traurigen Umständen dort selbst Schaden nehmen, den sie doch abwenden soll. Die Pr.* [Prinzessin Auguste] *räsoniert, aber der Pr.* [Prinz Friedrich Wilhelm Karl] *hat seinen Anteil, er stellt ihr nach und macht nicht viel Federlesens, auch wenn sie weint und schreit. Unsere Freundin hält sich dann, wie sie mir schrieb, die Ohren zu und schickt die Diener nicht mehr weg.*

Auguste, bereits schwanger, verlangte die Trennung von ihrem jähzornigen Mann. Prinz Friedrich Wilhelm Karl bekam von Zarin Katharina das verlockende Angebot, als Gouverneur der finnländischen Provinz zu fungieren. Gräfin Goertz bat um Entlassung aus ihrem Amt. Friedrich II. und der Vater von Auguste stimmten zunächst weder der Scheidung noch der Entlassung der Gräfin zu, setzten im Gegenteil auf deren mäßigenden Einfluss. Zumindest war Gräfin Goertz mit ihren Kindern zufrieden: *Caroline gibt sich viel Mühe, mit Freude zu lernen. Sie liest sehr gut und mit Gefühl, auch im Schreiben macht sie große Fortschritte. Sie leidet an Würmern, ich beginne jetzt eine Kur mit ihr … Luise ist wirklich sehr hübsch und reizend. Die kleine Nanni, von der Sie sagen, dass Sie sich keine Vorstellung von ihr mehr machen können, wird recht hübsch in der Art, wie Maler gern malen …*

Eigenwillig, wie Friedrich Wilhelm Karl auch als junger Mann schon war, quittierte er im Sommer 1781 den preußischen Dienst, nahm das Angebot der Zarin an und Auguste musste mit ihm ziehen. Gräfin Goertz kehrte nach Potsdam zurück, wo sie sich vom Freiherrn vom Stein anhören konnte, wie recht er doch mit seiner Warnung vor Lüben gehabt hatte. Im Übrigen war er froh, wieder bei der Gräfin verkehren zu dürfen.

Über Prinzessin Auguste gibt es keine Biografie, sie kommt selbst in Fußnoten wissenschaftlicher Arbeiten kaum vor. Ob sie launisch und überspannt war oder nur unreif für die ihr zugedachte Rolle, lässt sich aus den Briefen der Gräfin Goertz nicht rekonstruieren. Ihr tragisches Schicksal ging unserer Gräfin jedenfalls sehr nahe. In Russland geriet das Prinzenpaar noch härter aneinander, es gab immer häufiger Handgreiflichkeiten, bis sich Auguste der Zarin zu Füßen warf und um Schutz vor ihrem Mann bat. Die Zarin griff durch, der Prinz wurde des Landes verwiesen, Auguste der Obhut des Hofjägermeisters Pohlmann anvertraut. Ein fataler Fehlgriff, Pohlmann sah in der 23-jährigen Auguste auch nicht viel mehr als ein Objekt der Lust. Augustes verzweifelte Briefe an Katharina wurden abgefangen, sie erreichten die Kaiserin nicht, und Augustes Hilferufe an Gräfin Goertz mussten wirkungslos verhallen, weil jede Einmischung unserer Gräfin ein Affront gegen die kaiserliche Omnipotenz gewesen wäre. Gräfin Goertz konnte der Prinzessin nicht einmal antworten, eine Situation, die sie enorm belastete. Auguste ging vor den Augen der höfischen Gesellschaft zugrunde; nach einer Quelle verblutete sie während einer Vergewaltigung durch Pohlmann, nach einer anderen bei einer Abtreibung. Die Affäre wurde nie zur Sprache gebracht.

Die Gräfin Goertz bangte weiter um ihre älteste Tochter, die immer wieder kränkelte. Auch die Berliner Ärzte kamen dem Übel nicht auf die Spur, vermuteten aber eine Blutarmut. Dem offenbar akuten Eisenmangel sollte mit *salzsaurer Schwererde* abgeholfen werden. Gräfin Gianini riet, auf Kur nach Bad Pyrmont zu gehen, Freundin Emilie von Berlepsch lud zu sich aufs Schloss, das unsere Gräfin noch bestens als Quartier Tausender von Fledermäusen in Erinnerung hatte. Reisen wollte man überdies nicht mehr im hereinbrechenden Herbst, sondern erst wieder im warmen Frühling.

1782: Im alten Europa wurde nicht geschossen, aber am Wiener Hof bastelte man unentwegt an Aufmarschplänen, um die Landkarte zu verändern. Kaiser Joseph wartete darauf, mit der Zarin das große Werk zu vollbringen; die Eroberung des Balkans und die weitere Aufteilung Polens standen auf der Agenda. Die Zeit war günstig. Frankreich und England bekriegten einander in Nordamerika und konnten sich keine zweite Front in Europa leisten, Friedrich II. hatte kein Interesse an einer weiteren Teilung Polens und zweifelte, ob das formal noch bestehende Bündnis mit Russland Sinn machte, wenn Katharina in den Krieg zog und Preußen zur Zahlung von Hilfsgeldern verpflichtet wäre. Goertz sandte jeden zweiten Tag eine chiffrierte Depesche an König Friedrich. Die meisten Informationen stammten vom preußentreuen Außenminister Panin, dem es jedoch so schlecht ging, dass Graf Ostermann die Geschäfte übernahm, und der schätzte Goertz nicht. Etliche Informationen musste Goertz, von König Friedrich dazu ermuntert, kaufen. Bestechlich waren sie alle, die Herren Ministerialen, Schreiber, Kuriere. Die Höhe der Summe entschied, was preisgegeben wurde. Auf diese Weise erfuhr Goertz auch über das Privatleben der Kaiserin. Es war König Friedrich mehr als eine Überlegung wert, ob sich ein Regent mit der Mätresse oder dem Günstling eines anderen Regenten gut stellte. Getreu dem Motto, Liebe macht blind, wollte Friedrich von Goertz wissen, wie weit Katharinas Politik von der körperlichen Liebe beeinflusst werde. Die Zarin war dafür bekannt, dass sie ihre Liebhaber zu Generalen, Potemkin zum Kanzler und, im Falle des schönen Stanislaus Poniatowski, zum König von Polen machte.

Armer Goertz – der treue Ehemann, der kaum Zutritt am Petersburger Hofe hatte, sollte Pikantes aus der legendären Lasterhöhle in Schloss Puschkin in Erfahrung bringen, zu der selbst altgedienten Hofschranzen der Zutritt verwehrt blieb. Die Ausstattung des »Lustzimmers« in Schloss Puschkin, kulturgeschichtlich beispiellos, war auf Katharinas sexuelle Vorlieben abgestimmt. Die Schnitzereien an den Möbeln und Tischen, die Deckenornamente und die Darstellungen auf dem Geschirr und an den Bestecken ließen an Deutlichkeit nichts zu wünschen übrig. In Europa kursierten satirische Flugblätter über das Kabinett, in Paris stellte man es sich dem Zeitgeschmack gemäß als sadomasochistische Folterhöhle vor, in London glaubte man, Pferde und Esel bestiegen dort die Kaiserin. Nach Katharinas Tod wurde das Inventar des Kabinetts demontiert und in der hintersten Ecke des Schlosses verstaut. 1939 stieß der Kurator von Schloss Puschkin während des Inventarisierens auf das Kabinett und fotografierte 514 Preziosen von Stühlen, Tischen, Leuchtern und Porzellanen bis zu Teppichen und Teilen des Bettes. Als die deutsche Wehrmacht 1941 das Schloss

Die Zarin wird von einem Esel bestiegen. Englische Karikatur

plünderte, fiel den Soldaten auch das erotische Kabinett der Zarin in die Hände. Über den weiteren Verbleib gibt es nur Spekulationen, ähnlich denen zum Bernsteinzimmer. Immerhin kamen Reste des Inventars, darunter einige Möbel, 1996 in Paris bei einer Auktion unter den Hammer.

Unser Graf erfuhr vom befreundeten englischen Gesandten Harris, dass Katharinas neuer Stern der 21-jährige Alexander Lanskoi sei, *ein Wunder an Schönheit, feinen Manieren und Leidenschaft*. Was von Lanskoi zu halten sei, wollte Friedrich wissen. Goertz kannte den jungen Oberst und Adjutanten von Potemkin noch nicht persönlich und zitierte Harris' Eindrücke, der ihn als einen wahren Engel schilderte. Nach Harris hatte Potemkin die Liaison zwischen Zarin und Oberst eingefädelt, da die »Kaiserin nicht einen Tag ohne Liebe sein könne«. Potemkin selbst aber wollte sich endlich an das große Werk machen, das da hieß Eroberung des Balkans. Der Plan ging auf. Katharina und

Lanskoi, der keinerlei politische Absichten hegte, liebten einander leidenschaftlich. Potemkins Rolle wandelte sich vom einstigen Liebhaber zum erfolgreichen Staatsmann. Das sah auch unser Graf so und schrieb es König Friedrich. Die preußische Partei am Russischen Hof mit dem kranken Außenminister Panin, Thronfolger Paul und Goertz tappte immer wieder im Dunkeln, wenn es darum ging, den nächsten Schritten Potemkins auf die Schliche zu kommen. So wussten sie lange Zeit nichts von dem Geheimabkommen zwischen Kaiser Joseph und der Zarin vom Mai 1781, in dem Katharina dem Kaiser jede Hilfe in einem Krieg gegen Preußen zusagte, wenn Österreich dafür der Hohen Pforte den Krieg erklärte. Graf Goertz klagte nach Berlin, dass sein *Handgeld zur Beschaffung neuer Informationen schon lange nicht mehr ausreicht.* Katharina und Potemkin lachten über die Anstalten der »Herren Gesandten«, an der Tafel karikierten sie besonders gern Goertz und Harris. Thronfolger Paul wollte sich nicht auf diese Weise abspeisen lassen, sondern bestand darauf, zu erfahren, wohin Potemkin das Reich zu steuern gedachte. Der gab Paul rasch die entsprechende Antwort: Großfürst Paul hatte eine ausgedehnte Reise ins Deutsche Reich – außer nach Preußen – und nach Frankreich zu unternehmen. Paul wehrte sich mit allen Mitteln, was seine Abschiebung nur noch beschleunigte. Im September 1781 musste er aufbrechen. Zumindest Gräfin Goertz sollte etwas von der »Verbannung« Pauls haben, denn sie begleitete ihn im Sommer 1782 für einige Wochen an den Hof von Württemberg.

Katharina, durch Lanskoi ruhiggestellt, überließ Potemkin die Eroberung des Balkans, beginnend mit der Krim. Was Potemkin in wenigen Jahren durch Verträge mit Stammesfürsten und von der Hohen Pforte abtrünnigen Provinzfürsten ohne großes Blutvergießen in seinem Sinne erreichte, war erstaunlich und machte England, Frankreich und Preußen zu hilflosen Zaungästen. Damit es so bliebe, gab das russische Kabinett von Zeit zu Zeit Statements in Richtung Frankreich heraus, die aber ebenso Preußen galten: »... da Frankreich immer alles getan hat, was es konnte, um uns zu kränken, so wird diese Macht sicher den größten Lärm schlagen. Aber Frankreich sollte wohl erwägen, dass wir ihm in dem Krieg, durch den es England seine Kolonien entzog, freie Hand ließen …« In der höfischen Sprachregelung aus Petersburg hieß es: »… Nach den Unruhen, welche im verflossenen Jahr die Pforte durch einen … Pascha in Kuban (Nordkaukasus) habe erregen lassen, sei es der Wunsch der Kaiserin gewesen, Mittel zu finden, um die Angelegenheiten dieser Völker … zu schlichten, damit dem Kaiserreich der Frieden erhalten bleibe …«

1782 wurde die Krim annektiert und der Rest der Welt erhielt von Katharina ein Statement: »… Wir erklären hierdurch unseren Willen zur Annexion der Krim und des Anschlusses an das Russische Reich mit vollem Vertrauen zu Euch und in der absoluten Gewissheit, dass Ihr keinen geeigneteren Zeitpunkt und keine günstigere Gelegenheit zur Erfüllung des Vorhabens finden werdet …«

1783 trat das Königreich Georgien dem Russischen Reich bei, Potemkin legte die Vereinnahmung der Zarin mit folgenden Worten zu Füßen: »Matuschka, meine Amme, das georgische Geschäft ist ebenfalls zum Ende gebracht worden … Die heutige neue Grenze verheißt Russland Frieden, Europa Eifersucht und der Hohen Pforte Furcht …« Im November huldigte Tiflis, die alte georgische Hauptstadt, der Zarin. Das heutige Tschetschenien, Dagestan, Karabach und Armenien folgten. Katharina überschüttete Potemkin mit Wohlwollen: »Für all Deine Mühen und die grenzenlose Sorge um meine Angelegenheiten kann ich Dir meine Anerkennung nicht hinreichend ausdrücken. Du selbst weißt, wie empfänglich ich für Verdienste bin, und die Deinen sind hervorragend, genau wie die Freundschaft und Liebe, die ich Dir entgegenbringe.« König Friedrich sah keine Möglichkeit mehr, Potemkin zu stoppen, und Kaiser Joseph beglückwünschte Katharina zu einem Mann wie Potemkin: »Ich weiß sehr gut, wie wertvoll und schwierig es ist, so fähige und loyale serviteurs wie ihn zu finden, und wie selten wir in unserem Fach auf jemanden stoßen, der uns versteht.«

Ende 1783 erkannte die Hohe Pforte die neuen Grenzen an, Potemkin wurde Vizekaiser und Herr über die neuen Provinzen, die er mit Entschlossenheit umgestaltete: Befestigte Wege gehörten dazu wie die Errichtung neuer Städte, Fabriken, Häfen, unter anderem jener für

Gatschina, Sommerresidenz von Thronfolger Paul

Russland bis heute so wichtige in Sewastopol, den Potemkin für die neu geschaffene Schwarzmeerflotte anlegen ließ. Während sich Potemkin zum »Kaiser des Südens« aufschwang, zog der russische Thronfolger Paul von einem europäischen Fürstenhof zum nächsten. Bei Kaiser Joseph war er nur kurz zu Gast. Als Joseph ihm stolz vom Geheimabkommen mit Russland erzählte, verlor Paul alle Selbstbeherrschung, beschimpfte Joseph und die Absichten seiner Mutter auf dem Balkan.

Für Joseph war der Prinz fortan nur noch ein lästiger Wurmfortsatz, den es herauszuschneiden galt. Im Sommer 1782 besuchte Paul die württembergische Heimat seiner Frau und wohnte in Mömpelgard. Gräfin Goertz auch. In wessen Auftrag sie von Berlin in die Nähe von Stuttgart reiste, bleibt offen. Die Frau eines preußischen Ministers konnte jedenfalls nicht ohne ausdrückliche Genehmigung des Königs reisen. Gräfin Goertz und Thronfolger Paul saßen oft zusammen: *er hat mir so viel über Euch erzählt, dass ich glauben mochte, ich wäre bei Euch*, schrieb Caroline ihrem Mann. Herzog Carl Eugen von Württemberg, heute noch bekannt als skrupelloser Menschenhändler, der seine Soldaten nach England verkaufte, gab ein Fest nach dem anderen. Oper, Feuerwerk, Manöver, es gab eine große Jagd am Bärensee, wo man an die 6000 Stück Wild, zumeist Hirsche, zusammengetrieben hatte. Als die hochherrschaftliche Jagdgesellschaft in den Gondeln auf dem See schussbereit war, wurden die Tiere ins Wasser gejagt, um dort abgeschossen zu werden. Gräfin Goertz blieb dem Gemetzel fern. An jenem Tag (22. August) floh übrigens Regimentsmedicus Friedrich Schiller, dem Herzog Carl Eugen bei Strafe verboten hatte, weiterhin Komödien zu schreiben. Ende September gab es als Höhepunkt für Paul ein Fest in der Solitude. 90 000 Kerzen in Ampeln leuchteten um das Schloss bei Stuttgart.

Auf ihrem Rückweg nach Potsdam besuchte Gräfin Goertz ihre Verwandten in Gotha, die Gianini war auch dorthin gekommen. Ein Jahr lang hatten sich die beiden Frauen nicht gesehen und viel zu erzählen. Kaum war unsere Gräfin in Berlin, erhielt sie von der Gianini Nachricht aus Weimar:

Den 14. November 1782 / Ich hoffe, meine liebe Freundin, dass Ihre Reise glücklich verlaufen ist und dass Sie gut in Berlin angekommen sind. Die Wege waren schlecht, da Sie aber in einem sandigen Land gereist sind, hoffe ich, dass Sie nicht viel gelitten haben, vielleicht etwas mehr als Ihre kleinen Reisebegleiter [die drei Töchter]. *Ach, meine liebenswürdige Freundin! Nun sind wir wieder getrennt, und Gott weiß für wie lange Zeit. Der Gedanke, auf die Gesellschaft seiner wahren Freunde verzichten zu müssen, und stattdessen gezwungen zu sein, mit Barbaren leben zu müssen, von denen man lieber weit entfernt wäre, ist in Wahrheit tödlich, und leider ist es mein Schicksal, fast niemals genießen zu können und immer ertragen zu müssen – Uff – Uff!*

Sie wenigstens, meine liebe Freundin, finden liebenswürdige Menschen und Freunde wieder. Seien Sie im Übrigen fest überzeugt, dass mein Herz Ihnen eng verbunden ist und bis zum Ende meines Lebens bleiben wird, mit der gleichen wahrsten und zärtlichen Freundschaft, die ich mir auch von Ihnen verspreche … Baron Sigimond ist zurückgekommen, er hat schon zwei Nachmittage bei mir verbracht und mir von Ihnen und der Prinzessin von Württemberg [Auguste] *erzählt, ohne seine Schwägerin und die fragliche Geschichte zu erwähnen. Sie können sich, meine liebe Freundin, wohl denken, dass ich ihn nicht daran erinnert habe …*

Der Schattenriss wird so bald wie möglich gemacht. Wenn Sie eine Gelegenheit finden, mir die Handschuhe zu schicken, tun Sie mir den Gefallen und legen noch ein halbes Pfund spanischen Tabak dazu. Im Übrigen verfügen Sie über mich und meine Geschicklichkeit, wie es Ihnen gefällt. Ich habe gute Nachrichten aus Braunschweig, allen geht es gut. Es gibt dort noch einen neuen Kavalier, einen Herrn von Marschall, reich, mit einem Einkommen von 12 Tausend Talern, der in den Dienst als Kammerherr tritt. All dies wird glänzend …

Am Weimarer Hof gab es sowohl auf die große Politik als auch zum Leben der Goertz keinen Widerhall. Der Page von Lyncker schildert uns den höfischen Alltag jener Tage so: »Jeder von den Pagen wartete gern bei der Mittwochstafel der Herzoginmutter auf, wenn nur einer oder zwei von Adel, jederzeit aber mehrere sogenannte schöne Geister eingeladen wurden. Goethe, Wieland und Herder gerieten regelmäßig in lebhaften Streit … so entstand ein an sich interessantes, aber oft solch lautes Gespräch, dass die Herzogin Mutter, Mäßigung gebietend, zuweilen die Tafel früher aufheben musste, als es außerdem geschehen wäre.«

Genaueres über das Leben von Anna Amalia ist aus den fragmentarisch erhaltenen Briefen ihrer Gesellschafterin Göchhausen zu erfahren, die Gräfin Goertz nur *das kleine Monster* nannte. Sie war agil, anpassungsfähig und stets bemüht, ihre Herrin bei Laune zu halten, was im Februar, zur Karnevalszeit, besonders wichtig war, sollten die Ablenkungen gelingen: »Die Zeit des Carnevals hat indessen für jetzt zu allerley Selbstbetrug Anlaß gegeben, und man ist wenigstens darauf bedacht gewesen, die giftige Krankheit Langeweile des Hof ennui recht brillant zu machen. Komödien, Bälle, Aufzüge, Redouten etc. das Alles hat sich gejagt. Auch Göthe hat sein Goldstück zu Anderer Scherflein gelegt und auf der Herzogin Louise Geburtstag … eine artige Comédie ballet geliefert …« (An Merck). Über die Nähe zwischen Anna Amalia und Goethe ist auch bei ihr – selbstredend – nichts zu lesen. Aber der Dichter, Minister und geadelt, war unverzichtbar im kleinen wie im großen Hofleben, wie Göchhausen zu berichten wusste: »… Göthe hat schon in diesem und vergangenen Winder mir allerley über Mineralogie gelehrt, ich habe auch eine kleine Sammlung …« Oder: »… Den 6. oder 8ten Juli kommen sämtliche Weibliche Durchlauchten von Meiningen und werden wahrscheinlich 8 Tage hier bleiben. Die Herzogin wird ihnen hier eine kleine fête geben, aus einem Wald und Wasser-Drama von Goethen …« Im August galt es am Weimarer Musenhof für neue Abwechslung zu sorgen, die Göchhausen berichtete darüber begeistert: »… Wir sind jetzt beschäftiget ein kleines französisches Stück zu memorieren, eine Parothie [Parodie] der Zaire … es ist voll guten Witzes … Die Acteurs sind der Herzog, Goethe, Einsiedel, Krauß, Carolingen und ich. Wir werden auf dem Ettersburger Theater spielen.« Höhepunkt im Oktober war eine Reise nach Wörlitz, anlässlich des Geburtstags der Fürstin von Anhalt. Geschenke wurden ausgesucht, die passenden Kleider in Koffer gepackt, neueste Bücher inklusive. Es ging aufgeregt zu im Schloss, bis die Kutschen von Anna Amalia aus der Sommerresidenz aufbrachen. Aus Dresden kamen Herzog Carl August und Goethe dazu, den »… die Parfors Jagd anzog«, wie die Göchhausen schrieb: »… Die ganze Zeit waren wir in Wörlitz, dieser Aufenthalt ist unaussprechlich lieblich, die Mondhellen Abende auf den stillen See, bey Musik von blasenden Instrumenten … Auf den Rückweg ging die Herzogin über Leipzig, es war Messe, und wir blieben 4 Tage. Das Theater haben wir alle Abend besucht …«

Und im Dezember ging es endlich wieder aufs Eis, wie Gräfin Gianini berichtete: *Ich war krank, meine liebe Freundin, das ist der Grund meines Schweigens. Das rheumatische Fieber, verbunden mit starken Kopfschmerzen, hat mich ans Bett gefesselt … Tut Ihnen die Kur, die Sie angefangen haben, gut?* [Gräfin Goertz war zur Kur in Berlepsch.] *Ich sehe Sie jetzt vollständig eingerichtet in Ihrem Nest … Man genießt hier die Winterfreuden, Schlittenrennen, Bälle und Assemblées, eines folgt dem anderen. Die Herzogin* [Louise] *und ich sind nur Zuschauerinnen, denn die arme Frau ist so dick von der Schwangerschaft, dass sie sich kaum rühren kann … der Baron Goethe hat nun höfische Manieren angenommen …*

Bei allen Manieren quälte sich der Dichter als Minister mit dem ungebremsten Niedergang der Wirtschaft im Lande. Die Textilindustrie stand wegen ihrer teuren und schlechten Produkte vor dem Kollaps, der Tabakhandel war am Zusammenbruch, Salz musste trotz eigener Vorkommen eingeführt werden. Keiner der Minister war in der Lage, wirtschaftliche Zusammenhänge zu erfassen und Auswege zu finden. Was an Papieren zustande kam, waren Absichtserklärungen, die nur noch das Schlimmste, Unruhen, verhindern sollten, mit dem »... Endzweck, armen Nothleidenden hiesigen Einwohnern Nahrung und Unterhalt zu verschaffen«.

Goethe schlug sich auch noch mit einer blutigen Angelegenheit herum, die seine Biografen nur ungern erwähnen, zumeist verschweigen: Goethe, der Humanist, hatte ein Todesurteil gegen eine Kindsmörderin durchgesetzt. Am 11. April 1783 brachte die siebzehnjährige Magd Anna Catharina Höhn einen Jungen zur Welt und soll ihn am gleichen Tag erstickt haben. Eine Totgeburt hielt das Kriminalgericht wegen dreier Messerstiche am Körper des Jungen für ausgeschlossen. Das Gericht sprach die junge Frau schuldig und übergab die Akten dem Herzog, der das Todesurteil bestätigen musste. Carl August überließ die Entscheidung seinen drei Beratern, von denen einer Goethe war. Die beiden anderen entschieden gegensätzlich, Goethe war das Zünglein an der Waage. Er wusste, dass Herzog Carl August in solchen Fällen auf lebenslanges Zuchthaus plädierte. Goethe entschied für die Hinrichtung, und so wurde auf dem Weimarer Markt im November 1783 nach 30 Jahren wieder eine Delinquentin wegen Kindesmords hingerichtet.

Wovon man außerhalb Weimars keine Notiz nahm.

Die Gefühlslage der Gräfin Goertz mit ihren Kindern, den Hausangestellten, drei befreundeten Gräfinnen und dem jungen Stein an ihrer Tafel schwankte weiterhin: *Ich bin zwar von vielen Verwandten und Freunden umgeben, fühle mich aber trotzdem isoliert und allein. Mir scheint, dass mein Herz nur an Ihnen hängt, an Ihnen, der so fern ist – fern von mir. Wann werden meine Kümmernisse und Leiden beendet sein? Mir bleibt keine Hoffnung. Ich kann die vergangene Zeit ermessen, aber nicht die, die noch vor uns liegt. Alle meine Hoffnungen sind so wenig wahrscheinlich und ich wurde so oft in meinen Erwartungen enttäuscht, die ich für sicher gehalten hatte. Manchmal denke ich, ich wäre viel glücklicher, wenn Sie nicht die Talente hätten, die Ihnen so viel eitlen Ruhm eingebracht haben, der mich das Glück meines Lebens kostet ...*

Im Frühjahr 1784 erhielt sie noch einige Briefe von der Gianini, die wieder über Gichtanfälle klagte, im Übrigen klaren Kopf behielt und sich das Lästern über den Grafen und das heikle Thema von dessen erwünschter baldiger Rückkehr nicht verkneifen wollte: *Dass unser Russe sich gut mit seinem Herrn steht, freut mich sehr, das macht sein Los zumindest erträglicher … Was Sie mir über unseren Russen sagen, freut mich sehr, doch ich befürchte, je zufriedener man mit ihm ist, desto unwahrscheinlicher wird seine Zurückberufung … ich befürchte, sein Exil wird bis zum Tod des Königs dauern.*

Die Gräfin Gianini starb vor dem König, im Mai 1784 in Weimar.

Gräfin Goertz reiste im August 1784 zu einem Kuraufenthalt nach Braunschweig, wo sie auch Goethe traf: Der *Herzog von Weimar ist seit acht Tagen hier. Er wird von Stein und von Goethe begleitet, der, wie man sagt, sehr liebenswürdig sei …*

26. August – Ich habe Baron von Goethe getroffen, der sehr höflich auf mich zukam, um mich als alte Bekannte zu begrüßen. Ich habe übrigens den Eindruck, dass er seine Schätze hier ebenso verbirgt wie anderswo. Trotz seines schönen Anzugs hat er an Mut in der guten Gesellschaft nichts hinzugewonnen. Er spricht fast gar nicht, außer zu der Frau Äbtissin, die für ihn etwas eingenommen erscheint und sich öfter mit ihm allein im Vorzimmer unterhält. Man sagt jedoch, dass er die jungen Damen im Vorzimmer oft zum Lachen bringt.

Im Herbst ging es der kranken Tochter nicht besser, Gräfin Goertz bat ihren Mann, nach Berlin zurückzukommen. König Friedrich hielt Goertzens Anwesenheit in Petersburg für unerlässlich, ein Urlaub war ausgeschlossen. Goertz bat um Abberufung, Friedrich lehnte ab.

Gespräch mit der Hüterin des Gräflichen Archivs.

»Gibt es im Archiv Unterlagen, die Genaueres über die Krankheit der ältesten Tochter aussagen, eine Art Krankenakte?«

»Nicht, dass ich wüsste. Mit Krankheiten musste man damals leben. Heute auch.«

»Nach dem, was die Ärzte verordnet haben und was auch in den Briefen von der Schwäche über die junge Frau zu lesen ist, muss sie unter einer Anämie gelitten haben.«

»Vermutlich alle drei Töchter der Gräfin, ich glaube an eine Erbkrankheit. Alt wurden weder die Mutter noch ihre Kinder. Die Gräfin starb 1809 mit 61 Jahren, Karoline mit zwanzig, Marie Anne mit 47 Jahren.«

»Immerhin wurde Louise 70 Jahre alt«, wandte ich ein.

»Aber glücklich war sie nicht mit dem Herrn von Labes, und ihr gemeinsames Kind litt offenbar auch unter einer Anämie.«

»Vielleicht erklärt das die Stimmungsschwankungen unserer Gräfin«, sagte ich.

»Nichts davon. Frauen leiden immer unter Stimmungsschwankungen. Gräfin Goertz litt auch nicht unter Depressionen. Am ehesten noch unter ihrem Selbstbewusstsein. Die Frau liebte ihren Mann, und der war nicht da. Sie stand vielem kritisch gegenüber, weil sie wenig Gemeinsames mit Eustach erlebt hatte. Er war in Paris, da wäre sie auch gern gewesen, sie plagte sich stattdessen in Weimar mit Anna Amalia ab. Er verkehrte am Zarenhof, das hätte auch sie gern mal angesehen, stattdessen erlebte sie das Desaster in Lüben. Sie war nicht bereit, ihre Hoffnung auf ein gemeinsames Eheleben aufzugeben. Das zusammen machte sie nicht zu einer Frohnatur, wie die Gianini wohl eine war. Ich sehe Caroline von Goertz als moderne Frau. Sie könnte heute leben und selbstständig überleben. Ausschließlich in ihren Briefen an Goertz und an Gianini ließ sie Vertrautheit zu. Und natürlich gegenüber ihren Kindern. Aber sonst muss sie sich ziemlich zusammengerissen haben. Ich kenne ihr eigentliches Naturell nicht. Sie war, dachte und handelte rational, sie brauchte weder einen Liebhaber noch Drogen, die in den Kreisen ja auch ganz gern genommen wurden. Sie konnte aber auch sich selbst und andere auf die Schulter nehmen, sich an den Spieltisch setzen oder Wein trinken und, wenn es sein musste, eine spitze Zunge führen. Wie die Gianini.«

»Die recht ordentlich Wein trank und Chinin schniefte«, sagte ich.

»Vielleicht wegen der Schmerzen von der Gicht«, vermutete die Hüterin des Archivs.

»Die Goertz machte sich auch überhaupt nichts vor. Spätestens dann, wenn sie in den Spiegel sah, hatte sie das Bild einer Frau vor sich, die gefordert war. Sie ging gelegentlich auf Bälle, wie ich ins

Der 24-jährige Alexander Lanskoi, von Katharina leidenschaftlich geliebt

Kino gehe, um mal abzuschalten. Sie ging zum Kaffeeklatsch, wie sie es in Weimar getan hatte, um sich nicht aus der Adelsgesellschaft auszuschließen. Aber immer war sie in Gedanken bei ihrem Mann und den Kindern.«

1784. Potemkins nächstes Ziel hieß Konstantinopel, aber die Pläne scheiterten wegen eines Todesfalles, der eine Regierungskrise nach sich zog, wie der englische Gesandte unserem Grafen prophezeite. Im Juni starb sechsundzwanzigjährig Alexander Lanskoi in den Armen von Zarin Katharina. Sie blieb stundenlang bei seinem Leichnam und schloss sich dann für drei Wochen in ihr Zimmer ein. Der Schmerz um den Verlust von Lanskoi betäubte die Zarin. Man fürchtete um ihr Leben und rief nach Potemkin, der sofort Sewastopol verließ und nach siebentägigem Nonstop-Ritt die Residenz erreichte. Potemkin hatte unterwegs bereits von den Gerüchten um den Tod von Lanskoi gehört, der »bei der Sache« mit Katharina an Erschöpfung gestorben sein soll, nach einer anderen Version an einer Überdosis von gefährlichen Aphrodisiaka. Das bekam auch Goertz zu hören. König Friedrich soll an seiner Tafel ätzende Kommentare auf den lendenschwach gewordenen Liebhaber zum Besten gegeben haben …

Als Potemkin Katharinas Palast erreichte, fand er die Zarin fast wahnsinnig vor, der Hof war gelähmt. Katharina fragte Potemkin immer wieder nach der Leiche ihres Liebhabers, als warte der liebeshungrig im Nebenzimmer. Der verwesende und bestialisch stinkende Leichnam Lanskois blieb drei Monate im Schloss, bis es Potemkin gelang, ihn nahebei begraben zu lassen. Potemkin wich Katharina nicht mehr von der Seite, ihm war es zu danken, dass Katharina allmählich wieder ihre Mitte fand. Und regierte. Ein Jahr später hatte Katharina die Krise überwunden, Potemkin konnte einen weiteren seiner Adjutanten, Alexander Jermolow, als Liebhaber bei ihr installieren. Jermolow bezog die Wohnung des Vorgängers, und die verliebte Katharina lud den Hof und die Gesandten von Großbritannien, Frankreich und Österreich zu einer mehrwöchigen Kreuzfahrt vom Ladogasee zur oberen Wolga ein. Goertz blieb ausgeschlossen. Er protestierte und Potemkin grinste. Goertz wurde depressiv und sah kaum noch einen Sinn für seine Mission: *Entweder wird der Gesandte Eurer Majestät hier nicht mehr als der Gesandte einer verbündeten Macht angesehen, oder meine Person ist dem hiesigen Hof unangenehm*, schrieb er Friedrich.

Goertz hatte zumindest einiges über die wirtschaftliche Lage im Land herausgefunden. Etwa dass es 1784 in Russland eine schlechte Ernte geben werde, worauf Friedrich durch seinen Berliner Kaufmann Schlicker die guten Ernten in Polen aufkaufen ließ, damit diese nicht in russische oder österreichische Militärspeicher gelangten. Und er hatte herausgefunden, dass sich Katharina und Kaiser Joseph einig waren, Bayern aufzuteilen. Dem Deutschen Reich drohte neues Ungemach. Im Dezember 1784 forderte tatsächlich der russische Gesandte am Zweibrücker Hof, Romanzov, Herzog Karl »wohlwollend und ultimativ die Herausgabe von ganz Ober- und Niederbayern, der Oberpfalz, der Grafschaft Leuchtenberg und der Herzogtümer Neuburg und Salzbach ...«

König Friedrich wartete dieses Mal nicht, bis Truppen in Bayern einmarschierten, sondern machte den geplanten neuerlichen Kuhhandel zwischen Joseph und Karl Theodor öffentlich. Die Empörung unter den Fürsten im Reich war erheblich; Kaiser Joseph sah sich gezwungen zurückzurudern und gab das uns hinlänglich bekannte »Ehrenwort«

Berlin unter den Linden um 1770

eines Politikers ab, dass nichts, aber auch gar nichts an den »... unverschämt angedichteten Absichten« sei.

Friedrich erntete unterdessen, was Prinz Heinrich und Goertz bereits 1778 gesät hatten: Eine Allianz deutscher Fürsten unter Führung Preußens schloss sich im Frühjahr 1785 zum Fürstenbund zusammen. Ihm gehörten Sachsen, Sachsen-Weimar und Gotha an, ebenso Mecklenburg, Anhalt-Dessau, Zweibrücken, Braunschweig, Hessen-Kassel, Baden, etliche katholische Reichsfürsten, der Erzkanzler des Reiches und Hannover und damit England. Mit dieser Entwicklung hatte Kaiser Joseph nicht gerechnet und gab – empört darüber, wieder gescheitert zu sein – folgende Erklärung ab: »Unter wahrem Erstaunen haben Wir zur Kenntnis genommen, dass die ansehnlichsten Reichsfürsten bereitwillig erklärt haben sollen, der von Berlin in Auftrag gebrachten Confӧderation beizutreten. Wir können Uns die Wirklichkeit eines solchen Erfolges nicht anders als durch die Vermutung erklären, dass die ausgestreuten Verleumdungen Glauben gefunden und verschiedene Reichsfürsten in wahre Besorgnis versetzt haben müssen.«

Graf Goertz muss mit Genugtuung aufgenommen haben, was ihm aus Berlin berichtet wurde, auch dass Preußen die Unabhängigkeit der

Vereinigten Staaten von Amerika anerkannt und mit den USA einen Handels- und Beistandspakt abgeschlossen hatte, der bis zum Ersten Weltkrieg bestehen sollte.

Potemkin schäumte vor Wut, als er vom Fürstenbund hörte. Preußen hatte abermals Josephs Pläne für Bayern vereitelt und Goertz hatte einen Anteil daran. Für Potemkin ein Grund mehr, unserem Grafen die kalte Schulter zu zeigen. Im Oktober 1785 bat Goertz um Urlaub, Anfang November kam er in Berlin an und berichtete König Friedrich an mehreren Tagen über die Verhältnisse in Russland. Den König fand Goertz angeschlagen vor. Der 73-jährige Monarch litt seit langem an etlichen Krankheiten; Hämorrhoiden plagten ihn, dazu kamen Gicht, Magenkoliken und Geschwüre. Ärztlichen Rat nahm der Monarch nur selten an, seine Vorliebe für mehlhaltige und äußerst scharf gewürzte Speisen, von denen er bis zu seinem Tod nicht lassen wollte, tat ein Übriges.

Josephs Gesandter in Berlin meldete denn auch jeden Rückfall Friedrichs nach Wien, und der Kaiser hoffte auf bessere Zeiten ohne diesen Preußenkönig, um es mit Bayern noch einmal zu versuchen – was auch geschehen sollte.

Familie Goertz bewohnte in Berlin ein Haus am Quarree, dem heutigen Pariser Platz. Berlin war weiter gewachsen, es war nun eine europäische Metropole mit 145000 Einwohnern, in Wissenschaften und Künsten tonangebend im Deutschen Reich. Das Bürgertum musizierte Mozart und Haydn und las Schiller, Friedrichs Oper in Berlin kam nun auch mit deutschen Singspielen heraus. Besucher aus anderen Ländern wunderten sich über die sittliche Freizügigkeit – oder war es Verfall? – in Berlin. Es gab viele Bordelle, und in Buchläden konnte jeder offen jene pornographischen Romane mit den mehr als eindeutigen Stichen kaufen, die schon Anna Amalia gesammelt hatte. Das Inventarverzeichnis der Goertz-Bibliothek weist auch derlei aus …

Wie lebte sich der Feingeist und Neu-Berliner Goertz in die Salons der Stadt ein? Huldigte er ausschließlich den französischen Aufklärern, war er offen für Kant, Lichtenberg und Lessing? In seiner Bibliothek jedenfalls waren die neuesten Werke deutscher Autoren vertreten.

Goertz verkehrte im Frühjahr 1786 regelmäßig an der Tafel des Thronfolgers und auch bei Prinz Heinrich. König Friedrich bot Freiherrn vom Stein an, als Gesandter nach Petersburg oder Wien zu gehen, Stein lehnte ab. Aus Weimar schrieb Hofdame Marianne von Woellwarth ihrem Onkel Goertz nach Berlin, dass Anna Amalia den ganzen März über so krank war, dass man um ihr Leben fürchtete. Erst im späteren Frühjahr erholte sich die 47-jährige Herzogin langsam unter ständiger Zuhilfenahme von Eselsmilch, Chinasalz und Gesundheitsschokolade wieder. Mit den Goertz' hatte sie noch immer keinen Frieden geschlossen, es ärgerte sie die jährliche Pensionszahlung an den Grafen, Geld, das sie bei obligat klammer Kasse gut für andere Zwecke gebrauchen konnte.

Friedrichs Tod und Goethes Flucht

Dem Preußenkönig ging es zunehmend schlechter. Agenten aus Frankreich, England und Wien erwarteten bereits im April 1786 seinen Tod. Mit der wärmeren Jahreszeit erholte sich Friedrich von seinen Leiden, er bezog sein Sommerschloss auf dem Weinberg, arbeitete wie gewohnt in den Morgenstunden, riskierte Ausritte und nahm die Parade ab, alles sehr zum Erstaunen der ausländischen Gesandten. Im Juli litt er unter einem offenen Bein, sein Stiefel musste ihm aufgeschnitten werden.

Über die letzten Wochen und Tage des Königs wurde Goertz durch dessen Bruder unterrichtet, der sich fast täglich beim König aufhielt. Leibarzt Selle protokollierte den Zustand des Königs, der sich bei Sonnenwetter auch auf die Terrasse vor seinem Arbeits- und Schlafzimmer setzte.

> Zu Anfang des Juni fingen beide Füße an zu schwellen. Aber ohne alle Erleichterung der Brustbeschwerden, die im Gegenteil zunahmen. Der König klagte über ein beschwerliches Drücken in der Gegend des Zwerchfells, konnte fast gar nicht mehr im Bette liegen, sondern brachte den größten Teil der Nächte auf einem Stuhl sitzend, vornübergebeugt oder nach der Seite gebückt, zu, hatte häufige Zuckungen im Schlafe, schreckte und stöhnte und schrie öfters plötzlich auf. Auch fand ich jetzt das ganze Gesicht aufgetrieben und

glänzend, so dass, alle vorhergegangenen Ursachen und Umstände zusammengerechnet, fast kein Zweifel mehr bleiben konnte, dass Brustwassersucht vorhanden sei … Er begehrte nun urintreibende Mittel und Inzisionen an den Lenden und Beinen. Der König war von jeher gewohnt gewesen, ungewöhnlich viel Wasser, d.i. zu drei bis vier Quart zu trinken, ohne deswegen verhältnismäßig zu urinieren … Der König fing an, seit einigen Tagen wieder stark über Säure zu klagen, die keinem absorbierenden Mittel weichen wollte … Vorboten eines Gichtanfalls. Am 4. August zeigte sich plötzlich eine rosenartige Entzündung des linken Schienbeins, welche bald die ganze Wade einnahm, und wobei sich die Oberhaut in Bläschen erhob, die sehr viel Feuchtigkeit von sich gaben … Der heftigen Entzündung und der zu befürchtenden Fäulnis wegen wurden ständig antiseptische Fomentationen angewandt … Und obgleich der Geruch der ausfließenden Feuchtigkeit unerträglich stinkend war, und der König sichtbar an Kräften abnahm, so war er doch von seinem Zustand zufrieden und schien Hoffnung auf Besserung zu haben, besonders da die Geschwulste der Lenden und des Hodensacks zusehends abnahmen … Der König aß mit außerordentlichem Appetit und ich zitterte für die Folgen davon. In der Tat merkte man schon in der Nacht vom 12ten zum 13ten August fieberhafte Bewegungen und unruhigen Schlaf und er war den Tag über wenig munter … Beim Verbande des Fußes zeigte der König alles Bewusstsein und Gefühl und es war nirgends eine Spur vom Brande zu sehen, obgleich der Geruch der ausfließenden Feuchtigkeit cadaverös war. Sein Aussehen war mehr rot als blass und seine Augen hatten noch nicht ganz ihr gewohntes Feuer verloren. Als er das Bedürfnis des Stuhlgangs äußerte, konnte er die wenigen Schritte dahin und zurück machen, und gegen sieben Uhr fiel er auf seinem Stuhl, den er nun schon seit einigen Monaten weder Tag noch Nacht verlassen hatte, in einen sanften Schlaf und milden warmen Schweiß. … Nachdem er aber bald nachher einen beinahe unwillkürlichen Stuhlgang gehabt hatte, beklagte er sich über Frost, verlangte beständig mit Kissen bedeckt zu werden und plötzlich stellte sich um neun Uhr ein beständiger kurzer Husten mit starkem Röcheln auf der Brust ein, der nach

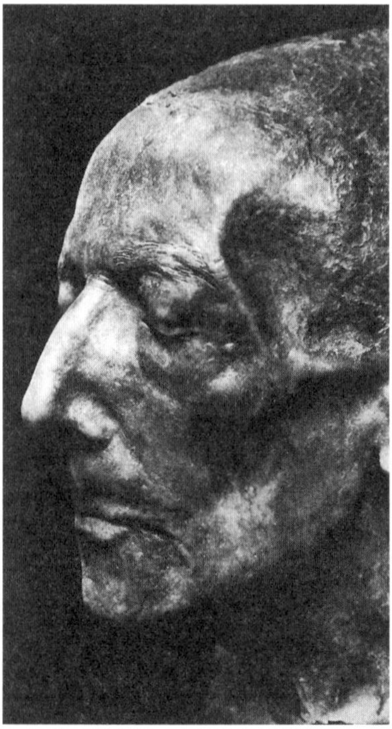

Totenmaske Friedrichs II.

> und nach das Atemholen erschwerte und morgens den 17ten August um zwei Uhr und zwanzig Minuten die Maschine dieses außergewöhnlichen Geistes zum Stillstand brachte …

In Weimar war man auch in Aufregung, aber nicht weil Friedrich gestorben war, sondern weil Geheimrat Goethe nicht wiederkam. Im Juli war er aufgebrochen, um sich durch eine Kur in Karlsbad zu erholen. Ein guter Einfall, der Herzog reiste gleich mit. In Karlsbad ließ Goethe es sich gut gehen – und flüchtete am 3. September von dort nach Italien. Die Zeitgenossen waren ratlos, außer seinem Sekretär hatte Goethe niemanden ins Vertrauen gezogen. In Weimar rieben sich Wieland und Herder ebenso verwundert die Augen wie Dienstherr Carl August, Anna Amalia und Charlotte. Weit konnte er nicht sein, sämtliche Habe war in Weimar geblieben, samt Sekretär Seidel, den man heftig befragte, der aber den Unwissenden gab. Charlotte von Stein hatte in den Briefen des Dichters aus Karlsbad die meisten Hinweise auf das Geplante erhalten, aber konnte sie ahnen, was sich hinter den Andeutungen verbarg? Der Dichter am 22. August 1786: »Nun muß ich auch meiner Liebsten schreiben, nachdem ich mein schweerstes Pensum geendigt habe. Die Erzählung am Schlusse Werthers ist verändert, gebe Gott dass sie gut gerathen sey, noch weis [niemand] nichts davon …« Einen Tag später: »Gestern Abend ward Iphigenie gelesen und gut sentirt … Jetzt da sie in Verse geschnitten ist macht sie mir neue Freude, man sieht auch eher was noch Verbesserung bedarf. Ich arbeite dran und dencke morgen fertig zu werden. Auf alle Fälle muß ich noch eine Woche bleiben … Und dann werde ich in der freyen Welt mit dir leben, und in glücklicher Einsamkeit, ohne Nahmen und Stand, der Erde näher kommen aus der wir genommen sind … Der alte König soll todt seyn. Das müßt Ihr nun schon gewiß wissen wenns wahr ist. Adieu«

Am 27. August kamen wieder klare Zeitvorstellungen über das, was geschehen sollte: »… Ich bleibe noch acht Tage und solang habe ich noch zu thun …« Drei Tage später präzisierte Goethe: »Nun geht es mit mir zu Ende meine Liebste, Sonntag d. 3ten September denck ich von hier wegzugehen …« Der vorletzte Gruß an Charlotte liest sich wie ein Resümee: »Nun noch ein Lebewohl von Carlsbad … Ich habe bisher im Stillen gar mancherley getragen, und nichts so sehnlich gewünscht als dass unser Verhältniß sich so herstellen möge, dass keine Gewalt ihm was anhaben könne. Sonst mag ich nicht in deiner Nähe wohnen und ich will lieber in der Einsamkeit der Welt bleiben, in die ich ietzt hinaus gehe …« Im letzten Brief heißt es: »Morgen Sonntags d. 3ten Sept. geh ich von hier ab, niemand weiß es noch, niemand vermuthet meine Abreise so nah …«

Bis heute hat die Goetheforschung keine plausible Erklärung dafür, warum der Erste Minister, zugleich wichtigste Stütze der höfischen Unterhaltung, das Weite gesucht hatte.

Über Goethes Aufbruch hat sich der englische Historiker Boyle viele Gedanken gemacht: »Der endgültige Entschluss, den Knoten zu durchhauen und nach Italien zu fliehen, ist wahrscheinlich ziemlich spät gefasst worden … Man verkennt die wahre Bedeutung von Goethes Flucht im Jahre 1786, wenn man in ihr nur ein Entweichen nach

Italien sieht. Rom war nicht bloß eine wichtige Etappe im Fahrplan der großen Bildungsreise, die Ende des 18. Jahrhunderts ohnehin nicht mehr die unvermeidliche modische Tour war … es war vor allem vielleicht in den Jahrhunderten nach der Reformation das Sinnbild für Deutschlands uralte, sowohl politische als auch religiöse Verbundenheit mit den Mächten südlich der Alpen. Es besaß eine stattliche deutsche Kolonie, die vor allem aus bildenden Künstlern bestand, und es hatte Winckelmann beherbergt und gefördert, das Musterbeispiel eines Deutschen, der sein Leben der Kunst, der Gelehrsamkeit und der Pflege seiner Muttersprache geweiht hatte. Es war, in einem gespenstischen Sinne, Deutschlands nichtexistierende nationale Metropole. Nach Rom zu gehen hieß, das Zentrum der geistigen Welt aufzusuchen, in der Goethe groß geworden war. … Goethe ging nicht nach Rom, weil er überarbeitet gewesen wäre, auch nicht, weil er aus Weimar herauskommen und mehr von der Welt sehen musste … Goethe ging nach Rom, weil er immer gewusst hatte, dass er es eines Tages tun musste. Die Frage war immer nur gewesen: wann?«

Für Charlotte von Stein schrieb Goethe das Italienische Reisetagebuch. Anna Amalia erhielt erst im April 1787 Nachricht vom Dichter, Dienstherr Carl August musste sich drei Monate nach der Flucht seines Ersten Ministers mit einer lapidaren Erklärung von ihm zufriedengeben: »Nur da ich Sie mit Leib und Seele in Norden gefesselt, alle Anmuthungen nach diesen Gegenden verschwunden sah, konnte ich mich entschließen einen langen einsamen Weg zu machen und die Gegenstände zu suchen, nach denen mich ein unwiderstehliches Bedürfnis hinzog.« Was mag der Herzog über »seinen Mentor und Freund« gedacht haben? Immerhin zahlte er Goethe das volle Gehalt weiter.

In Berlin wurde die Leichenfeier für Friedrich abgehalten und der tote Monarch im September 1786 neben seinem Vater in der Garnisonkirche bestattet. Wie immer bei einem Regierungswechsel fragten sich Minister, Generäle und der Hofstaat, ob sie übernommen würden und was unter Friedrich Wilhelm II. auf sie zukäme. Lobeshymnen eilten dem 42-jährigen Monarchen nicht voraus, Frankreichs Sondergesandter Mirabeau, der öfter mit unserem Grafen Goertz zusammenkam, berichtete: »Der neue König, anstatt sein Volk zu sich zu erheben, steigt zu ihm herunter … Friedrich Wilhelm hasst nichts, kaum liebt er etwas. Sein einziger Widerwille sind die Leute, die Geist haben. Im Innern des königlichen Hauses herrscht eine vollkommene Unordnung … Kein Papier ist in Ordnung, auf keine Eingabe erfolgt ein Bescheid, keinen Brief öffnet der König persönlich, keine menschliche Gewalt wäre imstande, ihn dazu zu bringen, vierzig Zeilen hintereinanderweg zu lesen. Auf stoßweise ausbrechende Heftigkeit folgt Abspannung und gänzliches Nichtstun …« Der Momenteindruck des Franzosen traf schon ins Schwarze, in Friedrich Wilhelm waren viele Widersprüche vereint: der gläubige Christ mit seinen vielen Geliebten, der leidenschaftliche Jäger und Cellospieler, der Geheimbündler und Kenner von Schillers Dramen. Goertz sollte bald Gelegenheit haben, unter der Unentschlossenheit seines neuen Regierungschefs zu stöhnen. Über den fast ein Meter neunzig großen Friedrich Wilhelm mit seinen Mätressen – von Julie von Voß über Gräfin Dönhoff bis zu Wilhelmine Encke, der späteren Gräfin Lichtenau – mit seinem Hang zur peniblen körperlichen Sauberkeit wurde auch gesagt, er habe »eine Miene von Gutmütigkeit, die zu seinen Gunsten einnahm, aber er zeigte durchaus keine ausgezeichneten Anlagen«.

Das angespannte Verhältnis zwischen Friedrich II. und seinem Nachfolger war in ganz Europa bekannt. Friedrich hatte weder die Zechabende des Prinzen akzeptiert, noch sein Desinteresse an der Verwaltung des Landes, erst recht nicht seine vielen Abstecher zu Wäscherinnen, Mägden und Schauspielerinnen, die ihm geben sollten, was seine Frau ihm versagte. Aber das Verhältnis war, wie in den Goertzbriefen nachzulesen, nicht nur angespannt, der schwierige Thronfolger saß durchaus an der Tafel des Königs, und er verfügte über politische Informationen. Über das schlechte Verhältnis zwischen Prinzessin Friederike, Schwester der Herzogin Louise von Sachsen-Weimar, und dem preußischen Thronfolger hatte Gräfin Goertz ihrem Mann in teils chiffrierten Briefen nach Petersburg berichtet. Goertz kannte die nunmehrige Königin von seinen früheren Besuchen am Darmstädter Hof, er hielt sie für eigenwillig. 1783, nach der Geburt ihres siebten Kindes, beschloss sie ihren Gemahl nicht mehr in ihr Bett zu lassen. Zu der Zeit war Friedrich Wilhelm schon 19 Jahre mit Wilhelmine Encke zusammen. Er hatte sie als Elfjährige kennen und bald lieben gelernt. Der Prinz hatte ihre Erziehung übernommen, er wollte nicht nur Liebhaber des Kindes, sondern auch ihr Lehrer sein. Prinzessin Friederike ignorierte das skandalöse Verhältnis nach außen hin. Als Königin erhielt sie von Friedrich Wilhelm einen eigenen Hofstaat und wurde in das Schloss Monbijou abgeschoben. Sie litt frühzeitig an Gicht und Depressionen. »Die Königin war eine höchst seltsame Person. Sie sah Gespenster und Geister, schlief am Tage, wachte bei Nacht, hatte immer zu große Hitze, so dass sie nachts im Sommer und Winter im Hemde am offenen Fenster saß; wurde vor der Zeit hässlich und krumm, so dass sie sich, erst einige 40 Jahre alt, schon den Kopf mit der Hand in die Höhe halten musste, wenn sie jemanden ansehen wollte …«

Zarin Katharina maß dem neuen Preußenkönig wenig Bedeutung bei, Ludwig XVI. wollte wissen, mit welchen Waffen sein königlicher Bruder in Berlin welches Wild erlegte – und führte liebevoll sein Jagdtagebuch weiter …

Brachte sich Goertz in das kulturelle Leben Berlins ein? Besuchte er jene Salons, in denen Schiller und der erfolgreiche August Kotzebue gelesen, über Kant, Lessing und Lichtenberg gestritten wurde, traf er dort auf die Humboldts, Hardenberg und Stein? Mit den jungen, ehrgeizigen Beamten, die später als Reformer Preußens in die Geschichte eingingen, sollte Goertz bald intensiv zu tun haben und nicht enttäuscht werden. In der Goertz-Bibliothek waren die aktuellen Werke deutscher Literaten und Philosophen vorhanden, auch jene Zustandsbeschreibungen über Berlin und Potsdam der neuen Ära, die immer wieder als Pamphlete verschrien waren: »… Berlin und Potsdam sind zu einem einzigen Bordell verkommen … Der Offiziersstand hat es am weitesten unter allen in der Genussfreudigkeit gebracht. Sie treten alles mit Füßen, was sonst heilig genannt wurde: Religion, eheliche Treue, alle Tugenden der Häuslichkeit. Ihre Weiber sind unter ihnen Gemeingut geworden, die sie verkaufen und vertauschen und sich wechselseitig verführen. Kein ehrlicher Bürgersmann kann ein Weib mehr bekommen, was jene Schmeißfliegen nicht schon verunreinigt hätten. Selbst der Bauernstand ist durch den Luxus verdorben … Selbst vornehme adlige Damen sind zu Kupplerinnen herabgewürdigt … um sie zu verführen, wobei sie die Kunst verstehen, leichte Ansteckungen zu kurieren, für Schwangerschaften aber künstliche Präservative verkaufen. Manche Zirkel von ausschweifenden Weibern von Stande vereinigen sich und mieten ein möbliertes Quartier, wohin sie ihre Liebhaber bestellen und ohne Zwang Bacchanalien und Orgien feiern ...« Um den hier zitierten Friedrich von Cölln zu relativieren: Seine Beobachtungen trafen durchaus zu, aber Berlin und Potsdam verkamen nun nicht zum europäischen Sodom und Gomorrha, sondern in Preußen geschah eine Entwicklung, die in Städten wie Amsterdam, London, Petersburg, Rom oder Paris längst Usus war, Folgen zunehmenden Wohlstands, allgemeiner Aufklärung und sexueller Selbstbestimmung. Staatsminister Goertz klagte zumindest in den erhaltenen Briefen nicht über diese Zustände, und in den Büchern aus seiner Bibliothek gibt es darüber keine Anmerkungen. Der 49-jährige Graf, Vater dreier Töchter, für deren Zukunft er sich verantwortlich fühlte, mochte sich noch nicht aufs Altenteil zurückziehen und wartete auf ein Angebot des Königs. Auf einen Gesandtenposten im Ausland spekulierte er nicht, sondern hoffte als preußischer Vertreter an den Reichstag in Regensburg gehen zu können. Ein Grund für den Wechsel nach Regensburg war der schon monierte Politikstil des neuen Königs. Der überließ seinen Vertrauten aus der Prinzenzeit weitgehend das Zepter. Noch schwerer wogen für Goertz die nun beginnende Günstlingswirtschaft und die Einflussnahme von Mätressen auf die Politik. Gräfin Dönhoff ist dafür ein schönes Beispiel. Friedrich Wilhelm erklärte in seiner kurz angebundenen Art der temperamentvollen Blondine, immerhin Hofdame und Vertraute seiner Gemahlin: »Ich lebe getrennt von der Königin. Ich bin Witwer von Madame Ingenheim [vorherige Mätresse]. Ich biete Ihnen mein Herz und meine Hand.« Gräfin Dönhoff griff zu, und nicht nur Graf Goertz beklagte sich über die Einmischung der Mätresse in Staatsangelegenheiten.

Bevor Goertz den Posten in Regensburg erhielt, kam der König dem Grafen mit einer delikaten Mission in Holland. Unruhen waren dort ausgebrochen, Bürgerkrieg drohte. Die Partei der Patrioten war mit dem selbstherrlichen Regierungsstil des Prinzen von Oranien nicht mehr einverstanden. Der suchte ein Bündnis mit England, die Patrioten wollten keine englische Einflussnahme, beide Parteien zogen Truppen zusammen, die innenpolitische Situation in Holland war äußerst angespannt. Friedrich II. hatte sich aus dem Konflikt herausgehalten, Friedrich Wilhelm sah das anders, denn seine Schwester, Gemahlin des Prinzen von Oranien, fühlte sich durch die Frondeure bedroht. Goertz sollte den Frieden in Holland wiederherstellen. Der Graf befasste sich einige Tage mit den diplomatischen Papieren zum Konflikt – und lehnte ab. Sehr zur Freude von Gräfin Goertz, die ihren Mann nicht schon wieder an die große Politik verlieren wollte. König Friedrich Wilhelm blieb hartnäckig; Goertz hatte Bayern gerettet, ihn selbst vor einem Desaster in Petersburg anno 1780 bewahrt, hatte am Fürstenbund seinen Anteil, da würde er doch Holland auch in den Griff bekommen. Der König setzte eine Instruktion auf, die Goertz weitgehend freie Hand ließ: … *Es sey unmöglich, dem Grafen bei den Unterhandlungen, womit er beauftragt werde, einen bestimmten Gang vorzuschreiben; der König überlasse es seiner Klugheit, sich durchaus nach den Umständen zu benehmen, wobei er auch darauf zähle, dass es dem Grafen bei seiner ehemaligen Verbindung möglich ist … für den Statthalter tätig zu sein. Es handelt sich gegenwärtig darum, den Ausbruch eines Bürgerkrieges in den vereinigten Provinzen vorzubeugen, und die Rückkehr des vertriebenen Prinzen von Oranien nach dem Haag dadurch zu bewirken, dass ihm das Kommando der Garnison zurückgegeben werde …*

Goertz sagte schließlich doch zu, sehr zum Ärger seiner Frau, die deutlich darauf hinwies, dass der achtjährigen Marie Anne Gesundheit und – am meisten – der Vater fehlten. Goertz kalkulierte, wie bei seinen früheren Einsätzen, mit einigen Wochen Abwesenheit, was die Gräfin, wie zuvor, nicht glauben mochte.

Anfang September 1786 suchte der Graf den Prinzen von Oranien in dessen Residenz in Loo auf. Der Erbstatthalter bestand auf Wiedereinsetzung in seine angestammten Rechte als Herr über die sieben Provinzen und auf seinem Bündnis mit England. Die Situation im Lande änderte sich rasch, drei Provinzen standen mittlerweile auf Seiten der Patrioten. Frankreich bot seine Vermittlung an und riet dem ungeliebten Statthalter zu Gunsten seines Sohnes abzutreten. Ein Affront für den Oranier. Ende September suspendierten die Patrioten den Statthalter von allen Ämtern, er war abgesetzt, und Statthalter sollten nie wieder das Sagen im Land haben. Die Eigendynamik der Ereignisse war schneller als Graf Goertz mit seinen Verhandlungen. König Friedrich Wilhelm wurde unruhig, weil auch Kaiser Joseph sich in den Konflikt einmischte, und schrieb Goertz: *Der Zweck Ihrer Sendung ist, die bestehenden Irrungen friedlich beizulegen; die Mächte, welche dieses zu erreichen wünschen, müssen sich als Freunde betragen … mit Drohungen zu beginnen wäre nicht rätlich … Gern würde es der Kaiser sehen, wie, ohne dass es ihm etwas koste, sein Nebenbuhler sich schwäche, und einen günstigen Augenblick abwarte, um ihm einen empfindlichen Streich zu versetzen. Ich kann keinen Krieg bloß um des Interesses der Familie des Statthalters willen anfangen.* Diese vernünftige Haltung wurde durch einander widersprechende Instruktionen aus dem preußischen Außenministerium konterkariert. Goertz wusste nicht, an wen sich halten, und bat um klare Ordre, erhielt vom König aber einen Rüffel, der in Goertzens Depeschen nur *weitläufige Klaglibellen* sah. Davon wenig ermuntert, verhandelte der Graf mit beiden Parteien, ohne einen Schritt voranzukommen. Seiner Frau schrieb er entmutigt: *Die Verhandlungen, liebste Caroline, sind äußerst mühselig, keine Seite will einen Schritt tun und zu viel andere sind im Spiel. Ich werde den König bitten, mich abzuberufen, und hoffe, mich nie mehr auf länger von der Familie entfernen zu müssen …*

Goethe hielt sich zu der Zeit in Italien auf und schrieb auch täglich, jedoch keine politischen Berichte, sondern seine Reiseeindrücke – ein Tagebuch in Form eines Zwiegesprächs mit Charlotte von Stein. Zwischen den langen Beschreibungen von Kunstwerken und Natureindrücken immer wieder Persönliches im Ton der Vertraulichkeit, in dem Goethe sich zum Geliebten der Stein erklärt. Aus Venedig am 1. Oktober: »Heute komm ich später zu dir als gewöhnl. und hätte dir doch recht viel zu sagen. Heute früh schrieb ich lang an der Iphigenie und es ging gut von statten. … Dann ging ich nach dem Rialto und nach dem Markusplatz. … Nach Tische studirt ich wieder im Palladio …« Zehn Tage später sandte Goethe einen ersten Teil des schon stattlichen Reisetagebuchs an Lotte: »Heut habe ich angefangen mein Tagebuch

Der Tiber unterhalb Roms. Zeichnung von Goethe

durchzugehn und es zur Abreise zuzurichten. ... Hätte ich nicht den Entschluß gefaßt den ich jetzt ausführe; so wär ich rein zu Grunde gegangen und zu allem unfähig geworden ...« Am 7. November begann er seinen langen Brief so: »Laß dich's nicht verdrießen meine Beste daß dein Geliebter in die Ferne gegangen ist, er wird dir beßer und glücklicher wiedergegeben werden. Möge mein Tagebuch das ich biß Venedig schrieb, bald und glücklich ankommen ... Nun warte ich sehnlich auf einen Brief von dir ...«

Ab Dezember lebte der Dichter in Rom, willkommen geheißen in der deutschen Künstlerkolonie, und erschloss sich systematisch die ewige Stadt: »Ich bin nun zehn Tage hier und nach und nach thut sich vor mir der allgemeine Begriff dieser Stadt auf. Wir gehen fleißig auf und ab, ich mache mir den Plan des alten und des neuen Roms bekannt, betrachte die Ruinen, die Gebäude, besuche ein und die andere Ville, alsdann nehmen wir die größten Merckwürdigkeiten ganz langsam, ich thue nur die Augen auf und sehe und gehe und komme wieder.« Kaum ein Brief an die Stein, in dem Goethe nicht seine Projektion von der Liebsten wiederholte: »Ich muß heute meiner Liebsten schreiben, morgen ist Posttag, den ich nicht versäumen darf ... Du wirst doch auch nun fleisig schreiben daß ich eine Reihe von Briefen erhalte. Bald muß nun der erste von dir ankommen.« Als Goethe dann von »der Stein« Nachricht erhielt, war es alles andere als süßes Liebesgewisper, worauf Goethe unter Ignoranz der Realität antwortete: »Könnt ich doch meine Geliebteste, jedes gute, wahre, süße Wort der Liebe und Freundschaft auf dieses Blat faßen, dir sagen und versichern daß ich dir nah, ganz nah bin und daß ich mich nur um deinetwillen des Daseyns freue. Dein Zettelchen hat mich geschmerzt aber am meisten dadrum daß ich dir Schmerzen verursacht habe. Du willst mir schweigen? du willst die Zeugniße deiner Liebe zurücknehmen?«

Charlotte, die wegen der vielen erlittenen Kränkungen erneut darum bat, von Goethe in Ruhe gelassen zu werden, bekam zu Beginn 1787 vom Dichter zu lesen: »Laß mich dir nur noch für deinen Brief dancken! Laß mich einen Augenblick vergessen was er schmerzliches enthält. Meine Liebe! Ich bitte dich nur fusfällig, flehentlich, erleichtere mir meine Rückkehr zu dir, dass ich nicht in der weiten Welt verbannt bleibe …« Dort fühlte sich Goethe rundum wohl und dachte nicht im Traum daran, nach Weimar zurückzukehren, im Gegenteil, der Süden Italiens lockte. Wie Charlotte auf die weiteren Liebesbriefe aus Rom reagierte, ist unbekannt, sie sind vernichtet, aber Goethes Erwiderungen geben Aufschluss: »Heute früh erhielt ich deinen bitter süßen Brief … Ich kann zu den Schmerzen die ich dir verursacht nichts sagen als: vergib! Ich verstocke mein Herz nicht, und bin bereit alles dahin zu geben, um gesund zu werden für mich und die meinigen. Vor allen Dingen soll ein ganz reines Vertrauen, eine immer gleiche Offenheit mich aufs neue mit dir verbinden …« Mitte Februar brach Goethe in Richtung Süditalien auf, in Neapel verkehrte er im Haus von Lord Hamilton und sah auch dessen Geliebte, die spätere Geliebte von Lord Nelson.

Zur gleichen Zeit kehrte Graf Goertz unverrichteter Dinge aus Holland nach Berlin zurück. Friedrich Wilhelms Elan um die »Holländische Angelegenheit« kam zum Erliegen. Auch Preußens Rivale, Kaiser Joseph, wandte sich lohnenderen Zielen zu, endlich rückte der Krieg gegen das Osmanische Reich in greifbare Nähe, Katharinas Truppen marschierten bereits.

Staatsminister Goertz wartete auf seine Berufung an den Reichstag in Regensburg – und unterhielt fleißige Geheimkorrespondenz mit seinem Nachfolger in Petersburg und dem dortigen Rat Magnus Alopäus, beide keine Freunde der Zarin, dafür Vertraute des russischen Thronfolgers Paul. Goertz legte dem König die Depeschen aus Petersburg vor, willkommene Zustandsschilderungen über den russischen Hof. Niemand ahnte in Berlin, dass Wiener Agenten den Schriftwechsel abfingen, ihn kopierten und dechiffrierten und anschließend Katharina zuspielten. Möglicherweise war auch Anna Amalia wieder mit im Spiel, denn es gab vom Wiener Hof eine Anfrage an die Herzoginmutter, ob sie wohl wisse, womit sich der Graf Goertz und Carl August befassten, denn der Herzog hielt sich auch in Berlin auf. Argwöhnisch beobachtete Wiens Gesandter den Weimarer Fürsten: »... Zu dieser häßlichen Gesellschaft gehört noch der Herzog von Weimar, welcher auch den König regieren will ... sich ein Ansehen verschaffen möchte und sich dem König beliebt und notwendig machen will. Daher bemüht sich dabei der Herzog außerordentlich, sich dem König angenehm zu machen ... Mir wäre sein Äußerliches, sein Ton und sein Betragen äußerst zuwider ...« Ob und was Anna Amalia über Goertz und ihren Sohn nach Wien meldete, ist noch unbekannt. In Wien setzte man offenbar auf den bewährten Informationsfluss über Goethe, der Carl August anzapfte, um anschließend Anna Amalia zu berichten. Doch Goethe war in Italien, seit Juni wieder in Rom, wo Tischbein sein berühmt gewordenes Gemälde des Dichters malte.

Im Juni 1787 nahm die »Holländische Angelegenheit« eine überraschende Wendung, sie wurde ein gefundenes Fressen für die Medien in Europa. »Frau Statthalter« war Ende Juni mit ihrer Entourage zu einer Reise nach Haag, heutiges Den Haag, aufgebrochen. Sie reiste nicht inkognito, sondern standesgemäß, und das fiel auch den Truppen der Patrioten auf. »Die Reise Ihro Königl. Hoheit war bis Schoonhoven recht glücklich, als man hier aber über den Fluß wollte, sahen wir das gegenseitige Ufer mit einem ... Frei-Corps, welches einen Schlagbaum zumachte, wo wir notwendig durch mußten, um in die Stadt zu kommen.« Nach Verhandlungen ließ man die »Frau Statthalter« passieren, ihre Kutschen fuhren durch Schoonhoven, man glaubte sich vor den

Johann Heinrich Wilhelm Tischbein: Goethe in der Campagna, 1787. Goethe am 29. Dezember 1786 an Charlotte von Stein: »Tischbein mahlt mich jetzo. Ich laße ihn gehen, denn einem solchen Künstler muß man nicht einreden. Er mahlt mich in Lebensgröße, in einen weisen Mantel gehüllt, in freyer Luft auf Ruinen sitzend und im Hintergrunde die *Campagna di Roma*. Es giebt ein schönes Bild, nur zu gros für unsre Nordische Wohnungen.«

Aufständischen in Sicherheit, das Gefühl währte aber nur kurze Zeit. Einige Kilometer hinter der Stadt holten Truppen der Patrioten die Kutschen wieder ein und umstellten sie. »Der Kommandant dieses Trupps … sagte uns, dass er Ordre habe, Niemanden passieren zu lassen. Dann zogen 30 Mann Kavallerie auf, welche sich an den Trupp von Frei-Schützen angeschlossen. Die Leute von dem Frei-Corps stellten sich vor und hinter die Wagen, ohne Ordnung und Befehle, wie es ihnen beliebte.« Die Pferde am Wagen der Prinzessin scheuten, die Kutsche drohte in den Graben zu stürzen, es gab einen Tumult und Handgreiflichkeiten. Die »Wegelagerer« wussten bis zum Abend nicht, was tun, ob die Prinzessin nur schikaniert oder entführt werden sollte. Unter Bewachung wurde die festgesetzte Gesellschaft bei einbrechender Dunkelheit nach Schoonhoven zurückgebracht und »unter Verwahrung gestellt«, bis ein Verhör des Stadtrates die Reiseabsichten der Wilhelmine von Oranien, geborene Prinzessin von Preußen, klärte. Die Kunde von dem Vorfall, wie kann es anders sein, verbreitete sich in Windeseile. Und ebenso die Gerüchte. Der Erbstatthalter sei bereits mit 10000 Mann unterwegs, um seine Frau zu befreien und Vergeltung zu üben. Am nächsten Tag ließ der Rat in Schoonhoven die Prinzessin ziehen, allerdings nur in der Richtung, aus der sie gekommen war. Der Statthalter marschierte nicht, bat vielmehr Schwager König Friedrich Wilhelm um eine Strafaktion gegen die Patrioten. Am 10. Juli gab es ein Ultimatum des Berliner Hofes. Man forderte von der »Holländischen Republik« öffentliche Genugtuung wegen der Festsetzung der preußischen Prinzessin. Von einer Strafaktion gegen die Rebellen war keine Rede. Die Antwort aus Holland verärgerte den noch moderat gestimmten König, denn man versagte eine öffentliche Entschuldigung und »erwarte von Sr. Preußische Majestät die Achtung, die sich Souveräne einander schuldig wären …«

Friedrich Wilhelm setzte 20000 seiner Soldaten in Marsch, ließ die Rebellenhochburg Amsterdam im September besetzen und erzwang die Wiedereinsetzung des Statthalters in all seine Rechte. Mit von der Partie: Weimars Herzog Carl August als preußischer General, dem das Kriegsspiel ausnehmend gefiel.

Goethe ließ es sich noch immer in Rom gut gehen, besuchte Villen auf den Hügeln um Rom, zeichnete und war glücklich über »das schönste Wetter des ganzen Jahres …«. Und er schrieb an einem Opernlibretto, das er Jahre später dem Baron von Labes, Goertzens Schwiegersohn, überließ. Hans von Labes, 25-jähriger sympathischer Legationsrat im Berliner Außenministerium, fiel dem Grafen Goertz just in jenem Frühjahr zum ersten Mal auf und war gelegentlich Gast der Familie. In Berlin war der spätere Erbe der Goertz-Bibliothek als gut situierter Weiberheld, der er bleiben sollte, bekannt.

In jenem Frühjahr 1788 wurde auch der Posten des kurbrandenburgischen Gesandten am Reichstag frei. Der Preußenkönig ernannte Goertz als seinen Vertreter. Endlich. Für Goertz hieß es Koffer packen, in Regensburg ein passendes Quartier finden und sich entsprechend einrichten, Gräfin Goertz konnte es kaum abwarten: … *Wir nehmen nur das Nötigste mit und ich bin froh, dass alles nun zügig vonstatten geht, obwohl das Leben in Berlin auch angenehme Seiten hat …*

Regensburg. Keine moderne Residenz wie Mannheim oder Karlsruhe oder das mecklenburgische Ludwigslust mit breiten Straßen, großen Fenstern in den Fassaden und Alleebäumen, sondern eine Stadt im »gothischen Stil«, womit man das Mittelalter bezeichnete. Verwinkelte, dunkle Gassen, Häuser, in die wenig Licht fiel, Um- und Anbauten im jahrhundertelang gewachsenen städtischen Biotop. »… Regensburg, die schön gelegene und belebte Reichsstadt, bot damals dem jungen Mann manch interessante Anschauung und Erfahrung … Die Ansammlung von vielen Gesandtschaften, nicht nur der deutschen Reichsstände, sondern aller europäischen Großmächte verbreitete Luxus und Wohlstand … Das Deutsche Reich entfaltete hier in der Hofhaltung der Gesandten noch besonderen Glanz … Zahllos waren die Vergnügungen durch Theater, Bälle und Ausflüge, man konnte in gute Küchen und Teestuben einkehren und in schöngeistige Salons …«, heißt es in einer alten Reisebeschreibung.

Der kurbrandenburgische Vertreter bezog ein Palais mit eigenem Salon. Gräfin Goertz unterstanden Diener, Mägde, Koch und Kutscher sowie die Gouvernante der Kinder und der Hauslehrer. Graf Goertz hatte zwei Sekretäre und einen Kanzlist sowie einen Kurier an seiner Seite und verfügte über Dienstwagen samt Pferden.

Am Reichstag wurde Politik betrieben. Er ist in etwa vergleichbar mit dem heutigen Bundesrat, der Ländervertretung. Reichstag und Kaiser symbolisierten die Einheit des Deutschen Reiches. Kurfürsten, Fürsten und Reichsstädte hatten dort ihre Vertreter, um eigene Interessen bestmöglich durchzusetzen – friedlich. Keine Stadt Deutschlands war so bekannt wie Regensburg, seit sich der Immerwährende Reichstag nach dem Dreißigjährigen Krieg dort etabliert hatte. Deutsche und europäische Medien berichteten ständig über das Geschehen am Reichstag, das jeden Bauern im Reich angehen konnte, etwa nach Einrichtung der Schuldentilgungskommission, die regelte, was heutiges

Insolvenzrecht klärt. Am Reichstag wurde mit allen Mitteln der Politik selbige betrieben, Goertz machte da keine Ausnahme: Bestechung, Erpressung, Lobbyarbeit und Propaganda. Friedrich II. hatte in Sachen Bayerische Erbfolge auch deshalb Erfolg gehabt, weil er am Reichstag massiv für seine Position warb und die Gesandten mehrheitlich gegen den Kaiser stimmten. Zahllose spätere Politiker verdienten sich in Regensburg ihre ersten Sporen und trugen über den Zusammenbruch des Reiches 1806 den föderalen Reichsgedanken fort. Emmerich von Dalberg war einer von ihnen, er sollte im Leben von Goertz, von Napoleons Außenminister Talleyrand und des Franzosenkaisers selbst noch eine bedeutende Rolle spielen.

Im Alltag der Deutschen tauchte der Reichstag außer in den Zeitungen und Bekanntmachungen auch jeden Sonntag in den Fürbitten für Kaiser und Reich auf. Diese politischen Gebete galten als ein wichtiger Seismograph für die Stimmung im Lande. Am Reichstag zu Goertz' Zeiten waren an die 30 Gesandte akkreditiert. Sie vertraten oft mehrere Regenten, Goertz etwa neben Preußen die Herzöge von Weimar und Gotha und den Markgrafen von Kassel. So glänzend die Quartiere der Diplomaten ausschauten, ihr Tagungsort im Rathaus glich einer Kaserne. Nüchterne weiße Wände, harte Holzstühle. An Ruheräume oder Salons war gar nicht zu denken, und übermäßig aufgeputzte Vertreter wurden schnell zum Spottobjekt und landeten als Karikatur in den Journalen.

Zum Reichstag gehörte das Reichskammergericht. Es konnte Strafaktionen gegen »Landesfriedensbrüchige« anordnen, die dann durch Truppen vollstreckt wurden. Prominentester »Friedensbrecher« war Friedrich II., gegen den bei Ausbruch des Siebenjährigen Krieges 1756 die Reichsacht verhängt wurde. Jeder Strauchdieb hätte den König folgenlos umbringen können. Neben dem Reichsgesetz war der Reichstaler Bestandteil des Reichsgedankens.

Im Sommer 1788 hatte unser Graf wenig Arbeit in Regensburg. Die meisten Gesandten waren in den Ferien, reichswichtige Entscheidungen standen nicht an. Caroline hatte alle Hände voll mit der Einrichtung des Hauses zu tun. Goertz beantwortete die vielen Glückwünsche zu seiner Amtseinführung, die zugleich Angebote waren, alte und bewährte Kontakte wieder aufzunehmen, etwa zum Herzog von Zweibrücken oder zur Herzogin Marie Anna von Bayern, treue Feindin des Kaisers und des Kurfürsten von Bayern. Was immer sie durch ihre Mittelsmänner über die Absichten von Kaiser und Kurfürst in Erfahrung bringen konnte, teilte sie Goertz mit.

In Weimar tat sich auch einiges; Goethe kam aus Italien zurück und Anna Amalia brach dorthin auf. Die Goertz' wurden aus Weimar von der Nichte unseres Grafen unterrichtet: *Goethe ist zurückgekehrt, kaum wurde sein Name genannt, da hörten wir nichts anderes mehr als: Italien, Italien! Er kam nicht mehr davon los. Die alta Mama* [Anna Amalia] *scheint seit dieser Zeit schlechte Laune zu haben. Ich glaube sie hatte gehofft, dass Goethe sich wieder ihr zuwendet und wie es scheint, hat er keine Lust dazu …*

Der Dichter hatte zuvor an Carl August geschrieben, unter welchen Bedingungen er zurückkommen würde: »Ich darf wohl sagen: ich habe mich in dieser anderthalbjährigen Einsamkeit selbst wiedergefunden; aber als was – Als Künstler!« Das war deutlich und das wird auch der Grund für Goethes Flucht nach Italien gewesen sein. Goethe wollte nicht mehr politisch instrumentalisiert werden. Zu tief saß in ihm der Ekel vor dem »Wesen der Grosen, Mittlern und Kleinen«, die ihn benutzt hatten. Goethes Italiensehnsucht und seine ungeklärte Beziehung zu Charlotte taten ein Übriges. Mitte Juni langte der Dichter in Weimar an und verfiel zunächst wieder in sein altes Verhaltensmuster, erklärte Lotte seine Liebe. Dann lernte er die 23-jährige Christiane Vulpius, Tochter des Weimarer Amtsarchivars, kennen und lieben. Interessant die zeitliche Abfolge: Als Anna Amalia Weimar in Richtung Italien verließ, wagte sich Goethe an die Vulpius, nahm sie in sein Haus. Sorgte Christiane dort für eine Wohligkeit, die Lotte nie zu geben bereit war? Ein Geheimnis war das neue Liebespaar jedenfalls nicht lange, wenn man liest, was Herders Frau ihrem Mann darüber mitzuteilen wusste: »Ich hatte nun das Geheimnis von der Stein selbst, warum sie mit Goethe nicht mehr recht gut sein will. Er hat die junge Vulpius zu seinem Klärchen und läßt sie oft zu sich kommen usw. …«

Im August 1788, als die 48-jährige Anna Amalia mit Entourage nach Italien aufbrach, wird sie von dieser Konstellation noch nichts gewusst

Graf Johann Eustach von Goertz als 60-Jähriger

haben, denn als sie es wusste, reagierte sie energisch. Anna Amalia wurde begleitet von Kammerherr Einsiedel, ihrer Hofdame Göchhausen, dem Komponisten Kayser, einem Mundkoch und Leibarzt sowie von zwei Kammerfrauen und dem von Goethe vermittelten kundigen Reiseführer. Anna Amalia reiste wieder als Gräfin Allstedt. Ihr Weg führte über Regensburg. Das hätte nicht sein müssen, aber die Herzoginmutter wollte sich ein Bild von Goertz und seiner Einflusssphäre verschaffen. Einen Tag nach ihrer Ankunft schickte Anna Amalia ihre Hofdame in das Haus Goertz, um sich anmelden zu lassen. Die Göchhausen schrieb in ihr Tagebuch: »Den 21ten gab ich verschiedene Visiten, bey der Frau Markgräfin und Gräfin Görtz …« Unsere Gräfin spielte das Theater mit, für den nächsten Tag notierte die Hofdame: »… Den Mittag speiste man auf dem Land, der Concomisair und Graf Goertz gaben den fürstl. Personen ein Diner, der ganze Adel war versammelt. Das Haus liegt in einer schönen Gegend und gehört zu einem Kloster …« Vier Tage später hielt sich Anna Amalia in München auf, traf aber nicht mit Kurfürst Karl Theodor zusammen, der beobachtete nur, wie Anna Amalia abzog. Wieder aus Göchhausens Tagebuch: »Den

26ten reißten wir früh um 8 Uhr ab. Der Churfürst war in das Haus des Prinzen Isenburg, das uns gegenüber lag, gekomen, aller Wahrscheinlichkeit nach aus Neugier um die Herzogin abreisen zu sehen …«

Warum beobachtete der Kurfürst vom gegenüberliegenden Haus die Abreise Anna Amalias, ohne sie selbst gesprochen zu haben? War ihm die Herzoginmutter nicht mehr geheuer in ihrer Loyalität gegenüber dem Kaiser, seit ihr Sohn als preußischer General von sich reden machte? Die Quellenlage ist mehr als dürftig. Mit Sicherheit gibt es darüber Zettelchen mit Notizen im Gräflichen Archiv. Aber wo suchen?

Die nächsten und diesmal unverdächtigen Stationen auf Anna Amalias Reise waren Innsbruck, Verona, Mantua und Mailand. Über Florenz und Siena erreichte sie am 5. Oktober Rom. Erster Eintrag zu Rom in Göchhausens Tagebuch: »Volcks Menge 168000. Jährlich werden ohngefehr 500 Menschen ermordet. In ganz Teutschland vielleicht nicht 50 …«

IV. NAPOLEONS SCHATTEN

Revolution

Zweibrücker Nachrichten vom 30. Juni 1789: »Bis in hiesige Gegend sind nun Banden vorgedrungen, welche auf Wegen und in Dörfern plündern und brandschatzen. Es sind, nachdem man Einiger ihrer habhaft geworden, Franzosen aus dem Elsässischen, die angeben, von Hunger und Not getrieben zu sein.«

Aus dem Bericht an den Polizeidirektor in Karlsruhe, 1. Juli 1789: »Man muß vor allem die Landwege, Poststationen und Wirtschaften vor dem Räubergesindel schützen, wozu allenthalben Patrouillen zu verstärken sind … Von den Ergriffenen sind alle Franzosen …«

Flugblatt Anfang Juli 1789: »Leute, Bauern, gebt acht! Von Frankreich kommen Händler, Euch um Euer Getreide und Vieh mit Versprechungen oder falscher Münze zu bringen. Manche geben sich gar als Beschaffer des Königs aus …«

Katharina von Russland wartete in jenen Tagen auf die Meldung vom Sieg ihrer und der österreichischen Truppen über das Osmanische Reich, Kaiser Joseph erholte sich in seiner Sommerresidenz Laxenburg allmählich von einem schweren Blutsturz, und in Regensburg erwartete man gespannt das baldige Ableben des Kaisers. Goertzens Kuriere eilten nach München und wieder zurück, nach Berlin und wieder zurück, mit widersprüchlichen Meldungen.

Anna Amalia genoss währenddessen Italien in vollen Zügen, folgte Goethes Spuren, wie bei der Göchhausen unter dem 7. Juli nachzulesen ist: »… Nachmittags fuhren wir nach Neapel, setzten uns in Chiaia in eine Barke und fuhren zu Hamilton ins Casino …« Die schöne Geliebte des Lords sahen sie am nächsten Tag. »… Nach Tisch fuhren wir in der Barke mit Hamilton in sein Casino. Die Herzogin spielte eine Partie, den Abend fuhren wir miteinander bis Chiaia zu Waßer.«

Am 9. Juli spekulierte Graf Goertz in einem langen Brief an Carl August über die Zeit nach Joseph im Allgemeinen und über die Position von Carl August im Reich im Speziellen. Tenor: Die Rolle des Herzogs müsse aufgewertet werden.

11. Juli. König Ludwig XVI. entließ in Versailles seinen Finanzminister, nachdem der erklärt hatte, Frankreich sei pleite.

12. Juli. Spekulanten trieben in Frankreich die Brotpreise ins Gigantische, horteten Getreide. Die Wirtschaftskrise im Lande verschärfte sich mit jedem Tag, Löhne wurden nicht mehr gezahlt, überall gab es Entlassungen. Die Stimmung in Paris war äußerst angespannt, Geschäfte wurden geplündert, Manufakturen besetzt.

13. Juli. König Ludwig musste wegen der Lage im Land auf die geliebte Jagd verzichten.

14. Juli. Graf Goertz dachte weiter über die Zukunft des Reiches und über die von Carl August nach. Was, wenn der Herzog sich zum König von Ungarn wählen ließe? In Ungarn gab es Aufstände gegen die Habsburger. Einer ihrer Anführer hielt sich in Regensburg auf und besprach sich mit Goertz. Ein Herzog Carl August von Sachsen-Weimar und König in Ungarn würde die Vormacht Wiens im Reich und in Europa beenden.

Vier Monate später sollte der Anführer in Berlin mit König Friedrich Wilhelm darüber reden, wie Carl August zur ungarischen Königskrone kommen könnte. Pläne, die Wien nicht verborgen blieben.

13. Juli. In Paris trafen aufgebrachte Tagelöhner mit einem Söldnerregiment in den Gärten der Tuilerien zusammen, es kam zum Handgemenge. Sofort verbreitete sich das Gerücht, der König lasse ausländische Truppen gegen das Volk einsetzen. Von sämtlichen Kirchtürmen der Stadt läuteten die Sturmglocken, aus dem Aufruhr wurde ein Aufstand. Banden zogen durch die Straßen auf der Suche nach Waffen. Der König war ratlos, wollte seine Truppen nicht einsetzen. Im Rathaus beschlossen die Wahlmänner des Dritten Standes, eine Miliz zu bilden, um das Chaos in Paris zu beenden. In wenigen Stunden waren 12000 Männer bereit.

14. Juli. Die Brotpreise stiegen weiter. Häuser der Spekulanten wurden geplündert, die Besitzer umgebracht. Aufpeitscher heizten vor Geschäften und auf Plätzen die Stimmung weiter an, Brandreden gegen König, Blutsauger, Adel, Pfaffen und Nachbarn bewirkten Massenhysterie, man schrie nach Waffen und plünderte die im Invalidengebäude gelagerten Gewehre und Kanonen, allein Munition fehlte. Man zog zur Bastille, dem nächsten Waffen- und Munitionslager. Das mittelalterliche Gefängnis beherbergte zu dem Zeitpunkt noch eine Handvoll zumeist gutsituierter Herren, von ihren Familien wegen Verfehlungen in staatliche Verwahrung gegeben. Achtzig Invaliden und dreißig Schweizer Söldner bewachten das Waffenarsenal, als eine nach Tausenden zählende Menge dort anlangte und den Kommandanten aufforderte, die Tore zu öffnen. Der zögerte und verhandelte; als aus der Bastille geschossen wurde, stürmten die Aufständischen mittags die Festung. Zum Kapitulieren kamen der Kommandant und seine Soldaten nicht, sie wurden sofort umgebracht. Die Bürgermiliz, die Königsgarde und die nunmehr bewaffneten Aufständischen standen sich gegenüber, jeder gegen jeden.

15. Juli. König Ludwig konnte sich nicht entschließen, seinen Truppen Befehl zur Niederschlagung des Aufruhrs zu geben.

16. Juli. Graf Goertz erhielt die ersten detaillierten Berichte aus Paris. Wenn der Aufstand nach drei bis vier Tagen nicht durch vernünftige politische Reformen beigelegt würde, könnte es in Frankreich zu einem Flächenbrand mit Folgen kommen, lautete seine Einschätzung.

17. Juli. König Ludwig erschien in Paris, wo die Vertreter des Dritten Standes (Bürgertum) das Rathaus übernommen hatten. Der Monarch erkannte die neue Stadtregierung an. Die königstreuen Minister, die Geschwister Ludwigs und der Adel waren aufgebracht wegen der unentschlossenen Haltung des Regenten. Bis zum August griffen die Unruhen auf alle großen Städte des Landes über, zudem erhoben sich die Bauern. Auslöser war eine Massenpanik vor marodierenden Banden, die durchs Land zogen. Bauern organisierten und bewaffneten sich gegen die vermeintlichen Angreifer. Als sich herausstellte, dass es diese Heere von Banden nicht gab, wandte sich die Wut der Bauern gegen die Landadligen und wohlsituierten Bürger. Deren Schlösser und

Sturm auf die Bastille

Landhäuser wurden geplündert und angesteckt; wer im Haus angetroffen wurde, starb durch die Spitze der Pike. Auch in Paris tobte der Mob, Gefängnisse wurden gestürmt, aber nicht um die Gefangenen zu befreien, sondern um sie zu töten. Der Blutrausch der aufgehetzten Franzosen machte vor den eigenen Verwandten nicht Halt, es gab Folterorgien mit anschließenden Blutbesäufnissen. Der König blieb tatenlos, die Aufständischen feierten sich mit Flugblättern selbst: »Welche Nation! Welcher Ruhm! Was für ein Glück, Franzose zu sein!« Im Schatten dieser Ereignisse hatten Vertreter der Nationalversammlung die Erklärung der Menschenrechte ausgearbeitet und sie am 26. August für gültig erklärt. Einer der wichtigsten Architekten dieser Erklärung war Graf Mirabeau, den Goertz aus Berlin kannte.

Zwei Monate später erschien der Graf von Artois, jüngerer Bruder Ludwigs XVI., bei Goertz in Regensburg und bat dringend um militärische Hilfe durch Preußen, weil der schwache König nicht nur sein eigenes Leben riskiere, sondern auch die Monarchie in Frankreich auf dem Spiel stand. Goertz kannte den Prinzen von der Kavalierstour 1775 und gestand ihm seine Sicht offen ein: Eine preußische Intervention würde unabsehbare Folgen für ganz Europa haben. Der Preußenkönig und der schwerkranke Kaiser in Wien äußerten sich ebenso.

Im November 1789 wurde das »Ungarische Projekt« am Berliner Hof weiter vorangetrieben. Je konkreter die Vorstellungen wurden, desto mehr Bedenken kamen Herzog Carl August: »… dass ich nämlich gegenwärtig mich nicht imstande fühle, zu einem wegen dieser Angelegenheiten festzusetzenden Plane mich zu sekkieren. Ich kann mir nicht anders denken, als dass man erst jenen Zeitpunkt abzuwarten habe, wenn man die siegreichen preußischen Waffen in Ungarn sehen, die Gesinnung der Nation kennen und ihre Wünsche unmittelbar erfahren wird …«

Anna Amalia hielt sich immer noch in Neapel auf und kam, als Carl August seine Überlegungen zum »Ungarischen Projekt« niederschrieb, mit der Göchhausen und Zeichenlehrer Krauss zu folgender Erkenntnis: »Michelangelo hat oft in ein und derselben Aktion alle Muskeln seiner Figuren auf einmal agieren lassen, was jedoch völlig entgegengesetzt zur natürlichen Bewegung ist. Die Muskeln beim Heben des Armes sind ebenso angespannt, wie beim Senken des Armes …«

Entscheidungen traf Anna Amalia auch; als ihr Carl August schrieb, dass Goethe mit Christiane Vulpius ein Verhältnis habe und er das schwangere Mädchen auch ins Haus am Frauenplan aufnehmen wolle, verlangte die Herzoginmutter von ihrem Sohn, Goethe dort hinauszuwerfen. Er sollte fortan vor den Toren der Stadt wohnen. Offenbar kränkte es Anna Amalia, dass dort, wo sie so viele intime Stunden mit Goethe verbracht hatte, ein einfaches Mädchen, noch dazu mit einem Kind von ihm, einziehen sollte. Carl August tat, wie ihm geheißen, und meldete seiner Mutter: »… Ich habe Göthen Ihren Auftrag kundgetan; er will sich bemühen, Ihre Befehle zu erfüllen …« Im November 1789 zog der Dichter vor die Stadt, die hochschwangere Christiane kam mit. Als die Geburt des Kindes nahte, entschwand Goethe nach Jena, um in Ruhe arbeiten zu können …

Im Januar 1790 wurde aus Wien berichtet, dass es mit Kaiser Joseph zu Ende gehen würde. Seine schwere Tuberkulose, die zum Tode führen sollte, war im Herbst 1788 ausgebrochen. In seinen letzten Wochen verfiel der Kaiser körperlich, Audienzen waren kaum noch möglich. Fieber, Husten, Atemnot und Brustschmerzen wechselten einander ab. Und die Geister, die er rief, wurde er nicht los; der von Joseph so gewollte Krieg gegen die Hohe Pforte endete nicht, war blutig und ruinierte den Staatsschatz. Mitte Februar rechneten die Ärzte täglich mit dem Ableben des Kaisers. Ohnmacht und schwere Hustenanfälle verzeichnet das Protokoll, Joseph fiel in einen Dämmerzustand, die Wassersucht in den Lungen quetschte das Herz, am 20. Februar starb Joseph im Alter von 49 Jahren.

Napoleon

Spätsommer 2009. Anruf von Professor B., der sich nicht in Kalifornien, sondern wieder einmal in Deutschland aufhielt. Er meldete sich aus einem Hamburger Antiquariat.

»Ich habe hier die ›Memoiren eines deutschen Staatsmannes‹ in Händen« sagte er, »raten Sie mal, wer der Verfasser ist?«

»Nicht wieder Massenbach«, gab ich zurück.

»Nein, nicht der, sondern Ihr Goertz. Johann Eustach. Verlegt in Stuttgart 1833. Das Buch ist äußerst selten, es steht in kaum einer Bibliothek, und hier höre ich, es ist in den letzten 30 Jahren nicht im Handel aufgetaucht. Soll ich das Buch für Sie reservieren?«

Die Reservierung galt für einen Tag. Ich fuhr in guter Tradition mit meiner Tochter, die noch Ferien hatte, nach Hamburg, um mir das Buch anzusehen. Wir holten Professor B. aus seinem Hotel ab und gingen ins Antiquariat, unweit der Alster. Zu meiner Schande musste ich gestehen, es nicht zu kennen. Mit einem konventionellen Antiquariat hatte das, was ich zu sehen bekam, nichts zu tun. Es war kein Ladengeschäft, keine umgebaute Garage, kein Hinterstübchen, sondern das dreistöckige Stadthaus eines einstigen Handelsherrn, das nun märchenhafte Bücherschätze barg. Im großen Treppenhaus hingen nicht die Porträts der erfolgreichen Vorfahren, dort standen die seltenen Erstausgaben der Klassiker neben Reisebeschreibungen und in Kalbsleder gebundenen Atlanten aus dem 17. Jahrhundert. In den Salons im ersten Stock, wo die Vorfahren Empfänge und Bälle gegeben haben mochten, standen die politischen Klassiker, auch eine vorzügliche Ausgabe der Werke Friedrichs II., erschienen unmittelbar nach seinem Tod. Ein Wohnzimmer, eine Küche oder ein Schlafzimmer schien es in dem Haus nicht zu geben, in jedem der großen Räume standen in alten Regalen und Bücherschränken Kostbarkeiten. Einziges Mobiliar: flache Tische und bequeme Lesesessel daneben. Im dritten Stock zeigte mir Professor B. die »Memoiren«, sie lagen auf einem der Tische. Den Hausherrn sah ich nur kurz, er sagte, wo was zu finden sei, und zog sich zurück. Bevor ich mir das Buch ansah, suchte ich für meine Tochter eine Beschäftigung, für den Fall, dass die Schwarten sie langweilten. Sie durfte im sonnigen Garten des Hauses, einer Oase mit Brunnen und Spolien, spielen.

»Habe ich zu viel versprochen?«, wollte der Massenbachexperte wissen. Irrwege, wie mit den angeblich geheimen Memoiren des Grafen Goertz, sollte es diesmal nicht geben. Goertz hatte keine Memoiren geschrieben. Es war, wie sich schnell herausstellte, eine Zusammenstellung von hinterlassenen Papieren von Goertzens Schwiegersohn, Hans von Labes, alias Graf Goertz zu Schlitz. Von Eustach von Goertz war kaum die Rede, aber an einer Stelle dann doch dergestalt, dass ich tief Luft holen musste: »… wenn dieser Erbfeind der Deutschen nach geendigtem Schauspiel und dieses verlassend durch die Reihen der Zuschauer einher schritt, da dachte Goertz oft, jetzt wäre der Moment gekommen, das Vaterland auf immer von ihm zu befreien. Mit Napoleons Tod wäre Frankreichs Kraft gebrochen gewesen … Noch viele wären gefallen, aber nie die Summe derer, welche die folgenden Kriege bis zum Tage von Waterloo gemordet haben …« Das hieß nichts anderes, als dass Goertz mit dem Gedanken gespielt hatte, Napoleon zu töten. Wer hatte das gesagt? Der Autor der Memoiren, Hans von Labes, Graf Goertz? Der »auf leisen Sohlen gehende Graf, der selten ein lautes Wort sprach« wollte sich zum Tyrannenmörder aufschwingen? Wenige Seiten später gab es einen Hinweis, wie die rätselhafte Passage verstanden werden könnte; von Emmerich von Dalberg war dort die Rede, der 1796 als junger österreichischer Gesandtschaftssekretär an den Reichstag nach Regensburg gekommen war. Baron von Labes kannte ihn gut, denn Labes war zuvor in Wien Gesandtschaftssekretär gewesen. Dalberg, der schon früh Napoleon hasste.

Ich las gebannt in dem Buch. Dass Goertz ständig auf der Suche nach fähigen Diplomaten war, die er um sich scharte, wusste ich längst. Sein späterer Schwiegersohn Graf Rechberg, unter dem ersten Bayernkönig Außenminister, gehörte ebenso dazu wie Montgelas, späterer Erster Minister Bayerns, und eben Hans von Labes, der aber keine Karriere als Politiker, sondern als Landwirt machen sollte.

Über Emmerich von Dalberg gibt es keine Biografie, nur einige ältere Untersuchungen zu dessen Wirken als badischer Gesandter in Paris. In dem Haus, in dem ich mich aufhielt, gab es aber jene seltene Ausgabe von diplomatischer Korrespondenz aus der napoleonischen Zeit. Geheimberichte, Spitzelaufzeichnungen, Memoranden, alles, was Diplomaten unter dem Tyrannen Napoleon ausbrüten konnten, fand sich dort. Bestände, die, wenn überhaupt, nur in wenigen Bibliotheken zu finden sind und als Glücksfälle gelten.

»Wie viele Attentatsversuche hat es auf Napoleon gegeben?«, fragte mich Professor B.

»Was Goertz auch immer vorhatte, mit einem gezückten Messer wird er nicht herumgelaufen sein, er benutzte die Waffen eines Diplomaten.«

»Intrigen spinnen?«

»Das gehört zur Grundausrüstung eines Diplomaten«, sagte ich.

»Massenbach hat sich darin nicht so gut verstanden und einen hohen Preis bezahlt. Hat Ihr Graf eigentlich keine kalten Füße angesichts Napoleons bekommen?«

»Soviel ich weiß, verzweifelte Goertz an der chaotisch geführten Außenpolitik Berlins.«

Professor B. lud meine Tochter zu einer Portion Eis ein, ich atmete weiter Bücherstaub und suchte nach Literatur über Emmerich von Dalberg. Abends saßen wir im Restaurant und erzählten uns sehr zur Freude meiner jungen Begleiterin Geschichten über Bücherfunde an den absurdesten Orten. B. berichtete von seiner zehnjährigen Tochter, die schon recht gut Deutsch spreche, derzeit Don Quichote lese, aber nur noch ungern Klavier übe. Meine Tochter, seit einigen Jahren Geigenschülerin, konnte das alles gut verstehen und handelte sich damit eine Einladung nach Kalifornien ein.

Am nächsten Tag fragte ich die Hüterin des Gräflichen Archivs, ob und wie viel Korrespondenz zwischen Goertz und Dalberg vorhanden sei. Die Antwort kam einige Stunden später: so viel, dass man Monate brauche, um alles aufzuarbeiten. Ich kündigte mich für Oktober an, um zu lesen, wie Goertz und Dalberg auf das reagierten, was in Frankreich bald nur noch einer vorgab: Napoleon.

Auf der einen Seite die Erklärung der Menschenrechte, auf der anderen Seite bürgerkriegsähnliche Zustände. Und die, fürchtete Goertz nicht zu Unrecht, könnten auf das Reich übergreifen und dort ältere, ungelöste Konflikte aufbrechen lassen, die am Reichstag nur mit Mühen unter Kontrolle gehalten wurden. Im Spätsommer 1790 bereiste unser Graf jene süddeutschen Fürstentümer, die an Frankreich grenzten, um sich ein Bild von der Lage zu verschaffen. Seinen Eindruck teilte er im November dem Markgrafen von Baden mit und empfahl, schnellstens die Reichsarmee zu mobilisieren, um zu verhindern, *dass sich die in Frankreich ausgebrochenen Unruhen auch auf dem deutschen Reichsboden immer weiter verbreiteten.* Wohlgemerkt, Goertz fürchtete nicht die Proklamation der Menschenrechte, sondern Bürgerkrieg im Deutschen Reich.

Müssen Änderungen im Regierungswesen eines Staates immer Unruhen nach sich ziehen, die auf andere Länder übergreifen? Dies war eine heftig debattierte Frage am Reichstag zu Regensburg, in den politischen Journalen und in den bürgerlichen und adligen Salons jener Monate. Für theoretische Erörterungen sah Goertz keine Zeit, das Wort Eigendynamik wurde damals nicht benutzt, dessen Sinn kannte man aber genau. Die Vorschläge von Goertz an den Reichstag lauteten: Die Reichstruppen in Marsch setzen und den Fürstenbund neu beleben. Berlin antworte mit Ja und Nein, Österreich konnte den Vorstellungen nichts abgewinnen und blockierte ein einheitliches reichsgesetzliches Vorgehen, wie es die Geschäftsordnung verlangte. Zu diesem Zeitpunkt wurde Goertz klar, dass es kaum noch Sinn machte, gegen Österreich zu handeln. Diese Position zu vertreten war für Goertz besonders delikat, hatte er doch in den letzten 15 Jahren nichts anderes getan. Aber wie würden aus Rivalen Partner, die auf gleicher Augenhöhe miteinander Wege aus der Krise suchten? Wer lenkte als Erster ein, stellte Eigeninteressen zurück?

1791. Die »Ungarische Angelegenheit« hatte sich erledigt, Preußen und Österreich wurden sich immerhin einig, die Unruhen in Frankreich zu beenden und den König von Frankreich wieder in seine Rechte einzusetzen. Im Spätsommer starb 52-jährig Fürst Potemkin in der russischen Provinz. Frankreich hatte ihn nicht sonderlich interessiert. Seinen Lieblingsplan, Thronfolger Paul von der Erbfolge auszuschließen, konnte er nicht mehr realisieren, Zarin Katharina traute sich nicht, über ihren Sohn den Stab zu brechen.

1792. Die Nachrichten aus Frankreich wurden immer bedrohlicher; aus Brüderlichkeit war ein gegenseitiges Abschlachten geworden, aus Gleichheit ein gegenseitiges Berauben, aus Freiheit die Liquidierung der eigenen tausendjährigen Tradition. Die neue Zeit, der neue Mensch und die Religion vom Höchsten Wesen waren postuliert, nun galt es die Revolution ins Ausland zu tragen. Goertz besorgte sich, was er an Schriften der Revolutionäre auftreiben konnte, so das Manifest des Inquisitors Joseph Fouché, der unter Napoleon zum gefürchteten Polizeichef und Innenminister wurde. Die hier zitierten Passagen aus Fouchés »Instruction« hatte Goertz angestrichen, sie mögen belegen, wie sehr sich die Politik in Frankreich radikalisiert hatte: »... Alles ist denen verstattet, die im Sinne der Revolution handeln. Für den Republikaner gibt es keine Gefahr, als hinter den Gesetzen der Republik zurückzubleiben ... Täuschet euch nicht: um wahrhafter Republikaner zu sein, muß jeder Bürger in sich selbst eine Revolution durchmachen, es darf nichts Gemeinsames zurückbleiben zwischen den Untertanen der Tyrannen und den Bewohnern eines freien Landes. Alle ihre Handlungen, ihre Gefühle, ihre Gewohnheiten müssen darum vollkommen neuartig sein. Jedermann, dem dieser Enthusiasmus fremd bleibt, der andere Freuden und Sorgen kennt als das Glück des Volkes, der seine Seele den kalten Interessen öffnet, der rechnet, was ihm seine Ehre, seine Stellung, sein Talent einbringen, und löst sich so für einen Augenblick von der allgemeinen Nützlichkeit ab; jeder, dessen Blut noch nicht kocht beim Namen der Unterdrückung und des Überflusses, lügt, wenn er sich Republikaner zu nennen wagt. Die Republik will in ihrem Kreis nur freie Menschen, sie ist entschlossen, alle anderen auszurotten, und sie erkennt nur jene als ihre Kinder, die für sie leben, kämpfen und sterben wollen … Wir brauchen nur Stahl und Eisen, und die Republik wird triumphieren …«

Wohlgemerkt, hier handelt es sich nicht um theoretische Erwägungen zur Verbesserung einer Zivilgesellschaft, sondern um die praktische Handlungsanweisung zur Liquidierung eines jeden, der sich nicht bedingungslos den Tribunen der Revolution unterordnete. Etwas Vergleichbares brachten erst wieder kommunistische Fanatiker unter Stalin und die Ideologen des Naziregimes hervor.

Im Hause Goertz wurde im Frühjahr 1792 getanzt, die Gräfin unterhielt einen literarischen Salon, den Frankreichs Gesandter als Hort von Unbill gegen die Revolutionsregierung ausmachte. Er meldete auch, dass die einstigen Erzrivalen Österreich mit dem neuen Kaiser Leopold und Preußen eine Allianz geschlossen hatten, um in Frankreich das alte Regime wieder auf den Thron zu hieven. Die Revolutionäre reagierten prompt und erklärten Österreich im April den Krieg.

Aus Weimar berichtete Goertzens Nichte Marianne von Woellwarth, dass Minister Goethe wieder ins Palais am Frauenplan ziehen durfte. Ob sich Carl August dafür starkgemacht hatte oder ob Goethe diese Gunst einer Laune Anna Amalias verdankte, bleibt unklar. Goethes immer wieder vorgetragener Wunsch, das Haus kaufen zu können, wurde abgelehnt. Erst als Goethe dem Herzog versprach, die wilde Ehe mit der Vulpius durch den Ehestand zu ersetzen, sollte Bewegung in die Angelegenheit kommen. Vorerst musste sich Goethe mit Umbauten am Haus begnügen, ein repräsentativer Treppenaufgang nach Vorbild italienischer Villen sollte es werden. Auch von den Studentenunruhen in Jena war die Rede. Der revolutionäre Geist war ausgerechnet in das vermeintlich aufgeklärte Fürstentum Weimar übergesprungen. Die Studenten forderten aber weniger politische Freiheiten als vielmehr die Wiederzulassung studentischer Verbindungen, die Carl August hatte verbieten lassen. Die Tumulte hatten im Juli 1792 ihren Höhepunkt, als Militär anrückte, um durchzugreifen, worauf die Studenten mit einem Universitätsboykott reagierten. Es gab Verhandlungen und einen Kompromiss, der Carl August nicht gefiel, den er aber durchgehen ließ, zumal anderenorts mehr Lorbeer zu winken schien. Der Herzog, preußischer General, bereitete Goethe auf den Ausbruch des Krieges gegen Frankreich vor, den er für einen Spaziergang hielt, weil die Franzosen gar kein reguläres Heer mehr besaßen. »… Wir werden Champagner trinken, ohne einen Schuß zu tun.« Siebzehn Jahre nach der Kavalierstour mit Goertz würde er Paris wiedersehen, und Goethe, seinem Gesellschafter im Feldzug, denn das sollte dessen Aufgabe sein, würde Carl August jene Orte zeigen, die er 1775 mit so großer Begeisterung aufgesucht hatte: den Anti-Salon von Madame Ferté-Imbault, Madame Geoffrins Haus, wo sich d'Alembert, Diderot und Marmontel getroffen hatten, die Cafés, wo Beaumarchais seine Stücke vortrug, bevor sie auf der Bühne für Unruhe sorgten. Die damaligen Gastgeber waren gestorben, einige von den Revolutionären geköpft oder geflohen, wie Melchior Grimm, der zunächst Schutz bei Zarin Katharina fand. Dem Dichter Paris zu zeigen blieb ein Wunsch des Herzogs. Die »Revolutionshorden« schlugen die anrückenden Preußen im August 1792 bei Valmy. »Feldpoet« Goethe, wie die Militärs abschätzig den Gesellschafter von Carl August bezeichneten, erlebte das Desaster in Galakleidern und mit eigenem Diener an seiner Seite: »Der Krieg geht nicht nach Wunsch. So viel ist zu sehen, dass sich die Unternehmungen in die Länge ziehen …«, schrieb er nach Weimar. Dass Preußens Gloria sich zurückziehen musste, hatte für Goethe lästige Folgen; er konnte sich kaum waschen und rasieren lassen, die Garderobe des Hofmannes besudelten Lehm und Dreck aufgeweichter Wege. Das Erste, was er am 21. Oktober in Luxemburg machte, war, einen Friseur aufzusuchen.

In Regensburg war zwölf Tage zuvor die Lieblingstochter des Grafen Goertz, die 20-jährige Karoline, gestorben. Ihr Tod und das Desaster von Valmy lähmten den Grafen. Die Mutter hatte den Tod Karolines vorausgeahnt, ihre dauerhafte Schwäche und die Blutarmut waren kein gutes Omen gewesen.

Familie Goertz mit den beiden älteren Töchtern. Stich vor 1792

Der Sieg der Revolutionsarmee sollte Folgen haben, König Ludwig XVI. als Haupt der Verschwörung wurde im Januar 1793 geköpft, Königin Marie Antoinette im Oktober. Die Revolutionstruppen besetzten die linksrheinischen Fürstentümer und erklärten sie zu französischen Departements. Die Regierungen in Wien und Berlin gerieten in die Defensive. Der an Gicht leidende und schwer übergewichtige Preußenkönig ließ sich lieber von Mine Encke, nunmehrige Gräfin Lichtenau, pflegen, als klare politische Entscheidungen zu treffen. Diese Labilität, vielleicht auch Unfähigkeit, das Zepter in die Hand zu nehmen, strahlte ins Reich aus. Nutznießer wurde letztlich Napoleon, der bei den Machthabern in Paris im Ruf stand, Schmutzarbeit wie das Niedermetzeln aufständischer Landsleute korrekt zu erledigen. Goertz in Regensburg war über das Hin und Her von Weisungen aus Berlin verzweifelt.

1796, als Emmerich von Dalberg als Wiener Gesandtschaftssekretär Goertz vorgestellt wurde, fand der junge und ehrgeizige Mann nur harsche Kritik für den windelweichen Kurs der preußischen Regierung gegenüber Frankreich. Sah denn keiner rechtzeitig die Gefahr aus Frankreich für das Reich?

Die Beschlüsse und Resolutionen des Reichstags hinkten der Realität jedenfalls weit hinterher, und Einigkeit war selten zu erzielen, da waren schon die vielen Geheimabkommen kleiner Fürstentümer mit Frankreichs Revolutionsregierung vor.

Mitte November 1796 erhielt Goertz Post aus Petersburg; Zarin Katharina war gestorben, niedergestreckt von einem Schlaganfall auf der Toilette. Kammerdiener, Zofe und Leibarzt gelang es nicht, die schwer übergewichtige Zarin in ihr Bett zu hieven. Man nahm Matratzen aus ihrem Bett und zog die noch schwach atmende Kaiserin darauf. Großfürst Paul wurde Kaiser, Goertz gratulierte und schlug sich mit den Folgen der französischen Okkupation im Reich herum. Ab Ende November 1797 tagte der Kongress zu Rastatt, wo die Abtretung der linksrheinischen Gebiete an Frankreich festgeschrieben werden sollte. Die durch Frankreich landlos gewordenen Fürsten folgten gern Napoleons Ratschlag, deutsche Klöster aufzulösen, um sich mit deren Grund und Boden und Schätzen zu entschädigen. Um die Verhandlungen zügig und in seinem Sinne zu bestimmen, war Napoleon selbst in Rastatt erschienen. Der Feldherr, der bereits Italien unterworfen hatte und nun auf dem Sprung war, Ägypten zu erobern, trat in Rastatt so auf, wie man ihn fürchtete: herrisch, monologisierend, befehlend. Von Verhandlungen konnte keine Rede sein. Goertz, der preußische Vertreter bei den »Verhandlungen«, traf am vorletzten Novembertag mit Napoleon zusammen. Vom Wuchs her mögen beide Männer sich nicht sonderlich unterschieden haben; der Korse maß etwa einen Meter sechzig, Goertz war nicht viel größer. Bonaparte machte Goertz gegenüber nicht viele Worte, aber die waren typisch für sein staatsmännisches Verständnis: Wenn Preußen der Abtretung der linksrheinischen Gebiete zustimme, erhielte es das Herzogtum Mecklenburg. Als Goertz einwarf, Mecklenburg sei ein souveränes und eigenständiges Fürstentum und Preußen habe noch nie die Absicht gehabt, es sich einzuverleiben, zuckte Napoleon die Schultern und sagte: »… dann ändern wir das.«

Goertz war der Korse zuwider, an seine Frau schrieb der Graf: *Er ist maßlos und berechnend. Seine Augen sind ausdruckslos, man kann ihnen nichts entnehmen. Dieser Mann wird alle das Fürchten lehren.*

Napoleon in Rastatt. Die zeitgenössische Darstellung zeigt, wer das Sagen hat.

Zwei Tage später verließ Bonaparte den Kongress und ließ drei Unterhändler zurück, die seine Anweisungen in einen Vertrag zu bringen hatten. Aber der Kongress zog sich hin, Wochen, Monate, Jahre. Napoleon, der im Mittelmeer Krieg führte, fehlte und die Gesandten stießen bei der Regelung der französischen Abtretungsforderungen auf immer neue Schwierigkeiten. 1797 starb der Preußenkönig, und dessen Sohn Friedrich Wilhelm III. übernahm die Regierung – etwas Katastrophaleres hätte Preußen nicht passieren können. Emmerich von Dalberg, der genau beobachtete, was in Rastatt geschah, schrieb: »Durch diesen willensschwachen und an den Dingen der Politik völlig desinteressierten Monarchen wird Napoleon erst recht zur größten Gefahr für das Deutsche Reich …«

Der Kongress von Rastatt war die letzte diplomatische Großveranstaltung des Deutschen Reiches und leitete unter dem Druck Napoleons seinen Untergang ein. Getagt wurde im barocken Schloss von Rastatt, im Saal unter der großen Kuppel, die vom Blitze schleudernden Jupiter bekrönt war. In jenem Saal fanden auch die zahlreichen Diplomatenbankette und Theateraufführungen statt. Die französische Abordnung war im Nordflügel untergebracht, im Südflügel die österreichische, Goertz hatte auch Zimmer im Schloss, zog als Wohnung aber ein Palais in der Stadt vor. Ein junger Diplomat, der bald zu Napoleons politischem Gegner wurde und nach Bonapartes Abgang maßgeblich an der Neuordnung Europas mitwirkte, war auch anwesend: Clemens von Metternich. Der 25-Jährige nahm in den Briefen an seine Frau kein Blatt vor den Mund, wenn er die Franzosen schilderte, die für ihn eins bedeuteten: Gefahr. Metternich konnte von seinem Zimmer im Südflügel in die Fenster der Franzosen sehen, dieses »Kerns von Septemberverbrechern und Henkern ... Alle ihre Lakaien sehen so aus, als würden sie von ihnen ausgehalten, und die Herren tragen bürgerliche Kleidung, den Frack, die lange Hose ... In meinem ganzen Leben habe ich noch keine solche Werwölfe getroffen. Sie besuchen niemanden, ziehen sich in ihre Räume wie in eine Höhle zurück ...« Metternich beobachtete nicht nur die Franzosen, sondern auch die Preußen, deren Position nicht die seine war. Goertz hielt er für einen klugen und gewieften Verhandlungsführer, dem sein König jedoch ständig Knüppel zwischen die Beine warf. Vor dem Verhandeln wurde getanzt, Anfang Januar 1798 gab es im Kuppelsaal den ersten Ball. Für Metternich eine lächerliche Veranstaltung: »Es gab ungefähr hundert Männer, fast alles hohe Beamte oder Abgeordnete, und acht oder zehn Frauen, von denen die Hälfte mindestens fünfzig Jahre alt war.«

Persönliches über unseren Grafen erfahren wir aus den Memoiren des Ritter von Lang, für einige Zeit Sekretär von Goertz, dessen Schrullen und Weltfremdheit er ironisch schildert, wovon in den Dokumenten jedoch keine Spur zu finden ist. Rastatt war aber auch der Ort, an dem sich Wissenschaftler, Gelehrte und Diplomaten die Klinke in die Hand gaben: »Noch mehr sind der Namen derer, die nur als Erscheinung etlicher Tage geschwind in Rastatt vorübergegangen, ... der berühmte Humboldt [Alexander], der hier den französischen Mineralogen Faujas aufsuchte, u.a.m. Letzterer hatte gewiß nicht solche Schrecken in den Stürmen des Meeres wie der Graf Goertz an seiner Tafel ausgestanden, als der Herr von Humboldt, der Geladene, eine ganze Stunde später und dazu noch erhitzt in Reisefrack und Stiefeln von einer Besichtigung der badischen Berge unter diese diplomatischen Gottheiten eintrat, welche jedoch der Herr Graf alsbald au fait zu setzen wußte durch die leise gesprochenen Worte: ›Es ist ein Gelehrter.‹ Überhaupt gehörte es zum guten Ton, wenigstens auf einige Tage in Rastatt angefahren zu kommen, die Tafelrunde bei den Herren Gesandten zu machen, in der Komödie … im französischen Kaffeehaus auf dem roten und schwarzen Altar der Fortuna ein paar Rollen Geld zu opfern und dann mit der Fremdenliste des Kongresses und dem berühmten Rezept für Eipunsch von dem Kammerdiener des Grafen Goertz wieder seinen Abzug in das mit aufgesperrtem Maul harrende innere Deutschland zu nehmen. … Der Graf Goertz selbst war ein Mann von gefälligem Benehmen … sein Mund immer lächelnd und noch die wohlerhaltenen Reihen weißer schöner Zähne zeigend, mit der rechten Hand immer in der Westentasche spielend, seine Sprache leise, der Gang sacht, jede Bewegung diplomatisch abgemessen … Die Geschäfte der Gesandtschaft gingen damit ihren Gang also: morgens schon um acht wandelte der Graf Goertz im langen Oberrock, seinem weißen Hausspitz hinterher, zu seinem Schwiegersohn, dem Grafen Rechberg, und dann zu seinen Busenfreunden und Komitialorakel, den Grafen von Löben und von Edelsheim. Der Spitz, unterdessen vor den Toren wartend, gab diese Konferenzen der übrigen kleinen Gesandtenwelt kund; er wird nicht wenig in ihren Bulletins und Gesandtschaftsrelationen paradiert haben.«

Für Lang war Goertz ein ständiger Gastgeber, er wusste aber auch, dass zu jener Zeit Diplomatie an der Tafel betrieben wurde: »So ersah man endlich auf der mehrmals herausgezogenen Uhr die Tafelstunde des Herrn Grafen von Goertz, wo sich das Gespräch auch bei zwanzig und mehr Personen nur in leisen Tönen einer Äolusharfe zu schwingen schien, der Herr Graf aber, sobald ich mit meiner lauten Stimme die Temperatur zu stören drohte, mit einem Blick aus seinen Augengläslein sogleich sie wieder zu dämpfen suchte …« Begierig wurden sämtliche Nachrichten von und über Napoleon aufgenommen. Dass er in Ägypten gelandet sei, dort pharaonische Kunstschätze plündern und nach Paris schaffen lasse und Jagd auf Einheimische mache. Nach einer neuen Studie (Ansprenger) »… lieferte Napoleon Bonaparte die Initialzündung …« für die Jagd und Deportation von Afrikanern.

Goertz konnte in Rastatt auf einige junge und fähige Diplomaten zurückgreifen, dazu gehörten Maximilian von Montgelas und Aloys von Rechberg. Den ersten kannte Goertz als Berater des Zweibrücker Herzogs gut, Montgelas wäre beinahe sein Schwiegersohn geworden. Den zweiten hatte er in Regensburg kennen und schätzen gelernt. Während die Goertztochter Louise Herrn von Montgelas einen Korb gab, bekam Herr von Rechberg von ihr Einladungen, dann heirateten beide.

Kurz vor Abbruch des Rastatter Kongresses starb in München Kurfürst Karl Theodor. Ihm folgte der Zweibrücker Herzog Max auf den Thron, Montgelas wurde dessen Außenminister. Später stieg er zum Ersten Minister auf und Rechberg wurde bayerischer Außenminister. Rechberg und Goertz verstanden sich außerordentlich gut. Rechberg verstand sich aber auch gut mit Metternich und sollte ihm nach der Revolution von 1848 zur Flucht nach England verhelfen.

Im Sommer 1798 zog Metternich ein Verhandlungsresümee, das fast gleichlautend von Goertz nach Berlin ging: »Jetzt sind wir sicher, dass wir auf dem linken Rheinufer alles verlieren, was wir haben … und ebenfalls sicher, auf dem rechten Rheinufer dafür entschädigt zu werden.« Und zwar durch die Auflösung einiger Klöster, deren Grund und Boden als Entschädigung herhalten sollte. Goertz wollte sämtliche kirchlichen Fürstentümer im Reich auflösen, was 1803 geschah, Preußen fiel dabei als Ausgleich für verlorene Territorien am meisten zu. Im August 1798 gelangten Nachrichten über Napoleon nach Rastatt, die aufhorchen ließen: Lord Nelson hatte die französische Flotte im ägyptischen Hafen von Aboukir vernichtet, Napoleon war zum Flüchtling geworden.

In Rastatt bedeutete das zumindest für einige Zeit: Alles auf Anfang. Im Frühjahr 1799 wollte Napoleon die Debatten in Rastatt beendet wissen. Er ließ mit Wien Geheimverhandlungen führen. Wien bekäme Bayern gegen das »Ja« für die linksrheinischen Gebiete. Preußen und die Mehrzahl der Kurfürsten verweigerten deshalb die Abtretung der linksrheinischen Reichsgebiete an Frankreich. Bonaparte war mit der Eroberung der Schweiz befasst und der Kongress wurde abgebrochen.

Der 28. April 1799 sollte Napoleon ein hochwillkommener Tag werden. Seine drei Gesandten machten sich noch abends auf den Heimweg nach Paris. Das Gefolge mit sieben Kutschen hatte Schloss Rastatt verlassen und die Stadt durchquert, ein Zeuge beschrieb, was weiter geschah:

> So passierte, eine Fackel voraus, der Zug die Vorstadt; die Landstraße ging dann zwischen Murkanal und einem Gehölz weiter, da, zweihundert Schritte von den letzten Häusern entfernt, wurden die Wagen plötzlich durch eine Abteilung Husaren angehalten und unter Schreien und Fluchen nach den Gesandten gerufen: bist du Minister Debry? Bist du Bonnier? Bist du Roberjeot? und auf die bejahende Antwort einer nach dem anderen vor den Augen ihrer jammernden Angehörigen zusammengehauen. Bonnier und Roberjeot wurde sofort der Garaus gemacht, indem die Husaren deren Schädel zerschlugen, Derby stellte sich tot nach den ersten Streichen und entkam dann in der Dunkelheit in das Gehölz. Von dort gelang es ihm, unbehelligt nach Rastatt zurückzukehren, während die Husaren die nächsten Dörfer nach ihm absuchten und den Schulzen von Rheinau beauftragten, nach ihm zu fahnden. Dieser aber, schwer an Kopf und Brust blutend, gelangte bis an das Haus des preußischen Gesandten, Graf Goertz, und schlug an die Tür. Der bayerische Gesandte von Rechberg quartierte auch dort und zog Debry in das Haus und stillte die Wunden.
>
> Indessen war durch einige Flüchtlinge aus den hintersten Wagen der Franzosen die Schreckenskunde in die Stadt gedrungen … Die Husaren waren nun im Begriff, die Wagen mit den noch darin befindlichen Reisenden um die Stadt abzuführen. Die Wagen wurden von einem badischen Oberbeamten genauestens visitiert und alle darin gefundenen Gesandtenpapiere … in das Hauptquartier des Erzherzogs abgeliefert. Unterdessen trieben sich die Husaren in der Stadt umher, rühmten sich ihrer Taten und zeigten prahlend die erbeuteten Goldstücke. … Das Aufsehen, welches ein so unerhörtes Attentat machte, war begreiflicher Weise unermeßlich, am stärksten in Deutschland, wo alle Welt das Gefühl eines tiefen Schandflecks

Überfall in Rastatt, zu Propagandazwecken besonders dramatisch in Szene gesetzt.

> für die nationale Ehre hatte, in viel geringerem Maße in Frankreich, wo bald der Verdacht aufkam, General Bonaparte stünde selbst hinter dem Überfall …

Wer für den Überfall verantwortlich war, ist nie geklärt worden. Angeblich der österreichische Thronfolger, der an Napoleons Geheimdepeschen gelangen wollte. Auch Metternichs Name fiel. Für Napoleon reichte der Überfall, um Österreich endlich wieder den Krieg zu erklären.

Die erbeuteten Depeschen der Franzosen machten den Österreichern keine Freude, sie ließen sich nicht entschlüsseln. Also schrieb man sie ab und brachte sie unserem Grafen, der immerhin einen Spezialisten im Chiffrieren und Dechiffrieren als Sekretär an seiner Seite hatte. Aber Ritter von Lang kam dem Geheimnis der Depeschen Napoleons nicht auf die Spur. Lang veröffentlichte wenige Monate später die Depeschen in einem Buch: »Geheime Briefschaften aus dem Portefeuille der bey Rastadt ermordeten fränkischen Gesandten«. Auch dieses Buch befand sich in der Goertz'schen Bibliothek.

Der Autor der »Briefschaften« lobte stattliche einhundert Reichstaler für denjenigen aus, der den Code zu entziffern in der Lage war. Der hatte es in sich, so harmlos die Buchstaben- und Ziffernfolgen auch aussahen. Die als Nummer zwei bezeichnete kurze Depesche sei hier zitiert:

»iaiksefbiv1kssxvne6ko
navka2siefbsievirnasikonr
okaxissavsi26iroskonarvia
barmsvkonfasberxornifebar
onxvs6eb2hirokonsfrnbefik
sxvbafinronakenrsk6varnif
orxabifonsvinokab.«

Lang ließ in seinem Buch die Leser wissen, wie weit ihm die Dechiffrierung gelungen war. Er hatte schnell herausgefunden, dass die Franzosen vier verschiedene Alphabete benutzten, und stellte sie entsprechend in vier Klassen mit jeweils 16 Zeichen zusammen, etwa: »b, d, f, h, k, m, o, q, s, n, x, z, 2, 4, 6, 8.« Den nächsten Schritt beschreibt Lang so: »Die Methode, deren ich mich bediente, um in dieses Labyrinth vorzudringen, bestand nach mehreren anderen Versuchen darin, dass ich alle aus einem Alphabet geschriebenen Briefe sorgfältig verglich; die doppelt oder mehrmals vorkommenden Passagen aushob und aufzeichnete; dann mit den in anderen Briefen einzeln vorkommenden Gliedern derselben wieder so verfuhr. Zum Beispiel kanornora, dann wieder kano, anor, nor usf. Auf diese Art allein kann man durch eine Menge solcher Abstraktionen die einfachen Bestandteile der Rede absondern und dadurch auf die Entdeckung ganzer Wörter und endlich ganzer Phrasen geleitet werden.«

Welche Alphabetklasse zum Entschlüsseln angewendet werden musste, fand Lang auch heraus: »… dass jeder Brief sich mit dem ersten Buchstaben des Alphabets schließt, aus dem er genommen ist.«

Aber dann war Lang mit seiner Kunst am Ende und rief nach Hilfe. Immerhin, eine Depesche der Franzosen war nicht verschlüsselt. Napoleon gab darin einem seiner Offiziere Befehle zur Vorbereitung eines Angriffs auf die Schweiz, während seine Diplomaten am Verhandlungstisch saßen und »… um Frieden rangen«, eine auch heute beliebte Praxis.

»1. Kannst du in einer dir noch näher zu bezeichnenden Gegend des Genfer Sees ein Corps dislocieren, oder wenigstens mit Zuverlässigkeit auf Dislocation wirken? 2. Kannst du ebendahin ein Corps von 3–500 Mann eurer wildesten Burschen detachieren, oder detachieren lassen? Ich nehme es auf mich, einen plausiblen Beweggrund zu geben. 3. Bist du deiner Halbbrigade so gewiss, dass du sie im ersten Feuer hinführen kannst, wo ich sie brauche?«

Goertz konnte aus dem Überfall kein Kapital schlagen, im Gegenteil, denn der überlebende französische Gesandte hielt sich im Quartier von Goertz auf, zudem wurde der Sekretär des Grafen mit der Dechiffrierung der Depeschen beauftragt, und der ging damit auch noch an die Öffentlichkeit. All dies nährte zumindest zeitweise den Verdacht, Goertz habe irgendetwas mit dem Überfall zu tun, so jedenfalls Gerüchte aus dem Umkreis von Anna Amalia. Ihr Sohn, Herzog Carl August, dessen Interessen Goertz sowohl in Regensburg als auch in Rastatt vertrat, fragte besorgt nach dem Gang der Dinge. Gräfin Goertz in Regensburg wurde in jenen Tagen zur wichtigsten Informationsquelle. Neuigkeiten aus Rastatt wurden förmlich gehandelt, sie hatten realen Wert, fürchtete man doch die Rache Bonapartes. Der preußische Gesandte in Paris beruhigte den aufgeschreckten Berliner Hof: *Ich komme auf den Mord an den französischen Gesandten in Rastatt zurück, insbesondere auf die Meinung, die sich anscheinend im Ausland verbreitet hat, dass dieses Ereignis hier einen großen Eindruck hinterlassen hätte. Ich bin dem Zuge gefolgt, der dieses dem Volk bekannt machen sollte, und habe keine Anzeichen großen Zornes bemerkt. Im Gegenteil beobachtete ich größte Gleichgültigkeit, manchmal den Ausdruck von Zweifeln, meistens die Überzeugung, dass diese Zeremonie nur eine Komödie sei, die von der Regierung gespielt wurde, um das souveräne Volk zu prellen und ihm Geld aus der Tasche zu ziehen …*

Preußens König und der Kaiser des Reiches hatten aus Rastatt nichts gelernt. Friedrich Wilhelm III. wollte mit komplizierten Dingen nicht behelligt werden und bei Kaiser Franz II. regierte blanker Eigennutz. Die Einheit des Reiches, die Napoleon gerade zu sprengen begann, zählte nicht, obwohl beide Höfe gewarnt waren. Talleyrand hatte in Absprache mit Napoleon seinem Gesandten in Berlin noch vor dem Attentat folgende Instruktion erteilt: *Seit Langem kennen wir den Wunsch des Kaisers, auf eine Ausdehnung in Deutschland zu verzichten und sich in Italien zu vergrößern. Herr von Cobenzl hat in Rastatt darüber die ersten Eröffnungen gemacht und diese in Selz wiederholt, wir aber sind stumm geblieben, denn wir wollen, dass der Kaiser auf seine Entschädigungen in Deutschland verzichtet, ohne etwas in Italien zu erlangen, wo seine Macht schon zu groß ist … Österreich zurückdrängen, weil es unser Feind ist und lange Zeit bleiben muss; Preußen zurückdrängen, weil es unser Freund ist und es noch mehr werden wird, wenn seine Macht annehmbare Veränderungen erfährt …, um so im Herzen Deutschlands diesen Mittelstaat, diesen Zusammenschluss der Mächte zu stärken.*

Unser Graf kehrte einige Tage nach dem Überfall an den Reichstag zurück und reiste dann nach Berlin. Dort bekam er jenes Konzept zu lesen, das Talleyrand für Napoleon in Sachen Preußen ausgearbeitet hatte. Es war in irgendeiner Stube des französischen Außenministeriums heimlich kopiert und nach Berlin gebracht worden. Möglicherweise schrieb Talleyrand im August 1800 auch nur nieder, was Napoleon zuvor in einem seiner Monologe zur Neuordnung Europas von sich gegeben hatte: *Im Innern Preußens, das Österreich hasst und Russland fürchtet, gibt es noch immer eine starke Partei, die sich der Macht Frankreichs aus Überzeugung und im eigenen Interesse verbunden fühlt. Die Fehler unseres früheren Verhaltens, die Wankelmütigkeit oder Überspanntheit unserer politischen Führung haben allein die günstige Stimmung für uns gelähmt. Es ist nicht unmöglich, dies in kurzer Zeit mit Weisheit, Beharrlichkeit und Kraft wieder aufzurichten. Bis jetzt hat man sich eingebildet, es genüge, dem Berliner Hof zu sagen, dass wir gemeinsame Interessen hätten, dass die Allianz der beiden Länder eine natürliche sei, um zu erreichen, dass er sich für uns entscheidet. Niemals hat das preußische Kabinett die Wahrheit dieser Aussagen in Frage gestellt, hat uns aber durch seine Zurückweisungen, für die es ihm nicht an Vorwänden fehlte, zu verstehen gegeben, dass es zwar im Prinzip einverstanden sei, sich aber über die Folgen mit einer Nation nicht einigen könne, deren Regierungen nur Misstrauen einflößten. Daran muss man heute anknüpfen, indem man die schlechten Meinungen auslöscht, die gegen uns einnehmen. Die Wiederherstellung unserer außenpolitischen Glaubwürdigkeit hat mit der Einsetzung unserer neuen Verfassung begonnen, man muss mit allen Mitteln diesen Prozess beschleunigen, und besonders in Berlin ist es wichtig, wirksam zu handeln, um das Kabinett wieder auf unsere Seite zu ziehen.*

Obwohl also bekannt war, welche Rolle Napoleon Preußen zudachte, bemühten sich Goertz in Berlin und der junge Metternich in Wien vergeblich, ihre Fürsten auf die Reichseinheit inklusive nötiger Reformen einzuschwören. Napoleons Diplomaten und Agenten berichteten dann auch mit Genugtuung, dass es ein Deutsches Reich eigentlich gar nicht gäbe, sondern nur einen Haufen verstrittener Fürsten. In den folgenden Jahren wurde für Goertz die Politik von König Friedrich Wilhelm III. zur dauerhaft unerfreulichen Herausforderung. Er verzweifelte an dem System der ewig schwankenden Neutralität, dem Frieden mit Napoleon um jeden Preis. Der Preußenkönig wollte die Strategie des Franzosenkaisers, eine Monarchie gegen die andere auszuspielen, um sie niederzuringen und sich einzuverleiben, nicht erkennen. Beim ebenfalls unentschlossenen preußischen Außenminister Haugwitz fand Goertz mit seinen Warnungen und Bitten um klare Instruktionen kaum Gehör. Sandte Goertz Überlegungen grundsätzlicher Art oder auch nur Protestschreiben gegen Frankreich nach Berlin, bekam er, als wäre es ein Vordruck, stets die gleiche Antwort: *Weil die Verhältnisse des hiesigen Königs Hofes mit dem Französisch-Kaiserlichen Hofe wieder auf einem sehr guten Fuß gekommen sind, so ist das königl. Kabinettsministerium veranlaßt, nichts durchgehen zu lassen, was von letztgedachtem Hofe als anstößig oder beleidigend aufgenommen werden kann …*

Freiherr vom Stein, seit 1804 preußischer Wirtschafts- und Finanzminister, sprach dagegen eine andere Sprache und schilderte seinem König zwei Monate vor dem Zusammenbruch des Deutschen Reichs, drei Monate vor Auflösung des Reichstags und fünf Monate vor der vernichtenden Schlacht bei Jena und Auerstedt die für Preußen höchst unwürdige diplomatische Zwangslage, die Goertz die Hände band: »… Der Zustand Preußens ist erbarmungswürdig … das Land bringt seinen Volkswohlstand der französischen Freundschaft ohne Gegenleistung zum Opfer …« Stein schrieb von »Affenliebe« gegenüber Napoleon und erntete für das Papier von seinem König eine harsche Rüge. Der Freiherr gehörte mit Blücher, Prinz Louis Ferdinand, Scharnhorst, Gneisenau und der vorsichtig handelnden Königin Luise zum antinapoleonischen Lager. Ebenso der österreichische Gesandte in Berlin, Clemens von Metternich, der auch Goertz in Regensburg aufsuchte. Ihnen allen gelang es nicht, den Preußenkönig aus seiner Lethargie zu reißen. Als im Oktober 1806 tatsächlich das Desaster über Preußen hereinbrach, Napoleon Berlin besetzte und als allen sichtbares Zeichen der Demütigung den Triumphwagen vom Brandenburger Tor abmontieren und nach Paris schaffen ließ, befahl der politisch blinde Preußenkönig seinem Finanzminister, die Unkosten für Napoleons Hofhaltung in Berlin zu begleichen. Was Stein mit einem Schreiben an Friedrich Wilhelm III. verweigerte: »… Beispiellos ist es übrigens wohl, dass die Kosten des Hofstaates des Eroberers des größten Teils der Monarchie von dem aus diesen Provinzen verdrängten Monarchen getragen werden sollen!« Der Preußenkönig, inzwischen vor den Franzosen Richtung Osten geflohen (der Volksmund fand bald darauf den treffenden Einzeiler: »Unser Dämel sitzt in Memel«), sah in Stein einen »widerspenstigen, trotzigen und ungehorsamen Staatsdiener« und entließ seinen besten Mann. Stein zog sich auf sein Familiengut in Nassau zurück, fuhr zur Kur nach Ems, wo er Goertz traf, der inzwischen ebenfalls, wenn auch in Gnaden, demissioniert hatte. In ihrer klaren Ablehnung gegenüber Napoleon und der harten Kritik am Preußenkönig waren sich beide Männer einig. Napoleon, der klare Worte liebte, hatte für die klaren Worte des Freiherrn nur eine Antwort: erschießen, wenn man ihn erwischt.

Familie Goertz blieb in Regensburg wohnen. Im literarischen Salon der Gräfin Goertz verkehrten die junge Bettine und Achim von Armin.

Herzogin Anna Amalia bekam den Umschwung im Reich im Herbst 1806 schmerzvoll am eigenen Leib zu spüren. Nach der Schlacht bei Jena und Auerstedt besetzten die Franzosen das Herzogtum Weimar als Feindesland, denn Carl August hatte als preußischer General gegen den Imperator gekämpft. Herzogin Louise forderte ihre Schwiegermutter auf, das Land zu verlassen. Anna Amalia tat es widerwillig, sie irrte zwei Wochen mit ihrer beinahe zwanzigköpfigen Entourage auf verstopften Straßen herum und kam doch nicht in ihrer Heimat Braunschweig an, das Napoleon kassiert hatte. Gesellschafterin Göchhausen, das *kleine Monster*, war dabei: »Dampf und Feuer schlug aus den Wolken, auf der Chaussee retirirte schon Cavallerie und Bagage. Wie wir über die Hälfte des Weges nach Erfurt zu kamen, wurde es stiller, auch hörte die Retirade auf. Kaum waren wir einige Stunden in Erfurt, kam die Nachricht, es stehe der Feind bereits 1½ Stunden davon. Unsere Flucht aus der Stadt mit aller Kavallerie, Blessierten und Flüchtlingen war fürchterlich. Mehr oder weniger wurden wir auf diese Weise über Langensalza, Mühlhausen bis Heiligenstadt gejagt. … Den 16. kamen wir in Göttingen an. Hier erwarteten wir Briefe und diese veranlaßten uns, den dritten Tag nach Kassel zu gehen.«

Die Franzosen plünderten Anna Amalias Sommerresidenz, die Stadt und steckten sie teilweise in Brand. Napoleon verlangte von Herzog Carl August, wenn ihm sein Herzogtum lieb sei, Preußen den Rücken zu kehren und künftig an der Seite Frankreichs die Gegner niederzuringen. Eine Rechnung hatte der Franzosenkaiser für den Verlierer von Jena und Auerstedt auch parat: 2,2 Millionen Francs Kriegsentschädigung und 800 Weimarer Rekruten.

Vier Tage nach dem Einzug der Franzosen, am 19. Oktober 1806, heiratete Goethe »Demoiselle Johanna Christina Sophia, geborene Vulpius«. Goethe an seinen Bremer Freund Meyer: »Wir leben! Unser Haus blieb von Plünderung und Brand, wie durch ein Wunder verschont … Merkwürdig ist es, dass diese Tage des Unheils von dem schönsten Sonnenschein begleitet und beleuchtet war … Um diese traurigen Tage durch eine Festlichkeit zu erheitern habe ich und meine kleine Hausfreundin … den Entschluß gefaßt in den Stand der heiligen Ehe ganz förmlich einzutreten …«

Die Goetheforschung rätselt bis heute darüber, warum der Dichter die Vulpius so plötzlich geheiratet hat. Dabei liegt die Antwort auf der Hand. Noch immer galt die Abmachung zwischen Dichter und Herzog: Goethe bekam erst dann das Haus am Frauenplan geschenkt, wenn er seine wilde Ehe beendete und heiratete. Standesgemäß. Aber welcher standesgemäßen Partie konnte er 1806 den Hof machen? Goethe machte Nägel mit Köpfen. Herzog Carl August, der gegen die Ehe des Dichters mit seiner Haushälterin hätte Einspruch erheben können, war bei der zerstreuten Truppe, Anna Amalia, seine Förderin in allen Dingen, die Goethes Seitensprünge im Allgemeinen und seine Beziehung zur Vulpius im Besonderen nicht schätzte, war auf der Flucht.

Hofdame Charlotte von Stein war sowohl über den Zeitpunkt als auch über den Ort der Trauung empört: »… während der Plünderung hat er sich mit seiner Mätresse öffentlich in der Kirche trauen lassen, und war dies die letzte kirchliche Handlung, denn alle unsere Kirchen sind nun Lazarette und Magazine.«

Anfang November kehrte Anna Amalia nach Weimar zurück. Sie wohnte in ihrem Wittumspalais, war gesundheitlich angeschlagen und nahm die weitere politische Entwicklung resigniert zur Kenntnis: »Es sieht sehr kriegerisch wiederum aus u das zwar in Pohlen, was noch alles werden wird weiß nur Gott allein … Goethe ist fast alle Abend bey mir u spricht nichts als von grossen Naturen, er thut mich oft recht leid dass er sich so bloß giebt vor andern die über ihnen spotten und lächerlich ihm machen wollen.« Anna Amalia suchte Ruhe, überstand den Winter leidlich, erkrankte aber schwer im März 1807 und starb im folgenden Monat.

Graf Goertz empfing in seinem Regensburger Domizil weiterhin Diplomaten, entlassene und amtierende Minister und Gelehrte. Er legte Wert auf eine gemischte Gesellschaft, die französische Spione nicht sofort anzog. Tatsächlich war das Haus Goertz eine Informationsbörse ersten Ranges. Für unseren umtriebigen Grafen wurde der frühe Herbst 1808 zur Hochsaison seines Metiers. Napoleon hatte Zar Alexander in die französische Enklave Erfurt eingeladen, um sich erneut dessen Allianz zu versichern. Sollte nämlich der russische Zar mit Österreich oder Preußen gegen Frankreich gemeinsame Sache machen, wäre Bonapartes Traum vom europäischen Imperium geplatzt. Die 18 000 Einwohner zählende Stadt bereitete sich auf das Ereignis vor. Napoleons Sicherheitskräfte taten, was Sicherheitskräfte anlässlich von Gipfeltreffen auch heute zu tun pflegen: Sie teilten Erfurt in Sicherheitszonen auf, durchsuchten Häuser und Hinterhöfe samt dazugehörigen Menschen, Kanalisationen und Kirchtürme, besetzten strategisch wichtige Punkte und kümmerten sich um die Einquartierung ihrer Landsleute. 94 Häuser der Stadt wurden für den kaiserlichen Hofstaat kurzerhand requiriert. An die 30 000 Menschen musste Erfurt aufnehmen. Kaiser Napoleon gedachte, um beim umworbenen Zaren Eindruck zu schinden, mit allen seinen deutschen Vasallenfürsten im Gefolge aufzutreten. Also hatte anzureisen, wer von Napoleons Gnaden noch ein bisschen zu regieren wünschte. Der Preußenkönig verweigerte sich aus Furcht vor weiteren Demütigungen und entsandte seinen Bruder nach Erfurt. In dessen Gefolge Goertzens Schwiegersohn von Labes. Auch Bayerns König musste erscheinen, in dessen Gefolge Außenminister Montgelas und der andere Schwiegersohn Rechberg. Goertz würde also bestens mit Nachrichten aus Erfurt versorgt werden. Am 27. September hielt Bonaparte in Erfurt festlichen Einzug. Sämtliche Glocken läuteten, die Stadt war mit Fahnen und Girlanden geschmückt, eine berittene Ehrengarde begleitete Napoleons Wagen durch die Straßen, das Militär stand Spalier. Bonaparte nahm im Statthalterpalais Quartier, Graf und Gräfin Goertz waren in ihrer Weimarer Zeit viele Male dort bei Statthalter Dalberg zu Gast gewesen, der nun auf und an Napoleons Seite glänzte. Die deutschen Fürsten erledigten ihre Antrittsbesuche, dann trafen sich Napoleon und Zar Alexander, Bälle und Theateraufführungen sollten für ein ungezwungenes Klima sorgen. Der Franzosenkaiser legte dem Zaren seinen Allianzplan vor, in der Hoffnung, ohne lange Verhandlungen mit dem Russen ans Ziel zu kommen. Punkt eins: Länderschacher. Punkt zwei: Länderschacher usf. Zar Alexander ließ sich nicht zur Eile treiben, erst recht nicht nach seinem Gespräch mit Napoleons Außenminister Talleyrand. Wovon Napoleon erst viele Jahre später erfuhr, was Talleyrand das Leben rettete, denn Talleyrand ließ den Zaren wissen, dass er sich um den Sturz des Tyrannen mühe, Allianzen mit Österreich und Preußen beabsichtige und den geeigneten Zeitpunkt zum Losschlagen abwarte. Talleyrand riet Alexander, bei allen Entscheidungen von russischer Seite zu berücksichtigen, dass Napoleons Tage gezählt seien. Das tat der Zar.

Im Fußvolk Napoleons ging auch Herzog Carl August von Sachsen-Weimar, begleitet von Goethe, den Napoleon auch zu sprechen wünschte. Des Herzogs Kanzler von Müller schrieb dazu: »Der Kaiser saß an einem großen runden Tisch frühstückend. Zu seiner Rechten stand Talleyrand, zu seiner Linken Dortu, mit dem er sich zwischendurch über preußische Kontributionsangelegenheiten unterhielt. Er winkte Goethe näherzukommen und fragte, nachdem er ihn aufmerksam betrachtet hatte, nach seinem Alter. Als er erfuhr, dass er im 60. Jahre stehe, äußerte er seine Verwunderung, ihn noch so frischen Aussehens zu finden ...« Nach Dortus Erinnerungen sagte Napoleon: »Sieht doch noch passabel aus der Mann, oder?«

Weiter bei Müller: »... und ging alsbald zu der Frage nach Goethes Trauerspielen über ... ›Werthers Leiden‹ versicherte er siebenmal gelesen zu haben und machte zum Beweis dessen eine tiefe Analyse dieses Romans ...«

Napoleon suchte eine geistreiche Auseinandersetzung, er gab Bonmots voller Esprit zum Besten, die Goethe parieren sollte. Den »Unendlichen« beeindruckte das tief, er hielt zeitlebens am Genie Napoleons fest. Nach einer fürstlichen Jagd in der Nähe des Schlachtfeldes von Jena Anno 1806, wo Napoleon »deutsche Hasen zur Strecke brachte«, hatte Herzog Carl August für Napoleon in Weimar einen Empfang gegeben. Goethe hatte mit der Vorbereitung alle Hände voll zu tun. Dem Kaiser wurde er in Weimar noch zweimal vorgestellt, ebenso Wieland, den der Schlachtensieger aber als Geistesmensch niederzuringen suchte. Wieder sei Kanzler von Müller zitiert: »Nach einigen freundlichen Eingangsworten fragte ihn der Kaiser, welches seiner Werke er wohl für das beste halte. ›Sire‹, erwiderte der Greis, ›ich lege auf keins derselben großen Wert. Ich habe geschrieben, wie es mir ums Herz war.‹ – ›Welches aber‹, fuhr der Kaiser fort, ›ist dasjenige Ihrer Werke, das Sie mit der meisten Vorliebe geschaffen haben?‹ Worauf Wieland ›Agathon‹ und ›Oberon‹ nannte. Nun ging der Kaiser auf Gegenstände der Weltgeschichte über und stellte dieselbe Frage, … nämlich: welches Zeitalter er wohl für das glücklichste der Menschheit halte?«

Für die kurzweilige Konversation verlieh der Franzosenkaiser Wieland und Goethe das Kreuz der Ehrenlegion, mit dem sich Goethe zukünftig bei allen offiziellen Anlässen zeigte – und porträtieren ließ.

Kanzler Müller berichtete in seinen Erinnerungen noch etwas, wovon auch Goertzens Schwiegersohn Labes in seinen Memoiren schrieb, nämlich von einem Attentatsversuch auf Napoleon. Napoleon sollte vor Beginn der Theateraufführung in Weimar erdolcht werden, aber: »… Kein Unfall störte die Aufführung, und der Tod, der draußen vor dem Theater auf den zweiten Cäsar gelauert, hatte ihn diesmal noch verfehlt …« Den Attentätern war es nicht gelungen, die Kette französischer Gendarmen zu durchdringen, die Napoleon abschirmten, als er aus seinem Wagen stieg und ins Theater ging.

Dem äußeren Schein nach ging es in dieser hochdramatischen Zeit im Hause Goertz unverdächtig zu, wenn man liest, was Bettine von Arnim, die im Oktober 1808 in Regensburg weilte und die Goertz' besuchte, an Achim von Arnim schrieb: »Wir waren … beim Grafen Goertz zum Mittagessen, der mir und vorzüglich Clemens vor allen anderen wohlgefallen hat. Seine Frau wohnt in einem schönen Gartenhause mit Deiner Tante und ihrer Schwester nebst allen Kindeskindern, die den ganzen Tag vor der Großmutter herumspielen, sie selbst macht mit unglaublichem Fleiß und Geduld Tapeten-Arbeiten. Es versammeln sich alle Abend zum Tee vielerlei Menschen bei ihr … Sie begehrten alle nach Deiner Gegenwart in Regensburg … Besonders behauptet der alte Graf ein Recht auf Dich zu haben, da er der einzige von Deinen Verwandten sei, der Dich so sehr liebe …«.

Wie viel Goertz von den Absichten Napoleons und denen seiner Widersacher wusste, ist fraglich. Ebenso, wie Goertz zum badischen Gesandten Emmerich von Dalberg fand, der 1810 ins französische Außenministerium wechselte und mit Talleyrand am Sturz Napoleons arbeitete. Auch Metternich, seit 1806 österreichischer Gesandter in Paris, bot Napoleon die Stirn. Noch vor der Völkerschlacht in Leipzig sagte Metternich dem Usurpator ins Gesicht, dass dessen Tage gezählt seien. Für Diplomaten wie Metternich, Emmerich von Dalberg, Freiherr vom Stein, Preußens Außenminister Hardenberg, Montgelas und Rechberg, ja selbst für Talleyrand bedeutete Napoleon keinen zivilisatorischen Fortschritt, sondern das Todesurteil für Millionen von Soldaten und Zivilisten. Napoleons einziger Antrieb war die Installation eines Kaisertums von eigenen Gnaden. Den Rest Europas sah er als seine Verfügungsmasse, aus der er sich beliebig bediente. Die besetzten und abhängigen Länder, von Preußen über Bayern bis zum kleinen Herzogtum Sachsen-Weimar, von Spanien, wo Napoleon Massaker an Zivilisten befahl, über Italien bis Polen, hatten in Paris Soldantensklaven abzuliefern und astronomisch hohe Kontributionen zur Finanzierung von Napoleons Kriegen zu leisten. Sie mussten mit ansehen, wie der Kaiser das kulturelle Gedächtnis in den besetzten Ländern systematisch auszulöschen versuchte, indem er Archive, Bibliotheken, Museen und Schlösser plünderte und das Übriggebliebene oft verbrennen ließ. Zum Hass auf Napoleon kam das Wissen um die eigene Unfähigkeit, das Ruder herumzureißen. Nicht nur Goertz machte sich immer wieder darüber Vorwürfe, an König Friedrich Wilhelms Starrsinn gescheitert zu sein. Die Maßlosigkeit Napoleons und die Unfähigkeit des Preußenkönigs bedingten einander. Europa wären die Schlachten von Austerlitz 1805, Jena und Auerstedt 1806 und der traurige Friede von Tilsit 1807 erspart geblieben, wenn der Preußenkönig getan hätte, was Napoleon am meisten fürchtete und worum sowohl Zar Alexander als auch der österreichische Kaiser den Preußenkönig seit 1803 immer wieder gedrängt hatten: eine gemeinsame Allianz gegen Napoleon zu schließen.

Die Auflösung des Deutschen Reiches und seines Reichstages, die Aufhebung der Reichsgesetze, der Verlust an Eigenstaatlichkeit Preußens und vieler anderer deutscher Staaten und die Unfähigkeit, sich selbst zu befreien, führten zu einem Trauma, in dessen Folge es im 19. und 20. Jahrhundert zu katastrophalen politischen Fehlentwicklungen kam.

Nach 1806 verlagerte sich der Widerstand gegen Napoleon vom Schlachtfeld in die Geheimdiplomatie. Ein gefährliches Spiel von Hochverrat, nicht nur für Dalberg, Metternich, Stein, Hardenberg, Rechberg, Montgelas und auch Goertz, und ein spannender Stoff für eine weitere Forschungsreise …

Bücher aus der Goertzbibliothek

DANK

Für den Zugang zum Familienarchiv bin ich Graf Bernhard von Rechberg zu Dank verpflichtet.

Mein Dank gilt den Übersetzerinnen Christine Mansfeld, Dr. Gabriele von Trauchburg und Eva Ziebura, die mir überdies viele Hinweise gaben. Anregende Gespräche verdanke ich dem Goetheforscher Dr. Dan Farrelly, dem Historiker Dr. Friedrich Wilhelm Prinz von Preußen, dem Bibliothekswissenschaftler Dr. Gerhard Knoll (†), dem Germanisten Prof. Jörg Drews (†) sowie Dr. Frank Althoff vom Geheimen Staatsarchiv. Ich danke meiner Frau Iris für das Redigieren des Manuskriptes, meiner Tochter für ihre Neugier und Lektor Bernd Henninger für seine Vorschläge, denen ich gern gefolgt bin. Für Aufnahmen und Reproduktionen danke ich der Fotografin Monika Lawrenz.

QUELLEN UND LITERATUR

Unveröffentlichte Quellen

Gräflich Rechbergsches Archiv, Donzdorf, Schrank Goertz.
Handschriftliche Anmerkungen in Büchern aus der einstigen Bibliothek des Grafen Eustach von Goertz.
Geheimes Staatsarchiv Preußischer Kulturbesitz, Berlin-Dahlem.

Weitere Quellen

Geheimes Staatsarchiv Preußischer Kulturbesitz, Bestände zum Bayrischen Erbfolgekrieg, zum Deutschen Fürstenbund und zum Reichstag zu Regensburg.
Großherzogliches Hausarchiv (Thüringisches Hauptstaatsarchiv Weimar), Fourierbücher des Herzogs Carl August, hier 1774–1780.
Haus-, Hof- und Staatsarchiv Wien, Sachgebiet Reichskanzlei und Ministerium des kaiserlichen Hauses.
Archives du Ministère des Affaires Etrangères Paris, Corr. Pol. Allemagne, Bände 727–732, und Russie, Bände 80–120.

Literaturverzeichnis

Albrecht, Wolfgang, und Döhler, Andreas (Hrsg.): Johann Wolfgang von Goethe. Tagebücher. Bd. I: 1775–1787. Stuttgart 1998.
Andreas, Willy: Politischer Briefwechsel des Herzogs und Großherzogs Carl August von Weimar. 3 Bände. Stuttgart 1954.
Ansprenger, Franz: Geschichte Afrikas. München 2004.
Aretin, Karl Otmar v.: Das Deutsche Reich. Band 1. Stuttgart 1997.
Bailleu, Paul: Preußen und Frankreich. Diplomatische Correspondenzen. 3 Bände. Leipzig 1881.
Bardong, Otto (Hrsg.): Friedrich der Große. (Ausgewählte Quellen zur Deutschen Geschichte der Neuzeit, Band XXII). Darmstadt 1982.

Berger, Joachim (Hrsg.): Der Musenhof Anna Amalias. Köln 2001.
Berger, Joachim und Leonie: Anna Amalia von Weimar. Eine Biographie. München 2006.
Bergsträsser, Ludwig: Johann Christian Pfeffels politische Tätigkeit in französischem Dienste 1758–1784. Heidelberg 1906.
Berthier, Pierre: Lettres inédites de Talleyrand à Napoleon. Paris 1889.
Biedermann, Flodoard von: Goethes Gespräche. 5 Bände. München 1998.
Bode, Wilhelm: Charlotte von Stein. Berlin 1919.
Ders.: Karl August von Weimar. Jugendjahre. Berlin 1913.
Ders.: Der Musenhof der Herzogin Amalie. Berlin 1909. (Bode zementiert das liebgewonnnene Dogma des Weimarer Musenhofs.)
Boyle, Nicholas: Goethe. Der Dichter in seiner Zeit. 2 Bände. München 1999.
Bretonne, Restif de la: Tableaux de la Bonne Compagnie. Paris 1787. (Der Autor verschießt bissige Pfeile gegen Goertz.)
Burgdorf, Wolfgang: Ein Weltbild verliert seine Welt. München 2008. (Wichtige Darstellung über den Zusammenbruch des Deutschen Reichs 1806.)
Carlyle, Thomas: Geschichte Friedrichs des Zweiten von Preußen, genannt der Große. 6 Bände. Meersburg 1928.
Clark, Christopher: Preußen. Aufstieg und Niedergang. 1600–1947. München 2006.
Cölln, Friedrich von: Vertraute Briefe über die inneren Verhältnisse am Preußischen Hofe. 2 Bände. Amsterdam 1807. (Deutliche Kritik am zaghaften Preußischen König.)
Deetjen, Werner (Hrsg.): Die Göchhausen – Briefe einer Hofdame aus dem klassischen Weimar. Berlin 1923.
Dohm, Christian Wilhelm von: Denkwürdigkeiten meiner Zeit. 4 Bände. Lemgo 1814. (Wichtige Darstellung zur Politik unter Friedrich II., Goertz und Dohm ergänzten sich oft in der diplomatischen Arbeit.)
Dumouriez, Charles-François: La Vie du Général Dumouriez. 3 Bände. Hamburg 1794 und 1795.
Ebersbach, Volker: Carl August. Goethes Herzog und Freund. Köln 1998.
Färber, Konrad M.: Kaiser und Erzkanzler – Dalberg und Napoleon. Regensburg 1994.
Fischer, Friedrich Christian Jonathan: Untrennbarkeit und Unveräußerlichkeit der Pfalzbairischen Erbländer. Berlin 1786.
Flassan, M. de: Histoire Générale et Raisonnée de la Diplomatie Française. 6 Bände. Paris 1809. (Insbesondere Band 6, in dem die Rolle von Goertz während des Jahres 1778 beleuchtet wird.)
Friedrich II. von Preußen: Politische Correspondenz in 47 Bänden. Hrsg. von G. B. Volz. Berlin 1939. (Wichtige Quelle zur Politik Friedrichs II.)
Ghibellino, Ettore: Goethe und Anna Amalia – Eine verbotene Liebe? Weimar 2007.

[Göchhausen, Louise von:] »Es sind vortreffliche Italienische Sachen daselbst«. Luise von Göchhausens Tagebuch ihrer Reise mit Herzogin Anna Amalia nach Italien vom 15. August 1788 bis 18. Juni 1790. Hrsg. und kommentiert von Juliane Brandsch. (Schriften der Goethe-Gesellschaft, Bd. 72). Göttingen 2008.

Goertz, Johann Eustach von: Mémoire sur la Russie. Hrsg. von Wolfgang Stribrny. Wiesbaden 1969.

Goethes Briefe an Charlotte von Stein. Hrsg. von Jonas Fränkel. Berlin 1960.

Harpe, Jean-François de la: Correspondance littéraire adressée a Son Altesse Impériale. 6 Bände, Paris 1801.

Henning, Friedrich Wilhelm: Handbuch der Wirtschafts- und Sozialgeschichte Deutschlands. München 1991.

Hübner, Eckhard (Hrsg.): Rußland zur Zeit Katharinas II. Köln 1998.

Joseph II. und Katharina von Rußland. Briefwechsel. Hrsg. von Alfred Ritter von Arent. Wien 1869.

Jürgens, Arnulf: Emmerich von Dalberg zwischen Frankreich und Deutschland. Stuttgart 1976.

Katharina II.: Memoiren. Leipzig 1988.

Kemp, Friedhelm: Goethes Leben und Werk in Briefen. München 1996.

Klassik Stiftung Weimar: Ereignis Weimar – Anna Amalia, Carl August und das Entstehen der Klassik. Weimar 2007.

Knoche, Michael (Hrsg.): Die Herzogin Anna Amalia Bibliothek. München 1999.

Koopmann, Helmut: Goethe und Frau von Stein. München 2006.

Köbler, Gerhard: Historisches Lexikon der deutschen Länder. München 2007.

Kunisch, Johannes: Friedrich der Große. München 2004.

Kürenberg, Joachim von: Der letzte Vertraute Friedrichs des Großen – Marchese Lucchesini. Berlin 1933.

Lacombe, M.: Nouveau Dictionnaire d'Anecdotes. Liège 1789.

Lang, Ritter von: Memoiren. Stuttgart 1957.

Leithold, Norbert: Friedrich der Große Hasardeur. Tauchaer Verlag 2006.

Lucchesini, Girolamo: Tagebuch. Leipzig 1885.

Lyncker, Carl Wilhelm von: Ich diente am Weimarer Hof. Köln 1997.

Mannlich, Friedrich: Memoiren eines Hofmannes. Stuttgart 1880.

Mansel, Philip: Der Prinz Europas. München 2009.

Massenbach, Christian v.: Memoiren zur Geschichte des preußischen Staates. 3 Bände. Amsterdam 1809.

Ders.: Denkwürdigkeiten. Frankfurt 1990.

Maurer, Doris: Charlotte von Stein. Frankfurt 1997.

Mémoires Secrets sur la Russie. 4 Bände. Paris 1802.

Menzel, Karl A.: Zwanzig Jahre preußische Geschichte. Berlin 1849.

Merck, Johann Heinrich: Briefwechsel. Hrsg. von Ulrike Leuschner. Göttingen 2007
Mirabeau, Honoré-Gabriel: Geheime Geschichte des Berliner Hofes. Berlin 1789.
Montefiore, Simon: Katharina die Große und Fürst Potemkin. Frankfurt/M. 2009.
Mounier, Jean Joseph: Recherches sur les Chauses. 2 Bände. Paris 1792.
Neumann, Hans Joachim: Friedrich Wilhelm II. Berlin 1997.
Oldenbourg, Zoé: Katharina die Große. München 1996.
Orieux, Jean: Talleyrand. Frankfurt 1972.
Osterhammel, Jürgen: Die Verwandlung der Welt. München 2009.
Petersen, Julius (Hrsg.): Goethes Briefe an Charlotte von Stein. Leipzig 1923.
Pfeifer, Klaus: Medizin der Goethezeit. Köln 2000.
Pino, Bello di: Historische und politische Denkwürdigkeiten des königlich preußischen Staatsministers Johann Eustach von Görtz aus dessen hinterlassenen Papieren. 2 Bände. Stuttgart 1827 und 1828.
Ders.: Memoiren eines Deutschen Staatsmannes aus den Jahren 1788–1818. Leipzig 1833. (Beide Werke entstanden im Auftrag des Schwiegersohns von Goertz und bayerischen Ministers, Graf Rechberg. Politisch Brisantes, etwa die Geheimmission von Goertz in Sachen Bayerischer Erbfolgekrieg oder die alles lähmende und Goertz zur Verzweiflung treibende Unentschlossenheit Friedrich Wilhelms III. oder die vielen Geheimkorrespondenzen in Sachen Bonaparte, ist wegen der Zeitnähe und der Position des Auftraggebers nicht enthalten.)
Politisches Journal 1781–1815. 34 Bände. Hamburg. (Wichtige und authentische Quelle zu politischen und wirtschaftlichen Vorgängen in Europa.)
Preuß, Johann David Erdmann: Friedrich der Große. 4 Bände mit 5 Urkundenbänden. Berlin 1832.
Rabaut, Jean-Paul: Précis historique de la Révolution française. 4 Bände. Paris 1812.
Reinalter, Helmut: Am Hofe Josephs II. Leipzig 1991.
Rousseau, Jean-Jacques: Émile, ou, De l'éducation. Amsterdam 1762. (Erstausgabe)
Rousseau, Jean-Jacques: Aemil, oder Von der Erziehung. Aus dem Französischen übersetzet [von Johann Joachim Schwabe], und mit einigen Anmerkungen versehen. Teil 1–4 (von 5) in 2 Bdn. Berlin, Frankfurt u. Leipzig 1762. (Erste deutsche Ausgabe, Teil 5 erschien 1780 posthum.)
Sauvigny, Guillaume de: Metternich. München 1996.
Scharf, Claus: Katharina II. Deutschland und die Deutschen. Mainz 1996.
Schilling, Heinz: Höfe und Allianzen. Berlin 1989.
Schoeps, Hans-Joachim: Preußen. Berlin 1995.

Ségur, Louis-Philippe de: Histoire des Principaux du Règne de F. Guillaume II. Paris 1800.

Ders.: Politique de Tous les Cabinets de l'Europe. 3 Bände. Paris 1801. (Enthält auch erstmalig und später nicht wieder publizierte Dokumente französischer Geheimdiplomatie vor allem unter Ludwig XV.)

Sinn, Dieter: Der Alltag in Preußen. Frankfurt a. M. 1996.

Soulavie, Jean-Louis: Mémoires Historiques et Politiques du Régne de Louis XVI. 4 Bände. Paris 1801.

Starnes, Thomas C.: Christoph Martin Wieland. 3 Bände. Sigmaringen 1987.

Stein, Freiherr vom: Briefwechsel. 7 Bände. Berlin 1931–1937.

Sybel, Heinrich von: Geschichte der Revolutionszeit. 5 Bände. Frankfurt 1882.

Tulard, Jean: Geschichte Frankreichs. Band 4. Stuttgart 1989.

Venturini, Karl: Chronik des 19. Jahrhunderts. Altona. 1803–1830.

Ventzke, Marcus: Hofkultur und aufklärerische Reformen in Thüringen. Köln 2002.

Ders.: Das Herzogtum Sachsen-Weimar-Eisenach 1775–1783. Köln 2003 (Wichtige Darstellung der wirtschaftlichen Verhältnisse am Weimarer Hof in den frühen Goethejahren. Eine der Kernaussagen des Autors: »Die Residenz Weimar erlebte im Jahrzehnt zwischen 1770 und 1780 offenbar einen enormen gesellschaftlichen und wirtschaftlichen Verfall, der fast einer Verödung nahekam.« S. 392.)

Wedekind, Karl Johann: Geist der Zeit. Freiburg. 1802–1810.

Weis, Eberhard: Montgelas. München 2005.

Wencker-Wildberg, Friedrich: Napoleon. 10 Bände. Wien o. J.

Wieczorek, Alfried (Hrsg.): Lebenslust und Frömmigkeit – Kurfürst Carl Theodor von der Pfalz. Mannheim 1999. Wielands Briefwechsel. Hrsg. von der Berlin-Brandenburgischen Akademie der Wissenschaften. Berlin 1963.

Ziebura, Eva: Prinz Heinrich von Preußen. Berlin 1999.

Ziechmann, Jürgen: Panorama der Fridericianischen Zeit. Bremen 1985.

Ders.: Der Bayerische Erbfolgekrieg. Südmoslesfehn 2007.

Bildnachweis

Abbildung S. 288: bpk Kunstbibliothek, SMB. – Alle übrigen Abbildungen aus dem Archiv des Autors.

PERSONENREGISTER

Johann Eustach und Caroline von Goertz werden nicht aufgeführt.